航空運輸管理概論

Introduction to Air Transportation and Management

張哲銘◎著

國家圖書館出版品預行編目（CIP）資料

航空運輸管理概論 / 張哲銘著. -- 初版. --
新北市 : 揚智文化, 2013.02
面；　公分

ISBN 978-986-298-084-2（平裝）

1.航空運輸　2.航空運輸管理

557.94　　　　　　　　　　102002094

航空運輸管理概論

作　　　者／張哲銘
出 版 者／揚智文化事業股份有限公司
發 行 人／葉忠賢
總 編 輯／閻富萍
特 約 執 編／鄭美珠
地　　　址／22204 新北市深坑區北深路三段 260 號 8 樓
電　　　話／02-8662-6826
傳　　　真／02-2664-7633
網　　　址／http://www.ycrc.com.tw
 E-mail ／service@ycrc.com.tw
印　　　刷／鼎易印刷事業股份有限公司
 I S B N ／978-986-298-084-2
初版一刷／2013 年 2 月
初版二刷／2018 年 10 月
定　　　價／新台幣 500 元

沈　序

　　美國波音公司2008年8月發布了全球市場展望。根據波音的預測，在未來的二十年之內，市場將需要至少3,710架新飛機，價值高達3,900億美元；而東南亞地區將成為全球增長最快、最具活力的航空市場。飛機需求量占整個亞太區的41%。這使得亞太地區將成為除美國以外最大的新增民用飛機市場。波音公司亦多次預測中國屆時（2020年）將成長為全世界第二大的民用航空市場。

　　法國空巴公司亦發布了2007-2026年全球航空市場預測。根據這項預測，從2007-2026年的二十年裡，亞太地區將需要新增3,000多架客機和貨機，價值4,000億美元，占同期全球新增客、貨機需求總量（24,000架）的11.6%。在未來二十年，亞太地區的航空客運將增長5倍，而航空貨運將增長6倍。

　　亞洲的經濟繼歐美之後，開始其強大的發展力道。而工商服務業等的發達造成經濟突飛猛進，並連帶影響許多產業的深遠變化。特別是中國的加入世界貿易組織後，進一步造成亞洲旅客、物資的大量交流。不用諱言的，航空公司擔負起運輸的重責大任，以迅速滿足工商產業對人流、物流急迫的需求。

　　事實上，航空客、貨業運輸已超過九十年以上的歷史，可謂相當成熟的產業。其相關的配套投資如公路、鐵路、港口、通信、倉儲、貨櫃集散場，在所有的政府施政中都列入重大投資項目。另外與航空運輸業搭配的周邊服務業如餐點、倉儲、保險、報關、貨運承攬業、旅遊業等，在新興工業國家也都如雨後春筍般，應運而生。而大型的相關國家企業、大型跨國運輸公司及物流集團，也早就投入了這些與航空公司周邊相關業務的生意。

　　在民用航空運輸業之外，尚有普通航空業（大陸稱通用航空業），亦為相當值得關注的航空相關行業。（所謂「普通航空業」指除客、貨民航業以航空器直接載運客、貨、郵件，取得報酬的定期航

線以及軍事、警務、海關緝私飛行以外的民用航空活動，包括公務飛行、出租飛機的飛行、娛樂旅遊、文化體育飛行、教學飛行、空中觀光、醫療救助、環境保護、搶險救災、氣象探測、海洋監測、科學實驗及建築業的吊掛作業飛行等方面。）

簡單說，民用航空運輸業及普通航空業包括了服務業最終端的供應。在業界（航空公司）方面，它包括了地勤、場站、空服、倉儲、維修、補給、營運（班表編排、訂位管制、票務、聯營、機隊引進）、飛航、空服、客訴、餐點、財務（成本控管、財務管理）、人力資源等等。可以說是資本主義及服務業的最後端服務，它龐大複雜的業務，必須要經過相當的學習始克有成的。

總之，民航運輸事業是值得終身參與的行業。根據前述，由於中國在經濟成長的突飛猛進，以及兩岸直航及開放陸客觀光，民航運輸客貨業在亞太地區，正如日中天，發展潛力未可限量。然而由於它的相關業務內容，包羅萬象，初學者實難窺堂奧。

張君哲銘，敏而好學，從事航空運輸管理教學多年，學驗俱豐，有見於市面上缺乏航空運輸管理之合適入門書籍，其欲將此現代之航空運輸管理，以深入淺出之方式，寫出供莘莘學子為斯學之教材。

予觀張君所寫之《航空運輸管理概論》一書，從理論至實務，均能詳徵博引，比較分析中外各大航空公司之管理數據，精審確當。學子若能循此學習，定能有所收獲。本書不僅可做為一般大學教學之用，亦可作為從業人員及社會人士進修之用。特別是目前此類書籍，市面上甚為少見。張君為人謙和，堅請序於予，予濫竽民航界多年，見張君乃有心人士，況此亦為造福學子之事，不勝欽佩之至，故樂為之序。

沈為業　謹誌

（按：沈為業先生曾任華航成本分析科科長、華航財務處副處長、華航菲律賓地區總經理、財團法人航空教育基金會顧問）

自　序

　　航空運輸與其他平面運輸工具比較起來，歷史最短但是對於人類旅遊、經濟繁榮甚至是文化社會的影響卻是最大。個人於開南大學空運管理系任教九年餘，對於充滿變化的航空運輸業一直十分熱衷，雖然在加入空運教育之前，亦曾擔任過航空運輸的實務工作，但由於從事職務所見有限，對於航空運輸業的真實情形一直無法做全面完整窺視。自個人參與航空運輸教學工作以來，深覺航空運輸業的博大精深，可謂包羅萬象，恐怕窮個人畢身之力，亦難以對航空運輸業做透徹之瞭解。個人教學期間亦發現國內在這領域研究的學者雖然為數不少，但真正能夠將理論與實務結合者卻十分有限。坊間雖有若干航空運輸教科書本的撰寫，但其內容多著重於理論或是規範之闡述，對於航空業之營運狀況探討實屬有限。鑑於以上所見，個人決定撰寫《航空運輸管理概論》專書，期能將理論與實務結合，亦希望能為有志於航空運輸發展的同學提供一本適當之教材，讓同學對於航空運輸業能夠有清楚的認識。

　　本書在撰寫之初獲得在美國航空運輸管理知名的Embry-Riddle Aeronautical大學經濟系任教之Bijan Vasigh教授給予充分協助，另亦獲得前中華航空公司財務處副處長沈為業先生在實務經驗上的教導，在兩位專家的幫助下，再加上個人從事空運教育多年之經驗，終於完成此本兼顧理論及實務的空運專書，亦期望能藉由詳盡的探討，讓教授空運的課程增添更多樂趣。

　　由於撰寫時間倉促以及個人所學有限，加上航空運輸業的涵蓋面甚廣，在書寫過程當中難免有掛一漏萬以及不夠完善之處，尚請各位先進及有志從事航空運輸業的同仁對於文章不當之處能夠不吝指教。本書適合作為航空運輸相關科系學生瞭解空運業之入門書籍，而本書當中有若干章節（例如第四章〈油價及燃油避險〉）對於大一學生來說可能過於生澀，教授該課程老師可以針對學生之狀況加以調整，以

增進學生對本課程學習之興趣。

　　最後，個人要感謝家人在撰寫期間的支持與容忍，並希望與有志從事航空運輸的同仁及學生們互勉，航空運輸業博大精深，持續努力必能獲得成功。

張哲銘　謹誌

航空運輸管理概論

目　錄

航空運輸管理概論

航空運輸管理概論

Chapter 1

航空運輸發展沿革

人類自古以來便有像鳥兒一樣能夠翱翔天空的願望，在世界各國的童話故事或是科幻小說裡，總是不難發現到人們幻想藉著仙人法術幫助或是某種器具能夠翱翔於天際，像是在西元前一千五百年就有傳說波斯國王乘坐一鼎由四隻受過訓練的老鷹拉著他的寶座飛上天空，而在西元前兩百年漢朝的將軍韓信，當時就利用風箏來測量與敵人在地面上的距離，並挖掘地道展開攻擊。但直到1783年法國科學家尚法蘭斯（Jean-Francois Pilatre de Rozier）乘坐熱氣球在歐洲升空後才首度實現人類登上天空的夢想。二十世紀初隨著工業革命帶來的科技進步，人類的航空事業得以迅速發展。1903年12月17日美國人萊特兄弟成功試飛人類第一架重於空氣、帶有動力、受控並可持續滯空的飛機，開啟了現代航空的新紀元。1918年5月5日，航空運輸首次出現。30年代民用運輸機開始出現，第二次世界大戰結束後，航空運輸業更是蓬勃發展，在全世界也逐漸建立了航線網遍及各大洲，將各國主要城市加以連結。如果要問在二十世紀哪一種運輸工具幫助人們真正做到天涯若比鄰，航空運輸絕對是當之無愧。而就算是在二十一世紀的今天，最活躍和最具影響力的運輸交通工具，仍然是航空運輸業，由於航空運輸業是如此重要，身為空運管理學系的一分子，當然有必要來做詳細探討。

第一節　航空運輸發展簡介

　　1903年12月17日，萊特兄弟駕駛飛機「飛行家」（Flyer）（圖1-1）搖搖晃晃地從小鷹鎮（Kitty Hawk）起飛，升到了離地面約3公尺的高度並向前飛行了120呎左右後平穩地著陸，雖然只有短短十二秒鐘的飛行卻改變了世界的未來，也成功的將人們的運輸載具由地面推向高空。其後，波音公司於1932年生產的波音247，這是第一架由全金屬打造能夠載運十位乘客的飛機，1933年6月12日從紐沃克機場（Newark）飛到舊金山只花了二十一小時首度完成跨州飛行的創舉。

圖1-1 萊特兄弟之「飛行家」（Flyer）

資料來源：維基百科。

1935年道格拉斯飛機公司製造的DC-3型，該型機在推出後受到美國航空界的熱烈歡迎，總計該型機生產的架數超過一萬架。雖然航空業看起來有相當大的前景，然而由於受到科技不夠發達的限制，就整體而言，航空產業的規模仍舊是相當有限。

美國在1938年成立了民用航空委員會（Civil Aeronautics Board, CAB），主要有三個功能：分配航空公司航線、限制航空公司跨入新的市場，以及對旅客票價的規範等，為美國境內的航空運輸業建立了一套外界不易進入的遊戲規則，也造成航空運輸業特有的無競爭現象。

在1930年代後期更多先進的新飛機加入航運，在這些飛行利器的幫助下空運革命加速發生。當時有兩家飛機製造公司在這方面享有領先的優勢，一家是DC-3飛機的製造商——道格拉斯，另一家則是休斯（Howard Hughes）公司。休斯公司與洛克希德飛機製造公司合作在1940年生產出星座號民航機（Constellation airliner），在當時星座號民航機飛行速度與戰鬥機一樣快，而且能夠在不落地的情況下橫越整個

美國。道格拉斯飛機製造公司為了要能與其抗衡，也發展出了四個發動機的DC-6及DC-7客機，這種競爭一直持續到噴射客機的來臨。

第一架噴射發動機是在二次世界大戰時生產出來的，並隨著高速飛行的戰鬥機一起進入戰場服役，當時波音公司在製造大型噴射轟炸機方面一直都居於領先的地位，例如六個發動機的B-47及八個發動機的B-52空中堡壘（Stratofortress），B-52的原型機從1952年4月15日成功試飛至今已經超過六十年，數十年來一直在美國空軍擔負有人戰略轟炸機任務，最近的沙漠風暴（Operation Desert Storm）、持久自由任務（Operation Enduring Freedom）都還可以見到B-52巨大的身影。然而早期的噴射發動機的耗油量非常驚人，導致成本高而航程短，航空公司都對噴射發動機嗤之以鼻，認為民航噴射客機的速度固然快，但注定是要賠錢的。

隨著航空技術的進步，適合航空公司使用的發動機也逐漸開發成功，波音公司在1957年製造出707客機，而後道格拉斯在1958年也發展出DC-8噴射客機，由於波音推出的707比DC-8早一年，而且波音的707能夠因應不同航空公司的需求加以修改，因此波音公司在噴射客機的市場就保持了領先的地位。

到了1960年代，新的噴射客機大量加入營運，因為這些飛機飛得快又舒服，因此旅客的反應也非常好，對於新客機的需求不斷增加，乘客的人數也由1960年的6,200萬躍升到1970年的1億6,900萬人次，由於預期旅客成長趨勢會持續，波音公司決定要製造巨大的商用廣體客機來因應未來航運市場的需求。

然而為了製造波音747，波音公司背負了大筆債務，後來又因為發動機無法如期運交，導致波音747也不能按時交給客戶，最糟的是遭遇到經濟的大蕭條而導致波音747訂單的流失。在當時這個計畫幾乎將波音公司給毀掉。然而自1970年1月21日第一架波音747-100SR短程廣體客機加入泛美航空（Pan American World Airways, Pan Am）服務後，到空中巴士製造的A380投入服務之前，波音747保持全世界載客量最高飛機的紀錄長達三十七年。直到2009年1月為止，波音公司總計共生產

了1,412架B-747，另外還有112架訂單等待陸續交機，對於波音公司而言，波音747真的是一隻金雞母，替他們創造了極大的利潤。

美國的航空公司有超過半個世紀一直受到嚴格的規定，只能在客戶服務方面加強競爭，對於票價不能夠任意的調整，這個規定也阻止了新的航空公司加入市場營運，而對於已經存在的航空公司給予補助，在當時的航空業可以說是完全沒有競爭的行業。雖然有著先天上的不公平，但是航空業最黑暗的時期並沒有立即產生，然而隨著科技的進步，50年代末期到60年代初期渦輪噴射發動機問世後，噴射客機加入營運，航空運輸市場大舉成長，到了60年代中期時，美國國內乘載旅客已經到達1億，到了70年代中期更高達2億。

在旅客大幅成長的同時，一直由民用航空委員會掌控的航空運輸業，由於缺乏競爭，各航空公司在管理上也不講求效率，再加上運量不斷增加，導致營運狀況層出不窮，外界責難的聲音就愈來愈大，終於在1978年，美國國會制定出航空公司解除管制法（Airline Deregulation Act），將原來由民用航空委員會設訂票價、航線以及航班之規定撤銷。在解除過去法案的限制以後，航空公司的經營者可以自由選擇引進低票價的航線，但是他們也放棄了許多利益不高的航線，以致於許多航線被關掉，對於要旅行的人來說，雖然獲得了許多利益，例如在往後的十年來乘客省下了1,000億美金的票價支出，但是乘客也付出了代價，因為凡是不賺錢的航線都面臨被關閉的厄運，造成次級航線航班的減少，讓居住在偏遠地區的乘客來往不方便。然而不論如何自從航空公司解除管制法實施後，為了求生存，航空公司必須要自由競爭，而新航空公司也不斷加入市場營運，美國民航的面貌整個發生改變，進而導致航空運輸業進入一個全新時代。

某些傳統的航空公司在法規鬆綁之後紛紛關門，例如早在1930年代就已經存在的泛美航空公司，就因為在航空公司解除管制法實施後缺乏有效的管理，無法與其他航空公司競爭，到了1991年泛美航空公司終於正式宣布破產退出營運。其他的航空公司也感受到生存不易，因為高油價、高利率以及經濟蕭條的到來，導致乘客的需

求大幅減縮,造成航空公司資金周轉不易紛紛倒閉,環球航空公司（Trans World Airlines, TWA）數度瀕臨破產的邊緣,最後是同意將資產轉賣給美國航空後在2001年底倒閉。隨著二十一世紀的來臨,除了廉價航空公司（Low Cost Airline）外,美國目前僅剩下五家僥倖存活的傳統航空公司:美國航空（American Airlines）、聯合航空（United Airlines）、達美航空（Delta Airlines）、全美航空（US Airways）及大陸航空（Continental Airlines）。根據維基百科（Wikipedia）的報導,聯合航空及大陸航空已於2010年10月1日正式完成合併,並且更名為聯合大陸航空控股（United Continental Holdings）公司,因此目前美國的傳統航空公司就只剩下四家了。

第二節　洲際民航業的興起

就全世界的航空業來說,連接美國及歐洲的航線大概是最重要的。在第一次世界大戰後由於航空科技的進步,對於開拓跨越洲際航線的航路,尤其是完成連接世界主要的兩個工業大陸——美洲及歐洲空中航路的夢想,也就不再是遙不可及了。

首先,在1927年美國青年查爾斯‧林白（Charles Lindbergh）首度完成由紐約飛往巴黎跨越洲際的飛行創舉。然而在當時由於北大西洋的氣候難以預測,兩者之間距離遙遠又加上中途沒有落地的地方,對於空運業者來說想要完成跨越洲際飛行是一項艱難的挑戰。因此在1930年代開始嘗試做跨越大洋飛行任務時,許多國家例如法國、德國以及義大利的航空公司都挑選從南大西洋開始。那個時候的做法是先提供由南美洲到西非的海上飛機運送郵件的服務。

其他的航空公司例如英國皇家航空（British Imperial Airways）以及泛美航空,都是在1936年的時候才開始嘗試著做跨洲的飛行,部分的原因是因為在這之前英國一直不願意將落地權授給美國的航空公司;另外就是由陸上起飛的飛機在缺乏中繼加油的狀況下,根本無法

飛越如此長的距離。

在1937年12月9日，泛美航空公司對八家飛機製造商發出邀約，要求他們提出製作一架可以搭載100個乘客的長程飛機計畫，結果是波音公司的B-314雙層飛船獲得了這個合約，根據設計B-314可以飛3,500英里的距離，搭載74位乘客，當時造價超過50萬美元。1939年3月26日，泛美航空的B-314 Yankee Clipper展開首度嘗試跨越大西洋任務，由馬里蘭州的巴爾地摩一路直飛到愛爾蘭的福因斯（Foynes）機場。

美國海外航空（American Overseas Airlines, AOA）是全世界第一家提出定期航班並且採用陸上飛機的航空公司，之前的航空公司在執行跨越北大西洋的飛行時都是使用海上飛機。在當時美國海外航空採用的是可靠度很高的DC-4飛機，從1945年10月開始執行由紐約飛到英國賀恩（Hurn）機場的班機。當時每一趟單獨航程飛行大約需要十四個小時；泛美航空在幾天之後也採用同樣的飛機，完成跨越大西洋的飛行。接著泛美航空又採用洛克希德新製造的星座號及超級星座號民航機，由於這兩款飛機都有座艙加壓設計，因此飛行高度可以上升到20,000呎。在1947年8月，泛美航空在星座號民航機的幫助下又創造了一項新的紀錄，就是開啟由紐約飛到倫敦中途不落地的飛行。

在二次大戰之後不久就完成的跨越大西洋空中旅行的確帶給人們極大的便利，因為經由海上完成橫渡大西洋的航程通常需要五天時間，然而空中的旅行卻只需要十二小時。此外，由於運輸的方便也導致西歐國家和美國之間的貿易更加密切，來往兩地的旅遊事業也更加蓬勃。在那個時候與美國比較起來，歐洲國家的航空公司顯得相當脆弱，這主要是因為在戰後歐洲國家缺乏適當的噴射客機所導致。然而美國的航空公司，例如環球航空、美國海外航空及泛美航空卻抓住了這個跨洲需求量大增的機會，運用本身機隊的優勢，從1946年2月開始提供固定班次的跨越大西洋飛行。

民用航空器之所以能夠很快的擴展到跨越大西洋，實際上是受到兩個重要關鍵因素的影響：政治（國際間的同意）以及科技的進步（波音B-314的問世）。當二次世界大戰結束時美國幾乎已經主宰

了整個的跨越大西洋航路的市場，但是在戰後歐洲國家的航空公司不斷的利用各種機會加入這個興起的行業，終於在1940年代末期斯堪地那維亞航空（Scandinavian Airlines System, SAS）、荷蘭皇家航空（Royal Dutch Airlines, KLM）、法國航空（Air France）、比利時航空（Sabena Belgian）以及瑞士航空（Swissair）等，都紛紛加入跨越大西洋的載運旅客市場。在1950年代整條跨越大西洋的航線變成為全世界營利最高、交通最繁忙的航線，而其中十家主要的國際航空公司更是競爭激烈，而橫跨大西洋的任務也被征服。

第三節　二次世界大戰後歐洲的民航發展

二次世界大戰結束以後，在科技的幫助下許多的國家都爭先恐後添購新飛機以及建造新的機場。就在大戰結束的十五年當中，許多國家的航空公司都陸續加入國際航線。在1960到1961年，除了美國已經擁有的航空公司之外，包括蘇聯航空（Aeroflot）、法國航空、英國海外航空公司（British Overseas Airways Corporation, BOAC）、加拿大航空公司（Trans-Canada Airlines, TCA）、荷蘭皇家航空公司、英國歐洲航空（British European Airways, BEA）、斯堪地那維亞航空、義大利航空（Alitalia）以及德國航空（Lufthansa）等許多新的航空公司，也都陸續出現並加入世界航線的營運。

在1960年代，美國在全世界的航路上占有率是58%（根據旅客以及旅程來計算），而整個歐洲的航空公司加起來僅占約24%左右的航線。而在當時美國與歐洲國家的航空公司之間有一個重要的差異，就是歐洲所有的航空公司都是由國家擁有的，沒有一家是由私人經營。

在二次世界大戰之後，重建蘇聯的過程中蘇聯航空擔負著主要角色，在整個1950年代蘇聯航空擴展了相當大的航路，包括從東歐的各個國家首都到達最遠的東方西伯利亞，最長的航線是從莫斯科到達海參崴，幾乎是從紐約飛到舊金山距離的2倍。蘇聯航空是全世界第

一家利用噴射客機（托普洛夫Tu-104），實施定期搭載旅客班機的航空公司。在1961年的時候，蘇聯航空更引進巨大的高速渦輪螺旋槳飛機（托普洛夫Tu-114），當時她是世界上最大及最重的民用運輸機（在1960年4月9日Tu-114創下了全世界飛得最快的螺旋槳機紀錄，以877.212 km/h的速度飛行了5,000 km），採用中途不落地的飛行方式直接從莫斯科飛到東京以及北美。在1967年的時候，蘇聯航空是全世界乘客旅程數最多的航空公司，而在那個時候蘇聯的航空工業在全世界也僅次於美國。蘇聯航空在1975年的時候率先地引進超音速的托普洛夫Tu-144，但是並沒有獲得多大成功。而蘇聯在1991年的瓦解也注定了蘇聯航空瓦解的命運，蘇聯航空擁有的11,000架飛機，在1991年後也被分成為數十個獨立的航空公司，而就在1992年之後，一個新的俄羅斯國際航空公司（Aeroflot Russian International Airlines, ARIA）正式的成立，繼續的擔負著蘇俄國內以及國外的航空營運任務。

在噴射客機發展方面，英國人一直領先美國人。美國的生產廠商擔心噴射式飛機耗油量大，航程長，因而對生產遲疑不決。但彗星一號的初期成功改變了經營者的主意。因為早在1952年英國航空業就開始用彗星一號噴射機飛航非洲至亞洲航線，但在幾次飛機失事之後於1954年停飛。在1960年英國載運旅客的航空事業是全世界的第三位。

當英國海外航空公司提供英國的國際航線服務時，英國政府在1946年8月將所有在歐洲的短程航空運輸的小型航空公司合併後，成立英國歐洲航空航空公司。在整個1960年代這兩家航空公司主宰了英國的航空事業；在1974年時，這兩家航空公司正式的合併成為英國航空（British Airways, BA）。而新的航空公司第一個主要的任務就是將英國與法國合造的協和號（Concorde）加入營運，在1976年1月，全世界第一個定期的超音速載客營運正式的開啟。而在1987年2月，英國航空變成民營化，很快的英國航空又與英國蘇格蘭航空合併，從此英國航空公司就一直維持著是世界上相當大以及極富盛名的國際航空公司。

法國航空在1933年成立以來，就一直在整個歐洲、北非以及其他法國殖民地擴充載運乘客的航路，法國航空同時也幫助她的殖民地成

立自己的航空公司。在二次大戰期間，法國的民航事業被分開成為幾個不同的營運單位，但是在1946年1月的時候，又全部合併成為法國航空。到1952年，在收益乘客公里（Revenue Passenger Kilometer, RPK）方面的飛行紀錄，法國航空公司已經成為在美國及蘇俄航空之後的全世界第三大航空公司。

與英國航空一樣，法國航空從1976年開始也利用超音速協和號客機展開載運乘客的任務；不幸的是在2000年時法國航空的協和號發生一起慘痛事故，而在2000年的一整年當中協和號都被迫停止飛行，直到2001年年底整個調查告一段落後，協和號才又開始執行飛行任務。

在二次大戰期間德意志航空公司中止了服務，一直到1950年代的初期西德政府一直都沒有民用航空的事業。在1953年1月，西德政府加上民間企業家的投資，共同組成了一家新航空公司——Luftag，在1954年8月新的航空公司正式取名為德國航空。

在1955年4月，第一家戰後德國載運乘客的服務開始營運（包含國內及國際），很快的，德國航空就成為整個歐洲發展最快速的航空公司之一。在1950年代的末期以及1960年代，德國航空的航線及機隊迅速的擴展；就像世界上其他主要航空公司一樣，在1960年代德國航空採用波音707飛機加入了噴射客運服務。在1990年，也就是柏林圍牆倒塌之後，德國航空創造了歷史性的一刻，就是重新恢復了到柏林的航線。這是在二次大戰結束以後四十五年來的首創。在1990年代，德國航空遭遇到財務上的重大問題，剛剛統一的德國政府採取的做法是將航空公司民營化，以及將與航空事業不相關的營利事業出售。在1997年，德國航空與聯合航空、加拿大航空、泰國航空及巴西航空共同組成星空聯盟（Star Alliance），成為全世界第一個多國的航空公司。

荷蘭航空公司是荷蘭的國家航空公司，就像世界上其他重要的殖民地國家，例如英國以及法國的航空公司一樣，荷蘭航空的全世界航路也是作為殖民地與荷蘭之間的聯繫。其中印尼在荷蘭航空的全球網路上就是一個主要航點，但是當印尼獨立之後就造成荷蘭航空重要資產的損失。在1960年，荷蘭航空在西歐旅客載運的排名僅次於法國航

空以及英國海外航空飛機公司。在1977年3月27日，一家荷蘭航空的747飛機與另外一架747飛機在加那利群島（Canary Islands）的Tenerife機場相撞，這起重大的事件導致了575人喪生。在1980以及1990年代，荷蘭航空公司努力經營終於變成在歐洲最大的以及最可靠的國際航空公司。在1997年，荷蘭航空與美國西北航空（Northwest Airlines）簽訂為期十年的共同營運合約。同樣的在1998年，也與義大利航空簽署了合約；在1999年10月，荷蘭航空慶祝八十週年營運，並且聲稱荷蘭航空是全世界連續營運未曾中斷的最古老航空公司。

1957年在政府的幫助下義大利航空正式的成立，而在1960年採用道格拉斯DC-8以及法國的Caravelle噴射客機，讓義大利航空進入到噴射機的時代。義大利航空公司在同年也達到了一年服務100萬旅客的目標。在1970年代末期，由於受到國際上法規鬆綁的影響，讓義大利航空付出了重大的代價。當時義大利航空企圖轉型進入旅遊公司以及成為小的航空公司，但都沒有成功。隨著一連串的財務上的損失，義大利航空不得不精簡營運；在1996年，義大利航空將營運縮減到專注於旅客服務，在1997年義大利航空成立了義大利快車——一個區域性的低價的航空公司。

第四節　航空運輸的重要性

自從萊特兄弟在1903年12月17日於北卡羅來納州寫下第一個用可操控動力飛行120呎距離的壯舉後，人們從事空中旅行的活動就不曾終止過。而在過去一百年來，藉著航空運輸技術的不斷演進，人類的生活行動也產生了相當大的變化，從原來的天涯海角變成為唇齒相依，將原來遙不可及的各個國家變成為近在咫尺的地球村，航空運輸對人們的影響真的是既深且大。

究竟航空運輸對於人們的影響有多大，我們可以從經濟、社會及政治等三個方面來加以探討。

一、經濟

在人類歷史上很少有任何行業能像航空運輸一樣,雖然發展不過只有短短的百年,但是對於全球經濟的影響卻已經舉足輕重。早在1937年的時候,當時的航空運輸協會主席艾德格(Edgar S. Gorrell)就說道「任何工具只要能夠做到將人們旅行及溝通時間縮減的效果,就一定能夠成為主宰人們生活方式的重要手段」。無獨有偶的是微軟總裁比爾‧蓋茲(Bill Gates)(1999)也認為「空中航行已經變成為一條促進國際經濟的超級高速公路,這條空中的超級高速公路不但對國際貿易造成革命性的影響,同時也將以往封閉的區域經濟開啟」。另外,穆迪經濟(Moody's Economy)的主要經濟專家同時也是創辦人之一的馬克‧贊迪(Mark Zandi)(2008)也說道「航空業就像膠水一樣將全球經濟結合在一起,如果沒有全球普及與價格實惠的空運業,全球經濟將無法真正做到全球化」。

由於航空運輸業的興起,導致許多國家的經濟快速成長。的確航空運輸業是經濟成長的重要因素,它不單能夠讓世界各地人們及貨物快速流動,還能夠加速全球化的腳步,從各方面來看,航空運輸業都是經濟成長不可或缺的重要推手。約翰‧卡薩達(John D. Kasarda)(2008)認為重要的機場對於當地經濟成長具有相當關鍵的因素,他認為「做生意有時需要靠接觸,對此航空運輸扮演了重要橋樑,她能夠讓在遠距離的人們及物品在短時間內相互連結,因為航空運輸具備了快速、機動的特性,完全符合當今社會講求快速步調的要求,而全球飛航網路的建構塑造出二十一世紀特有的經濟發展,它可以將全球的航線發展、貿易推展及區域經濟發展三者結合起來」。

航空運輸的蓬勃發展確實導致美國甚至全世界的經濟大幅成長,麥可‧韋恩(Michael Wynne)(2008)說道「我們國家的壯大及經濟成長必須依賴民航業的發展,因為它是促進國內及國際貿易的基石,尤其是全球貿易,它不單強化美國國力,也幫助美國將經濟力量投射到全世界」。究竟航空運輸業的發展對美國及全球的經濟造成多大的

影響，我們可以由美國聯邦航空總署（Federal Aviation Administration, FAA）的空中交通組織（Air Traffic Organization）在2009年12月發布的民航業對美國經濟的影響（The Economic Impact of Civil Aviation on the U.S. Economy）中提及在2007年時，美國民航業替美國造就了一兆三千億個經濟活動，約等於5.6%的美國國內生產毛額，更重要的是美國民航業提供了一千一百萬個與航空相關的就業機會，以及賺進了3,960億美元（**表1-1**）。

表1-1　2007年美國聯邦航空總署（FAA）發布之美國民用航空業對整體經濟之影響

航空活動	主要			伴隨產生			總計		
	產出	收益	工作	產出	收益	工作	產出	收益	工作
民航服務（直接）									
航空公司	115	28.1	465	202.1	63	1,805	317.1	91.2	2,270
機場	24	3.7	167	42.5	21.3	480	66.5	25	647
飛機製造商	59.6	12.4	144	126.6	37.6	953	186.2	50.1	1,098
航空貨運	25.9	6.6	201	47.4	16.4	522	73.3	23	723
小計	224.5	50.9	978	418.7	138.3	3,761	643.1	189.3	4,738
民航服務（間接）									
訪客開銷	214.5	67	2,275	344.5	107.5	3,653	558.9	174.5	5,928
旅遊安排	7.3	1.3	30	15.5	6	185	22.8	7.3	215
小計	221.7	68.3	2,305	359.9	113.6	3,838	581.7	181.8	6,143
民航服務整體	446.2	119.2	3,282	778.6	251.9	7,599	1,224.8	371.1	10,881
通用航空（直接）									
通用航空營運	14	4	119	24.6	7.1	157	38.7	11.1	277
飛機製造商	11.9	2.3	26	26.9	7.7	190	38.8	10	216
小計	26	6.4	145	51.5	14.8	347	77.5	21.1	492
通用航空（間接）									
訪客開銷	5	1.6	53	8	2.5	85	13	4.1	138
通用航空整體	31	7.9	198	59.6	17.3	433	90.5	25.2	631
民航服務及通用航空整體	477.2	127.1	3,480	838.2	269.2	8,032	1,315.3	396.3	11,512

註：產出及收益以10億美元為單位計算；工作以千為單位計算。

　　另外，根據航空運輸協會（Air Transport Association）在2010年所發布的經濟報告（2010 Economic Report）中也提及每年全球航空運輸業大約有25億名旅客搭乘飛機，另外也要運送將近5,000萬噸的貨物。而在美國，每一百個航空職務的工作能夠在其他行業製造出約三百個工作機會，例如說是計程車司機、侍者及銀行職員。報告中也認為如果將航空運輸業視為一個國家的話，那將會成為全球第21大的經濟體，而由於航空運輸能夠提供快速及安全的將人員及貨物載運到世界各個角落，因此航空運輸業對於區域及全球經濟的穩定，也扮演著關鍵的力量。整合健全的空運網路能夠幫助企業將他們的服務或是貨物快速的交給需要的市場；在2009年，美國經由航空運送出口的貨物價值超過海運大約有145倍，這也顯示出空運對於運送高價值、具時效性物品的重要性。

　　另外若由飛機數量來看，在1938年，時美國獲得認證許可的飛機只有300多架，其中多數為小型或是雙發動機的飛機，不論是航程或是載客人數都相當有限；而由航空運輸協會網站中美國客機及貨機機隊（U.S. Passenger and Cargo Airline Fleet）所公布的資料得知，在2009年12月美國國內商用飛機總數量已達7,132架，其中窄體及廣體客機分別為3,348架及1,072架，對於美國總體經濟做出極大的貢獻。

　　牛津經濟（Oxford Economics）（2008）出版的《航空——真正的世界網路》（*Aviation: The Real World Wide Web*）中也說到航空運輸產業對全球經濟的貢獻是其他行業無法比擬的，而實際上航空產業支撐大約8%的世界經濟。而根據「牛津經濟」的研究發現，航空運輸產業對全球經濟的貢獻有下列幾點：

1. 航空運輸是現代全球化經濟的核心，因為每年大約有25億人及5,000萬噸貨物要靠空運才能在全世界各地活動。
2. 有超過550萬的員工直接受僱於全球航空業，其營業額高達1兆美金，若是將航空業視作一個國家的話，從國內生產總值（Gross Domestic Product, GDP）來看，由於航空業的總產值高達4,250億美元，在全世界可以排在第21名。

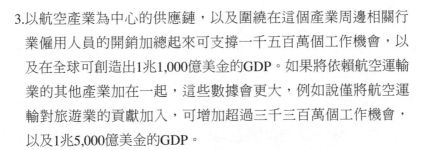

3. 以航空產業為中心的供應鏈，以及圍繞在這個產業周邊相關行業僱用人員的開銷加總起來可支撐一千五百萬個工作機會，以及在全球可創造出1兆1,000億美金的GDP。如果將依賴航空運輸業的其他產業加在一起，這些數據會更大，例如說僅將航空運輸對旅遊業的貢獻加入，可增加超過三千三百萬個工作機會，以及1兆5,000億美金的GDP。

4. 航空運輸業可以讓企業更快更有效率的到達全球市場，同時也能刺激國際貿易，而航空運輸業能夠優於其他運輸業的關鍵優勢就是能在短時間到達遠距離的城市，許多研究也顯示，縮短運輸時間確實是促進國際貿易成長的重要因素，尤其是對一些容易腐敗的物品。

5. 在2007年約有35%高價值產品（3兆5,000億美金）的貿易是透過航空運輸業來運送，而航空貨運在過去十年來也成長了約65%。

6. 航空運輸業促進了物品、人員及觀光客的自由流動，也增加了國際投資導致經濟成長，一份由國際航空運輸協會（International Air Transport Association, IATA）對超過六百家公司所做的研究顯示，約有80%的公司認為對於提升效率而言，航空運輸業是重要的，更有50%的企業認為是極為關鍵。

7. 對改善航空運輸網路方面所做的投資，能夠提供開發中國家工人更好的工資及更好的生活。

8. 藉著經濟規模、增加競爭及努力創新讓航空運輸變得更有效率，尤其是航太工業每花費1億美金所做的研發計畫估計能夠額外產生7,000萬美金的GDP。

由以上的論述得知航空運輸除了能夠帶來加乘的經濟效果外，對於整體經濟及社會的運作互動都產生了重大的變化。從整個人類歷史來看，航空運輸讓全球人們更容易相互接觸是史無前例的，而透過人們密切接觸，許多知識能夠更快速的相互分享，結果就導致了經濟上的加乘效果發生。航空運輸也增加了對先進國家的移民，而這些來自

開發中國家的移民將在先進國家賺到的錢匯回國內，幫助了他們國家的經濟發展，這些都說明了航空運輸業對於全球經濟發展的重要性。

二、社會

從古早時期人們靠雙腿移動，慢慢進步到馬車、汽車、火車及輪船，每發生一次運輸交通系統的演變，人們移動的距離也就隨之增加。因此當航空運輸工具來臨的時候，相較於以往動輒需要數日，甚至數月才能到達的遙遠國度，成為在一日之內都可以到達的目的，對於人們的生活習性當然發生了重大的影響。

一位哲人曾經說過「交通運輸帶來文明」，自古以來交通運輸就背負著文明發展的責任，靠著它可以運送人們及貨物，而經由運送的方式可以改變人們生活的方式。的確世界的文明需要有交通運輸才能存在，對任何社會而言，交通運輸都是無法分割的一部分，它與人們的生活型態密不可分，因為要靠它人們才能夠決定居住的位置及活動的範圍，甚至是購買物品或是服務的提供。然而，只要交通運輸有重大的突破，人們的生活方式甚至是社會的結構，往往都會隨著發生重大變化，進而對整個文明的發展造成影響。而無論在已開發或是開發中的國家，每天都會有許多人因為要工作、購物、求學或是社交活動等的理由必須要依靠交通運輸工具，而愈文明的社會對於交通運輸的需求也更強烈。

交通運輸的社會角色

快速、安全及有效率的交通運輸對一個高水準的文明社會具有關鍵意義，如果欠缺這項因素，人們的居住將必須靠近原物料產地，或者是要做到自給自足，城市無法存在，而文明的發展將會受到侷限。

在城市社會的建構過程中交通運輸總是扮演著重要的角色，如同飲水及食物一樣不可缺少，但是交通運輸的方便與否卻可以決定城市社會的組成結構、大小及形態。湯姆‧馬修（Tom V. Mathew）

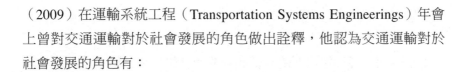

（2009）在運輸系統工程（Transportation Systems Engineerings）年會上曾對交通運輸對於社會發展的角色做出詮釋，他認為交通運輸對於社會發展的角色有：

1. 群聚的組成：從有文明以來，人們會選擇在靠近主要河岸港口，或是貿易要道交口附近居住，例如紐約、莫斯科等都是很好的例子。

2. 群聚的大小及形態：最初的群聚規模當然不會太大，但是隨著時間的過去人口就逐漸成長，最後發展成為大城市及主要貿易中心。通常群聚的大小不單是受到地點大小及食物供給的限制，同時也要考量人們交通，尤其是要去工作或是旅遊的方便性。而隨著交通運輸的速度提升及花費的降低，城市的範圍就逐漸擴張。例如台灣高鐵的建構，使得北、中、南一日往返變為可行，而兩岸直航更將一日生活圈擴及到中國大陸的許多城市。

3. 城市中心的擴大：當城市逐漸擴大到步行距離無法滿足時，交通運輸技術的發展就成為城市構成的關鍵因素，例如飛機的問世讓很多城市會沿著輻射航線建構，而汽、火車的到來也使得人們會選擇有公路或是鐵路的附近居住，而隨著公路及鐵路網路的不斷拓展，城市中心也隨之逐漸擴大。

三、政治

全世界有許多種不同的政治體存在，然而不管是哪一種，他們對於保護國民、經濟發展以及共同文化的發展都有著相同的責任。而航空技術的進步就有著維護國家安全的責任，例如美國就一直發展最尖端的航太科技，其目的就是要成為全世界最強大的國家以及始終保持領導全世界的地位。

然而無論在戰時或是平時，航空技術的領先往往都會在國防安全上扮演著重要的角色，就拿當今世界上掌握最強大空優的美國來說，由於其強大的空中武力，具備能夠快速投射到全世界任一角落的能

力，因此美國在全世界也就擁有極重大的影響力，當然除了軍事力量之外，美國也具有極大之經濟力。但是不可否認的就是由於航空技術的不斷進步，國與國之間的界線相對的也就變得更為模糊，而國際航空運輸的規範也更需要政治的介入。

舉例來說，在全世界各地飛行的固定航班國際航線的班機，他們之所以能夠在全球各地任意飛行，在飛航前都經過各國政府談判後授予的雙邊航權，也就是兩國之間在所謂平等互惠（雙方近乎等值）的原則下，對於往來於兩國間之航線互派國籍航班客機載運旅客往返。然而若該航線涉及第三國，也就是當有中停或轉運問題發生時，則必須獲得第三國政府的同意，當然這又會產生更多的政府間之談判協商，而談判往往曠日廢時也容易導致效率低落。為了能將上述國與國間雙邊航權談判的複雜性問題改善，美國與歐盟會員國間的開放天空協定早在1992年時，當時歐洲共同體的會員國已經達成協議，建立一個航空的單一市場，也就是要達成航空市場的自由化，使歐洲共同體的所有航空公司可以在歐洲共同體的全部領域內運送旅客及貨物。所有在歐盟內設立營業所的航空公司享有相同的權利，可以從其本國任意基地起飛。在經過冗長的談判及協商下，歐盟及美國終於在2008年3月30日簽署協議，創造了第一個「跨越大西洋共同飛行市場」（Trans-Atlantic Common Aviation Market）的開放市場營運模式。

另外對於國際航空客運的安全，在美國有聯邦航空總署管理一切民航活動及負責頒布標準與規章。在歐洲則有歐洲航空安全局（European Aviation Safety Agency, EASA），由歐洲十七個會員國組成，且分由兩個部分組成，其中之一是永久性的飛航安全委員會，專門負責擬定政策，另一個則是飛航安全署，專門負責政策的執行。類似聯邦航空總署在美國扮演的角色，歐盟飛航管制組織負責監督管理各歐盟會員國的空域。而世界各國航空公司的機師以及維修人員，只要採用的是波音或是空中巴士的飛機，都必須通過聯邦航空總署或是歐洲航空安全局的認證，方能執行駕駛飛機或是維修的任務。

前些時日在美國鬧得沸沸揚揚的美國「聯邦航空總署」準備修改

飛安規則，讓飛機駕駛有充足睡眠，避免睡眠不足引發飛安意外。 這項即將宣布的修正規定，起因於三年前美國一架國內區域航空公司客機，由於兩名駕駛睡眠不足，導致飛機在紐約西部失事，造成機上49人以及地面1人死亡。經過調查後「聯邦航空總署」的報告認為睡眠不足導致駕駛疲勞，進而影響他們的工作表現，例如反應較慢以及發生判斷錯誤，最後導致飛機失事。因此「聯邦航空總署」準備做出修正，將機師最長駕駛飛機時數限制在八到九小時，此外，飛機駕駛在兩個飛行任務之間，至少應該有十小時休息，比目前八小時多兩小時。而僅是這項規定的改變，聯邦航空總署預估在未來十年將會造成航空業2億9,700萬美元的損失。

傑夫佛敦（Jeff Fulton）（2010）在政治對航空業之影響文章當中提到「由於航空業是跨國際的活動，因此很容易受到國際政治之影響，例如說如果將營業稅提高，勢必會造成旅客的票價變貴，而高票價會將需求（搭機意願）降低」。另外美國交通部（U.S. Department of Transportation, DOT）在2009年12月宣布國內規定班機不得在停機線等待超過三小時，這是出於對消費者的保障，但是勢必會提高因為天氣造成延誤而取消航班的機率。而政府的貨幣政策中對於利率的決定，會影響航空公司購買飛機的能力。當然，在經濟不景氣或是遭受到無法控制的因素干擾時，政府也會對航空業釋放利多的政策來幫助航空公司度過難關。

政府的油價政策會直接影響到航空公司的購油成本，當然會影響到乘客票價的高低及航空公司的營運績效。另外各國對於勞工都有制訂勞工法，對於勞工的福利直接用法律來保障，而由於各個國家對於薪資的高低有不同的訂定標準，當然也會影響到航空公司在與國際競爭時會有不公平之情事發生。最後近年來由於環保意識高漲，各國政府（尤其是歐盟）對於飛機引擎的二氧化碳排放量開始制定標準，這當然會影響到航班飛行的架次以及票價的上漲。

對於近年來航空公司因為受到競爭激烈及獲利不佳之影響，紛紛傳出破產或是購併，然而對於許多航空公司而言，他們所希望的是能夠

藉助被國外大企業家併購,進而能夠獲得充分資金繼續營運,然而受到現有法規之規定,例如要具備「本國籍」(nationality rule)之規定,這是源自於政府間談判時要求要指派國籍航空代表營運導致,另外「大部分擁有及有效控制」(substantially owned and effectively controlled)的規定,也都造成不同國家航空公司間併購的阻礙,導致跨國間資金無法有效的流通,這些都是政治力妨礙空運業進步的因素。

第五節　航空運輸業發展現狀

　　近年來全球航空公司競爭激烈及獲利不佳早已是不爭之事實,道根尼斯(Rigas Doganis)(2006)提到在1993年法國航空每天損失400萬美元,而這種情況維持了將近一年之久,總結法國航空在1993年共計虧損15億美元。就在十年之後,2003年聯合航空也發生類似狀況,聯航每天損失770萬美元,總結聯合航空在2003年共計虧損28億美元。以上兩家航空公司僅是全球航空公司當中遭受虧損的案例,而遭遇虧損的全球航空公司真的是多到不勝枚舉。

　　航空公司營收的好壞與全球經濟景氣密切相關,就以**圖1-2**顯示的1995-2011年美國航空公司盈餘/虧損狀況來說,在90年代美國航空公司大都有盈餘產生,但是到了二十一世紀美國航空公司開始出現虧損,在2001-2003年拋開世界經濟狀況的因素,此時的虧損是由於911恐怖攻擊事件及2003發生SARS事件的影響,即使如此在整個2001-2011年的十一年當中,真正有獲利的不過四年,充分說明近年來全球航空公司的營運相當困難。

一、造成全球航空公司陷入營運困境的原因

　　道根尼斯(2006)認為造成全球航空公司陷入營運困境的原因有:

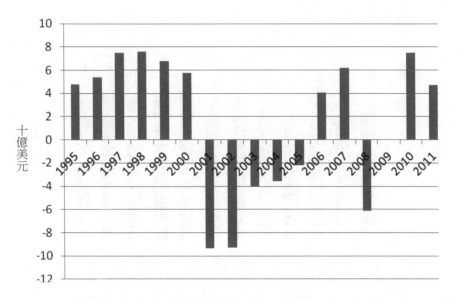

圖1-2　1995-2011年美國航空公司盈餘／虧損狀況

資料來源：美國運輸統計局（BTS）。

(一)供給量過大

　　在全球各地很容易看到空運市場的供給量過剩，尤其是在長程國際航線方面，就以小小的台灣來說居然就有中華、長榮、遠東及復興四家國際航空公司，除了相互競爭外尚有國外航空公司要來分食國際航線的市場，在餅無法做大的狀況下，分食的結果當然是大家的獲利都降低，最後造成營運困難。

　　圖1-3顯示美國航空公司可用座位英里（Available Seat Miles, ASM）（代表供給量的提供），一直都較收益乘客英里（RPM）（代表付費搭機旅客）為高，也就是說美國航空公司一直都是處於供過於求的狀態。

(二)廉價航空加入競爭低成本

　　自從美國西南航空（Southwest Airlines）在美國創下廉價航空獲利的典範後，在歐洲、美洲及亞洲不斷有廉價航空的加入空運市場營

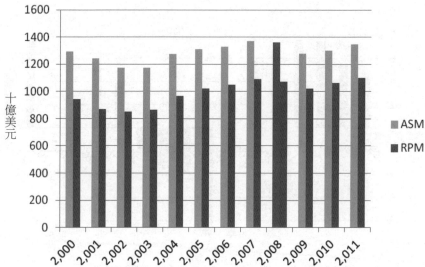

圖1-3　2000-2011年美國航空公司ASM及RPM變化

資料來源：美國運輸統計局（BTS）。

運，他們不單是在空運市場不斷的擴大市場占有率，更有甚者連帶的也讓傳統航空公司不得不調降票價來因應，這也使得傳統航空公司的獲利更加減少。

(三)燃油價格飆漲

　　一直以來燃油成本始終都是全球航空公司營運成本中第二大支出，然而近年來受到國際油價飆漲的影響，幾乎已經成為航空公司營運成本中最大支出項目。

　　圖1-4是從1991到2011年全球原油與航空燃油之走勢變化，明顯看出在90年代原油價格每桶大約在20美元左右，航空燃油每桶大約在30美元左右，但是到了2005年以後全球原油與航空燃油價格呈現飆漲走勢，每桶100美元的價格已漸漸成為常態。

　　我們舉出全球最會賺錢的西南航空當作例子來看，原來占最大宗的人事成本有逐年下降的趨勢，然而燃油成本卻不斷上升逐漸成為西南航空的最大筆營運支出（圖1-5）。

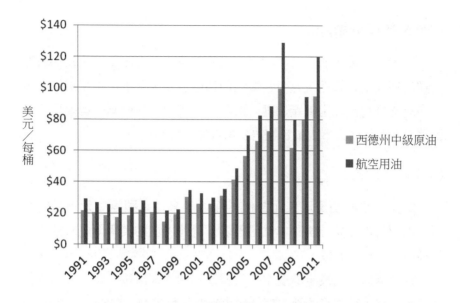

圖1-4　1991-2011年全球原油與航空燃油變化圖

資料來源：Airlines for America (A4A).

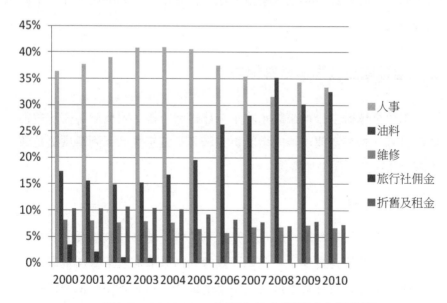

圖1-5　2000-2011年西南航空營運成本變化圖

資料來源：西南航空年報。

(四)人事成本增加

在90年代美國航空公司的人事成本一直不斷在膨脹，也使得航空公司的獲利受到壓縮，然而當燃油價格飆漲及全球經濟不景氣影響，許多航空公司都提出破產保護，這些作為導致以往強勢公會運作受到傷害，進而降低人事成本對航空公司營運成本的壓力。

(五)匯率損失

由於全球原油是以美元計價，而近年來受到國際美元走貶的影響，油價紛紛上揚，讓原本就已經陷入營運困境的美國傳統航空公司的獲利更是雪上加霜。

在瞭解以上對於全球航空公司營運不利的因素後，航空公司的營運還有哪些值得注意的地方呢？國際航空運輸協會（IATA）（2011）統計顯示旅客需求成長是超過預期的，但是航空公司的盈餘卻並沒有明顯增加，其中的原因就是成本不斷上升，導致收益下降，而IATA也修正原先估計在2012年全球航空公司的盈餘由原先的69億美元，下修到49億美元。

二、全球航空公司值得警惕事項

對於全球航空公司來說，除了全球經濟不振，對於旅客需求會造成影響外，未來空運市場的發展更充滿著不確定性，下列事項更是值得讓全球航空公司更加警惕：

(一)市場轉移

由於全球景氣轉壞，願意或是能夠花費大筆金錢來搭乘頭等艙或是商務艙等的旅客變少了，他們選擇轉向搭乘廉價航空公司飛機，最大的原因就是節省經費，這就使得以前依賴商務旅客作為重要營收的傳統航空公司倍感艱辛。許多傳統航空公司為了要與廉價航空公司競爭，不惜成立另外一家廉價航空公司，例如新加坡航空（Singapore

Airlines）在2012年6月成立了酷航（Scoot）廉價航空公司，將營運鎖定在五至十小時航程以內目標，初期將以澳洲及中國為主。

並不是所有的航空公司都應當學習新加坡航空的做法，成立另外一家廉價航空公司，但是不可諱言的，傳統航空公司與廉價航空公司間的競爭已經模糊，名稱已經不重要，重要的是如何能夠在未來的空運市場存活下去。台灣目前尚未出現廉價航空，而面對當前已經出現的市場轉移現象，或許也到了應當仔細思考的時候。

(二)未來的商務旅客市場

由於廉價航空的興起，導致空運市場發生轉移，未來傳統航空公司應當如何爭取商務旅客呢？在傳統航空公司與廉價航空公司間的競爭日漸模糊的時候，很多傳統航空公司在經濟效益考量下，已經悄悄的將頭等艙取消，例如國泰航空就採用豪華經濟艙（premium economy）的做法，想要從廉價航空公司手中爭取更多商務旅客，這種採取中間票價的策略早已經被長榮航空使用過，能不能獲致成功仍有待考驗。

(三)營運策略隨時改變

當全球大多數市場陷入經濟衰退成長遲緩時，亞太地區的相對強勢儼然成為空運市場的救世主，目前中國及印度是亞太地區最有潛力的兩大新興發展國家，無論在客運或貨運方面的快速成長都受到全球航空公司的高度關注，澳洲航空（Qantas Airways）就已經採取集中在亞太地區發展營運的策略。這也說明為了求生存，全球航空公司有著一切向錢看的心態，而營運策略更是因地制宜，隨時可以做出調整。

(四)為了需要及時加入航空聯盟

航空聯盟就像是一隻可以無限向前延伸的手臂，可以幫助航空公司在不需多支出成本下達到擴展營運版圖的目的，加強航空公司的競爭力，中華航空（China Airlines）於在2011年9月28日正式加入天合聯

盟（Skyteam）就是希望提升競爭力，加入航空聯盟的另一個好處就是可以將原來相同航線的航班合併，可以消除供給過剩的問題以及節省支出，當然乘客也要知道雖然是購買某航空公司機票，最後卻是搭乘另一家航空公司的飛機時，請不要感到訝異。

(五)精明的乘客

近年來全球航空公司的營運大都遭遇虧損，降低成本幾乎成為全球航空公司的共識，但在追求降低成本的同時，不要忽略了乘客的感受，因為隨著網路資訊的發達，乘客對於花錢及應得到報酬方面是有相當認知的，尤其是處在今日航空公司機位供過於求的時代，隨時都可以找到替代航空公司，因此對於航空公司來說，降低成本是一定要做的事，然而哪些方面可以降，哪些方面不可以降，正考驗著航空公司營運者的智慧。

(六)環保意識高漲的壓力

對於全球航空公司來說，目前除了營運艱難外，國際環保單位不斷的要求要保護自然環境也是另一個航空公司的夢魘。近來歐盟已經開始要對所有通過或是進入歐洲機場落地的航空公司加收碳稅，雖然目前美國及中國等世界航運大國都大力抵抗，但是這種綠色環保意識的抬頭已經成為一種趨勢，對於全球航空公司都絕對是一個要正視的議題。

(七)不確定的未來

世界變化得太快，快到令許多學者專家的預測都失去準頭，快到令許多企業家無法做出適當的決策。尤其是原來就已經面臨許多問題的航空運輸業，處在今日的環境當中，更是不知如何走出下一步，許多業者只能抱著得過且過的心態。雖然全球航空公司不乏營運成功的案例，但是卻都侷限在某種特殊情境，無法放諸四海皆準，因此除了努力經營，降低成本提升效率外，可以預見的是航空公司的營運還會

有一段艱苦的日子要走。

第六節　結論

隨著航空公司解除管制法的解除以及美國大力推動自由化之雙重影響，全球航空運輸場快速的成長，由於有過多新興航空公司加入全球航空運輸市場，造成國際航空公司面臨激烈競爭，而廉價航空的加入競爭，使得原來就已經十分擁擠的航空運輸市場更加惡化，結果造成許多原本保有良好市場行向的老牌航空公司紛紛宣告破產或是被合併（**圖1-6**），例如泛美航空、東方航空（Eastern Air Lines）、環球航空等，其中環球航空由於經營不善，分別於1992、1995年提出破產，最後在2001年被美國航空併購結束營運，而環球航空三次破產的經歷在航空運輸業也樹立了一個創舉。

在美國廉價航空公司當中，最成功的案例就是從德州發跡的西南航空，而在歐洲最有名的則是總部設在愛爾蘭的瑞安航空

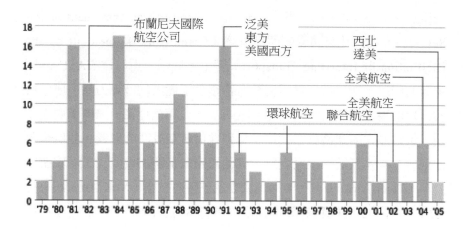

圖1-6　1979-2005年每年美國航空公司宣告破產數量

資料來源：摘自航空運輸協會（Air Transport Association）

http://irinaignatova.ifunnyblog.com/bankruptairlinessince1978

（Ryanair），這兩家廉價航空公司都是在航空公司解除管制法解除之後的環境中成長茁壯，背景相當雷同，其中西南航空到今年為止，已經創下了一項全球航空公司無人能及的紀錄，就是連續三十九年的營運獲利沒有出現過赤字，根據2011年公布之年度報告，到2011年底西南航空在全美國三十七州的七十二個城市都已經展開服務，而在2010年9月27日，西南航空宣布收購穿越航空（AirTran Airways）之後，從2012年1月開始，西南航空在全美國的航線更擴展到四十二州的九十七個城市。而瑞安航空的成就也不遑多讓，她除了讓原本由愛爾蘭政府支持的愛爾蘭航空（Aer Lingus）在營運上倍感壓力外，更成為歐洲最大的廉價航空公司，擁有八百三十條航線，及遍布歐洲十七個國家的一百四十三個目的地。

受到了歐、美廉價航空公司成功營運的刺激，在亞洲尤其是東南亞國協（Association of Southeast Asian Nations, ASEAN）地區，更是蠢蠢欲動，首先是在2007年7月ASEAN國家達成一個在會員國之間對於航班架次不設限的約定，另外在2008年12月6日ASEAN國家的十個會員國在菲律賓馬尼拉簽定了航空貨運服務全面自由化的多邊協議（Multilateral Agreement on the Full Liberalization of Air Freight Services）、航空服務多邊協議（Multilateral Agreement on Air Services）及促進跨國運輸架構協議（Framework Agreement on the Facilitation of Interstate Transport）等三大協議，對於達成ASEAN國家間的開放天空，甚至是經濟整合都產生了極大的鼓舞力量。成立於2001年的馬來西亞亞洲航空（AirAsia），是東南亞第一家廉價航空公司，也是最大的廉價航空公司。受到廉價航空成功的影響，亞航跟著分別成立泰國亞航和印尼亞航，其他國家像是新加坡成立了老虎航空公司（Tiger Airways），泰國也成立泰航飛鳥航空（NoK Air）和東方泰航，爭相加入廉價航空市場營運。廉價航空公司在東南亞地區快速成長，反觀台灣，對於成立廉價航空公司卻絲毫不見動靜，其中緣故可能與我國在國際上之生存空間受到中國的排擠外，另外ASEAN國家之間簽訂的開放天空協議，也可能是另一個讓我國在成立廉價航空公

司上卻步之原因。

就在全球廉價航空公司不斷成立，並且已經對傳統航空公司在短程市場上造成競爭壓力之際，傳統航空公司應當採取何種因應措施呢？個人在本章結束前提出四點看法供航空公司經營者參考：

第一，傳統航空公司應當認知道在成本結構不對稱的情形下，若想要單單使用降低票價的方式來與廉價航空公司競爭，尤其是在短程市場上的競爭，傳統航空公司獲得勝利的機會相當低。

第二，由於廉價航空公司為了降低營運成本，一般採取點到點飛航服務、使用次要機場及不提供機上餐點之措施，因此除非廉價航空公司將營運模式做重大改變，短期內國際長程飛航市場服務的營運，應當還是傳統航空公司的天下。

第三，由於受到油價持續走揚趨勢影響，未來可以預見的是航空公司的營運成本會愈來愈高（以華航為例，在2010年油料成本占總營運成本的比重已經高達43％），因此不論是廉價或是傳統航空公司在未來對於營運成本之控制，一定要當作首要目標，否則想要繼續生存將會發生困難。

第四，由於受到資訊發達的影響，以往在價格制定上航空公司享有之優勢已經喪失主動權，尤其是對於原本就並不具備品牌優勢的傳統航空公司這種現象將更為明顯，因此除了第三點所說要做好成本管控外，靈活、機動的營運模式可能也將成為航空公司未來所不可或缺之作為。

最後值得一提的就是，對某些航空公司來說，購併可能會是較佳的選項，在美國達美航空於2008年10月以26億美元購併了西北航空，接著在2010年5月聯合航空與大陸航空在對等的基礎下進行合併，而即使受到美國及全球經濟持續衰退的影響，在2011年這兩個併購案都為公司創造了利潤。在歐洲法國航空與荷蘭皇家航空於2003年9月整合成為新的Air France-KLM集團，接著在2009年9月英國航空及西班牙伊比利亞航空（Iberia）合併，更加深了航空公司間併購的合理性。受到這些合併個案成功的影響（至少到目前為止沒見到崩盤），我們可以預

期未來還會有更多的歐洲航空公司進行整合或是購併。當然目前許多國家航空公司仍然受到該國國籍人擁有（ownership constraints）的限制，短期內將很難見到像是中國人購併日本航空公司之情形，然而一旦國籍擁有限制解除，我們將可以預期以往將航空公司作為國家象徵的情形將不復存在。

影響航空運輸市場的因素很多，也造成航空運輸市場天生具有不穩定性。因此若僅由某一個層面去探討問題，就想要對航空公司做出建言，期能將營運結果改善，那將是一個不切實際的空想，套用一句英文就是「Unfortunately, there is no silver bullet that guarantees airlines success」。然而對於一個航空公司的管理者而言，不論外在環境如何變遷，最終的目的應當是讓公司獲利，但是要如何做才能導致公司的成長與獲利，絕對是二十一世紀航空公司經營者要面對的重要課題。

Chapter 2

國際規範及機場管理

在討論到對產業的限制時，幾乎沒有一個國際產業會像航空運輸業一樣受到那麼多國際及國內各種嚴苛的規定。在過去半世紀以來，全球航空公司都經歷過許多對於航空業規範的重大改變，讓事情變得更複雜的是，在國際上以及國內始終有許多機關或是非政府組織，對於凡是與飛航相關的安全、經濟甚至是國家安全議題，都要表達意見甚至制定規範加以干預，而對於航空運輸業的發展造成了正面及負面的影響。

在本節當中首先將討論1944年芝加哥公約（Chicago Convention）的形成及其對航空運輸業產生的影響，其次討論空運市場的規範，航空公司私有化及1978年美國航空公司解禁法後對美國國內空運市場產生的變化，以及機場私有化的趨勢，最後討論有關國際上主管空運事務的重要機構、組織及職掌。

第一節　國際規範的建立

1944年完成的芝加哥公約對於整體的國際航空運輸產生了極大的影響，回顧歷史諷刺的是，人類航空技術發展最快的時期，都與發生戰爭有關。在第二次世界大戰中，儘管戰事吃緊，但是在飛機、航路、航管及機場的發展卻相當迅速。尤其是國際民航的發展，發覺如果等到戰爭結束後，將會有著技術及政治上的問題產生，如不立即解決，將會造成國際民航的障礙。因此在歐戰和太平洋戰爭快結束前的1944年11月1日到12月7日，由美國起頭邀請世界各國來共商民航發展的大計，會議地點在芝加哥，這個會議就是芝加哥會議（Chicago Conference），最後來了五十二個國家的代表，將會議結論於1944年12月7月在芝加哥簽訂簽署成一份公約，全名是國際民用航空公約（Convention on International Civil Aviation），是國際航空公法的基礎和憲章性文件，另稱芝加哥公約，並於1947年4月4月生效。

若以總體層面來看，芝加哥公約對於當時逐漸成形的民用航空運

輸樹立了各國遵守的規範。當時美國的主張是要朝向建立一個較為自由開放的架構，希望對於國際航空運輸，例如各國市場的進出以及航空公司間的競爭限制是愈少愈好，換句話說美國是希望建立一個以市場導向（market-driven）的民用航空運輸業。然而，以英國為主的許多國家，卻傾向要建立一個約束較多的國際民用航空運輸業，他們所持的理由包括因為民用航空運輸是一個新生的產業，需要更多的保護來逐漸成長。當然背後的理由是因為在當時美國的民用航空運輸業，無論在財力或是機隊的組成上，顯然都較其他國家為優，若貿然同意自由開放的架構，無疑的將會讓美國獲得最大的利益，有鑑於此，其他國家都祭出要動用拒絕落地權力作為談判籌碼，最後贊成採取保護主義的國家贏得勝利。

雖然沒有建立出一個普世價值的公約，但是芝加哥公約在序言中表述它的宗旨說：「鑑於國際民用航空的未來發展對建立和保持世界各國之間和人民之間的友誼和瞭解大有幫助。而其濫用足以威脅普遍安全；又鑑於有需要避免各國之間和人民之間的磨擦並促進其合作，世界和平有賴於此；因此，下列簽字各國政府議定了若干原則和辦法，使國際民用航空得按照安全和有秩序的方式發展，並使國際航空運輸業務得建立在機會均等的基礎上，健康地和經濟地經營；為此目的締結本公約。」

概括來說，為了維護世界和平與各國人民之間的友好與合作。就航空事業強調了「安全和有秩序」地發展，並使國際航空運輸「在機會均等基礎上，健康地和經濟地經營」。

芝加哥公約為規範民用航空運輸業建立了一個框架（framework），基本上是在兩個國家之間雙邊的基礎上（bilateral basis）來達成協議，結果造成「雙邊飛航服務協議」（bilateral air service agreements, ASAs）成為國際間航空運輸業共同遵守的原則。

一、九大航權

　　芝加哥公約同時也開創了所謂的「空中自由權」（freedoms of the air）的概念，公約之中明定五大自由協定，一般也稱為五大航權（今日已增加至九種），提供國與國之間協商航空運輸條款的藍本，有關條款一直沿用至今。

(一)第一航權：領空飛越權（the right to fly over a foreign country, without landing there）

　　在不著陸的情況下，容許本國航機在甲國領空上飛過，前往目的地國家。如未簽訂第一航權，則該國航空器必須繞道飛行，飛行時間與成本相對提高。舉例來說，華航飛往洛杉磯的飛機可穿越日本領空（圖2-1）。

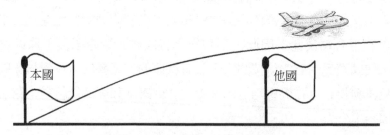

本國

他國

圖2-1　第一航權：領空飛越權

(二)第二航權：技術降落權（the right to refuel or carry out maintenance in a foreign country on the way to another country）

　　容許本國航機因入油的技術上需要，如添加油料、機件故障或氣候之因素，可在甲國降落，但不得作業務性之上下貨物或乘客（圖2-2）。

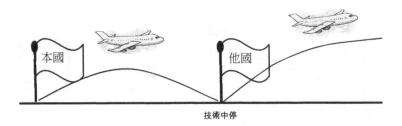

技術中停

圖2-2　第二航權：技術降落權

(三)第三航權：目的地下客貨權（the right to fly from one's own country to another）

　　一國之航空器可在簽約國之國土，進行業務性之下乘客、貨物和郵件，但不能上乘客或貨物（圖2-3）。

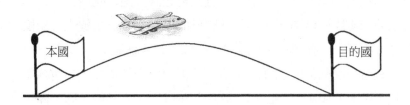

圖2-3　第三航權：目的地下客貨權

(四)第四航權：目的地上客貨權（the right to fly from another country to one's own）

　　一國之航空器可在簽約國之國土，進行業務性之上乘客、貨物和郵件，但不能下乘客或貨物。舉例來說，台灣與美國間空運協定交換第三及第四自由航權，即表示台灣與美國的航空公司可在台灣與美國之間往返載運客、貨運及郵件（圖2-4）。

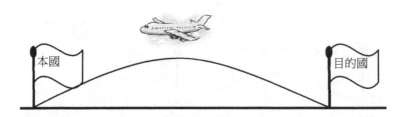

圖2-4　第四航權：目的地上客貨權

(五)第五航權：中間點權或延遠權（the right to fly between two foreign countries during flights while the flight originates or ends in one's own country）

　　容許本國航機在前往目的國時，先以甲國作為中轉站上下客貨，再前往目的國（圖2-5）。亦可在目的國上下客貨再返回甲國。航機最終以本國為終點站。基本上，第五航權允許一國之航空公司在其登記國以外的兩國間載運客貨，但其航班的起點必須為飛機之登記國。換言之，航班的出發地必須為該國航空公司的所屬國家。

　　當台美間交換的航權除了第三及第四自由航權外，尚包括第五自由時，台灣的中華航空公司飛航台北—成田—洛杉磯，則不僅可載運台北往返洛杉磯的客、貨運及郵件，也可載運日本往返洛杉磯的客、貨運及郵件，此時就台美間協定而言，中華航空使用的即為中間點第五自由，但中華航空同時必須獲得日本授予其由東京延遠洛杉磯的第五自由。

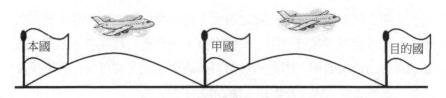

圖2-5　第五航權：中間點權或延遠權

(六)第六航權：橋樑權（the right to fly from a foreign country to another one while stopping in one's own country for non-technical reasons）

容許一國航機分別以兩條航線，接載甲國和乙國乘客及貨物往返，但途中必須經過本國（**圖2-6**）。

以本國為轉運點之航空公司會造成將他國的客貨運轉移，而一旦該國的營運受損必然會尋求對策，例如菲律賓航空即因中華與長榮航空公司使用了第六自由，以低價手段搶走菲航美國線的客源，與我國展開談判，菲國甚至採取了極端的手段——斷航；但如航線已經建立，則採取嚴格限制轉運業者之運能，例如台菲斷航後，雙方多次談判的重點均為減少原協定規定之航空公司可提供的運能，其目的即在使航空公司無多餘的運能載運轉機的旅客。

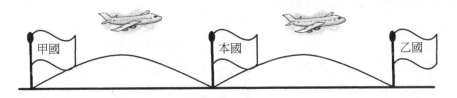

圖2-6　第六航權：橋樑權

(七)第七航權：完全第三國運輸權（the right to fly between two foreign countries while not offering flights to one's own country）

容許一國航機在境外接載乘客和貨物，而不用飛返本國。即本國航機在甲、乙兩國接載乘客和運載貨物（**圖2-7**）。

第七自由幾乎等於同意外國航空公司如同本國航空公司般以本國為轉運中心，而國際上除了美國有勢力強大之快遞業，有能力運用第七自由，因而大力鼓吹各國開放第七自由外，其他各國並無能力真正利用第七自由，因此對同意第七自由大多持保留態度。

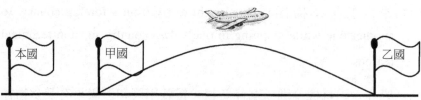

圖2-7　第七航權：完全第三國運輸權

(八)第八航權：他國境內營運權（Ⅰ）（the right to fly between two or more airports in a foreign country while continuing service to one's own country）

　　容許本國航機前往甲國境內，兩個不同的地方接載乘客、貨物往返，但航機上的乘客或貨物需以本國為起點或終點。也就是外國航空公司從事本國境內空運的法律限制（cabotage），目前除了歐洲以外其他地區幾乎沒有實施（**圖2-8**）。

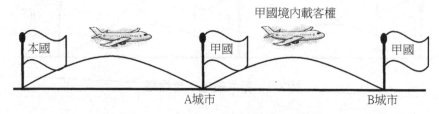

圖2-8　第八航權：他國境內營運權（Ⅰ）

(九)第九航權：他國境內營運權（Ⅱ）（the right to fly inside a foreign country without continuing service to one's own country）

　　本國航機可以到協定國進行國內航線運營，惟航機上的乘客或貨物不需以本國為起點或終點，又稱為獨立外國航空公司從事本國境內空運權（stand-alone cabotage）（**圖2-9**）。

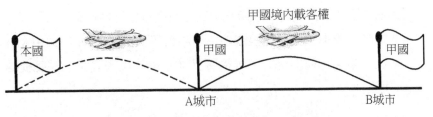

甲國境內載客權

本國　　　　　　　　甲國　　　　　　　　甲國

A城市　　　　　　　　B城市

圖2-9　第九航權：他國境內營運權（Ⅱ）

　　芝加哥舉行之國際民航會議確實稱得上是國際民航史上最具影響力、成果最豐碩之國際航空會議，也簽署了一項全球航空公司及各國政府賴以遵行的芝加哥公約，然而公約是建立以兩個國家為主的雙邊基礎上來達成協議，結果造成國際上雙邊飛航服務協議的濫觴，雖然對於自由化即開放天空有著若干差距，但是對於爾後國際航空運輸業的蓬勃發展，仍有著不可磨滅的貢獻。會後，根據該公約在聯合國之下也成立國際民用航空組織（International Civil Aviation Organization, ICAO），該組織負責制定民用航空之安全及標準化程序，促使全球航空運輸系統能夠無遠弗屆的安全飛行。

二、雙邊飛航服務協議

(一)雙邊飛航服務協議的種類

　　一般而言，雙邊飛航服務協議有傳統的、開放市場及開放天空等三種，分述如下：

◆ 傳統的

　　最早的例子是當時主要的兩個對立的航空勢力——主張開放的美國與反對開放的英國，在1946年初達成了著名的百慕達I號協定，此一協定包括對：

　　1.容量班次：英國主張由雙方政府事先確定，而美國主張由各航空公司按市場需求自行決定，雙方政府進行事後檢討，最後英

國妥協採事後檢討，故條文中對容量僅作原則性規範。

2.票價／費率：美國主張費率由市場競爭決定。英國主張由IATA統一擬定，並經雙方主管機關批准。最後美國妥協，採雙批准原則。

其次是1973年英美進一步修訂協定成為百慕達II號協定。該協定特點包括容量設限、指定航空公司設限、包機條款及保安條款等。

◆開放市場

1978年美國國會通過航空公司解除管制法之後，美國即與荷蘭、比利時、新加坡、我國簽署此協定，包括多家無限制式指定、容量（不限班次、容量與機型）、航線架構（以均衡受益為原則，即航線中所列之口岸城市（gateway city），我國航空公司在美國之口岸城市有七個）、票價／費率（雙否定原則）及包機（採啟程地國原則，以載運第三、四自由之客貨為限）等。

◆開放天空

1992年美國與荷蘭首簽署開放天空協定，亞太地區與美國簽署者包括：新加坡、汶萊、紐西蘭、馬來西亞、韓國及我國分別簽署，內容除前述外尚包括增列共用班號之權利、得從事複合型態之運輸等。

(二)協議內容的談判重點

雖然有上述三種類型雙邊飛航服務協議，但是對於下列四點卻是協議內容的談判重點：

◆市場進入

在傳統的雙邊飛航服務協議下，對於市場進入主要是採取「城對」（city pair）的概念，對於雙方能夠營運的城市要在協議中明載；在開放市場的雙邊飛航服務協議下，雙方能夠在所有可能營運的城市進行營運；至於開放天空則對於雙方可能營運的城市沒有限制。

◆指定航空公司

在傳統的雙邊飛航服務協議下，締約雙方要指定僅有一家航空公司採取「城對」市場營運，當然如要指定兩家以上則須經過協商；在開放市場及開放天空的協議下，雙方能夠指定的航空公司則沒有限制。

然而對於指定航空公司則必須具備有「本國籍」及「大部分擁有及有效控制」的原則，這種指定航空公司的擁有者必須要有本國籍的要求，是一般國際企業所沒有的嚴苛限制，當然也影響到航空公司的國際併購，也妨礙到航空公司在資金需求上流動的便利性，而在目前國際間極力鼓吹自由化的前提下，這個問題勢必會成為世界各國不得不面對的事實，或許在不久的將來會有更大的突破發生。

◆運量管制

在傳統的雙邊飛航服務協議下，對於運量管制相當嚴格，簡單的說締約雙方的運量是以50-50作為平分標準，更有甚者，某些協議中明載雙方要均分利益，而不論載客的多少；在開放市場的雙邊飛航服務協議下，對於雙方進行營運城市的運量沒有限制，有些協議中對於擁有第五自由的雙方同意在第三地可以更改使用飛機的機型及運量；至於開放天空則除了上述的營運外，又增加了雙方可以共用班號之權利。

◆票價／費率

在傳統的雙邊飛航服務協議下，對於票價／費率，簡單的說是採取「雙重認定」（double approval）的標準，票價／費率的訂定是根據「成本加營利」（cost plus profit）的原則；在開放市場的雙邊飛航服務協議下，對於任一方提出的票價／費率，必須在雙方均否定的狀況下才可以拒絕，某些國家更採取「地主國原則」（country of origin rule）來制訂票價／費率；至於開放天空則對於票價／費率沒有任何設限，惟發生政府惡意介入或是有獨占行為產生時可加以干預。

第二節 主要國際民用航空組織及任務

一、國際民用航空組織

　　國際民用航空組織（ICAO）前身是根據1919年巴黎公約成立的空中航行國際委員會（International Commission on Air Navigation, ICAN），ICAN的主要任務是提供一個論壇，讓世界各國討論有關外國民用航空器飛越其他國家領空時應遵守之規定。由於第二次世界大戰之後航空業的快速發展，國際民用航空的運輸涉及航機、客貨、航權、機場、法律、管轄權等國際事務。就旅客而言，運送人、出發地、目的地、旅客、飛機上的服務人員，均可能是不同的國籍，尤其涉及管轄權問題以及法律層面，可能不是單純法理所能解決。就貨物而言，託運人、售貨人、收貨人、銀行、保險公司或是運送人，可能部分是相同國籍，也可能不相同。就航空器而言，航空器的國籍、運送人的國籍、航權的內容均不相同。就法律的管轄權而言，常因上述國籍的不同而有不同，而各國法律對空運管轄權又有不同的立法或解釋，常使國際空運的複雜性或不確定性升高。各國為謀民航事業的發達，國際運輸的便利，與人員生命財產的保障，因此在美國芝加哥召開國際會議簽訂了芝加哥公約之後，於1947年4月4日當芝加哥公約正式生效時，國際民用航空組織也正式成立，擔負國際間協調的工作。

　　在芝加哥公約第44條也明確列出國際民用航空組織的宗旨及目的，在於發展國際飛航的原則與技術，並促進國際航空運輸的規劃和發展：

1.保證全世界國際民用航空能安全及有次序的發展。
2.鼓勵為和平用途的航空器之設計與操作技術。
3.鼓勵發展用於國際民用航空的航路、機場與飛航設施。
4.滿足全世界人民對安全、有效率且經濟的航空運輸之需求。
5.防止因不合理的競爭而造成經濟上的浪費。

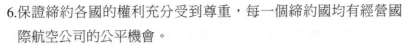

6.保證締約各國的權利充分受到尊重，每一個締約國均有經營國際航空公司的公平機會。

7.避免締約各國之間的差別待遇。

8.促進國際航空之飛航安全。

9.普遍促進國際民用航空在各方面的發展。

近年來ICAO主要是專注在制定技術規範上，一共發展出了十八個有關飛航安全、機場標準、飛航管理需求、設施及裝備等的國際標準及建議事項的附錄。而所有雙邊或是多邊的「飛航服務協議」也都需要到ICAO註冊，迄今已有超過四千個飛航服務協議登記在案。

二、國際航空運輸協會

國際航空運輸協會（IATA）於1945年4月在古巴哈瓦那成立，共有兩個總部分設在加拿大的蒙特婁（Montreal）與瑞士的日內瓦（Geneva）。IATA主要是用來因應國際航空公司對於制訂票價之協調，而該項目標在芝加哥公約當中並沒有被提及，而IATA的確也針對這項目標，每年都會舉辦「運輸會議」（traffic conferences）作為來與各航空公司協調國際航空票價之訂定標準。

在過去幾十年來，IATA對於國際航空運輸的發展扮演著關鍵的角色，IATA的會員主要包括航空公司、旅行社、貨運承攬業及航空業供應商等。為了能將功能完全發揮，IATA採取了兩個層次的組織架構：第一個層次主要是當作為貿易聯盟，提供各種技術、法律及財務的服務，這可以從IATA定期舉辦的各種與民用航空運輸有關的培訓課程，例如舉辦危險品運送及對於運送旅客及貨物相關之法律責任問題等培訓課程可以看出。第二個層次仍然是回到當初設立的初衷——國際票價協商，主要的目的是在制訂有關運送人員及物品的價格、旅行社收取佣金標準，這些都會在年度舉行的「運輸會議」當中討論。

近年來，由於受到自由化及國際航空運輸解除管制的影響，IATA對於國際航空公司的影響力明顯的漸漸消退。然而，在國際上沒有出現

能夠取代IATA組織的機構前，IATA仍被視為具有半官方身分的國際民用航空組織，對於協調訂定國際航空票價標準上仍是不可或缺的機構。

三、能源運輸總署

在歐盟執行委員會（European Commission, EC）之下的能源運輸總署（Directorate-General Energy and Transport）一直在擴大它在國際航空公司及機場規定及政策上所扮演之角色，例如兩年前才剛簽訂的美國及歐洲開放天空協議以及對於機場時間帶（slot）的規定等，能源運輸總署都有介入，而對於航空旅客權益及環境保護等，也都採取相當激進的立場。

四、歐洲航空安全管理局

歐洲航空安全局（EASA）是在2002年創立，除了取代了歐洲聯合航空署（Joint Aviation Authorities of Europe）的功能外，還增加了許多功能，像是民航安全及環境保護等。而它主要的功能有督導、訓練及標準程序的建立，確保歐盟飛航安全立法會在各會員國實施。另外，凡是使用歐盟機場的外國飛機，在安全、飛機環保認證、發動機及零附件等，也都要符合歐盟的要求。

隨著航空市場蓬勃發展，全球飛機數量快速增加，飛機維修市場急遽成長。早期美國聯邦航空總署（FAA）維修執照為市場主流，但隨著飛安要求越來越高，國際維修市場要求標準已有轉向到標準更高的歐洲航空安全管理局證照制度的趨勢。

五、美國交通部

美國交通部（DOT）成立於1967年，主管國內及國際經濟政策及規定，對於美國國內航空公司若是有反競爭的行為出現時，例如利用

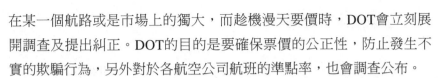

在某一個航路或是市場上的獨大，而趁機漫天要價時，DOT會立刻展開調查及提出糾正。DOT的目的是要確保票價的公正性，防止發生不實的欺騙行為，另外對於各航空公司航班的準點率，也會調查公布。

對於協助航空公司DOT也有計畫，例如發生在2001年的911恐怖攻擊事件，DOT就直接補助航空公司50億美元，另外又拿出100億美元長期貸款給航空公司。對於國際飛航政策及雙邊或是多邊飛航服務協議的談判，也是DOT負責的範圍。

六、美國聯邦航空總署

美國聯邦航空總署（FAA）在1958年以獨立的政府機構成立，但在1968年納入到美國交通部負責掌管民用航空管理的事務，FAA編製了35億美元的機場改進計畫（Airports Improvement Program, AIP）的預算，用來作為美國機場改善之費用，同時FAA也負責六個主要業務：規定及認證、研究與採購、機場、行政管理、民用太空運輸以及航管服務等。到目前為止，占FAA最大部分業務的是在提供航管服務方面。

七、國家安全運輸委員會

國家安全運輸委員會（National Transportation Safety Board, NTSB）是1967年成立的獨立機構，除了負責調查航空、高速公路、海洋、管道及鐵路發生的事故外，也會對交通安全提出具體建議。

例如針對2008年1月波音777發生兩起勞斯萊斯（Rolls-Royce）引擎失靈飛安事故，國家安全運輸委員會和英國航空失事調查局（British Air Accidents Investigation Branch）不約而同發布危險報告指出，配備勞斯萊斯瑕疵引擎之噴射客機再度出事的可能性極高。

八、運輸安全管理局

運輸安全管理局（Transportation Security Administration, TSA）於2001年成立，已於2003年移交給國土安全部，專門負責航空旅遊安檢事項，例如TSA發布航空旅遊注意事項包括：各類的液態或凝膠狀物品（包括飲料、洗髮精、防曬油、乳液、牙膏和髮膠等等）禁止攜帶上機，必須放置在託運行李中，但嬰幼兒食品及有醫生處方之必備藥物不在此限；至少在飛機起飛前三個小時到達機場；安檢後在候機處所購買的飲料，必須在登機前喝完；安檢人員會在登機門進行抽檢以及與TSA安檢人員及航空公司人員充分配合，提高警覺，若有看到行徑可疑之人或事，向有關單位報告等。

至於其他相關主要國際民用航空組織尚有許多，在此不予贅述。

第三節　機場管理

一、機場分類

對於航空運輸業來說，機場所有權及管理得是否有效率，對於航空公司的運作有著非常大的影響。首先美國聯邦航空總署（FAA）的分類規定，根據活動用途可以將機場分作商業服務（commercial service）、貨運服務（cargo service）、疏散（reliever）及通用（general aviation）等機場（**表2-1**）。

(一)商業服務機場

政府機構擁有的機場，每年至少要有2,500名旅客登機，及接受定期班機服務，旅客登機必須是付費的且不限於只搭乘定期班機。商業服務機場又分為：

表2-1　美國機場分類

機場分類		軸輻（hub）型態： 年度登機旅客百分比	
商業服務： 政府機構擁有的機場，每年至少要有2,500名旅客登機，及接受定期班機服務	主要：每年至少要有10,000名以上旅客登機	超過1%	大型軸輻
		至少要高於0.25%，但不超過1%	中型軸輻
		至少要有0.05%，但不超過0.25%	小型軸輻
		超過10,000名登機旅客，但少於0.05%	非軸輻
	非主要	非軸輻：至少要有2,500名，但不大於10,000名登機旅客	非主要商業服務
非主要（商業服務之外）		沒有規範	疏散機場

資料來源：美國聯邦航空總署（FAA）。

1.非主要商業服務機場（non-primary commercial service airports）：每年至少要有2,500名且不大過10,000名旅客登機。

2.主要商業服務機場（primary commercial service airports）：每年至少要有10,000名以上旅客登機。

(二)貨運服務機場

專門提供航空貨運服務，每年落地載重超過1億磅，落地載重是指往來於各州內部、各州之間及國外機場間，專門運送貨物飛機的重量。一個機場可以同時是商業服務機場及貨運服務機場。

(三)疏散機場

是由FAA指定作為當商業服務機場發生擁擠時作為疏散之用途的機場，或作為通用航空器到達所有社區之機場，疏散機場可以是政府或私人擁有。

(四)通用機場

沒有嚴格定義且不屬於上述分類機場都屬於此類，通用機場在美

國的比例最高，也可以是政府或私人擁有。

以2010年美國搭機乘客總人數約7億2,000萬來計算，符合大型商業服務機場的條件是搭機乘客總人數要超過720萬。

表2-2列出2010年全球搭機乘客人數最多的三十個機場當中，美國就占了十三個，亞洲有九個，歐洲有七個，中東有一個，而三十個全球搭機乘客人數最多的機場都超過730萬以上，因此都屬於大型輪紐商業服務機場的要求。根據我國桃園國際機場在2010年的營運統計客運量人數已達2,300萬，在規模上已屬於大型輪紐商業服務機場。

表2-2　2010年全球搭機乘客人數最多的三十個機場

FAA/IATA	城市	國家	搭機乘客總人數
ATL	Atlanta	United States	89,331,622
PEK	Beijing	China	73,948,113
ORD	Chicago	United States	66,774,738
LHR	London	United Kingdom	65,884,143
HND	Tokyo	Japan	64,211,074
LAX	Los Angeles	United States	59,070,127
CDG	Paris	France	58,167,062
DFW	Dallas	United States	56,906,610
FRA	Frankfurt am Main	Germany	53,009,221
DEN	Denver	United States	52,209,377
HKG	Hong Kong	Hong Kong	50,348,960
MAD	Madrid	Spain	49,844,596
DXB	Dubai	United Arab Emirates	47,180,628
JFK	New York	United States	46,514,154
AMS	Amsterdam	Netherlands	45,211,749
CGK	Jakarta, Java	Indonesia	44,355,998
BKK	Bangkok	Thailand	42,784,967
SIN	Singapore	Singapore	42,038,777
CAN	Guangzhou	China	40,975,673
PVG	Shanghai	China	40,578,621
IAH	Houston	United States	40,479,569
LAS	Las Vegas	United States	39,757,359

航空運輸管理概論

（續）表2-2　2010年全球搭機乘客人數最多的三十個機場

FAA/IATA	城市	國家	搭機乘客總人數
SFO	San Francisco	United States	39,253,999
PHX	Phoenix	United States	38,554,215
CLT	Charlotte	United States	38,254,207
FCO	Roma	Italy	36,227,778
SYD	Sydney	Australia	35,991,917
MIA	Miami	United States	35,698,025
MCO	Orlando	United States	34,877,899
MUC	Munchen	Germany	34,721,605

資料來源：Airports Council International.

　　如同全球航空公司對於乘客的服務有實施評比一樣，英國天空足跡（Skytrax）顧問公司同樣也對全球機場提供服務的好壞做出評比，Skytrax針對全球三百八十八個機場，訪問超過一百個國家的旅客，用九個月的時間評估包括報到櫃檯、到場、轉機、購物、安全及通過海關等多達三十九項的機場服務，最後列出全球最佳機場名單（**表2-3**）。

表2-3　2010-2011年全球最佳機場

2011年	全球最佳機場獎	2010年
1	Hong Kong International Airport	3
2	Singapore Changi Airport	1
3	Incheon International Airport	2
4	Munich Airport	4
5	Beijing Capital International Airport	8
6	Amsterdam Schiphol Airport	7
7	Zurich Airport	6
8	Auckland International Airport	9
9	Kuala Lumpur International Airport	5
10	Copenhagen Airport	15

資料來源：英國天空足跡（Skytrax）。

　　獲得2011年全球最佳機場獎的十個機場當中，亞洲就占了五個，顯示亞太地區對於機場服務的重視，我國桃園機場並沒有參與評比，就其原因可能是到目前為止桃園機場一直都處於整修狀態，在一切都還沒有就緒的情形下，當然無法參加評比。

　　通常一座機場包含空側（airside）及陸側（landside）兩部分，空側是指跑道、滑行道、停機坪、飛機維修區域、飛航管制設施和裝備及圍繞在這些設施附近之土地等。陸側是指航站大樓、貨運站、支援人員大樓（機場行政管理、設備機具、餐飲店）、路面進入設施（連外道路、停車場、車站）及其他附屬在機場範圍內的設施（旅館、辦公室、購物區）。

　　為了要確保飛機安全及不同國家飛機抵達要具備相互支援能力，全球商業機場都必須符合一定的國際技術標準，由於全球機場採用的系統日益成熟，對於處理乘客及貨物的流程也更順暢。然而由於地理位置或是國情的不同，全球商業機場之間例如土地面積、設施裝備、提供服務、擁擠程度或是機場營收等都還是有一些差異。一般來說，全球商業機場的土地面積大約在80-350公頃之間。

　　由**表2-4**得知丹佛商業機場的土地面積最大，而紐約拉瓜地亞商業機場是紐約都會區的三個主要機場中最小的一個，但因為最接近曼哈頓，故使用率不低，在2005年時就已經有超過2,600萬名搭機旅客。

表2-4　全球商業機場的土地面積

機場	土地面積
丹佛	13,600公頃
紐約拉瓜地亞機場	260公頃
韓國仁川	4,744公頃
日本成田	1,065公頃
上海浦東	3,200公頃
新加坡	1,663公頃
吉隆坡	10,000公頃
香港	1,248公頃
桃園	1,249公頃（預計擴建至1,994公頃）

二、機場設計

由於受到加強飛航安全要求之限制，機場設計必須符合國際民用航空組織（ICAO）附錄14之要求，附錄14早在1951年就公布施行，到2007年共計修改過超過四十次，其中對於跑道長度、滑行道及停機坪位置、在滑行道及跑道附近人為或自然障礙高度、導航裝備位置、機場航行燈等都有明確規範（**表2-5**）。在實務上，美國聯邦航空總署（FAA）對於機場設計也有一套規範（**表2-6**）。

表2-5　ICAO機場參考碼

ICAO 第一碼		ICAO 第二碼	
	飛機參考跑道長度（RFL）		翼展（WS）
1	RFL＜800m	A	WS＜15m
2	800m＜RFL＜1200m	B	15m＜WS＜24m
3	1200m＜RFL＜1800m	C	24m＜WS＜36m
4	1800m＜RFL	D	36m＜WS＜52m
		E	52m＜WS＜65m
		F	65m＜WS＜80m

資料來源：ICAO.

表2-6　FAA機場參考碼

FAA 第一碼		FAA 第二碼	
飛機進場類別	飛機進場速度（AS），節		翼展（WS）
A	AS＜91	I	WS＜15m
B	91＜AS＜121	II	15m＜WS＜24m
C	121＜AS＜141	III	24m＜WS＜36m
D	141＜AS＜166	IV	36m＜WS＜52m
E	166＜AS	V	52m＜WS＜65m
		VI	65m＜WS＜80m

資料來源：FAA.

航
空
運
輸
管
理
概
論

不論是ICAO或是FAA在制定標準時都使用兩位數機場參考碼（reference codes），對每一類飛機來說，若依照ICAO第一碼的標準是採用參考跑道長度（RFL），這是在飛機最大總重、海平面高度、標準大氣壓、無風及水平跑道狀況下所需的最小跑道長度，ICAO第二碼則是按照飛機翼展長度而定。另外FAA第一碼的標準是採用飛機進場速度（AS），通常飛機進場速度（AS）的計算是失速速度的1.3倍。

若依照ICAO第一碼的標準，**表2-3**之2010-2011年全球最佳的三十個商業機場大都屬於第4級，也就是跑道長度在1,800公尺以上，也就是可以提供全球主要的廣體客機使用的機場；同樣的，若依照FAA第一碼的標準，則都是在C級以上。桃園機場現有兩條跑道，北跑道（05L-23R）長度為3,660公尺，寬60公尺。南跑道（05R-23L）長度為3,350公尺，寬60公尺。波音B747-400的進場速度約為135-140節，假設搭載400名乘客落地需要1,905公尺跑道長度。因此依照ICAO第一碼的標準機場屬於第4級，而依照FAA第一碼的標準，則是在C級以上。

ICAO或是FAA的第二碼同樣都是對於飛機翼展長度的規範，這可以提供給機場當局在建造機場時作為參考，通常在選擇跑道寬度時首先考量的是機場最主要使用的飛機機種為何。一般來說廣體客機的翼展長，依照ICAO第二碼的標準大都在D級以上，依照FAA第二碼的標準則是在VI級以上，例如A340-500翼展長63.7公尺、777-200翼展長60.9公尺，上述兩者依照ICAO第二碼的標準是在E級（FAA第二碼的標準則是在V級），747-400翼展長68.5公尺、A380-500翼展長79.86公尺，依照ICAO第二碼的標準是在F級（FAA第二碼的標準則是在VI級）。

機場空側大約占機場面積的80-95%，而機場空側的形狀也與跑道數目及分布狀況有關，一般來說機場空側跑道長度的設計主要是考量提供服務機種起飛及落地重量所需跑道距離、天氣狀況（包括溫度及場面風向）、機場位置（包括機場高度及在附近的障礙物情形）、機場坡度等。通常飛機需要跑道長度與天氣狀況（溫度）及機場高度有密切關係，例如在夏天由於天氣炎熱，空氣含水量高，導致空氣密度

降低，飛機起飛需要跑道長度就比冬天長；另外，機場高度每上升300公尺，飛機起飛需要跑道長度就增加約7%。

機場跑道都有兩位數的編號，代表的是機場的磁方位，也就是跑道的方向，例如桃園機場跑道有兩條，分別為05/23與06/24，數字的意義指的是跑道對的方向。例如05跑道，他所對的方向有可能的範圍在朝東北方050-059度。跑道的建構會依據地方的平均風向來設計，桃園國際機場冬天有東北風，夏天吹西南風，所以跑道的走向就成為向東北的053與西南的233，因為按照國慣例取前兩位數就變成為05/23。

在美國機場設計規劃受到美國聯邦航空總署（FAA）的管制，一般來說FAA很重視飛行員在空中是否很容易辨識跑道，以及在落地後是否能夠安全滑行到停機位置，甚至對於各項標示是否清楚及跑道滑行燈等都是評估的重點。

最簡單的機場只有一條跑道，幾乎台灣所有的軍用機場及松山機場都屬於此類，根據FAA規定，在天氣狀況良好，符合目視飛行規則（Visual Flight Rules, VFR）條件下，一條跑道每小時應當可以容納高達99架輕航機運作。當天氣狀況不好，符合儀器飛行規則（Instrument Flight Rules, IFR）狀況時，每小時應當可以容納42-53架輕航機運作。

而隨著運輸量的增加，跑道數目也跟著增加，最常見的就是兩條平行跑道，而根據兩條平行跑道中心線間隔距離的大小可以區分為近、中、獨立運作跑道等三種類型。按照ICAO的要求標準，獨立運作平行跑道間的距離至少要有915公尺，也有的國家採取更高標準，例如要求有1,525公尺以上。桃園機場跑道兩條平行跑道間隔1.64公里（1,640公尺），已經符合ICAO的獨立運作要求標準。在國際上主要商業機場採取兩條平行跑道的設計規劃早已不是新創舉，日本東京成田機場、新加坡樟宜機場等都是雙跑道設計。雙跑道設計的好處是當機場跑道需要關閉執行年度維修時，原來計畫到該機場的航班可以在替代跑道起降，不需轉落其他鄰近機場。

兩條跑道每小時究竟可以容納多少架飛機運作，與跑道數目及飛機類別有關。根據FAA規定，若在IFR狀況而該機場主要是輕航機為主

（side）Chapter 2 國際規範及機場管理

的話，每小時應當可以容納64-128架飛機運作。

另外一種也是雙跑道，但是卻呈現開口V字形狀，如**圖2-1**所示。

兩條跑道開口處呈V字
形狀，不相交

圖2-1　開口V字形狀雙跑道

　　如果在天氣狀況良好及無風狀況下，這兩條跑道可以容許在同時間單獨運作，而如果在某一個方向風速過大時，則很可能會只剩下一條跑道可以使用，壞處是當起飛及落地都發生在接近開口處時，每小時應當可以容納飛機運作的架次會大幅減少。

　　圖2-2顯示的是三種呈現交叉形狀的雙跑道，會使用這種跑道的原因通常是因為該地區每年發生的盛行風（prevailing winds）會不止一個方向，因此當某方向的風特別大時，很可能必須關閉某一條跑道，而只剩下一條跑道可以使用，當然在風速很小時可能兩條跑道都可以使用。這三種呈現交叉形狀的雙跑道可以容納飛機的架次與天氣及飛機類別有關。然而此類型跑道對於航管人員來說是不好管理的，尤其是當兩條跑道都在運作時，兩架飛機必須要有非常好的協調，否則極易發生危險，這也是除非受到限制，例如土地取得困難，一般國家是不願意興建此類機場。

　　滑行道及停機坪是除了跑道之外的另外兩個重要的機場設計議題，通常滑行道的長度會是跑道長度的15-20倍，以桃園機場為例，共計有二十八條滑行道，而機場是否能夠容納更多飛機及有效率，

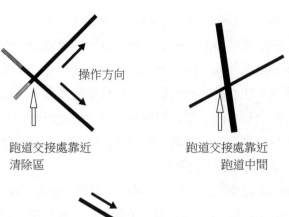

跑道交接處靠近　　　　　　　　跑道交接處靠近
清除區　　　　　　　　　　　　　跑道中間

跑道交接處在尾端

圖2-2　呈交叉形狀雙跑道

與滑行道的設計有很大關係，因此滑行道的設計基本上要考量不會對
於飛機在場面上（從跑道到停機坪）的運動造成限制，如果造成飛機
運動的「瓶頸」就會降低飛機運作的效率。停機坪的設計則與航站
大樓或是貨運大樓有關，而與乘客有關的停機坪設計有「接觸的」
（contact）及「遠距的」（remote）兩種，其中接觸的是指客機停妥後
乘客可以經過空橋直接進入航站大樓；而遠距的則是客機停妥後乘客
必須搭接駁車或是其他運輸工具回到航站大樓。

三、航站大樓與機場聯外設施

　　航站大樓的設計需要考慮與機場跑道及滑行道的距離是否夠近、
聯外交通的便利性、擴展空間、服務設施便利性及對於環境的影響
等，而航站大樓的功能主要是提供設施及流程，幫助旅客及貨物能夠
快速進入到客機或是貨機上。

　　圖2-3是常見的線性形狀、曲線形狀及碼頭式航站大樓設計，桃園國際機場是採取線性形狀的航站大樓設計，碼頭式設計的航站大樓為狹長型建築，飛機停靠在兩側，末端連接到票務和行李領取處。這種設計較為簡單，能容納較多的飛機，但缺點就是旅客通過安檢後距離登機門的距離太長，因此需設有旅客捷運系統或電動步道。由於每種航站大樓的設計都有一些限制，因此在實務上大多數全球主要商業機場的航站大樓都會採取混合設計。

　　除了航站大樓外表的形狀外，另外一個就是集中（centralized）或分散（decentralized）的流程設計，所謂集中的流程設計指的是整個機場不管有幾個航站大樓，但是讓旅客完成報到手續的櫃檯只有一個，因此當旅客在不同航空公司櫃檯完成報到手續後，即按照工作人員指示到不同航站大樓的各登機門等待登機；相反的，分散的流程則會視機場有多少個航站大樓，就會設置有多少個旅客完成報到手續的櫃檯，旅客完成報到手續後即可到登機門搭乘飛機。這兩種設計的最大差異在於人力需求上的不同，通常集中的流程設計人力會較精簡，但是因為搭機旅客全部都要在同一個地方完成報到，除了容易發生擁擠

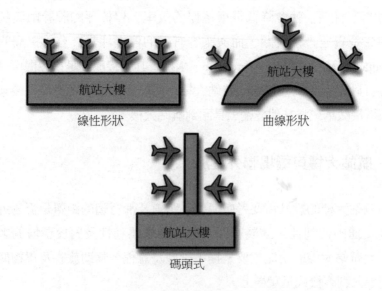

圖2-3　線性形狀、曲線形狀及碼頭式航站大樓設計

外，在時間效率上也較不經濟。

機場聯外設施是機場陸側當中相當重要的部分，全球各地重要機場的聯外設施相當複雜，主要的考量有進入及離開機場的方便性、旅客、員工及接送巴士的停車位置、航站大樓外面旅客接送暫停問題、大眾運輸系統及鐵路系統等。尤其是對於全球主要的商業機場來說，機場聯外設施的設計更是重要的課題。

作為機場聯外設施當中的鐵路系統通常在世界各地隨處可見，但奇怪的是作為世界民航先進的美國，除了華盛頓雷根機場（Ronald Reagan Washington National Airport）及紐約甘迺迪機場（John F. Kennedy International Airport）可以看見有捷運系統搭乘外，其他主要商業機場幾乎看不見有大眾運輸系統方便旅客進出，據統計整個美國機場的鐵路系統使用率不到10%，反觀歐洲及亞洲的機場鐵路系統使用率高達20-40%，例如上海浦東機場就有相當完善的大眾捷運系統。

停車場的設計也是不可忽略的課題，全球許多重要機場甚至非常依賴來自停車場帶來的可觀收入，德魯夫維耶和歐德梨（de Neufville & Qdoni）（2003）在《機場系統》（*Airport Systems*）書中提及根據全球主要機場的統計資料顯示每100萬旅客大約需要200-1,200個停車位，而停車位又可以分為短時間暫停（主要是接送親友），所需時間約為三十分鐘到三小時之間，由於時間短因此停車地點愈靠近機場愈好。另外則是長停，可能會是幾天或一星期以上，由於時間長因此停車地點可以選擇離機場有一段距離，而旅客在停完車後可以搭乘接駁車到達機場。

由於喜歡搭乘飛機的旅客逐年增加，因此機場聯外設施的設計就益發重要，對於全球主要商業機場來說更是如此，因為不良的機場聯外設施會造成旅客延誤、拉長登機時間，甚至會產生由於作業時間太長導致班機延誤的情形。

四、機場容量限制

全球主要商業機場都有一定的機場容量限制，因為除了跑道以

外，圍繞在跑道四周的航站大樓空間、滑行道、停機坪及登機門都有設計能夠提供服務的旅客上限人數，另外在航路上為著安全考量對於能夠容納的飛機數量也會設有限制。

　　航管人員為了將飛機起飛及落地做間隔，特地將飛機按照最大起飛重量做區隔，**表2-7**及**表2-8**列出美國兩大管理機場及飛機的機構——ICAO及FAA，兩者對於飛機分類略有不同，世界各國大都採用ICAO的分類標準，FAA的分類標準則只有美國採用。

　　基本上單一跑道的飛機容量計算是採取接連起飛或落地飛機所需要最小間隔距離來計算，為了便於管制，航管人員利用ICAO及FAA對飛機之分類，根據最大起飛重量得出**表2-9**及**表2-10**飛機起飛及落地最小間隔距離限制（距離以海里，nautical miles計算）。

表2-7　ICAO 飛機分類

重量級（H）	最大起飛重量（MTOW）超過136公噸（300,000磅）
中量級（M）	最大起飛重量介於7公噸（15,400磅）到136 公噸（300,000磅）
輕量級（L）	最大起飛重量低於7公噸（15,400磅）

資料來源：ICAO.

表2-8　FAA 飛機分類

重量級（H）	最大起飛重量（MTOW）超過116公噸（255,000磅）
大型（L）	最大起飛重量介於19公噸（41,000磅）到116 公噸（255,000磅）
小型（S）	最大起飛重量低於19公噸（41,000磅）

資料來源：FAA.

表2-9　ICAO 飛機起飛及落地最小間隔距離

		尾隨飛機		
		重量級（H）	中量級（M）	輕量級（L）
落地／起飛飛機	重量級（H）	4	5	6
	中量級（M）	3	3	4
	輕量級（L）	3	3	3

資料來源：ICAO.

表2-10　FAA飛機起飛及落地最小間隔距離

落地／起飛飛機		尾隨飛機		
		重量級（H）	大型（L）	小型（S）
	重量級（H）	4	5	6
	大型（L）	3	3	4
	小型（S）	3	3	3

資料來源：FAA.

　　飛機起飛及落地最小間隔距離的賦予有兩種情形——按照飛機類別（重量級或是輕量級）及按照飛機運動狀態（起飛或是落地），而起飛或是落地這兩種情形又可以分成起飛—落地、起飛—起飛、落地—落地及落地—起飛四種狀況。不論是按照ICAO或是FAA的飛機起飛及落地最小間隔距離限制，幾乎沒有差異，但是要注意上述兩表是適用在儀器飛行規則（IFR）狀態下。例如一架波音747-400準備起飛，若是有一架空中巴士A320-200緊接著要起飛，最小間隔距離為何？由於波音747-400最大起飛重量396,890公斤（約397公噸＞136公噸），不論是按照ICAO或是FAA都屬於重量級飛機，而空中巴士A320-200最大起飛重量77,000公斤（約77公噸）按照ICAO屬於中量級飛機，或是FAA則屬於大型飛機。因此按照表2-9及表2-10飛機起飛及落地最小間隔距離限制為5海里。

　　為什麼重量級飛機起飛或是落地後，緊跟在後的飛機最小間隔距離會比較大，其原因是因為飛機愈大通過空中後所產生的渦流（wake vortex）就愈強，若不將距離拉長，後面的飛機會像是遭遇亂流一樣，輕則操縱困難，重則可能造成飛機失事。

　　目前空中巴士A380最大起飛重量560,000公斤，遠遠超過波音747-400的396,890公斤，因此ICAO也將原來重量級飛機在前的各項數據加2，亦即由原來的最小間隔距離4、5、6調整為6、7、8海里。

　　除了飛機的最大起飛重量會影響到單一跑道的飛機容量外，飛機的進場速度也是一個重要的考量因素，因為在很多時候為了安全考

量，會等到前面飛機完全脫離跑道後，才會允許下一架飛機進入跑道，因此飛機停留在跑道上的時間也會是影響跑道飛機容量的因素。

全球主要商業機場對於跑道的飛機容量都有一定限制，對於日益繁忙的空中運輸交通來說當然就構成嚴重挑戰，從過去幾十年來看，航空運輸量的成長始終超過機場容量的成長，在歐洲及亞洲這種機場容量短缺的情形也相當嚴重，為了避免嚴重的阻塞發生，許多機場採取數量管制的做法，例如運用時間帶來控制飛機的離、到場數量。另外，飛機性能老舊及機場設計過度複雜都有可能造成機場的飛機容量的減少。

跑道的飛機容量是指預期（平均值）單位時間內在機場跑道上容許飛機運動（包括起飛及落地）的數量，單位時間通常是以一小時計算，前提是要不違反航管單位的飛機最小間隔距離限制及連續操作的狀況下。以上的計算由於是出自於連續操作的假設，當然會與實務上的需求有差異。

除了在理論上的計算外，商業機場跑道的飛機容量也會因為時段不同而有差異，而全球機場容量的變化範圍可以從20-60架，平均值則為40-50架，這些都跟航管人員效率、飛機性能、機場設計及天氣有關。

我國民航局表示：桃園機場目前有05/06兩座跑道，兩條跑道的條件不同因此可容納班機起降的能量也略有不同，但兩者合計，每小時最大作業量為50架次，與全球機場容量平均值仍有一段差距。但由圖2-4桃園機場每小時表定離、到場班機架次圖來看，在下午一點至五點及晚上九點的離、到場班機較多（超過50架次）外，其餘時段都低於最大作業量，從班機離、到場的數量來看機場的飛機容量屬於合理範圍。

五、機場管理及民營化

全球機場的組織架構及經濟效益差距頗大，但是近年來由於受到

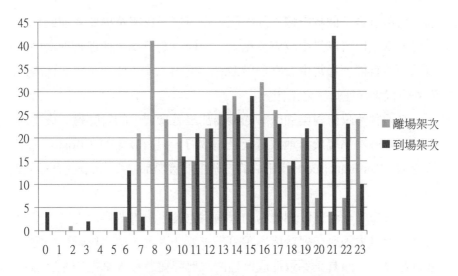

圖2-4　桃園機場每小時表定離、到場班機架次
資料來源：桃園機場航班資訊。

機場民營化及航空公司解除管制法通過的影響都發生了快速的變化。全球機場的所有權及管理模式有相當多種，最常見的就是政府所有或是交由民航單位管理，例如桃園機場原來是接受交通部民用航空局管轄，在期望提升機場營運效率下透過立法程序，將機場經營權轉為國營機場管理公司負責，於2010年11月1日改制為桃園國際機場公司，直接改由交通部管轄。

　　直到1980年代中期，幾乎所有的國際航空公司可飛往之機場都是由各國政府或是政府指定的機構管理，會造成這種現象是因為許多機場的基礎建設是靠政府出資興建。然而當經濟效益變成為大家關注的重點時，對於機場財務及所有權的問題就變得相當敏感，有一個幾乎大家都有的共識就是由政府管理，或是交由政府指定機構代為管理的結果都是缺乏效率、反應遲鈍及跟不上快速變遷民航業的腳步，導致全球主要機場都極力倡議要將政府所有或是由政府民航單位管理的權力分散，其中最著名的就是提出機場管理局（airport authority）構想，所謂的機場管理局其實是負責管理及監察一個或以上機場運作的機

構，它可以是一個政府轄下的部門，也可以是以商業模式營運的私人公司，當然也可以是由政府及私人共同組成的機構。機場管理局由政府賦予所有權，通常會設定一段期間，例如二十年或三十年，代表政府執行機場營運管理之工作。

美國聯邦政府對美國所有的機場都沒有營運上的管轄權，幾乎所有的主要機場都屬於當地政府或是州政府，只有波士頓（Boston）、舊金山（San Francisco）及紐約的三個主要機場都是交由機場管理局管理。

在過去二十年來歐洲機場的管轄權也發生重大改變，尤其是當政府財務上發生困難，對於機場預算需求無法滿足，機場民營化的壓力就日益增大。而真正導致造成這種由政府轉變為私人掌控的原因綜合如下：

1. 過去十幾年來航空運輸業不斷成長，而相對的機場的運作已經相當成熟，許多機場不需仰賴政府就已經能夠自給自足。
2. 機場已經不再只是供給飛機起降的地方，它可以提供其他更多元化的用途，擴大機場的營利。
3. 來自各航空公司、旅客，為求增加營運效益的壓力。
4. 為因應快速變遷的外在環境，需要有一個能夠做出快速因應的管理單位。
5. 在籌措大量資金來執行機場基礎建設的更新方面，政府顯得能力不足。

為了如何能夠提升機場營運的效率及增加政府的收益，許多專家學者對於機場國營或是私有化提出了不同的看法。在1987年英國首相柴契爾夫人決定以公開上市的方式出售「英國機場管理局」（British Airports Authority, BAA），此舉開創了全球機場私有化的先河，使私有化從理論探討一舉跨入到真正實踐。在當時BAA擁有和管理七個英國的主要機場，包括倫敦希斯洛機場、倫敦蓋威克機場、倫敦斯坦斯特德機場、格拉斯哥普雷斯蒂克國際機場、格拉斯哥國際機場、愛丁

堡機場及阿伯丁機場。

　　隨著英國政府將機場私有化之後，各國政府也爭相加入機場民營化的行列。自1997-2000年，全球機場民營化的推動達到高峰，其中最有名的就是在1998年的阿根廷的公司財團集資買下三十座主要及次要機場，允諾每年付給阿根廷政府一筆資金以及負責對機場的維修出資，獲得二十五年的機場管控權。

　　除了機場民營化之外，世界各國還有兼顧政府及民營關係的做法，例如眾所周知的「興建、營運及移轉」（Build, Operate and Transfer, BOT）模式，例如在1996年希臘政府與德國公司簽定的三十年BOT計畫，讓德國公司來執行希臘新的雅典國際機場的興建及營運工作，於2001年3月正式開始營運，其中希臘政府擁有55%的股權，而德國公司則擁有45%的股權。

　　機場私有化主要著眼於機場規劃、設計、融資和管理的組織方面，而與美國不同的是，這些國家的機場都是完全由國家政府負責運營管理、由國家政府出資或是由位於首都的國家行政機關的政治領袖們完全控制。在這些中央集權的國家中，由中央下放地方以及由政府轉向競爭市場的機會就非常大。另外必須強調的是，進行過機場私有化國家的情況與美國的機場私有化情形相當不同。在美國，商業機場往往都是獨立於國家掌控之外，由當地政府運營的；且受私人利益左右，特別是機場發展和管理等重大議題，而當地航空公司具有極大影響力（其具備否決機場專案的能力）。

　　綜上所述得知許多國家在實施機場民營化時所持的理由不外乎民營化可以降低政府對於機場營運及管理上之介入、將效率及生產力提升、減少公部門預算、加速完成計畫執行、增加民間對設計、建造、財務提供及基礎建設現代化的參與；贊成機場私有化者認為：

1.政府資源可以用到其他地方。

2.改善擁擠的空中運輸。

3.降低成本及提升效率。

4.活用設計、建造及機場營運之資源。

5.民營機場可以增加國家的稅收。

而反對機場私有化者認為：

1.民營機場會製造私人壟斷。

2.民營機場會造成變相補助。

3.民營機場會造成更多的消費者付費。

4.民營機場會讓政府失去控制。

5.民營機場會導致低營運利潤部分市場消失。

　　有趣的是在全球機場民營化的熱浪下，美國機場並沒有參與，其中部分原因是根據法律，大部分美國機場都是由政府或是當地政府擁有，但由另外一方面來看，美國機場可以說是全球機場民營化最為澈底的機場，因為大部分機場的工作，例如財務、計畫、營運業務都早已外包給民間公司來執行，也因為有美國成功的例子，自1990年代開始，許多國家也都加以仿效。

　　我國桃園國際機場管理及營運單位以前是交通部民用航空局，而自2011年11月1日轉型為機場公司，正確的講法是「國營化」，改制後成直屬交通部的國營公司，不再聽民航局的命令，理論上講應該可以增進行政效率，但是這與前面所探討的機場營運方式都不太相同。

六、機場進入

　　由於自由化及開放天空等已經成為國際航空公司不可避免的趨勢，導致世界各國對於航空公司的管制愈趨放鬆，因此也導致在過去十年來航空運輸不斷成長，然而卻造成各國機場，尤其是全球重要機場的運量不斷攀高，以致許多機場造成擁擠、延誤，而如果處理不慎甚至有可能造成飛安事件的發生。為了能夠防範於未然，對於機場運量的限制不得不加以訂定，也因為如此，「機場進入」（airport access）儼然也成為各國機場管理當局的一個重要課題。

對於世界各國而言，機場運量的限制是航空運輸成長的最終限制，因為對於機場來說，其中跑道起降、滑行道、停機坪、航站大樓旅客人數等都有一定容量的限制，接近或是超過都會造成「瓶頸」的發生，尤其是對於世界主要機場，例如紐約拉瓜迪亞機場（LaGuardia Airport）就是全球運量最高的機場之一，因此必須要採取限制機場進入的措施。

對於限制機場進入的措施方面，在短期或是中期能夠做到見到效果的當然是採取「需求管理」（demand management），在做法上管理當局可以利用管理辦法，對於在某些特定時段（例如容易發生擁擠月份）提出「限制需求數量」的規定。基本上需求管理可以算是「預應」（proactive）措施，也就是說機場管理當局對於每年機場的載運量及發生的時段非常清楚，因此可以在可能發生擁擠前的幾個月，就將辦法公告給各國航空公司，以避免造成機場的擁擠或是不給予進入的窘境。

在美國或是世界各國，需求管理在各機場用得十分普遍，最常見的就是「時刻協調」（schedule coordination），這是國際航空運輸協會（IATA）發展出來的作為，在做時刻協調的過程中，IATA會將某些在若干時段需求已經超過容量的機場列為「完全協調」（fully coordination）機場，對於這些機場想要透過航空公司之間自願協商的方式，來達成時間帶的分配幾乎是不可能的事情。而想要解決這些問題，就必須透過時刻協調的方式來達成。IATA內部會組成一個時刻協調小組，由IATA成員、專家及當事者共同組成委員會，針對航空公司對於特定機場需要的起飛及落地時間帶進行協商。到2006年時，全世界有約一百五十個機場已經達到需要完全協調的程度。對於參與完全協調的機場必須提出一份宣告明確的「機場容量」，詳細的告知在每一單位時間內機場能夠提供時間帶的數量，而在計算這些數量時，不單是跑道的起降數量，還要包括停機坪、登機門及航站處理旅客人數等的限制都要計算在內。

對時間帶IATA的定義是：「於某機場特定日期分配給航空器活動

或可用的離、到場預定時間。」IATA的班表會議每半年召開一次，一般在11月時針對來年夏季的時間帶進行協商，而在6月時則針對冬季的時間帶進行協商。想要獲得該機場時間帶的航空公司必須要事前提出想要申請的時段。時刻協調小組會針對一些既定的準則進行協調，通常最主要沿用的準則是「歷史優先權」（grandfather right），此係指航空公司有權保留其在先前相等季節所持有並使用之時間帶（使用超過80%以上）。班表改變，包括因應新航班或服務所需者，主要係透過相關航空公司間自願調整或交換時間帶來處理。然而從開放競爭的角度來看，以歷史優先權為基礎之制度可能導致特別擁擠的機場無法容納新加入的航空公司與新航線。

由於全球達到擁擠機場狀況的數量隨著航空運輸業之成長而愈來愈多，為了要能夠讓新航空公司順利加入營運，IATA班表會議除採用「歷史優先權」原則外，另有未達使用超過80%以上，否則喪失該機場時間帶條款，亦即航空公司未使用分配之時間帶達一定次數，則失去該時間帶。至於收回之時間帶，則會放入到「時間帶庫」中，重新分配給其他提出申請之國際航空公司。同時為了讓時間帶能靈活運用，也允許航空公司以一對一之基礎交換時間帶。

大多數在美國的機場則無時間帶分配機制，但也因為沒有這些限制，也導致美國機場成為全球機場當中延誤最為嚴重的地區。所以一般飛往美國的國際航空公司，通常不需要考量時間帶的問題，反倒是停機坪、登機門或是其他在航站內相關問題要去解決。但是美國自1968年時對四座符合高密度規則（High Density Rule, HDR）的機場——紐約甘迺迪機場、紐約拉瓜迪亞機場、芝加哥歐海爾（O'Hare International Airport）機場及華盛頓雷根機場，對於每小時飛機的起降數量採取嚴格管制。在2007年時，美國國會通過除了華盛頓雷根機場繼續適用高密度規則外，其餘三個機場則不受高密度規則管制，但是為了不讓機場過度擁擠，美國聯邦航空總署（FAA）還是要求甘迺迪、拉瓜迪亞及芝加哥的歐海爾機場要設定上限。

歐盟是利用時間帶協調人來解決許多機場的擁擠問題，該架構與

IATA制度雷同。不同的是IATA為自願性質，而歐盟對於被指定須協調的機場則具有強制性。另外為了解決主要機場時間帶難以取得的問題，除了「歷史優先權」之外，歐盟還採用「市場機制」（market-based mechanisms）的做法，也就是航空公司可以透過包括時間帶之買賣、拍賣方式來取得時間帶。

Chapter **3**

航空公司營運環境分析

對航空運輸發展有了認識後，本章接著對航空運輸業的營運環境做進一步之探討。我們知道營運環境對企業發展順利與否有極大之關聯，以航空運輸業來說，在1978年以前受到民用航空委員會（CAB）對票價、航線及新航空公司進入等的管制，在一切都有規定的狀況下，美國航空公司的經營者只需跟著既定遊戲規則，絲毫不需要制定營運策略，就可以獲得可觀的利潤。然而在這種齊頭式平等的基礎下，航空公司之間沒有競爭，對於應當要提供給乘客的服務自然也是得過且過，受苦的當然是搭乘飛機的旅客。隨著航空科技不斷進步，飛機飛得更快、航程更長、旅途更舒適時，乘客對於航空運輸市場的需求也快速成長。但是在CAB的管制下，新航空公司無法進入，而乘客對於航空公司收取昂貴票價又不提供良好的服務也抱怨連連。美國國會為平息民怨，終於在1978年通過了航空公司解除管制法，將以往由CAB負責的管制項目予以解除，此舉不單對於美國航空運輸市場造成了極大之震撼，對於以美國馬首是瞻的全球航空公司也產生極大影響，也就是正式宣告全球航空運輸市場進入到春秋戰國時代，以往受到國家政策保護的傳統航空公司，此刻必須面對新航空公司的挑戰，以往不需要營運策略就可以獲利的狀況不復存在，而在面對日益增大的競爭壓力下，航空公司應當如何營運是本章探討的重點。

第一節　簡介

自從1978年，美國國會制定出航空公司解除管制法通過以後，一向執世界牛耳的美國航空運輸業更是開始蓬勃發展，根據維基百科關於航空公司解除管制法文中報導，布魯金斯學會（Brookings Institution）的經濟專家就曾經撰文表示，消費者確實享受到了票價降低的好處，在解禁法案通過後的十年間，航空業的聘僱人員增加約32%，而搭乘旅客更增加了55%，然而在主要大城市間的旅遊花費卻減少了17%。

解禁法案通過後的二十年，上述效果更加明顯，真實的票價更是

下降了20%，而搭乘旅客更從1978年的2億7,500萬增加到了6億，增加了218%，而由於競爭激烈導致的低票價讓消費者每年節省約194億美元。相反地，在2008年6月美國航空執行長羅伯特‧克蘭道爾（Robert Crandall）卻表示航空公司解除管制法的後果非常嚴峻，他表示從各個層面來看，解禁後的航空公司都變得很糟，包括機隊老舊、服務品質及國際形象等都變差，而航班的誤點及機場的擁擠，幾乎是家常便飯，更別提旅客行李的遺失或是弄錯了，旅客的抱怨更如排山倒海而來，總之，不管用什麼標準來看，都無法讓人接受。

　　航空公司之間的競爭更加劇烈，而美國許多傳統航空公司也紛紛傳出經營不善而宣告破產，在這些結束營業的傳統航空公司當中，不乏曾是美國歷史悠久的知名航空公司，例如成立於1930年的環球航空於2001年被美國航空併購；而成立於1927年的泛美航空也在1991年宣告倒閉；成立於1926年的東方航空在1991年倒閉等。這些曾是美國民航龍頭航空公司的倒閉，並不全然與廉價航空加入造成競爭激烈有關，有部分的原因是因為整個企業的經營管理出了問題，而管理階層又沒有及時做出因應，最後因為財務發生問題不得不走向倒閉一途。

　　為什麼航空公司無法獲得足夠的利潤，是因為他們的產出所獲得的營收不夠，而究其原因可分由成本（cost）及收益（revenue）兩方面來探討。我們先從成本面來探討，對傳統航空公司來說最大的固定成本支出應該是來自機隊的購置（實際上航空公司為了節省成本也可以改用租賃的方式），**表3-1**是一份來自達美航空的機隊資料，達美航空共有821架飛機，而機隊的平均年齡約在十二年左右，一個擁有龐大機隊的航空公司，其維修成本一定很高（維修費用會隨著機齡而升高），而傳統航空公司運用中心輻射型網絡（hub and spoke network）的方式運作，每當一條航線固定後，使用的機型也就固定，很難去任意調動。反觀廉價航空採用的是點到點（point-to-point）的方式運作，並且只用單一機型，例如西南航空機隊（**表3-2**），如此可以節省相當大的維修成本，這也是為什麼廉價航空即使在低票價狀況下仍可以保持獲利的原因。

表3-1　截至2010年9月30日達美航空機隊情況

飛機類型	機隊數量			機齡
	自有	租用	總計	
B737-700	10	–	10	1.7
B737-800	73	–	73	9.7
B747-400	4	12	16	16.9
B757-200	88	76	164	17.6
B757-300	16	–	16	7.6
B767-300	9	5	14	19.2
B767-300ER	49	8	57	14.4
B767-400ER	21	–	21	9.6
B777-200ER	8	–	8	10.7
B777-200LR	10	–	10	1.5
A319-100	55	2	57	8.7
A320-200	41	28	69	15.6
A330-200	11	–	11	5.5
A330-300	21	–	21	5.1
麥道-88	66	51	117	20.2
麥道-90	19	–	19	14.6
DC-9	42	–	42	34.3
CRJ-100	21	39	60	12.7
CRJ-200	–	8	8	12.4
CRJ-700	15	–	15	6.9
CRJ-900	13	–	13	2.8
總計	592	229	821	11.8

資料來源：達美航空網站。

表3-2　西南航空機隊

飛機類型	數量	機齡
Boeing 737	200	19.2
Boeing 737 Next Gen	351	12.6
總計	551	15

資料來源：西南航空網站。

其次是營收方面，以往由民用航空委員會（CAB）管制的時代，航空公司的航路及航線是受到限制的，而在航空公司解除管制法解禁後，傳統航空公司往往注重在載運旅客數量上的增加，而一昧的想要增加航線，這點也與廉價航空注重營收的策略不同。另外在價格方面，傳統航空公司也因為受到廉價航空公司的影響，不得不隨著調降，然而這種做法卻讓傳統航空公司的邊際利潤愈降愈低，導致整體營收下降，而只要當變動成本增加時，其利潤可能就會完全消失。

第二節　航空公司營運環境探討

　　航空公司的營運從過去曾經有過的輝煌成就，到如今的困頓掙扎，全世界不斷傳出有航空公司經營不善宣布倒閉，也有許多航空公司明顯出現營運赤字，如果不是由政府出資暗中資助早已應當宣布倒閉。然而諷刺的是搭機旅客一直在成長，許多航空公司卻無法獲得應有的利潤，甚至面臨倒閉的命運，究竟是旅客的期待過高，或是高漲的油價讓航空公司的營運成本增加，或是航空市場已經飽和，過度的競爭導致利潤下降，還是航空公司在營運上缺乏效率導致營運發生困境，本節將就整體空運業營運環境做一檢視。

一、高油價時代來臨

　　首先要探討的是油價的上漲因素，根據IATA公布資料顯示，每一塊美金油價的上漲，航空公司的營運成本將會增加15億美金，這些多出的購油成本都會導致航空公司的營運成本升高，如果不能完全或是只能部分反映在消費者的購票價格上，那航空公司就將會面臨無法獲利或是獲利減低的情境。

　　加拿大能源經濟專家傑夫·魯賓（Jeff Rubin）（1999）說道：「對航空公司而言，80美金一桶的油價是航空公司維持損益兩平可以

接受的價格，超過該價格航空公司將無法獲利。」或許是出於巧合，就在2010年初當油價在80美金一桶附近時，曾經是日本最主要的航空公司——日本航空（Japan Airlines, JAL）因為負債過高宣告破產。

沒有一個人可以證明對航空公司來說80美金一桶的油價是否是一個魔術數字，只要超過了它航空公司將會無法支撐。在2008年當油價高達百元以上時（圖3-1），全球航空公司有超過170億美元的損失。雖然全球搭乘飛機的旅客人數並沒有明顯減少（圖3-2），但是高漲的油價卻導致航空公司的支出成本增加，進而造成損失。另外在2009年雖然油價有下降，但是根據IATA的資料顯示，全球航空公司因為受到整體經濟衰退的影響，損失仍然高達94億美元。

實際上航空公司本身是非常有韌性的，就拿2010年來說，全球航空公司在歷經了前兩年的損失後，《財務雜誌》（*Financial*）（2010）刊出IATA預估若全年平均油價在79美金一桶左右，2010年全球航空公司將會產生高達89億美元的淨利（之前的預估是25億美元）。在2010年全球航空公司能夠交出亮麗的成績單，主要是在世界各國的努力下，全球經濟逐漸邁向復甦，而搭機旅客的需求也回升，

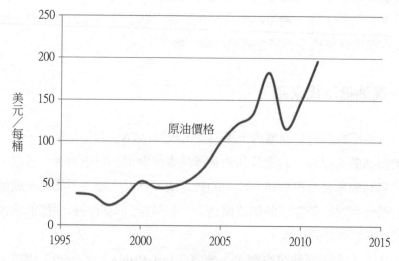

圖3-1　1996-2011年原油價格變化（2005=100）

資料來源：國際貨幣基金組織（IMF）商品價格。

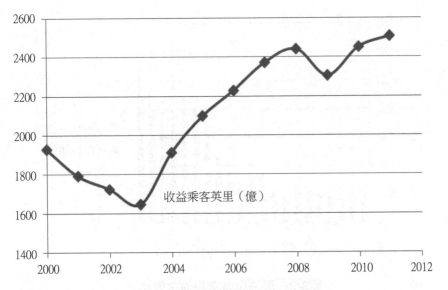

圖3-2　2000-2011年全球固定航班收益乘客英里（RPM）（億）變化

資料來源：美國運輸統計局（BTS）。

再加上之前因為經濟不景氣，很多航空公司將航線及班次縮減導致整個航空運輸的供給量減少，而在需求增加供給減少的狀況下，航空公司可以調高票價進而導致獲利增加。

　　傑夫‧魯賓也認為高油價的壓力將會迫使航空公司在其他方面要將成本降低，因此將會有更多的併購，例如在2008年4月15日美國達美航空及西北航空宣布合併成為全世界最大的航空公司。無獨有偶的是《印度時代雜誌》（*The Times of India*）於2010年4月的報導——英國航空和西班牙伊比利亞航空已經簽署合併約定，該合併將成為歐洲第三大航空公司，並估計一年節省4億歐元的成本支出，這些合併都是航空公司想將營運成本降低所祭出的手段。

油價會愈來愈貴嗎？

　　全球原油價格已經無法回到十年前的狀況，由**圖3-3**得知在1990年代全球原油價格相對穩定，幾乎都在每桶20美元左右，然而到了2000年以後，原油價格卻不斷飆漲，在2008年7月甚至漲到147美元一桶

航空運輸管理概論

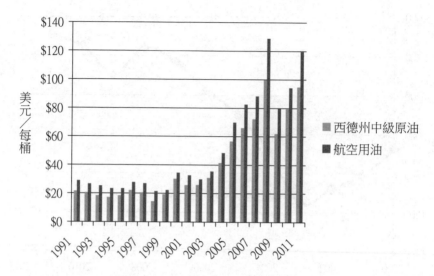

圖3-3　原油與航空用油之價格

資料來源：Airlines for America (A4A).

（航空燃油比原油價格高約26%），對當時航空公司的營運造成了極大的影響，由於害怕將票價大幅調漲會影響到乘客搭機意願，導致市場流失，許多航空公司只能選擇吸收部分的購油成本，最後導致全球航空公司有超過百億元的損失。

　　梅特‧羅森柏格（Matt Rosenberg）（2008）提及造成油價不斷攀高的原因其實是經濟學上最簡單不過的道理，就是供給與需求發生了問題，因為石油的供給無法趕得上需求方面的要求，而需求方面的增加主要是受到中國及印度這些開發中國家大量需要石油的結果；另外，因為原油是以美元計價，而美元的趨勢又偏弱，最終導致原油價格一路攀升。

　　另外根據美國能源情報署（Energy Information Administration, EIA）發布的2011年國際能源展望（International Energy Outlook 2011）中表示「2008年全球每天消耗約8,570萬桶原油，而預估到2035年全球每天將消耗約11,220萬桶原油」（圖3-4），其中經濟合作暨發展組織（OECD）國家由於發展已趨穩定，所以每天消耗原油數量變化不

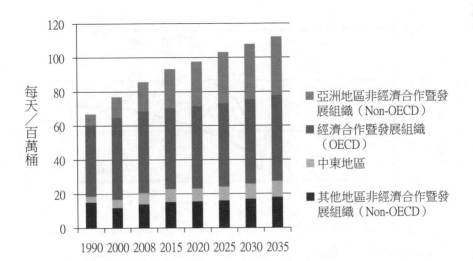

圖3-4 美國能源情報署2011年國際能源展望未來全球消耗原油數量

大。但是亞洲地區非經濟合作暨發展組織（Non-OECD）國家，尤其是中國及印度的快速發展，導致該地區未來每天消耗原油數量將會急遽增加。在2011年國際能源展望中同時也對未來原油價格趨勢做了預測（圖3-5），研究結果將未來原油價格分為高油價（最壞狀況）及低油價（最好狀況）兩種途徑，也就是原油將會從2011年的81美元一桶漲到2035年200美元一桶（最壞狀況），或者是2035年的50美元一桶（最好狀況）。美國能源情報署所做的結論是原油的價格將不會超出這個範圍，最有可能的應當是在參考價格附近，也就是在125美元一桶左右。

在2008年7月當原油價格漲到147美元一桶時，就有許多專家預估在一、兩年內油價將會繼續漲到超過200美元一桶，而如果油價真的到達200美元一桶時，對航空公司來說絕對是一場大的災難。西南航空的總裁蓋瑞‧凱利（Gary Kelly）就曾說「如果油價到達123美元一桶，沒有一家航空公司可以獲利」，這絕對是一個警訊，因為西南航空靠著維持低的營運成本，從1971年開始營運以來，有連續三十五年的獲利都出現正的盈餘，在航空業創下首例，但是也因為油價避險的作

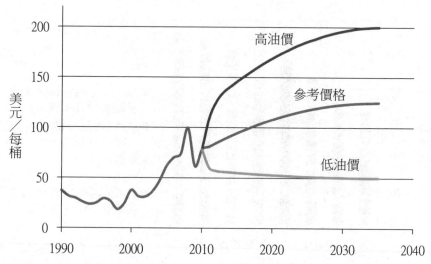

圖3-5　美國能源情報署2011年國際能源展望未來原油價格走勢（2009年價格）

為，當油價下降時反而造成該項優勢的價值降低，終於首度在2008年第3及第4季出現虧損（就整個2008年而言，西南航空的營運收益扣除營運成本仍是出現盈餘）。

　　蓋瑞‧凱利的說法反映出一個事實，就是如果油價真的到達200美元一桶時，航空旅行業將會是什麼光景？應該只有一個字——慘，試想機票應當會被迫要大幅上揚，多家航空公司倒閉，航線及航班減縮，最有可能發生的是因為航空公司無法存活，最後政府可能要出面接管。

　　從圖3-3到圖3-5的資料顯示，由於在全球原油供需吃緊的狀況下，我們幾乎可以確定未來原油的價格將不可能再回到1990年代的30美元一桶，而在可預期的未來原油價格應當是不會低於80美元一桶；幾乎可以確定高油價時代已經來臨，而油價的上漲勢必衝擊到航空公司的營運成本，因此未來航空公司對於營運成本的控管應當及早做好準備。

二、廉價航空的興起

　　廉價航空公司又稱為低成本航空公司，指的是成本比一般航空公司更便宜，提供較差服務的航空公司型態，為了能夠彌補他們在低票價上之營收，廉價航空公司會對機上提供的食物、飲料、娛樂（音樂及電影等），甚至是優先劃位等服務採取收費的措施。

　　廉價航空公司的營運成本通常較傳統航空公司為低，也就是因為廉價航空公司在營運上擁有低成本之優勢，因此才能夠在給予比傳統航空公司更低票價的狀況下，仍然能夠獲得足夠的利潤，而廉價航空公司為了達到降低營運成本的目的，通常有下列幾種營運方式：

1. 飛行航線以中短程為主，多為鄰近地區。
2. 強調「點對點」方式的服務並減少轉機的服務。此舉能減少飛機延誤帶來的影響，如等待轉機的乘客等。
3. 採購飛機的機種單一化，購機價格較低廉，且後續的保養維修單純，及可減少機師訓練時間並降低訓練費用，亦方便調度。
4. 減少使用大型機場，改使用城市周邊的小型機場，以節省機場使用費。
5. 機上座位間距較小，減少公共活動區域，增加班機座位。
6. 不提供機上視聽娛樂器材、雜誌及報紙，以減少成本。積極販售機內商品或食物，以增加運費以外的收入。
7. 客艙等級單一化，以多搭載旅客。
8. 積極推廣網路訂票及網上辦理登記手續，不提供訂位服務，改以自由入座，降低票務及櫃檯的人力成本。
9. 依飛行時段有不同票價，冷門時段的票價更便宜，以降低空位率。

　　當然為了鼓勵乘客搭機及便於廉價航空掌控搭機人數，航空公司會使用一些方法，例如在一個月前購買享有最大折扣，而隨著搭機日期的接近，折扣也會隨之降低；部分廉價航空沒有退款服務，如果錯

過或是因故無法搭乘，機票就形同廢紙無法退費。如果臨時更改時間及地點，航空公司會額外索取手續費，有時手續費的價格便超過當初所購買的一切費用（機票及各項稅款）。

雖然以上所列是許多廉價航空喜歡採用的營運方式，但是究竟廉價航空是如何獲得大眾喜愛，又如何在航運市場崛起呢？

伊托（Harumi Ito）及戴恩·李（Darin Lee）（2003）發表「美國廉價航空公司的成長：過去、現在及未來」（Low cost carrier growth in the U.S. airline industry: past, present, and future），提到無論在美國或是其他國家，廉價航空的發展都出乎意料的好。伊托及戴恩·李統計的廉價航空有穿越航空（AirTran）、ATA航空、邊疆航空（Frontier）、捷藍航空（JetBlue）、西南航空及其他廉價航空公司。而根據美國交通部發布之1990-2002年資料（U.S. DOT DB1A Database, 1990-2002）得出**表3-3**，明顯看出在1990年時，廉價航空大約只有7%的美國國內市場占有率，到2002年時已經成長到約24%，在十二年當中成長了超過3倍。

表3-3 1990-2002年廉價航空及傳統航空公司在美國國內市場占有率

年	廉價航空（%）	傳統航空（%）
1990	7.1	92.9
1991	8.3	91.7
1992	9.9	90.1
1993	13.6	86.4
1994	16.4	83.6
1995	18.4	81.6
1996	19.1	80.9
1997	18.2	81.8
1998	18.5	81.5
1999	19.5	80.5
2000	20.6	79.4
2001	22.8	77.2
2002	23.7	76.3

資料來源：U.S. DOT DB1A Database, 1990-2002.

Chapter 8

航空公司營運環境分析

　　而克里斯托福（Christopher Hinton）（2010）發表〈美國傳統航空公司的國內航線已經逐漸喪失給廉價航空〉（US legacy carriers losing domestic playing field to low-cost airlines）文章中引述航空公司旅遊顧問泰瑞‧崔普勒（Terry Trippler）的話表示：「美國傳統航空公司的國內航線復甦緩慢，主要是因為廉價航空在國內的市場已經逐漸穩固，傳統航空公司的國內航線運量已經減少，而廉價航空的國內航線運量卻在成長。」另外根據航空公司財務網（AirFinancials.com）的報導，從2003-2009年傳統航空公司（達美航空、美國航空、聯合航空及全美航空）的國內航線已經減少850億可用座位英里（ASM），大約減少了21%原有的國內航線運量。相反地，在同時期廉價航空（穿越航空、捷藍航空、西南航空）及其他四家規模較小的廉價航空則增加了840億可用座位英里。

　　根據美國交通部運輸統計局（Bureau of Transportation Statistics, BTS）找出七家傳統航空公司及七家廉價航空公司記載在41號表格（Form 41）上的資料顯示，廉價航空公司在2001年的第一季每一架飛機全職員工數目從原來的92員裁減成為77員，裁幅約16%，而雖然傳統航空公司全職員工數裁幅高達23%，但平均起來每一架飛機全職員工數目仍有99員，比廉價航空公司高出28.6%。顯示出雖然傳統航空公司很努力的想要增加競爭力，但是長久存在下來的問題想要一夕之間獲得改善，的確比那些年輕沒有包袱的廉價航空公司困難得多。

　　航空運輸業是獲利豐厚的行業嗎？李察‧卡布（Richard Cobb）等人（2005）發表〈美西航空與全美航空提出合併：會成功嗎？〉（The proposed merger of America West and US Airways: will it fly?）一文中指出，根據研究發現在1980年代航空運輸產業的平均營運利潤（operating profit）僅有1.9%，在1990年代平均營運利潤也不過只有3.2%。而自從2001年的911事件之後，航空運輸產業每年的平均營運損失是50億美元。按照李察‧卡布等學者的說法，航空運輸產業自1978年航空公司解除管制法實施之後真的是一個微利的行業。

　　李察‧卡布（2005）發表〈當前航空公司都應當採取低成本策

略〉（Today's airlines should adopt a low-cost strategy）文章，認為從二次世界大戰以後，大多數航空公司的成長策略都是著重在追求與其他航空公司間的差異化，當然也有少數航空公司會採低成本策略。但是李察‧卡布從市場力量、機會及威脅等方面之改變來作分析，發現以往的策略已經失去效用，代之而起的是低成本策略，而且他認為就長期來看低成本策略仍舊有它的吸引力。

在1970年代這段期間，整個航業可以說是黃金時期，每年乘客的成長率約有10%，但即使有著亮麗的旅客數據，但是全球航空業的淨邊際利潤（net profit margin）（等於稅後盈餘除以總營收）也只有2%而已。接著在1980年代，每年乘客的成長率降至6%，全球航空業的淨邊際利潤只有1.6%；從1990-2000年，每年乘客的成長率降至5.2%，全球航空業的淨邊際利潤只有1%。進入到二十一世紀，航空業的財務狀況更是每況愈下。江海倫及約翰‧漢斯門（Helen Jiang & R. John Hansman）（2006）共同發表〈航空運輸業獲利週期分析〉（An analysis of profit cycles in the airline industry）文章，表示自航空公司解除管制法實施之後，美國航空運輸業無論是收益乘客英里（RPM）或是可用座位英里（ASM）都快速增加，到1999年時達到高峰，2000年以後全球航空公司RPM及ASM則維持穩定發展（圖3-6），雖然在RPM及ASM的成長方面差異不大，但是航空公司在獲利方面卻呈現極大差異（圖3-7），從2000-2011年美國航空客運部分總計損失623億美元，這也顯示出自航空公司解除管制法實施之後，美國航空運輸業產生了根本變化。

全球航空公司的獲利狀況幾乎與美國一樣，從2001-2003年全球航空業的損失幾乎高達230億美元，其中唯一能夠保持營運獲利的只有西南航空，但是無論如何低邊際利潤幾乎已成為航空業的代名詞。由前面的討論得知航空業不單是利潤微薄的行業，而在1978年美國國會通過的航空公司解除管制法之後，只從1978-1984年美國合法登記的航空公司就從三十七家成長到一百家，讓航空公司的營運更加的艱難，也讓原本利潤就十分微薄的空運市場更是雪上加霜。

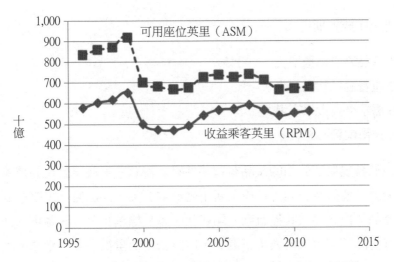

圖3-6　1996-2010年美國航空公司RPM及ASM的變化

資料來源：美國運輸統計局（BTS）。

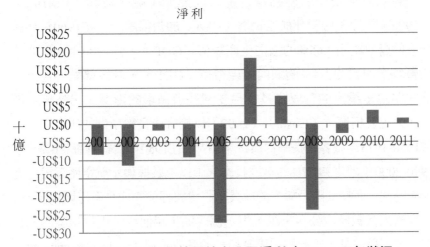

圖3-7　2000-2011年美國航空公司淨利（net profit）狀況

資料來源：Airlines for America (A4A), Industry Review and Outlook.

　　安德生（Anderson）及翟薩姆（Zeithaml）（1984）認為產品屬於
生命週期的哪一階段對於整個行銷策略有很大關聯；另外達斯（Das）
及瑞舍（Reisel）（1997）則對產品生命週期理論當中的產品成熟期
（maturity）提出了深入的見解，他們認為當下列四種情形發生時，產

品就進入了成熟期：

1.產品變成為標準化。

2.產量過多狀況發生。

3.需求來自大眾市場。

4.技術創新不是最重要。

他們發現航空公司的產品有這些性質：沒有一家航空公司的技術特別優於其他航空公司（技術創新不是最重要），而任何一家航空公司的產品都很容易被其他航空公司取代（產品標準化），顧客可以任意挑選產品（需求來自大眾市場），航空公司數量很多（產量過多狀況）。在這種狀況下，航空公司的競爭優勢將會是取決於「價格」，特別是在市場上對於價格資訊相當容易取得的時候。

到底航空公司的產品是否進入成熟期了呢？波林（Poling）（1993）採用美國聯邦航空總署（FAA）的數據顯示，在1960年代航空業的營收約占0.65%的國內生產總值（GDP），到1980年代航空業的營收增加到約占1%的國內生產總值（GDP），其後就變得穩定，他的結論是穩定的營收成長容易受到經濟循環的影響。另外班克斯（1993）及柯斯達（Costa）（2002）以旅客成長率所做的研究顯示，在1950-1973年旅客成長率約為每年13%，在1980年代為每年6%，在1990-2000年則變為4.7%的年成長率。由以上數據顯示航空產業已經進入成熟期，而在此階段旅客的成長率將會與經濟的成長率密切相關。

對大多數航空公司來說，對一個成熟市場而言，由於旅客的成長率已經不是重點，因此採用更為積極的營收管理（yield management）策略，對於營收可能會有比較正面的意義，而這也是廉價航空最常用的經營策略。

另外值得注意的是在二十世紀時美國曾經擁有超過十家大型傳統航空公司，隨著二十一世紀的來臨，除了廉價航空公司外，美國原來僅存的五家傳統航空公司：美國航空、聯合航空、達美航空、全美航空及大陸航空。聯合航空及大陸航空已於2010年10月1日正式完成合

併，因此目前美國已僅剩下四家傳統航空公司，由此可知廉價航空公司對大型傳統航空公司造成的威脅實是不可輕忽。

三、不確定性高

航空業與一般產業有相當大的差異，舉凡全球政治、經濟、傳染疾病或是恐怖事件等都會對航空業的營運造成相當大的困擾，因此對於航空產業而言，實際上是具有相當高的不確定性，也就是因為這種高度的不確定性，導致全球多家航空公司在全球營運環境發生改變時由於不能立即作出反應，導致經營不善虧損連連，最後走向宣布破產的命運。

(一)全球經濟對航空業之影響

由各個國家航空公司所提供的國際航線可以到達全球任何角落，對於世界經濟已經產生了極大影響，基本上航空運輸業本身就是一個極大的經濟力量，這可以從航空運輸提供的服務與經濟發展相互呼應來探討。首先就是航空運輸運作所提供的聘僱機會，對於帶動局部地區經濟發展造成的效益，而由於局部地區經濟有了發展之後又產生當地民眾想要搭乘飛機出外旅遊，以及商品要運往其他地區的需求，這是一種連鎖反應，或是一種因果關係的發展，不論如何由於航空運輸業的快速發展，所造成的民眾搭乘飛機，以及商品運往其他地區需求的增加，都直接或間接的造成國內生產總額（GDP）升高。

然而當全球經濟發展陷入衰退時，對於航空運輸業造成的傷害更是顯著。本‧魯梨（Ben Rooney）（2010）發表「2009年航空公司之營收：遭受前所未有的重大損失」（2009 airline revenue: Worst drop ever），報告提及由於受到全球經濟疲弱之影響，2009年全球航空公司之收益乘客英里（RPM）大幅下滑，與2008年比較減少約6%（圖3-8），若換成客運收益來計算則減少約18%，這幾乎是創下了航空公司的紀錄。

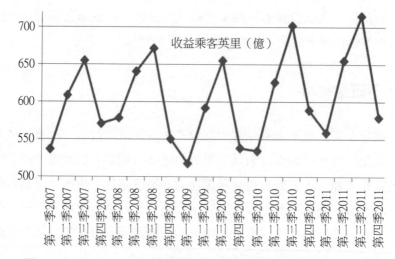

圖3-8　2007-2011年全球航空公司之收益乘客英里（RPM）

資料來源：美國運輸統計局（BTS）。

　　根據航空運輸協會（ATA）總裁詹姆士・梅（James May）的說法，造成上述航空公司之酬載旅客延人英里重大衰退的原因不外是全球經濟衰退，公司大量裁員，最後造成航空旅遊人數的大幅衰退。雖然在2010年時（與2009年比較），全球航空公司之收益乘客英里（RPM）上漲約6.4%，詹姆士・梅還是對此提出警告，他表示相對於油價的大幅變動，全球航空公司仍舊十分脆弱，對於未來的營運，航空公司還是要提高警覺。

　　由於航空運輸屬於衍生性需求（derived demand），同樣的結果也可以運用到僱用人員的需求上，也就是說航空運輸業僱用人員的需求與航空運輸業的經濟發展息息相關，當全球經濟發衰退影響到航空運輸業的需求及供給時，當然對於僱用的人員就會產生最壞的影響，也就是為了節省成本航空運輸業必須裁減僱用人員，**表3-4**是歐洲航空公司的裁員狀況。

(二)突發事件之影響

　　然而與全球經濟發展陷入衰退對航空運輸業造成的影響比較起

表3-4 歐洲航空公司2009年裁員數量

航空公司	發布日期	裁減人數
北歐航空（SAS）	2009-02-04	23,000員裁減8,600員（37.4%）
	2009-08-12	額外再裁減1,500員
維京航空（Virgin Atlantic）	2009-02-12	9,000員裁減600員（6.7%）
瑞安航空（Ryanair）	2009-02-12	裁減200員
法航／荷航（Air France/KLM）	2009-04-15	100,000員裁減3,000員（30%）
德國漢莎航空（Lufthansa）	2009-07-16	裁減400名行政人員
俄羅斯國際航空（Aeroflot）	2009-09-17	裁減2,000員
波蘭航空（LOT）	2009-10-06	3,500員裁減400員（11.4%）
英國航空（British Airways）	2009-10-06	14,000員裁減1,700名座艙組員（12.1%）
愛爾蘭航空（Aer Lingus）	2009-10-07	3,900員裁減676員（未來兩年）（17.3%）

資料來源：Macário and Van de Voorde, 2009.

來，傳染疾病及恐怖攻擊事件及金融危機等對航空業之影響有過之而無不及。

英國國家廣播公司（BBC）於2003年6月刊出一篇報導〈SARS對航空業之打擊遠勝過戰爭〉（Sars hit airlines 'more than war'），其中說道根據統計全球航空公司減少了約3%的航班，比一年前（2002年）大約是減少了250萬個機位。

官方航空指南（OAG）認為這是SARS與全球經濟減緩加在一起對全球航空業造成的影響，其中影響最重的就是中國及亞太地區，光是飛往中國的班機就減少了45%。的確，SARS對全球航空公司造成的影響超乎預期，遠比戰爭帶來的災害還要大。因為根據資料顯示，全球2003年6月的航班比伊拉克戰爭爆發時還要少1%。另外由於SARS是在亞洲開始爆發，因此在3月份亞太地區的班機就減少了5%，而在香港2003年5月的航班比去年同期更減少了約80%。

由上述資料不難發現有時候一種恐怖的病毒，對於航空業帶來的災害，不會比戰爭或是武裝衝突來得小，SARS就是一個最好的例子，

人們對於SARS的恐懼一開始是出自於對SARS的無知，大眾只知道SARS很容易傳染，但是究竟會透過何種途徑？在飛機的密閉空間裡是否更容易傳染？對於這些懷疑世界衛生組織沒有提供確切答案時，人們自然會減少搭乘飛機的活動。實際上在2003年當SARS流行的時候，在台灣的居民除非必要，基本上是不願去搭乘大眾交通運輸工具的，而如果非得搭乘的話，你也可以見到每個人都是戴著口罩，而由於口罩的需求太大，還一度在市面上造成搶購及缺貨，由此可見當罕見疾病發生時，由於人們心理上缺乏安全感，顯示在外的當然就是躲避一切可能造成感染的途徑，而SARS對於航空業造成的衝擊，只是一個近來較為明顯的案例。

恐怖事件對航空業常常造成極大之影響，原因很簡單，因為恐怖分子需要製造事件來引起全球的注意，而航空器可以搭載數百名乘客，任何對航空器造成的損害，都會引起全球的注意及引起人們的恐慌，對於恐怖分子來說，劫持航空器是最容易達成政治目的的手段。

2001年發生的911恐怖分子劫持飛機事件，讓原本就處於虧損狀態的航空公司在營運上更是雪上加霜，航空公司的股票價格一落千丈，航空業有數以萬計的員工失業，許多航空公司面臨破產，而為了協助航空業度過難關，美國聯邦政府立即拿出了150億美元提供援助，然而與航空業的損失比較起來仍是不夠，因為光是恐怖分子駕機撞進美國紐約地標建築世界貿易中心雙塔摩天大樓造成的死亡賠償保險金就高達400億美元，還不要提在2002年因為恐怖陰影籠罩世人心頭，加上安檢嚴格，全球航空公司比一年前減少約150萬個航班，大約少了5.6%。

根據美聯社（Associated Press）的報導，2001年的911恐怖攻擊事件，造成2002年美國的航空旅遊業之營收損失高達7%，或是230億美元。另外美國資本市場的損失，預計超過1,000億美元（約台幣3兆1,000億）。

在911事件十週年之後，國際航空運輸協會（IATA）於2011年9月5日由凱特萊斯（Kate Rice）發表了一篇〈911事件對航空運輸業的長期影響〉（IATA Analyzes Long-Term Impact of 911 on Aviation

Industry）報告。報告首先指出911恐怖攻擊事件造成空運業最艱辛的十年，航空運輸業的營收在911事件後花了三年時間恢復到2000年的水準，到2006年才開始恢復獲得微薄盈利（只有1.1%）。

911事件對機場安全及乘客搭機造成的影響最大，報告也指出對於安檢上的支出必須要有人來買單，這是一筆龐大的開支，例如在2010年的安檢花費就高達74億美元。

安檢不單造成政府、機場及航空公司要支付龐大成本，更重要的是造成乘客搭機時的困擾及時間上之浪費。為了要做彌補，IATA預擬了一套由報到開始到登機門的無縫接軌模式，IATA的構想是將以往用了四十多年的老舊安檢體系做一重大改革，當然必須能夠滿足安檢無風險的首要條件，他們的做法是先要由各航空公司收集大量的乘客資料，然後加以分類，而大多數安全無虞的乘客就可以輕鬆通過檢查點（checkpoint），在那兒利用高科技設備來偵測有無攜帶違禁品，乘客不需接受脫衣、拍身等令人不舒服之檢查。當然只是收集資料及分類這又將是一筆龐大的費用。

然而好景不長，就在航空業在2010年出現曙光時，國際航空運輸協會又在2012年6月13日發文〈歐元區債務危機正對衰弱之全球航空業獲利構成威脅〉（IATA: Euro crisis threatening aviation's weak profits），文中指出2012年全球航空業獲利預計為30億美元，但是歐元區債務危機已經對此目標造成威脅，長時間及持續惡化的歐洲主權債信評等已經快要將油價下跌以及乘客持續成長帶來的好處給消耗殆盡。IATA執行長湯彥麟（Tony Tyler）表示：「航空業預計獲利30億美元的預測值沒變，但是用來計算獲利目標的各項參數幾乎都發生了變化，尤其是歐元區債務危機。」

「今年是在2010年航空業獲利158億美元淨邊際利潤2.9%創下高峰後，接著在2011年獲利為79億美元淨邊際利潤1.3%之後的第二次衰退，若以航空業獲利預計為30億美元，則淨邊際利潤只剩下0.5%」。湯彥麟表示：「在高油價的威脅下，2012年的美洲航空公司狀況已經好轉，其他地區的獲利有下降趨勢，但是由於營運環境加速惡化，歐

洲航空公司預料將會遭受重大損失。」

IATA指出，由於歐洲主權債務危機「逐漸惡化成新一波銀行危機」，在此種情形下，明年全球各個地區的航空業業績表現都將出現虧損情形。IATA並預估明年歐洲地區航空業將會出現全球虧損最嚴重的情形，虧損金額高達44億美元，其次為北美地區的18億美元，然後才是亞太地區的11億美元，中東及拉丁美洲的虧損金額會達到4億美元，而非洲地區則為2億美元，而全球航空業虧損金額則會達到83億美元。

IATA首席經濟學家布萊恩‧皮爾斯（Brian Pearce）表示，由於歐元區債務危機情形將導致明年全球GDP成長率放緩至0.8%，而皮爾斯更進一步指出，明年乘客需求的成長情形將會出現遲滯，貨運業務亦將萎縮4.7%。兩者的收益率會下滑1.5%。

問題是隨著航空運輸業的快速發展，地球村的形成早已不是夢，也就是說當任何一種需要靠著傳播媒介——例如藉著飛機將病源帶到世界各地；或是有著特殊目的的恐怖攻擊事件再度藉由民用航空器來發動；再或是全球經濟的進入衰退，更有甚者是上述情景伴隨燃油價格上漲的混合出現。而只要有上述類似情形發生，可以預見的是航空運輸業又會遭遇重大打擊，而這些都是航空運輸業無法掌控的因素，也說明不確定性對航空運輸業之影響。

第三節　航空公司現況

航空公司的成本及營收與如何產生利潤是本節探討的重點，第一個最大變動成本的部分就是員工，每個航空公司都有大量的聘雇人員，例如機師、票務人員、維修人員及空服員等，而在美國這些人員大都屬於工會，而這部分變動成本的大小與航空公司的規模有關，是不可忽略的；接著是燃油成本，它是變化最大的變動成本，我們知道燃油需求的多少與所需要飛行里程數有關，而之前我們提過傳統航空

公司希望增加航線來載運更多的旅客，而只要航空公司的飛行里程數愈多，其所需要的燃油需求就愈大，同時我們也知道航空燃油的價格與原油價格呈現正相關的狀況（**圖3-9**），兩者的相關係數高達0.99，也就是說幾乎是完全受到原油價格的影響，所以只要原油價格上漲，航空燃油的價格必將隨之上漲，我們也知道傳統航空公司的邊際利潤相當低，因此無法涵蓋航空燃油價格上漲的部分，就理論而言，傳統航空公司應該將上漲的成本轉嫁給消費者，然而航空公司也瞭解搭機旅客基本上是具備價格彈性的特性，也就是說旅客流失的比例會比價格上漲更大，因此航空公司不敢貿然的將燃油價格上漲的部分完全轉嫁給消費者。

過去二、三十年來，對航空運輸市場的需求不斷地在成長，而航空公司為了能夠提供更多機位也不斷地擴充機隊，而航空票價也都呈現上漲趨勢，我們將從美國運輸統計局（BTS）網站的年度美國國內平均票價（Annual U.S. Domestic Average Itinerary Fare）用當年價格（current dollars）及以1995年作為基準之固定美元（constant dollars）兩者作比較，如**圖3-10**所示，發覺雖然平均票價有上漲趨勢，但是若以固定美元計算則反呈下降趨勢。

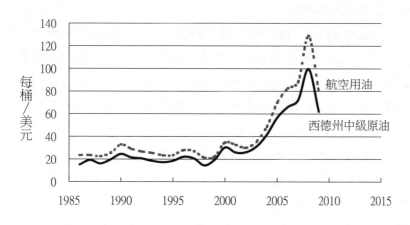

圖3-9 航空燃油價格與原油價格相關狀況

資料來源：Airlines for America (A4A).

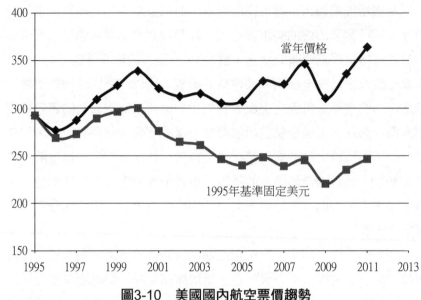

當年價格

1995年基準固定美元

圖3-10　美國國內航空票價趨勢

資料來源：美國運輸統計局（BTS）。

　　另外從該網站之美國航空公司之國際及國內收益乘客英里（International and Domestic Revenue Passenger Miles, RPM, Jan. 1996-Sep. 2010），如**圖3-11**所示得知不論美國國際或國內旅客酬載旅客延人英里都呈現上揚趨勢。

　　最後比較**圖3-9**、**圖3-10**及**圖3-11**我們可以很容易得知燃油及原油價格的上漲遠大於票價及旅客需求上漲的幅度。從1996-2009年原油價格幾乎成長了六倍之多，而反觀航空票價及美國國際及國內酬載旅客延人英里上漲的幅度幾乎是持平，或是微幅上揚，這也就是說航空公司對旅客並沒有收取過多的費用，加上空運業市場成長的幅度相當緩和。而如果航空公司並沒有對旅客收取過多的費用，或是並沒有更多的乘客要來搭乘飛機，那航空公司要從哪裡收取費用來應付支出呢？另外一個可以知道空運業是否可以賺取更多利潤的方式是從載客率（load factor）來看〔等於收益乘客英里（RPM）除以可用座位英里（ASM）〕，簡單說載客率愈高（愈接近1）表示付費搭機人數

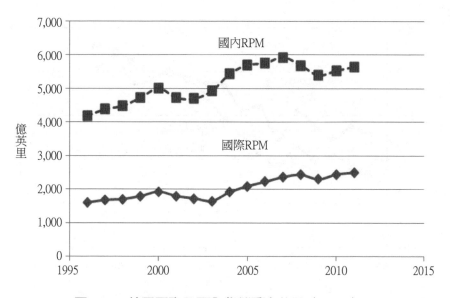

圖3-11　美國國際及國內收益乘客英里（RPM）

資料來源：美國運輸統計局（BTS）。

愈接近機上座位數。從美國運輸統計局（BTS）網站1996-2009年的國際及國內收益乘客英里，及國內及國可用座位英里（Domestic and international Revenue Passenger Miles and Available Seat Miles），由上述資料可以得出**圖3-12**，如果用1996年及2011年國內及國際班機載客率作比較，國際班機載客率成長幅度為10.2%，而國內班機載客率成長幅度為21.8%，兩者成長幅度皆遠低於原油價格的上漲幅度，由此判斷載客率的上升獲得之利潤不能滿足原油價格上漲支出的成本。

　　更糟的是，為了吸引更多的乘客，航空公司不斷拓展航線及壓抑票價的上漲，這種結果就變成為營收增加有限，但是成本卻以倍數增加，當然損失就會愈來愈大，在第一章我們已經討論過在本世紀除了2007年、2010年及2011年全球航空公司有盈餘外，其餘幾年都是處於虧損狀態，另外美國航空公司的股票市值也都遭受重挫，其中全美航空（**圖3-13**）的股票2007年中最高時曾到達37美元，而在2009年9月時只剩2.2美元，到2012年6月為止，股價回復保持在12-13美元之間震

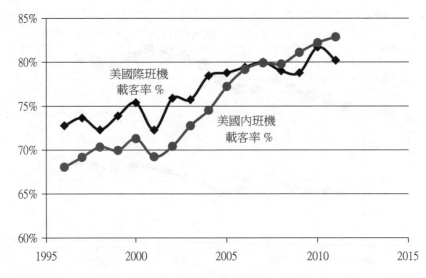

圖3-12　美國國際及國內班機載客率

資料來源：美國運輸統計局（BTS）。

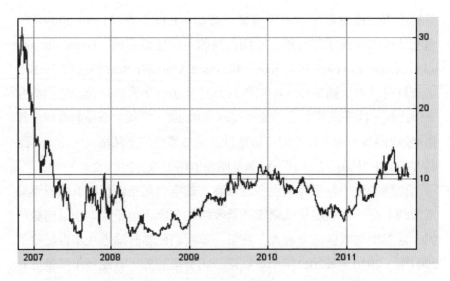

圖3-13　2007-2012年美國全美航空股票價格

資料來源：美國市場觀察網站。

盪，換句話說，如果投資人是在2006年中購買全美航空的股票，到現在為止已經損失了約67%的購買金額。而其他如美國捷藍航空在2003年10月曾漲到30美元，之後一路下滑到2011年11月時股票價格低到3.42美元，到2012年6月只剩下5美元，損失將近6倍。唯一在空運業保持連續三十九年沒有虧損的只有西南航空公司，即使有著不錯的表現，但是在2003年10月1日股價創下19.4美元新高之後，接下來也一路下滑，最差時是在2009年2月1日股價跌至5.89美金（**圖3-14**），即使全球航空公司雖在2010年開始有盈餘產生，但仍然無法讓股價回復到以往的榮景。

泰瑞馬克森（Terry Maxon）（2008）撰寫〈航空公司失掉過多市場價值〉（Airlines have lost much of their market value）一文，指出在過去一年美國前十大航空公司在股票市場已經流失掉235億美元，大約跌掉57%的股票價值。其中西南航空市場價值下跌最少約12%，其餘九家大約下跌73%。

馬爾督堤斯（Maldutis）（2009）將航空公司股票價值下跌的原因歸咎於油價過度上漲，他認為如果油價仍維持在2006年8月的價格（約74美元一桶），約為2008年6月約140美元一桶的一半，那航空公司的股票價值應當上漲45%。高油價已經造成許多小航空公司倒閉，例如創建於2005年的美國天空巴士（Skybus Airlines Inc.）及創建於2004年

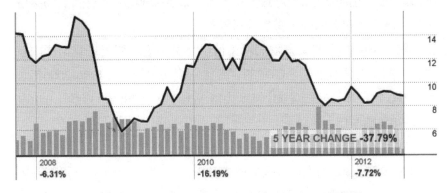

圖3-14　2004-2012年美國西南航空股票價格

資料來源：CNN錢網站。

專門服務商務旅客的英國銀捷噴射（Silverjet）都因為高油價及經濟衰退的因素倒閉。另外馬爾督堤斯認為如果油價持續上漲至150美元一桶，許多傳統航空公司也都會陸續宣布破產。

國際知名的投資專家華倫·巴菲特（Warren Buffett）在1989年曾經購買過全美航空3億5,800萬美元的優先股（preferred stock），對巴菲特來說這是一個慘痛的教訓，因為在1994年他參加北卡羅萊納商業學院的演講時，學生問他為什麼會投資航空股時，他回答說當時失去理智，他認為沒有其他事業像航空公司一樣需要那麼龐大的資金，幾乎所有都是固定成本，而現在想要經營航空公司不需受到規範就可以加入，導致競爭更加激烈，但不幸的是航空公司的成本結構卻仍然是跟以往受到規範時期一樣。

綜合以上所述，不難瞭解今日的航空運輸業是處於高油價、競爭激烈、高成本及邊際利潤低的狀況，誠如股神巴菲特講的一樣，除非腦袋壞掉否則不要輕易投資航空產業，但是航空公司真的就是如此不堪嗎？航空公司要如何才能夠避開以上的問題，繼續營運下去呢？

如同美國航空運輸協會（Air Transportation Association, ATA）網站發布的2010年航空產業經濟展望（2010 Airline Industry Economic Perspective）中所述，美國正遭受自1930年以來最差的經濟狀況，失業率也超過10%，在這種環境下空運業當然遭受重大影響，整個2009年美國航空公司損失高達600億美元，而自2000-2009年共裁減了16萬個員工，關於空運業的未來當然值得深思。

對於美國的空運業有兩個現象值得注意，第一個就是美國國內航空公司的旅客營收占國內GDP的百分比一直在下降，在1996-2000年大約都在0.7%，但是到了2001年以後每況愈下，在2009年只剩下0.46%（**表**3-5及**圖**3-15）。

其中旅客營收（passenger revenue）等於國內收益乘客英里（RPM）乘上國內單位里程票價（yield），美國內航空公司的旅客營收占國內GDP百分比的下降，表示國內航空公司的旅客營收成長比GDP成長幅度小。

表3-5　美國國內航空公司的旅客營收占國內GDP的百分比

年	國內收益乘客英里（RPM，十億）	國內單位里程票價（分）	旅客營收（十億）	當年GDP（十億）	旅客營收／當時GDP（%）
1996	419.28	13.76	57.69	7,838.50	0.74
1997	439.26	13.97	61.37	8,332.40	0.74
1998	449.10	14.08	63.23	8,793.50	0.72
1999	473.08	13.96	66.04	9,353.50	0.71
2000	500.44	14.57	72.91	9,951.50	0.73
2001	473.62	13.25	62.76	10,286.20	0.61
2002	472.34	12	56.68	10,642.30	0.53
2003	498.18	12.29	61.23	11,142.10	0.55
2004	548.59	12.03	66	11,867.80	0.56
2005	573.63	12.29	70.5	12,638.40	0.56
2006	577.58	13.02	75.2	13,398.90	0.56
2007	595.33	13.11	78.05	14,061.80	0.56
2008	570.92	13.84	79.02	14,369.10	0.55
2009	541.64	12.07	65.38	14,119.00	0.46

資料來源：美國航空運輸協會（ATA）。

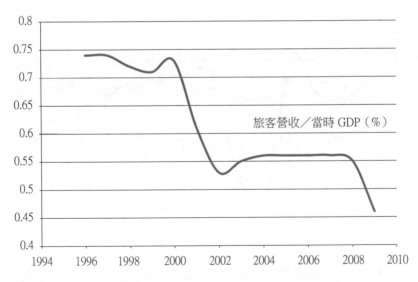

圖3-15　美國內航空公司的旅客營收占國內GDP的百分比

資料來源：美國航空運輸協會（ATA）。

圖3-16顯示美國內航空公司的旅客營收在2001年及2002年呈現大幅負成長，主要原因是911恐怖事件及SARS帶來的恐怖陰影，造成乘客不敢搭乘飛機。另外在2009年則是與美國經濟陷入困境而國內GDP也呈現負成長有關，但是2009年當美國國內GDP為－1.74%時，美國國內航空公司的旅客營收卻有高達－17%的負成長，顯示在經濟不好的時候，不論是商務或是休閒旅遊確實是人們最容易優先割捨的活動。這點也充分反映出對於航空旅遊而言，乘客的價格需求彈性相當大。

其次在經濟活動變差時雖然人們消耗能源減少，但是能源消耗減少的量與油價的下降卻不成正比，這點可以從美國能源情報署（EIA）公布的全球原油消耗統計和分析資料（**圖3-17**）得知，從1981-2008年全球原油消耗與前一年比較的百分比顯示變動非常小（在5%以內），若用1986年和2009年做比較相差只有1.44倍。但是航空用燃油價格由美國航空運輸協會（ATA）公布之航空用燃油與前一年比較的百分比在2000年曾高達55%，顯示變動卻非常大，若用1986年和2009年做比較相差近4倍。

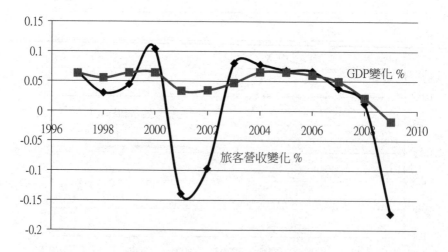

圖3-16　美國國內航空公司的旅客營收與國內GDP的百分比變化

資料來源：美國航空運輸協會（ATA）。

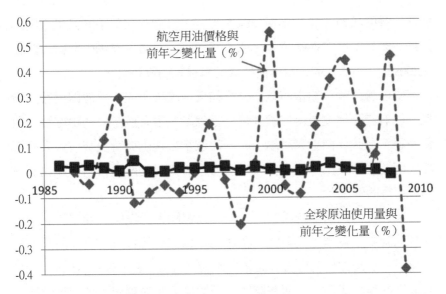

圖3-17　全球原油消耗統計及航空用燃油價格與前年之變化量資料

資料來源：美國能源情報署（EIA）。

　　對於全球用油需求上升幅度不大的重要因素是由於能源費用不斷
攀高，導致無論是一般消費者或是企業主對於龐大的支出謹慎以對，
另外一個關於航空旅遊需求減弱的因素就是航空運輸業一向標榜的優
點——速度，竟然也遭受到了質疑，我們可以回想因為2001的恐怖事
件，各國政府為了防止再度發生，對於機場安全措施做了多少改變，
而這些改變所帶來的時間成本導致整個旅程所需要的時間遠遠超過以
往之預期，這也可以解釋為什麼旅客營收的變化不如GDP的變化。

　　近來隨著全球經濟衰退的逐漸減緩，航空公司的旅客營收也逐漸
增加，根據財務雜誌在2010年9月報導刊出IATA預估今年全球航空公司
將會產生高達89億美元的淨利，但是這些現象是否足以讓全球航空公
司重新恢復信心，而對於往後的營運是否能持續獲利呢？有兩個關鍵
因素值得注意：(1)營收與成本不可以相互悖離，也就是說如果油價持
續上揚，航空公司的燃油成本會大幅增加的情形不變，那未來航空公
司想要繼續維持獲利將會非常困難；(2)雖然全球航空公司在2010年有

相當不錯的成績（2009年損失94億美元），看起來似乎充滿了希望，但是不要忘了航空運輸業是一個全球競爭的產業，充滿了變數，因此比2009年好並不代表什麼，航空業還有很長的路要走。

由前述討論得知當前航空公司的營運環境不佳，然而即使營運環境不佳航空公司還是得持續經營，當然某些國營航空公司根本沒有盈虧問題，在此我們不與討論，而一般航空公司由於背負著投資人的寄託，因此必須找出一條生存之道，而本節探討的航空公司併購也不失為一可行的做法。

首先我們知道傳統航空公司之所以會陷入困境與1978年的航空公司解除管制法實施以後有關，在1978年以前，傳統航空公司雖然也相互競爭，但是由於各自擁有軸輻式系統（hub-and-spoke system），有其固定的競爭優勢。然而在航空公司解除管制法實施以後，新的廉價航空公司得以加入市場，由於沒有傳統航空公司以往的包袱，他們採用直接點到點的航線，以及避免使用傳統航空公司的軸輻式系統，在大幅降低成本下提出低廉價格與傳統航空公司競爭，不幸的是傳統航空公司的票價是早在民用航空委員會（CAB）時代所制定的，與廉價航空公司比較當然缺乏競爭力。

在吸取教訓後，雖然傳統航空公司與廉價航空公司有不同的營運策略，但為了要搶占市場，傳統航空公司也不得不採取與廉價航空公司近似的票價，而要做到這點，傳統航空公司必須要提高營運量，在2007年美國航空公司創下了載運國內外旅客7億7,500萬人數的大量，而如果票價仍能夠維持現在價格的話，美國聯邦航空總署（FAA）更估計，在2021年美國航空公司載運國內外旅客將超過10億。旅客人數需求的增加，許多是來自小型區域機場，而載運這些旅客的飛機大都乘載50-90人次，因此傳統航空公司不得不轉而採購此類型區間客機，使得傳統航空公司區間客機的數量由2000年的500架，大幅增加到2008年的1,700架。

傳統航空公司的低票價策略確實成功的刺激需求增加，然而他們航線遍布的軸輻式系統需要運輸大量的旅客，而這些來自低票價旅客

對於機票價格又極其敏感，這也就是說一旦機票價格調漲，傳統航空公司必將大量流失顧客，因此機票價格的調漲成為航空公司不敢做的舉動，當然這就導致任何變動成本的增加（例如油價不斷攀升，而傳統航空公司又不敢將購油成本完全轉嫁給乘客），都會進一步削減獲利，因此傳統航空公司的邊際利潤也就愈來愈薄，甚至於出現虧損。

　　在經過各種評估後，傳統航空公司得出一個可以降低變動成本的解決方案就是「併購」，而在2008年4月達美及西北（Delta-Northwest）航空正式宣布的併購案就是希望能夠增加收入減少成本的例子，而支持這一個理論的就是併購可以降低航空公司航線之間的重疊性。以下舉一個粒子說明：

【例題3-1】

　　假設華航及長榮航空每天各有16及12班飛機由桃園飛往香港，飛機航班的成本是2萬美元，機票價格是150美元，乘客人數為3,500人，假設飛機座位為200個，試求各自飛往香港之利潤為何？以及若兩家航空公司合併，及將航班減為18班之利潤為何？（假設旅客數按照航班架次均分）

解答：

　　　華航之成本為16×20,000＝320,000

　　　長榮之成本為12×20,000＝240,000

　　　華航之收入為（3,500/28）×16×100＝300,000

　　　長榮之收入為（3,500/28）×12×100＝225,000

　　　∴華航之利潤為300,000－320,000＝－20,000

　　　　長榮之利潤為225,000－240,000＝－15,000

　　　如果華航及長榮合併，並將航班減為18則利潤變為$165,000

	航班	可用座位	成本	收入	利潤
華航	16	3,200	320,000	300,000	－20,000
長榮	12	2,400	240,000	225,000	－15,000
total	28	5,600	560,000	525,000	－35,000
共計	18	3,600	360,000	525,000	165,000

　　然而以上節省成本增加利潤的例子適不適用於達美及西北航空的併購呢？根據達美及西北航空合併規劃，他們預期在2012年達成節省成本10億美元的目標，而主要是藉由減少間接管理費用（overhead），及合併後規模更大對於購買燃油等大宗商品更具談判力等綜效的發揮來達成。

　　實務風險管理（Practical Risk Management）網站在2008年4月16日由艾德・吉姆（Ed Kim）發表一篇〈為什麼達美及西北航空合併不能帶來財務效益〉（Why the Delta-Northwest merger doesn't make financial sense）的文章，預期達美及西北航空合併不會節省成本，文章指出若從節省成本的角度來看，達美及西北航空使用的飛機大不相同（**表 3-6**），達美使用的都是波音的飛機，而西北航空使用的大多是空中巴士和極少數波音的飛機，這就說明在合併後他們的飛機機師及維修人員基本上都無法減少，因此人事成本無法降低，相反地，西北航空有94架老舊的DC-9，如果達美航空要將這些飛機替換，勢必又是一筆龐大的支出。

　　達美及西北航空當然知道這個事實，因此他們的獲利計畫基本上是希望藉著擴大全球航線網路，以及提高市場占有率來達成。看起來似乎有理，因為達美有廣大的歐洲及拉丁美洲網路，而西北航空則有廣大的亞洲市場，合併以後當然有更大的市場，然而問題是廣大市場的本身並不會刺激需求的成長。因為接下來會有更多航空公司想要提出合併，例如在2010年10月1日美國聯合航空公司與美國大陸航空公司最終敲定合併交易，催生全球最大航空公司。合併後新成立的航空公

表3-6　達美及西北航空飛機機型及數量

航空公司	飛機種類											Total
	MD-80	737	747	757	767	777	A300	A318/319	A320/321	A330/340	Other(DC-9)	
達美	133	71		136	101	10						451
西北			18	71				57	73	32	94	343
總計	133	71	18	207	101	10		57	73	32	94	794

司沿用美國聯合航空公司名稱，與大陸航空公司合併後，美國聯合大陸控股有限公司，持有新航空公司55%股權，美國大陸航空擁有其餘45%股權。新航空公司成立使美國國際航空運營業呈現美聯航、達美航空公司、全美航空和美國航空公司三足鼎立的局面。新航空公司的航空運力將占美國國內市場份額21%，占全球市場份額7%，超越達美航空在美國內市場所占20%，成為全球最大航空運營商。

　　另外由於美國航空公司的合併必須經由美國司法部（Department of Justice）的核准，而美國司法部的核准與否通常會考量三個條件：(1)合併後的公司是否對價格有制定力；(2)是否會降低其他航空公司的競爭力；(3)是否在某一特定區域或航線造成過分集中。

　　針對合併可以減少航線重疊降低成本的說法，檢視達美及西北航空合併後可提供六十七個國家共三百九十個旅遊目的地，換句話說，合併後的新達美的直飛航線將超過一千個，由於美國司法部在意的是航線重疊是否會造成競爭上的壟斷，因此我們再來檢視達美及西北航空合併有多少條重疊航線，發現實際只有十二條航線重疊，而其中只有四條稱得上是具有一定規模，而最大的一條重疊航線是由辛辛那提（Cincinnati）到底特律（Detroit），每年也只有12萬名乘客搭乘。由於達美及西北航空的重疊航線數量不多，因此想要藉由減少重疊航線班次，來達到降低成本的目標就變得不可行。

　　接下來美國司法部會檢視合併後的新達美航空公司，在特定航線上是否會產生價格影響力，由於新達美航空公司並沒有計畫要將軸輻式系統的數量減少，對於所要提供的座位數也就不會減少，這就引發

規模經濟效益的問題，當然規模大是不是一定具有競爭優勢，並無法確定，反到是因為要爭取客源，對於消費者來說航空公司的票價肯定是利多。

在2008年10月29日，在確定達美及西北航空合併對於消費者有利，實質上也不會造成降低競爭力的狀況下，美國司法部正式同意達美及西北航空合併案。然而新達美航空並沒計畫要裁減人員或是機隊的數量，也沒有計畫要將軸輻式系統的數量減少，因此對於新達美航空原先之期望要在2012年達成節省成本10億美元目標的說法，是否會兌現確實值得懷疑。由於航空業與其他產業的性質不同，其他產業（如製造業）經由合併很容易做到將同樣單位裁併，獲得成本降低的結果，反觀航空業經過合併後卻不一定能夠達到成本降低的目標，因此對於「合併」是否能夠讓航空業達到降低成本，增加利潤的目標，的確又是一個具有爭議的做法。

經由上述我們知道合併後的新達美航空公司必須要由其他管道來做到降低成本，當然他們可以經由裁減人員來達成，但是在美國航空公司員工基本上都屬於工會，而在捍衛員工福利方面，美國工會的強悍是舉世皆知的，因此新達美航空公司想要藉著裁員或者是降低薪資等方式來達成節省成本的目標，恐怕也是窒礙難行。

新達美航空公司也提出希望合併後能重新規劃適合某種飛機的航線，希望能夠將成本節省，但是在**表3-6**中得到達美及西北航空使用的飛機並不相同，達美和西北航空使用唯一相同的是波音757飛機（207架），僅占合併後總飛機794架的26%，由於人事成本當中的維修人員需要具備維護多種飛機的技能，而飛行組員也因為FAA設有在同一時間只能駕駛一種飛機的規定，因此維修人員及飛行組員的薪資肯定也無法降低。

Chapter **4**

油價及燃油避險

　　過去幾十年來在全球航空公司的營運成本當中，人事及燃油成本一直都分占航空公司營運成本當中的第一、二名，根據國際民用航空組織（ICAO）2002年的統計，北美大型航空公司的人事成本占航空公司總營運成本的25-31%，燃油成本則維持在總營運成本的10-15%。然而近年來隨著全球經濟不景氣及燃油價格飆漲的影響，國際航空燃油價格如脫韁野馬一樣不斷往上飆高，導致營運成本大增，為了要將成本降低航空公司採取了許多手段，包括努力將人事成本調降及對燃油採取避險措施，然而即使如此航空公司總營運成本還是逐漸攀高，也讓全球航空公司的利潤愈趨微薄。由於近年來全球燃油需求與供給間的差異只會逐漸加大，因此可以預期的是燃油價格將會呈現上漲趨勢，對於航空公司來說燃油成本成為航空公司營運成本中的最大單項已經出現，而在燃油成本不斷攀高的壓力下，航空公司在營運上應當採取何種因應措施是本章探討的重點。

第一節　　油價趨勢

　　根據美國能源情報署（EIA）公布的全球原油價格的平均值，事實上在2000年以前油價的變動並不大，但從2001年發生在美國的恐怖攻擊事件之後，全球原油價格〔西德克薩斯中級原油現貨離岸價格（FOB）及歐洲布蘭特原油現貨離岸價格（FOB）〕將如脫韁野馬一樣一路往上飆漲，到了2008年7月竟然漲到每桶原油超過140美元（2008年平均每桶原油為100美元），如**圖4-1**所示全球原油價格從1990-2011年的平均值，若用2011年與1980年代作比較（當年價格）油價已經上漲4.3倍。

　　實際上幾乎所有的原物料價格都有上漲，只是原油價格上漲得最多，而航空業對於原油價格上漲最為敏感，因此值得對其上漲原因作一探討。

　　首先從需求及供應面來說，由英國石油公司全球能源檢討統計

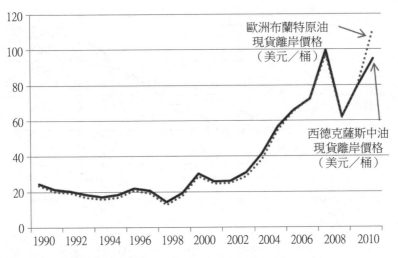

圖4-1　美國能源情報署（EIA）公布的全球原油價格平均值

資料來源：美國能源情報署。

（BP Statistical Review of World Energy June 2010）於2010年6月公布的資料得出自1980-2009年全球原油供應及消耗量的比較圖（**圖4-2**），從圖中得知自1982年以後，全球原油供應就始終低於原油消耗量，而如果就每年原油短缺趨勢來看（**圖4-3**），不難發現全球原油供應量短缺之趨勢會愈來愈嚴重。

　　為什麼全球原油供應及消耗量的短缺情形會愈來愈嚴重呢？我們可以從**圖4-2**中發現全球原油供應基本上也是逐年在增加，但是問題是全球原油的消耗量增加的幅度更快（**圖4-3**），這點我們也可以從英國石油公司全球能源檢討統計公布的全球各個國家及地區原油消耗量資料，得知開發中國家如中國及印度（**圖4-4**）原油消耗趨勢，而隨著中國及印度的經濟持續發展，可以想見未來他們對於原油的需求量只會愈來愈多。

　　根據英國石油公司全球能源檢討統計的資料顯示，中國對於原油的需求增加的幅度相當驚人，若用2009年與2000年比較，增加的幅度為180%，若改用2009年與1970年相比較，增加的幅度為1544%。顯示中國在最近三十年來的成長相當驚人，另外中國從2003年開始就已經

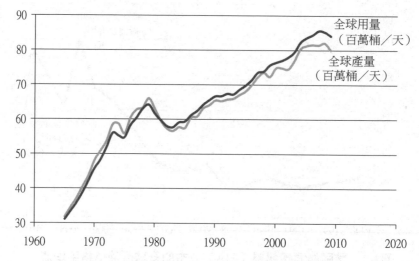

圖4-2　全球原油供應及消耗量比較

資料來源：摘自BP energy statistics。

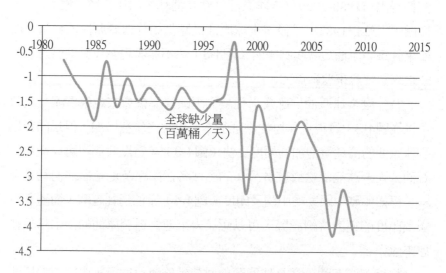

圖4-3　全球原油供應及消耗量短缺趨勢

資料來源：摘自BP energy statistics。

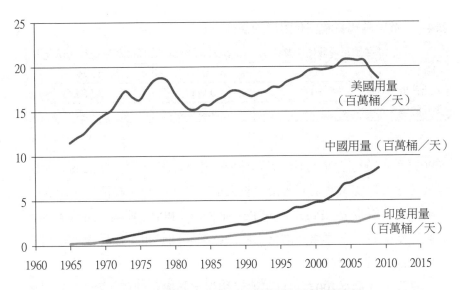

圖4-4　美國、中國及印度原油消耗量趨勢

資料來源：摘自BP energy statistics。

成為全球原油需求量的第二大國（僅次於美國），而從原油需求的成長幅度來看（用1970年及2009年做比較），美國僅增加1.3倍，而中國則成長約15.5倍。另外高爾‧魯夫（Gal Luft）（2004）刊載的〈給龍加油：中國在原油市場的崛起〉（Fueling the dragon: China's race into the oil market）文中提到「中國有13億人口，而自90年代至今始終保持每年有8-10%的實質GDP成長率，而為了能夠維持高的經濟成長率，必須增加原油消耗量，而預估到2020年時，中國的原油需求量將會增加150%。」

　　另外一個會刺激油價上漲的因素就是匯率變化，由於原油價格是以美元計算，因此當美元貶值時，原油價格通常都會上漲，這個道理很簡單，我們可以用**表4-1**歐美兩國貨幣比較來說明，當原油價格每桶為80美元時，若美元及歐元的匯率相同，那不論是用美元或是歐元都付同樣的錢，現如果美元升值成為0.91美元兌換1歐元，則原油價格每桶為80美元時，換成歐元則變成87.91歐元；反之，如果美元貶值成為1歐元兌換1.2美元，則原油價格每桶為80歐元時，換成美元則變

表4-1　歐美兩國貨幣變化對原油價格影響

	原油每桶價格（美元）	美元／歐元	原油每桶價格（歐元）
相等	80	1/1	80.00
美元升值	80	0.9/1	87.91
美元貶值	96	1.2/1	80.00

成96美元。換句話說，不論美元升或貶值，以美元賣掉原油的人希望能獲得在其他國家購買同等價值物品的金額，這也是經濟學中所說的「購買力平價說」（Purchasing Power Parity, PPP）理論，所以才會造成美元貶值時，全球原油價格上漲的結果，同時也可以杜絕「套利」（arbitrage）的產生。

　　實際上我們從2005-2011年歐元相對美元變化關係（**圖4-5**），發現當歐元相對美元上漲時，原油價格也會上漲，在2008年7月當原油價格上漲至140美元一桶時，在該期間歐元相對美元的漲幅也最大（1歐元對1.58美元）也是自2000年以後歐元兌換美元的最大值。

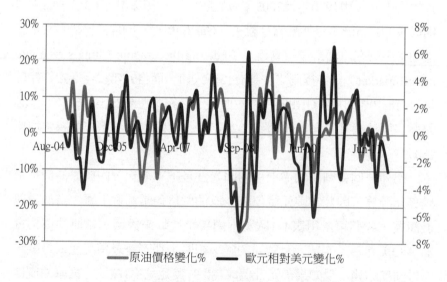

圖4-5　原油價格上漲與美元相對歐元貶值關係圖

最後一個會導致油價上漲的因素就是「風險」，試想當恐怖事件發生，例如恐怖分子對沙烏地阿拉伯的原油廠發動攻擊，或是全球政治或金融環境不穩定時，毫無疑問的都會造成油價大幅的波動，因此不論是原油的販售人或是生產國，為了能夠將這些風險造成的損失降低，最容易的做法就是將原油價格提高。

我們針對上述的幾個因素探討之後，不難發現未來原油價格即使短時間不會有大幅度成長，但是想要回到80年代或是90年代每桶20美元左右的價格，事實上幾乎是不可能發生，而在油價持續攀高或是每桶維持在近100美元左右成為常態時，航空公司的支出成本必然大幅提高，相對航空公司的盈餘將會更加緊縮，而針對購油成本的管控，絕對會是未來航空公司重要的課題。

第二節　燃油避險

在第三章我們得知合併不一定能為航空公司帶來成本降低及利潤增加的目的，本節我們再來探討另一個可以讓航空公司帶來成本降低及利潤增加的方法——「燃油避險」（fuel hedging），以及航空公司如何來做燃油避險。

燃油避險可以幫航空公司將變動成本減低，基本上燃油避險是讓航空公司對未來燃油價格設下一個「額度」，有利於航空公司製作長程計畫，首先要知道的是燃油避險不是航空公司用來做投機賺取暴利的工具，相反的它是將未來購買燃油價格設定一個上限額度，可以增加航空公司制定長程策略的可行性。航空公司在實施燃油避險上最成功的就是西南航空，彼得‧佩（Peter Pae）（2008）撰寫〈燃油價格避險獲得代價〉（Hedge on fuel prices pays off）中提到，西南航空在2008年將大約70%預估今年要使用的燃油實施避險，並將價格訂在每桶51美元，遠低於目前（2008年5月）市場上的每桶126.62美元，反觀其他航空公司由於只有將大約20-30%預估今年要使用的燃油實施避

險，而且將價格訂在每桶100美元左右，因此他們將要因為購油成本增加而需付出慘痛代價。

由於西南航空實施燃油避險帶來的優勢，使得在油價高漲的今天，西南航空不需要像其他航空公司，例如美國航空一樣在2008年5月宣布要對國內航線班機加收單件行李檢查費15美元來彌補因為高油價帶來的損失。雖然這項優勢不可能持久，但是由於西南航空積極的燃油避險策略導致在2008年成為唯一的贏家。

然而燃油避險策略也可能帶來損失，傑斯汀巴克曼（Justin Bachman）（2008）撰寫的〈西南航空為燃油避險付出代價〉（Southwest sees fuel hedges' pesky side）文章指出「當油價從2008年8月的高峰（約140美元一桶）開始一路下滑至年底不到40美元一桶時，西南航空在2008年10月15日宣稱因為燃油避險措施，公司在9月預估燃油避險合約帶來的25億美元利潤，目前僅剩5億5千萬美元，一口氣下跌了近20億美元。而西南航空在2008年第三季損失約1億2千萬美元的淨利，這也是自1991年來首見的單季最大損失。」

任何策略的制定都有可能獲得正反兩面的效益，而在今日燃油價格變化劇烈，且基本上油價不可能變低的情況下，航空公司要不要執行燃油避險策略來規避油價高漲的風險，的確考驗著航空公司經營者的智慧。值得注意的是，執行燃油避險策略的代價可能十分昂貴，就舉西南航空為例，在2008年付了5,200萬美元的燃油避險保費，當然如果政策正確其帶來的獲益也十分可觀。

一般而言航空公司有三種不同的方式來執行燃油避險策略：

第一種就是未來交換權（swap in the future），我們先來探討未來交換權如何運用到燃油避險上，交換合約（swap contract）可以讓航空公司與另外一家公司對未來一段期間（如一個月或一年），將一定的數量（如一萬加侖）的燃油事先議定出一個價格（須經雙方都同意），並用固定價格來支付未來的油價，接著在雙方的議定期程內，航空公司會按照市場價格支付購買的燃油，在合約到期結束後，航空公司將這段期間支付燃油的費用求出平均值，如果航空公司支付的平

均燃油費用超過約定的價格，那與航空公司簽約的另外一家公司要將差額付給航空公司，反之，如果航空公司支付的平均燃油費用低於約定的價格，那航空公司就要將差額付給簽約的另外一家公司。

交換合約有兩個最大缺點就是首先要找到一個同意與航空公司簽訂合約的另一家公司；其次就是這是一個「零和遊戲」（zero-sum game），也就是說當一方贏的時候，另一方一定要輸，由於對未來一段期間的變化沒有人能夠掌握，所以簽這項約定的雙方都必須接受有可能會輸的風險存在。

【例題4-1】

假設泛華航空公司與亞洲旅遊簽定一項交換合約，雙方同意在未來5日以每加侖100元的固定價格，購買10,000加侖燃油，試求5日後雙方支出費用的狀況。假設5天的價格每加侖是102、104、98、101、103元，以及每日的需求各為2,000、1,800、2,100、2,200、1,900加侖。

解答：

每加侖100元，5天購買10,000加侖燃油

	加侖	價格（元）	支付金額
第1天	2,000	102	204,000
第2天	1,800	104	187,200
第3天	2,100	98	205,800
第4天	2,200	101	222,200
第5天	1,900	103	195,700
總計	10,000		1,014,900

將總共支付燃油價格除以總油量得出101.49元的平均燃油費超過雙方約定的每加侖100元

因此亞洲旅遊須支付給華航空公司（101.49－100）×10,000＝14,900（元）

　　由於航空燃油並沒有被一般交易機構列入為未來交換標的，因此要選擇航空燃油來做此項交易在執行上有困難，但是航空公司可以採用其他衍生性商品（derivative instruments），例如原油或是家庭取暖用油（heating oil），來作為航空燃油的替代品。當然這麼做也有一些缺點，就是如果一旦該項替代品與航空燃油的價格呈現不相關時，那執行避險的目的就無法達成。例如在1990年伊拉克攻打科威特時，航空燃油的價格高漲到5倍的家庭取暖用油。如果航空公司選擇用家庭取暖用油作為航空燃油的替代品，來做交換合約的避險，那將會無法彌補航空燃油的價格高漲造成的損失。

　　要彌補上述替代品可能與航空燃油價格脫鉤的缺點，航空公司與另一家公司就航空燃油替代品（例如用原油）簽訂交換合約時，為防止與航空燃油價格脫鉤造成的損失，航空公司可與另一家公司多簽訂一份「差異交換合約」（differential swap），也就是說當航空公司與另一家公司直接簽訂原油交換合約時，另外簽訂一份差異交換合約，在合約中說明當原油價格與航空燃油價格因故出現價格不相關時，差異交換合約就可以針對其中的價格差異作若干修正。

　　第二種就是買權（call option），根據買權定義就是在契約到期日前，以約定價格〔稱為履約價格（exercise price）或執行價格（strike price）〕購買約定標的物之權利。換句話說，如果航空公司使用買權，它就可以用一個事前約定的價格，在某一段時間〔到期日（maturity date）〕之前，就設定標的物（如航空燃油或原油）的價格與現價相比較，只要商品價格〔加上權利金（option premium）〕高過買權的約定價格，那航空公司就可以動用買權，使用較市價低的價格購買商品。

　　換句話說，擁有買權的一方，與擁有特別約定的商品（commodity）或是金融工具（financial instrument）的賣方，簽訂一段時間後可以用約定價格來加以購買，由於這是一項「權利」而不是一種「義務」，因此擁有買權的一方可以就商品價格高低來決定是否要行使買權，但是對於賣方則只能對買方的決定做出反應，也就是說賣方有履約的義務。

買進買權（long call），又稱為「買入看漲期權」的一方通常會希望「投資標的」（underlying instrument）的價格，在約定期間到達前會上漲超過擁有買權一方的履約價格，因為如果投資標的高過履約價格，動用買權不但可以用低廉的價格買到商品，同時如果商品價格持續看漲，也可以再將商品售出來獲得更多的利潤，如圖4-6所示。基本上買進買權的操作時機是預期股價要大漲時買進，以賺取上漲差價為主。缺點則是在行情盤整或下跌時，容易失去權利金。而買進買權的最大獲利是無限，亦即漲得愈多則獲利愈大，而其最大損失就是支出的權利金。

我們用一個簡單的例子來說明什麼是買進買權，假設目前家寶股票在3月30日每股為50元，張三認為股市短期內上揚有望，可能會進入大幅上漲的局面，決定採用買進買權的策略，付出權利金。張三買進了4月30日每股履約價65元（等於65,000每張），並付出3,000元的買進買權權利金。

假設一個月後家寶股票價格每股漲到80元，張三動用買權以履約價格 65元購買，支出65,000元，加上支付權利金3,000元，共計支付68,000元。但是市場價格為80,000元，張三賺了12,000元。

但是若不幸的價格每股跌到40元，張三當然會放棄行使買權，而損失權利金3,000元，此時張三最大損失就是3,000元（**表4-2**、**圖4-7**）。

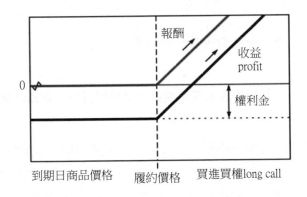

圖4-6　購買買權獲得之報酬

表4-2 到期日家寶股票每股可能價格與獲利／虧損

每股股票價格	股票價格	權利金	到期日買進買權價值	獲利／虧損
40	40,000	3,000	0	−3,000
45	45,000	3,000	0	−3,000
50	50,000	3,000	0	−3,000
55	55,000	3,000	0	−3,000
60	60,000	3,000	0	−3,000
65	65,000	3,000	0	−3,000
70	70,000	3,000	5,000	2,000
75	75,000	3,000	10,000	7,000
80	80,000	3,000	15,000	12,000
85	85,000	3,000	20,000	17,000
90	90,000	3000	25,000	22,000

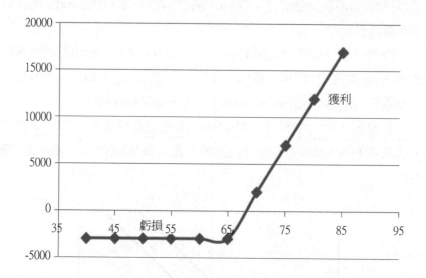

圖4-7 到期日家寶股票每股可能價格與獲利／虧損示意圖

　　買入看漲期權是指購買者支付權利金，獲得以特定價格向期權出售者買入一定數量的某種特定商品的權利。當投資者預期某種特定商品市場價格上漲時，他可以支付一定的權利金買入看漲期權。

　　相對於買進買權則是賣出買權（short call），又稱為「賣出看漲期權」通常賣出買權的操作時機是看準市場要下跌或盤整段時間始終漲不上去時，以賺取對方的權利金為主。賣出買權策略的使用時機在於對市場前景不甚樂觀，但又認為在到期日之前市場跌幅不會太深。賣出買權給予買進買權者在到期日時以履約價格向他購買現貨的權利，並收取權利金。在這個策略下，最大的獲利就是收到的權利金，最大的風險則很可能無限延伸，如果該標的物價格大漲，超過了損益兩平點（履約價格＋權利金），賣出買權者必須負起履約責任，負擔所有的損失。

　　接著我們用一個例子來解釋賣出買權的意義，假設中天股票在3月30日每股為110元，張三認為股市短期內上揚不易，會進入小幅回檔整理的局面，決定採用賣出買權的策略，賺取權利金。張三賣出了4月30日每股履約價120元（等於120,000），並收取5,000元的賣出買權權利金。

　　如果三十天後，股票每股價格的位置在損益兩平點（履約價120,000＋權利金5,000＝125,000）之下，張三就有獲利機會。如果真如預期的跌破履約價120,000元之下，那麼張三所賣出的買權履約價值為0，他就可以賺到5,000元權利金。但是如果股市勢如破竹，一路往上衝到每股140元，那麼張三就損失了15,000元，漲得越多，張三的損失就越大。因此在採用賣出買權的策略時，必須小心謹慎，並妥善設立停損點，避免損失擴大（**表**4-3、**圖**4-8）。

　　賣出看漲期權是指賣出者獲得權利金，若買入看漲期權者執行合約，賣出方必須以特定價格向期權買入方賣出一定數量的某種特定商品。看漲期權賣出方往往預期市場價格將下跌。

　　上述將買進買權及賣出買權合在一起的做法，又稱為牛市認購跨價期權策略（bull call spread），這個做法是在特定的履約價格下對某一商品買進買權，而在同時對同一商品用較高的履約價格賣出買權，兩者都有同樣的到期日。這種做法最好的時機就是預期商品價格不會大幅上漲時來執行，而最大的獲利就是買進買權及賣出買權履約價格

表4-3　到期日中天股票每股可能價格與獲利／虧損

每股股票價格	股票價格	權利金	到期日賣出買權價值	獲利／虧損
95	95,000	5,000	0	5,000
100	100,000	5,000	0	5,000
105	105,000	5,000	0	5,000
110	110,000	5,000	0	5,000
115	115,000	5,000	0	5,000
120	120,000	5000	0	5,000
125	125,000	5,000	−5,000	0
130	130,000	5,000	−10,000	−5,000
135	135,000	5,000	−15,000	−10,000
140	140,000	5,000	−20,000	−15,000
145	145,000	5,000	−25,000	−20,000

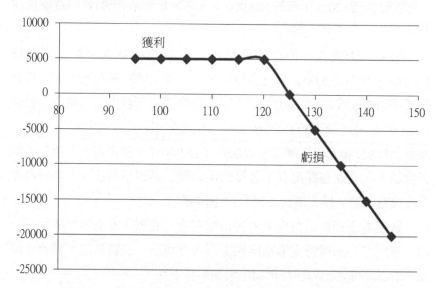

圖4-8　到期日中天股票每股價格與獲利／虧損示意圖

間之差價，減去權利金。

　　我們用一個例子來解釋bull call spread的意義，假設三陽股票在3月30日每股為85元，張三認為股市短期內會溫和上揚，他可以用82元履

約價格購買4月30日的long call，並支付6,300元權利金；同時他也用88元履約價格賣出4月30日的short call，並獲得3,500元權利金；如此做張三可以將付出之權利金在牛市市場當中減少到2,800元。

張三使用跨價期權策略最大的獲利是3,200元，而最大的損失是2,800元。而損益兩平點則等於82,000元履約價格加上權利金價差2,800元為84,800元（**表4-4**、**圖4-9**）。

然而任何事有利就有弊，航空公司購買買權來保障自己不會買到過高的油價，等於是給油價買了一個保險，也就是訂出價格的上限（ceiling），天下沒有白吃的午餐，航空公司享有這個福利，當然也要付出一定代價，也就是說要付保險費，也稱為權利金，而權利金的高低通常與標的物的風險有關，有就是說如果標的物的波動性很大，或是到期日期限較長（例如五年以上），那買權的權利金相對也會升高，而航空公司在購買買權時也會將權利金及風險性列入考量，以下用一個例題來說明航空公司如何運用買權來做燃油避險。

表4-4　到期日三陽股票每股可能價格與獲利／虧損

每股股票價格	股票價格	到期日買進買權價值	到期日賣出買權價值	履約價格不同之獲利／虧損	權利金價差	價差獲利／虧損
65	65,000	0	0	0	−2,800	−2,800
70	70,000	0	0	0	−2,800	−2,800
75	75,000	0	0	0	−2,800	−2,800
80	80,000	0	0	0	−2,800	−2,800
85	85,000	3,000	0	3,000	−2,800	200
90	90,000	8,000	−2,000	6,000	−2,800	3,200
95	95,000	13,000	−7,000	6,000	−2,800	3,200
100	100,000	18,000	−12,000	6,000	−2,800	3,200
105	105,000	23,000	−17,000	6,000	−2,800	3,200
110	110,000	28,000	−22,000	6,000	−2,800	3,200
115	115,000	33,000	−27,000	6,000	−2,800	3,200

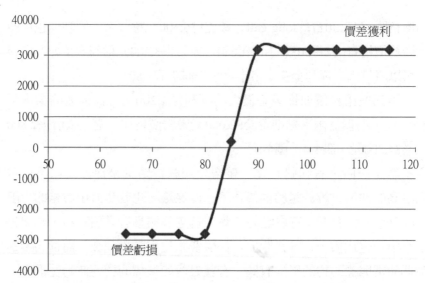

圖4-9　到期日三陽股票每股價格與獲利／虧損示意圖

【例題4-2】

　　假設泛華航空公司預計未來航空燃油價格會持續上漲，當前市場價格為每加侖65元，為了節省購油成本，泛華航空公司在2008年1月1日以每加侖80元的價格購買買權，約定購買10,000加侖燃油，買權權利金為20,000元，到期日是2010年1月1日，假設市場航空燃油價格如下表：

	2008年			2009年		
日期	1/1-6/30	7/1-10/31	11/1-12/31	1/1-6/30	7/1-10/31	11/1-12/31
燃油價格	70	80	85	80	90	88

　　試求泛華航空公司在動用買權狀況下共支付多少燃油費用。

解答：由題目得知

　　買權總量：10,000加侖

　　到期日：2010/1/1

權利金：20,000元

履約價格：80元

如果燃油價格在2010年1月1日前超過每加侖80元，可以動用買權

為了要讓避險有利潤，必須同時考量權利金，也就是說實際油價
要超過每加侖82元時，才有獲利的可能。

	2008年			2009年		
日期	1/1-6/30	7/1-10/31	11/1-12/31	1/1-6/30	7/1-10/31	11/1-12/31
燃油價格	70	80	85	80	90	88
燃油數量	3,000加侖	3,000加侖	3,000加侖	3,000加侖	4,000加侖	3,000加侖

泛華航空公司實際總共支付燃油費用為：

$3,000×70+3,000×80+3,000×80+3,000×80+4,000×80+3,000×80$
$=1,490,000$元

再加上買權權利金20,000元，總計支出費用為：1510,000元

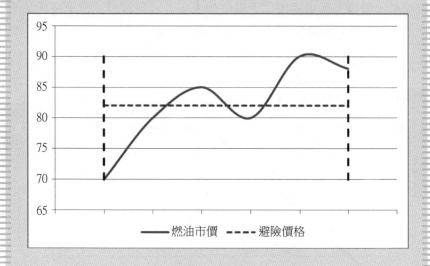

我們也可用**圖4-10**來說明航空公司在購買買權後如何支付燃油費之狀況，當市場燃油價格低於每加侖82元，航空公司不需要動用買權（在圖中虛線左方），當市場燃油價格高於每加侖82元，航空公司就要動用買權，以82元的價格來支付燃油購買費用（在圖中虛線右方），當然要注意的是不論動用買權與否，買權的權利金是一定要支付的項目。

第三種就是價格上下限期權（collar option），又稱領子期權。由於若只購買買權，不論用到與否，航空公司都得支付一筆權利金。因此如果航空公司不想平白損失，可以用另一種方式來做油價避險，就是購買價格上下限期權，做法上航空公司在購買買權（call）的同時，也賣出賣權（put），將買權及賣權結合在一起的做法，實際上是對燃油或是替代品價格做一個上、下限的界定，這種做法對於總成本而言可以節省下一筆經費，就是賣出賣權權利金的收入；在賣出賣權時，航空公司其實也是對燃油價格做了一個下限的界定，與單純的買權比較起來，價格上下限期權似乎風險較大，尤其是當燃油或是替代品價格低過下限界定的時候，航空公司的損失更大。

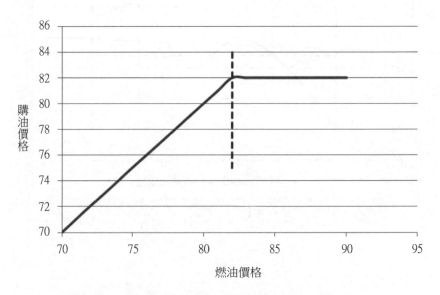

圖4-10　航空公司在購買買權後支付燃油費之狀況

　　由於價格上下限期權的做法比較複雜，以下先介紹賣權，賣權是指該權利的買方有權在約定期間內，以履約價格賣出約定標的物，但無義務一定要執行該項權利；而賣權（put option）的賣方則有義務在買方選擇執行賣出權利時，依約履行買進標的物。

　　我們用一個例子來解釋賣出賣權的意義，假設光陽股票在3月30日每股為110元，張三認為股市短期內會上揚或是持平，在此狀況下，張三可以用105元履約價格，賣出4月30日的賣權並賺取3,000元權利金。

　　賣出賣權的最大獲利就是權利金的賺取，以本例而言就是3,000元，但是賣出賣權的損失則可能會持續擴大，若是標的物下跌至0時，則會產生最大損失（表4-5、圖4-11）。

　　就以三個步驟來說明航空公司如何購買價格上下限期權來保護不讓航空燃油價格波動太大導致損失過高：

　　首先，航空公司購買買權保護自己不會受到價格高漲的損失。

　　例如在例題4-2中市場燃油價格為每加侖70元，航空公司寧願支付買權權利金20,000元，而不以約定價格每加侖80元的價格購買燃油，這就是說明不論未來市場燃油價格為多少元，航空公司不會支付超過

表4-5　到期日光陽股票每股可能價格與獲利／虧損

股票價格	權利金	到期日賣出賣權價值	獲利／虧損
85	3,000	−20,000	−17,000
90	3,000	−15,000	−12,000
95	3,000	−10,000	−7,000
100	3,000	−5,000	−2,000
105	3,000	0	3,000
110	3,000	0	3,000
115	3,000	0	3,000
120	3,000	0	3,000
125	3,000	0	3,000
130	3,000	0	3,000
135	3,000	0	3,000

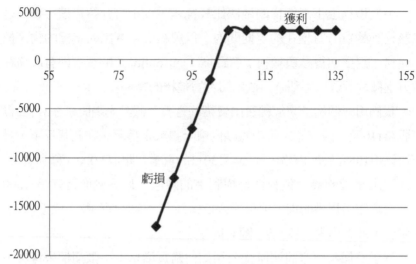

圖4-11　到期日光陽股票每股可能價格與獲利／虧損示意圖

每加侖80元的價格來購買燃油。

　　第二，賣出賣權賺取權利金。

　　航空公司在支付買權權利金20,000元的同時，航空公司也可以將賣權賣出，並將其權利金當作收入來彌補買權權利金的支付，因為市場燃油價格為每加侖70元，航空公司可以設定一個賣權，以約定價格定出每加侖60元的下限，並將賣權權利金20,000元賣出。

　　第三，航空公司對於購買燃油的價格做了一個上下限的界定。

　　航空公司在賣出賣權時，他已經要承擔當市場燃油價格低於每加侖60元的風險，在例題4-2中市場燃油價格始終高於每加侖60元，當然航空公司可以因為賣權權利金的獲得，而將支付買權權利金抵銷。當然如果市場燃油價格低於每加侖60元，航空公司將要支付另外一方（購買賣權）當時市場燃油價格及低於每加侖60元之間的差價。

　　由於賣權的運用說明比較複雜，我們用下面例題來解釋。

【例題4-3】

假設航空公司與另外一方以約定價格每加侖60元的下限，將賣權權利金20,000元賣出，而如果在到期日時市場燃油價格下跌至每加侖50元，試問若航空公司購買10,000加侖燃油，總共要支付多少錢？

解答：

約定價格每加侖60元

到期日時市場燃油價格每加侖50元

購買10,000加侖

航空公司購買燃油給自己用支付50×10,000＝500,000（元）

由於價格低於約定價格每加侖60元，航空公司要支付另外一方

（60－50）×10,000＝100,000

航空公司實際支付的價錢為：

購買燃油50×10,000＝500,000（元）

支付對方金額100,000元

總共支付600,000元

換算過來可得航空公司購買燃油價格為每加侖60元。

由於航空公司之前收到賣權權利金20,000元，因此實際上航空公司支付購買燃油價格為每加侖58元（600,000－20,000＝580,000）

價格上下限期權有若干優點，除了對標的物的價格設定上限外（購買買權），同時也可以因為賣出賣權獲得權利金，可以用來彌補買權權利金的支付。在前面例題中，航空公司利用買權及賣權的權利金相同，因此可以將買、賣的權利金相抵銷；如果航空公司本身願意承擔大的風險，可以將標的物上、下限的價格設定範圍調整，例如在購買買權時，將約定價格的上限設定接近市場價格，當然這可能要支付高額權利金；另外在賣出賣權時，將約定價格的下限設定更低於近市場價格，當然權利金的收取會較少，此時買權及賣權的權利金無法

抵銷，當然航空公司承擔的風險就會降低。

第四種是在衍生工具中另一個常見的策略是交叉避險（cross hedging）。

由於燃油價格變動太大，而如果能在正確的時機做出合適的燃油避險策略，可以為航空公司節省下可觀的經費，因此大多數的航空公司會願意選擇執行燃油避險策略。然而可惜的是在市場上並沒有所謂的航空燃油期貨合約（futures contract），因此只能退而求其次找尋與航空燃油具有高度關聯性的期貨合約，例如家庭取暖用油作為燃油避險的替代品。這種做法雖然不盡理想，但是在某種程度上還是可以收到避險的效果。為了讓讀者能有更深的認識，我們舉一個例子來說明。

根據**表4-6**可以求出取暖用油期貨價格及航空燃油價格變異數，以及兩者之間的相關係數。

表4-6　家庭取暖用油與航空燃油價格變化相關情形

月份	取暖用油期貨價格變化	航空燃油價格變化
1	2.50%	2.00%
2	3.00%	3.50%
3	−3.50%	−4.50%
4	0.50%	1.00%
5	3.50%	2.60%
6	−3.00%	−2.00%
7	−2.50%	−1.00%
8	−3.00%	−2.00%
9	5.00%	4.00%
10	−5.00%	1.00%
11	−4.00%	−3.50%
12	−1.00%	−2.00%

	取暖用油期貨價格	航空燃油價格
變異數	3.39%	2.80%
相關係數		82.02%

由於相關係數代表兩組樣本之間的相關程度，其值愈趨近1，則相關程度愈高。由上表計算得知取暖用油期貨價格及航空燃油價格之間的相關係數為0.82，表示兩者為正相關，根據統計學上之定義相關係數在0.6-0.9之間屬於高度相關。

接著用兩個公式來計算在已知要購買多少航空燃油數量下，應當購買多少取暖用油來作為交叉避險之手段。

$$h^* = \varrho \, \frac{\sigma_s}{\sigma_f} \qquad\qquad 4\text{-}1$$

$$N^* = \frac{h^* \cdot N_A}{Q_f} \qquad\qquad 4\text{-}2$$

公式4-1中h^*為最小變異避險比率（minimum variance hedge ratio），ϱ為相關係數，σ_s為航空燃油價格變異數，σ_f為取暖用油期貨價格變異數。

公式4-2中N^*為最小變異避險下之最佳合約數量，N_A為航空公司想要採購航空燃油數量，Q_f為購買替代避險期貨合約數量。

假設條件如下：

航空公司想要採購航空燃油數量	1,000,000
紐約輕原油期貨（加侖）	42,000

單筆紐約輕原油期貨合約為42,000加侖

運用公式4-2分別代入可得：

紐約輕原油期貨合約數量	16.14

因此當未來航空燃油價格上漲1元時，根據與取暖用油期貨價格變化之相關係數可以求得取暖用油期貨價格將上漲至1.487元或下降至0.673元。

所以當航空燃油價格上漲1元時，若航空公司想要採購航空燃油數量為1,000,000加侖，共要多支出1,000,000元。然而因為選擇紐約輕原油期貨作為交叉避險工具，在最佳狀況下共可以獲得

16.14×42,000×1.487=1,007,635.145元。扣除掉採購航空燃油的1,000,000元,還可以結餘7,635.145元。

然而若在最壞狀況下16.14×42,000×0.673=455,968元,扣除掉採購航空燃油的1,000,000元,還要賠544,032元。

當然由上例可以知道如果相關係數的相關程度愈趨近1,則航空公司所擔負的風險則愈低。

綜合以上所述不難得知運用燃油避險策略可以獲得的好處,接下來我們針對航空公司對於運用燃油避險策略的時機及狀況做一檢討;實際上大多航空公司在2006年以前對於運用燃油避險策略,來避開可能遭遇到高油價的損失並不十分積極,最主要的原因有兩個:

第一,大多數航空公司在現金儲備方面都不是十分充裕,在運用燃油避險策略時,事前要先準備一筆頭期款(upfront cash)來與另一方展開談判,這個目的是要防止當無法預期的狀況發生時的保證金額,但是航空公司由於資金積壓太多在固定資產上,很難再拿出多餘資金作為頭期款,同時航空公司也需要保留一些資金以備不時之需,因此燃油避險的策略並不是首要的選項。

第二,燃油避險的策略是航空公司用來預防未來油價上漲時遭遇不必要的損失,而對於未來油價的預估向來不是一件容易的事,因此當油價低時航空公司不會願意去做燃油避險策略,而當油價高漲時,航空公司又會害怕因為做了燃油避險策略反而遭致更大損失,例如達美航空在2006年做的燃油避險策略,就因為油價在下半年的走低,導致損失1億800萬美元,同樣地,大陸航空也因為燃油避險策略,在2007年的第一季就損失1,800萬美元。另外,西南航空雖然自1999-2008年前兩季,因為實施燃油避險策略節省35億美元,但在油價從2008年8月的高峰(約140美元一桶)開始下跌時,僅在第三季就損失高達1億2,000萬美元。另外,為了實施燃油避險策略要購買買權的權利金也不便宜,2007年西南航空的買權權利金就高達5,200萬美元。

最後值得說明的是,在未來原油價格會發生變動是不爭的事實,而由各種分析來看原油價格向上漲的機率較回復到以往低價的可能性

高，而如果能在正確的時機做出合適的燃油避險策略，應該可以為航空公司節省下可觀的經費，然而對航空公司的管理者來說如何找到正確的時機，及做出合適的燃油避險策略將會是一個最重大的考驗。

第三節　案例研討——西南航空燃油避險策略

　　2001年6月12日西南航空財務長史考特·塔平（Scott Topping）看見過去油價連續十八個月上漲，導致航空公司經營陷入困境，史考特知道自1978年航空公司管制法解禁後，在激烈競爭下，航空公司想要獲利及能夠生存的最大利器就是要將成本壓低，尤其是以往燃油成本只占總營運成本比重10-20%以內的時代，隨著燃油價格不斷上漲，已經高到超過總營運成本比重30%以上（**圖4-12**），換句話說，雖然基本上航空公司無法掌控燃油成本，但是如果航空公司不能夠在燃油成本大幅上升時將損害降至最低，那航空公司想要獲利甚至是存活是難上加難。

　　航空公司的經營者知道在競爭激烈的狀況下，是不可能把燃油上

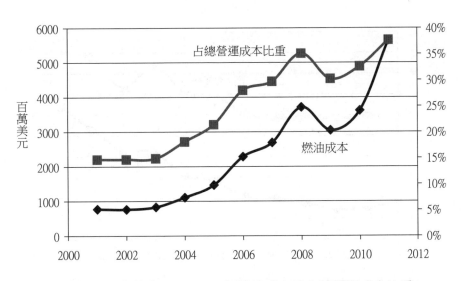

圖4-12　西南航空2001-2011年燃油成本及占總營運成本比重

漲的成本完全轉嫁給消費者，顯然的當航空公司機位已經成為商品化時，價格已經成為競爭者最大的利器，關係著生存與成功，華倫·巴菲特就曾說：「在商品化產品的生意當中你不能成為高成本的製造商，但有時候全然追求低成本也不完全是好的。」

圖4-13顯示西南航空2000-2011年單位營運成本逐年升高，其中平均每加侖燃油成本的升高漲幅更是驚人（**圖4-14**），若以2001年及2011年做比較，十年期間漲幅高達4.5倍。

西南航空知道為了要避免由於油價大幅飆高導致營運成本失控，必須要實行燃油避險措施。

一般航空公司在實行燃油避險時不直接選擇航空燃油，而選擇其他油品的主要原因如下，首先在原油的提煉過程中，主要的產品是汽油（gasoline），接下來是中斷的取暖用油、柴油（diesel fuel）及航空燃油，最底部是殘餘燃油。煉油公司將這些當成每桶上、中、底不同產品，而在相同層級的產品價格相差不大，由於取暖用油與航空燃油屬於同一層級，價格相關係數高，因此成為航空公司在實行燃油避險時的首選；另外，由於航空燃油是出自於原油的提煉，因此也有航空

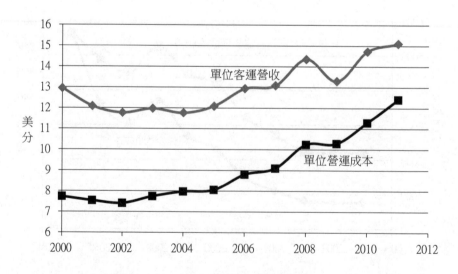

圖4-13　西南航空2000-2011年單位營運成本與單位客運營收比較

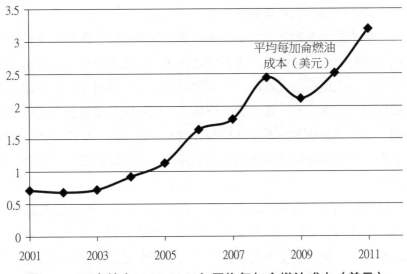

圖4-14　西南航空2000-2011年平均每加侖燃油成本（美元）

公司選擇原油作為燃油避險工具。

　　另外一個航空公司在實行燃油避險時不直接選擇航空燃油的原因是，在期貨市場上並沒有航空燃油的標的物，在不得已的狀況下只能選擇其他衍生性合約作為航空燃油的替代品。然而實行燃油避險有一定的風險，選擇其他衍生性商品作為避險工具時有所謂的「基準風險」（basis risk）存在，它指的是用來避險的商品與原來商品之間的關聯性，簡單的說就是避險商品的現貨價格（spot price），與避險商品的期貨合約到期之前的期貨價格（futures price）間之差異，兩者之間差異愈低則基準風險愈低。

　　由於原油現貨市場的價格變動又快又大，幾乎讓人無法掌握，例如在2008年時就發生在不到五個月的時間內，原油現貨市場的價格從每桶147美元跌至每桶35美元，上下差距高達每桶112美元。在這種狀況下想要將燃油避險做到理想，對航空公司來說確實是一個很大的挑戰。根據西南航空所做之年度報告（Southwest Airlines annual report）中報導，西南航空實行燃油避險措施包括短期及長期，通常由下列四種選擇權構成的組合：(1)購買買權；(2)價格上下限期權；(3)認購跨價

期權；(4)固定價格之交叉避險等。

　　一般來說，當預測油價未來會走低一段時間時，西南航空喜歡採取固定價格之交叉避險及買進買權之做法。單然如果在考量買進買權做法要付出之權利金太高時，西南航空可能會用價格上下限期權以及跨價期權策略來搭配。雖然固定價格之交叉避險及價格上下限期權之避險方法可以減少西南航空在權利金成本上之支出，但是他們的風險卻比買進買權或是認購跨價期權高出許多，尤其當油價發生大幅波動的時候。

　　而根據西南航空2000-2011年之年度報告顯示，由於西南航空實行積極的燃油避險措施，再配合上全體員工的努力，到2011年為止，西南航空已經創下航空史上連續三十九年在營運上都獲利的航空公司（**表4-7**）。

　　這是一項了不起的成就，尤其在過去十年來美國許多主要航空公司紛紛傳出經營不善宣告破產的同時，更加突顯出西南航空公司的可貴。

表4-7　西南航空2000-2011年之營運狀況

年度	營運收益（百萬美元）	總營運成本（百萬美元）	使用燃油（百萬加侖）	燃油成本（百萬美元）	平均每加侖燃油成本（美元）	占總營運成本比重	避險比例
2000	5,650	4,628	1,022	804	0.787	17%	80%
2001	5,555	5,016	1,086	771	0.71	15%	80%
2002	5,522	5,181	1,117	762	0.68	15%	60%
2003	5,937	5,558	1,143	830	0.72	15%	83%
2004	6,530	6,126	1,201	1,106	0.92	18%	80%
2005	7,584	6,859	1,287	1,470	1.13	21%	85%
2006	9,086	8,152	1,389	2,284	1.64	28%	73%
2007	9,861	9,070	1,489	2,690	1.8	30%	90%
2008	11,023	10,574	1,511	3,713	2.44	35%	75%
2009	10,350	10,088	1,428	3,044	2.12	30%	55%
2010	12,104	11,116	1,437	3,620	2.51	33%	40%
2011	15,658	14,965	1,764	5,644	3.19	38%	44%

第四節　結論

　　在上一節的討論當中我們知道在目前的環境裡，原油價格會不斷的發生變動，航空公司應當要做出正確及合適的燃油避險策略，來幫助航空公司因為油價高漲時遭遇到損失。我們也提到如果要讓購買買權付出的權利金降至最低或是不用支付，可以選擇使用價格上下限期權，就是在購買買權付出的權利金的同時，也賣出賣權並將獲得之權利金用來彌補買權的權利金。當然在油價價格高漲時，這種做法可以讓航空公司獲利，但是一旦油價下跌時，航空公司很有可能要付出更大的成本，這也就是使用價格上下限期權所要負擔的風險。

　　西南航空公司在油價高漲的今天就有一套獨特的燃油避險理論，像是在油價一直向上攀高時，西南航空就不傾向使用價格上下限期權，因為一旦油價下跌帶給航空公司的損失將更多，因此西南航空寧願選擇只買買權，但是將原油的約定價格訂得很高（例如每加侖200美元），由於約定價格與現價差別較大，因此買權的權利金就會降低，而且當原油價格下降時，也不至於要去支付因為出賣賣權所要付出的差價。

　　當然我們還是要重申航空公司燃油避險策略的主要目的絕不是用來做投機發財，而一個成功的燃油避險策略的最大好處是可以讓航空公司能夠很安全的去制定及執行長期計畫，尤其是不需要去擔心因為油價波動帶來的困擾。達美航空財務長（目前已升任駐法副總裁）保羅‧雅各布森（Paul Jacobson）就說道：「我們將燃油避險策略當作是買保險，其目的是要將燃油成本的波動變化降至最小，為了達成這個目的，我們必須積極的介入市場，並且不能對能源價格存有任何偏見。」西南航空公司之所以能夠在航空界維持有盈餘的紀錄（在2008年前），基本上燃油避險策略給了他們最大的安定力量，因為知道油價成本不會失控，而讓公司能夠安心的去設計需要經營的航線；反觀一些沒有或是只有少量實施燃油避險策略的傳統航空公司，一旦油價

高漲，他們就只能針對航線檢討盈虧來做適度調整或是關閉的決定。

　　除了燃油避險策略以外，航空公司還有一項需要改進的地方，就是對外公共關係的加強，因為除了邊際利潤減少以及燃油成本變高的問題外，航空公司與外界的公共關係已經到了需要立即改善的地步，舉例來說，在增加飛機票價價格方面，航空公司對於消費大眾產生疑慮的溝通就非常差。與其直接告知消費大眾為何要增加票價的原因，航空公司採用的是斤斤計較的做法，例如增加行李檢查費、機上餐點減少或收費，甚至是在網路上選擇座位要加錢等的方式。這種偷偷摸摸的做法只會增加消費大眾對航空公司的埋怨，雖然大家都知道航空公司也飽受高油價之苦。航空公司對於行李重量設限的做法，表面的理由是行李重量的增加會增加飛機的燃油消耗量，最近更有一些耳語傳說航空公司準備要按照旅客的重量來分別計費。

　　很明顯的就是航空公司想要告訴消費大眾，旅客人數及攜帶行李的重量會導致飛機的重量增加，最後當然是會增加飛機的耗油導致成本升高。實際上重量的增加絕大部分都不是來自載客的問題，因為一架波音747-400的起飛總重可以高達850,000磅，假設搭載375名乘客（90%載客率），以每名乘客平均重量160磅再加上攜帶行李50磅，總共是78,624磅，不到飛機起飛重量的十分之一，而航空公司不去管理造成重量增加的90%的主要原因，卻選擇對只占總重不到10%的旅客加以懲罰，當然會導致消費大眾的不滿。

　　旅客對航空公司的不滿實際上是逐漸累積的，除了上述的針對旅客重量問題加價外，長久以來每當飛機因故造成起飛延誤時，大多數的旅客只能呆坐在候機室等待，而相關的措施，例如什麼原因造成延誤及何時可以起飛等，旅客是一無所知，最糟的是常常發生航空公司在解釋問題時，講法會一再改變，長此以往當然就會造成旅客對航空公司的任何說法都抱持疑問的態度。

　　根據美國交通局統計資料顯示，從2001-2010年美國班機到場延誤（抵達時間晚於十五分鐘）及取消的狀況（圖4-15），其中班機到場延誤的狀況始終沒有太大改善，也就是說大約有20%的班機會發生延誤。

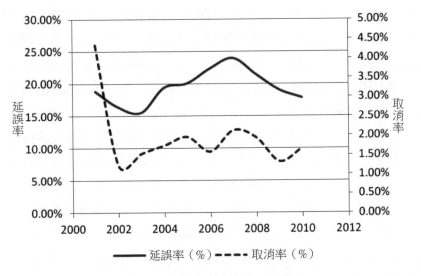

圖4-15 美國班機到場延誤及取消的

　　當然並不是所有的延誤都是航空公司的錯，但是由於航空公司對
於發生問題時的處置態度不夠積極，導致消費大眾在心中積怨已深，
因此只要有不好的事情發生，消費大眾很自然的會將所有錯誤都歸咎
於航空公司。這種情形不單是在美國，其實在許多國家也同樣發生，
例如世界上首宗霸機事件就是發生在82年8月，一批台灣旅客不滿泰國
航空公司班機延誤抵台，以「霸機」方式抗議，事後泰航對每名旅客
賠償200美元，才平息風波。從此以後，霸機數目急遽增加，儼然成為
「空中」自力救濟的腳本，也讓台灣旅客在國際航空界聲名狼藉。美
國也對霸機事件提出關切，希望我國儘快解決此一問題。而造成旅客
霸機的原因，肇因於航空公司在問題發生時，第一線工作人員缺乏立
即應變的能力，不能夠負起照顧消費者的責任，也就是航空公司沒有
賦予第一線工作人員現場處置的權限，無法對發生問題的現場作出應
有的決定，而事事都得向總公司請示的結果，導致旅客權益受損，迫
使走向霸機一途。

　　總之，雖然航空運輸業基本上也屬於服務業的範疇，然而長久以
來航空公司卻疏於將旅客服務當作為首要工作目標，例如當旅客人數

沒有成長甚至減少時，航空公司卻將檢討原因歸咎於經濟衰退或是油價高漲等因素，而不願針對旅客服務或是公共關係上提出改進措施。在目前或是未來航空公司還會遭遇到類似這種狀況，如果航空公司與消費大眾之間始終缺乏互信，甚至相互猜忌，那航空運輸業的前景可能更令人堪憂。

　　航空公司究竟應當如何做，才能夠挽回消費大眾對他們的信賴，改善營運以及回復獲利呢？首先航空公司能做的就是檢討航線營運狀況，將航線重疊部分刪除，並且針對經營的航線制定出適當合理的票價，實際上將航線重疊部分刪除的目的就是減少市場過剩的機位，例如台灣的中華及長榮航空公司在經營國際航線上就有一些重疊，例如桃園飛往溫哥華的班機，在淡季就常發生載客率低於五成的情形，如果兩家航空公司能夠合作，針對重疊部分相互合作，在淡季時合併班機，不僅可以減少人事作業經費，更可以提高班機載客率，對於公司的獲利當然可以增加。

　　另外有關票價調高一事，如果這是因為油價上漲而航空公司為求生存，不得不採取之做法，航空公司盡可光明正大的告知消費大眾，但是要有一定的規則讓大眾信服，如**表4-8**所示，當油價上漲時清楚的讓乘客知道這是因為油價的上漲，所以必須要增加因為燃油上漲多支出的金額。但是一旦油價下跌，所有因為油價引發的加價，必須立即停止。

　　當然只要票價上漲，可以預期的是搭機旅客的需求一定會受到影響，但是比起航空公司用其他方法，例如收取行李檢查費、縮減餐飲

表4-8　燃油上漲航空公司可能多支出的成本

	短程飛行由桃園至香港 來回二小時	長程飛行由桃園至舊金山 來回二十小時
燃油消耗增加金額	30,000	300,000
乘客人數	160	250
每人增加燃油費	187.5	1,200

內容或是對機上的服務增加收費等，此種錙銖必較的做法很容易引起社會大眾對航空公司的反感，而且所獲得之額外收入也相當有限。因此如果真的需要提高票價，與其偷偷摸摸，倒不如跟社會大眾說清楚票價上漲的原由，這麼做起碼能夠獲得社會大眾的信任，進而恢復對航空公司的信心，航空旅遊的需求也會逐漸上升。

羅伯特‧赫布斯特（Robert Herbst）（2010）提及由於廉價航空公司不斷的在擴展美國國內航空市場，與六年前比較，2009年達美、美國、聯合、全美等傳統航空公司在美國國內總共喪失了850億的可提供的可用座位英里（ASM），平均來說每家傳統航空公司喪失約21%的國內運量。

到底廉價航空公司有什麼競爭優勢能夠讓傳統航空公司一敗塗地呢？可能很多人的答案都會是便宜的票價，這個答案不能說錯，但也不是全對。一份訪問商務旅客為何選擇廉價航空公司的報告顯示，很多商務旅客是怕「麻煩及費事」因而轉向廉價航空公司。這也顯示出由於傳統航空公司的軸輻式系統使得乘客需要轉機，及經過許多耗時擾人的安檢，花費較多時間。反觀廉價航空公司採用點到點航線，除了花費較少外也節省了許多時間。

另外值得一提的是雖然廉價航空公司提供較便宜的機票，然而根據美國顧客滿意度指標（American Customer Satisfaction Index, ACSI）網站公布的調查資料顯示過去十五年來，對於西南航空的滿意度最高，平均分數是75分，而達美航空的平均分數卻只有65分，顯示廉價航空公司的優勢不只有便宜的機票，還做到了獲得消費大眾的信任，這點也說明傳統航空公司無論在公共關係及對顧客的服務上都有很大的進步空間。

由於受到公司策略及對結構方面的限制，使得廉價航空公司雖然在美國國內市場不斷的有所斬獲，但是對於國際航線，傳統航空公司卻有著相當明顯的優勢，而一向國際航線帶來的利潤也較國內航線高，同時國際航線旅客的價格需求彈性也比國內航線為低，換句話說，國際航線旅客的選擇性比較低。但是傳統航空公司也必須要能夠

針對既有的國際航線制定出合理的價格，不可以為了要賺取更多的利潤而將價格調高，如此做就長遠來看必然會傷害到傳統航空公司的營運。

　　成本管制對於航空公司的生存是一個很重要的因素，近年來許多傳統航空公司就因為想要降低成本的原因，選擇合併一途，但是對節省成本而言，合併絕非萬靈丹，就拿前面提過的達美及西北航空的合併案來說，由於他們之間並沒有太多的航線重疊，而且機隊的構成又有很大差異，因此在刪減多餘重疊航線，以及裁撤多餘單位及人員上幾乎不可能，相反地，合併之後反而將兩個公司原有的問題相加，可以預期的是這兩個公司的合併在成本上的節省是非常有限的。另外，即使是兩家航空公司有許多的航線重疊，如果要進行合併，也要通過美國司法部的審查，看看合併之後是否會對某些航線造成壟斷，或是讓其他航空公司喪失競爭力，因此若航線重疊的比重過高，很可能還會被迫釋出某些航線，所以合併除了可能會帶來好處外，還是有相當的風險存在。

　　前面提過的燃油避險確實也是可以讓航空公司不要因為油價的波動導致成本失控的危險，但是實施燃油避險策略的時機相當重要，因為如果油價已高，這時選擇去做避險，所要付出的權利金價格一定昂貴，而一旦油價下跌，航空公司可能會因為實施燃油避險策略反而遭致更大的損失。

　　最後值得一提的是政府扮演的角色，在全世界航空業高度競爭的年代，政府部門應當要仔細檢討空運政策的適當性，例如目前的許多管制政策，像是因為反恐而加強的機場安檢，就因為全身裸視造成個人隱私不保，造成旅客怨聲載道，進而減低搭機意願。另外還有許多美國聯邦航空總署（FAA）為了飛安所做的規定，例如飛行航線的製作，飛機在天空中的間隔距離，以及離到場飛機間隔的時間等規定，都是十幾年前的考量，近年來資訊科技的發展早已不同往昔，例如新一代的衛星導航及GPS等可以幫助飛機做更精確的定位及導航，當然由於不是每家航空公司或是每架飛機上都裝有先進的導航系統，而裝

載先進導航系統的花費也相當龐大，但是政府部門可以做的是鼓勵或是以優惠的方式，來加速將這些先進的資訊科技運用到空運業，相信藉由先進科技的幫助一定能夠提升航空公司的效率，達到節省成本的目的。

Chapter **5**

航空客運市場

　　每種產業都有一定的特色及屬性，空運業也不例外；因此當個人或是企業主想要進入或是從事空運行業時，為了讓投資人獲得應有的報酬，以及避免陷入不必要的風險，企業主必須要對空運業的特色及屬性有充分的認識及瞭解。

　　從許多方面來看，空運業與大多數的服務業並沒有太大的區別，服務業一般都是在顧客能接受且願意支付的價格下提供服務，由於顧客具備市場資訊的優勢，及對價格高度敏感，因此若開價過高，自然生意會變差，例如理髮店的收費，除了少數標榜提供高級享受的理髮店外，一般的理髮店大都不敢任意抬高價錢，坊間甚至出現100元的理髮店。因此，如想藉著對顧客提供某種特定服務，來獲取最大利潤，最容易著手的部分就是將成本儘量壓低。從事空運業的企業主及經理人當然也知道這個道理，在全球空運業競爭激烈，以及票價不能任意調高的情形下，想要獲取利潤，最直接也是最容易獲得成效的方法就是將成本儘量壓低，而近來在美國及歐洲不斷的傳出航空公司合併的舉動，也是尋求將成本減低的另一個做法。

🏛 第一節　空運業特性

　　自1978年美國通過航空公司解除管制法以後，大量資金湧入航空業，新的航空公司也如雨後春筍般陸續成立，但回顧過去十年，全球航空業幾乎都在慘澹經營，光在美國就有超過一百五十家以上的航空公司宣告破產，因此想要加入空運行業的企業主，若能對空運服務業的特性有更多的認識及瞭解，在經營空運業時就不會存有太多的幻想，也更能務實的去經營空運業，由於空運業的特性太多，以下僅就某些足以代表空運特性的項目加以探討：

一、服務業

根據商業字典網站（business dictionary.com）對服務業的定義是：「一個公司的營收主要是來自提供一種非實體的產品或服務的企業，而大多數服務業都是從事於零售、運輸、銷售、食物以及其他以服務為主的事業。」基本上服務業可以分成三類：

第一類，服務業的需求會隨每人所得的提高而上升，亦即當所得提高時這類服務業的發展會隨著所得升高而同步提高，例如休閒旅遊對許多家庭和個人的服務是屬於這一類。

第二類，服務業是可以支持生產活動而使其他產業順利經營和發展的服務業；這類服務業若未發展或不夠好，則需要他們服務的產業就不易發展，金融和技術服務業就是這一類的服務業。高所得國家需要比較多其他企業或產業所提供的服務，這也使這類服務業的需求隨所得的提高而增加更多。

第三類，服務業是在國際市場上具有競爭力，而可以幫助出口或吸引外國人來購買的服務業；這類服務業的競爭力若源自低工資，則在所得低的國家反而容易發展，例如有些中低所得國家就向高所得國家提供資料輸入服務、客戶及觀光等服務。有些服務業的國際競爭力量是來自其獨到的技術、知識以及企業規模，而高所得國家常能累積較多的技術和知識，以及較大的企業規模，因此高所得國家較可能著重在這類服務業。

空運業屬於第一種類型的服務業，而航空運輸的產品本身是無形的，它所提供的是時間及地點的服務，而顧客在接受航空運輸的「服務」後，除了出發及到達「地點」的變化外，他們幾乎無法有其他明顯的不同感受。航空運輸生產所謂的可用座位英里（ASM）等於機上座位數乘以飛行哩數，而當所提供的座位被付費旅客占有時，ASM就變成為收益乘客英里（RPM），由於航空公司提供的ASM產品具有「消耗」的特性，因此每當飛機起飛時該座位沒有被付費旅客占有時，航空公司提供的產品就形同物品損壞被浪費掉，因為航空公司提

供的產品（航班飛機上的座位）是無法保存給下一個航班旅客來使用的。

　　航空公司提供給旅客的服務，是將旅客或他們的貨物由甲地運送到乙地，若從這個角度來看，航空公司提供給旅客的服務與銀行及保險業沒什麼不同，因為對旅客而言，在付了錢之後並沒有接受到實際的物品。這也就是說航空公司提供服務給旅客的同時，必須面對的是旅客對航空公司執行服務的「信任」程度，這也說明為什麼某些航空公司即使在高票價策略下，仍然能夠擁有較高的市場占有率的緣故，例如新加坡航空。另外一個會讓旅客對航空公司服務感到滿意的是，旅客從報到開始直到抵達目的地之後的整個旅程所接受到的服務，值得注意的是旅客的感受與航空公司的行銷策略相關，因此製作誇大不實的廣告或是會讓旅客有過分妄想的說詞，都容易讓旅客在事後感到失望，因此如何做到讓旅客感受到「物超所值」而產生下一次還會搭乘同樣航空公司的想法，就是空運業者需要努力的目標。

　　既然是服務業，當然就要接受一定的規範來檢視提供服務的好壞，就像旅館業有五星級旅館一樣，全球航空公司也有類似等級的分別。位於英國的天空足跡顧問公司，針對全球超過六百七十家航空公司及七百個機場展開調查，根據旅客旅程報告、飛航服務、最佳膳食、機上座位及候機室狀況等的問卷調查進行統計分析並得出航空公司的等級，而經過評比獲得五星級航空公司的前五名將會頒發獎牌一面。

　　過去四年由英國天空足跡評比獲得五星級的前五家航空公司如**表5-1**。

　　其中韓亞（Asiana Airlines）、國泰（Cathay Pacific Airways）、卡達（Qatar Airways）及新加坡（Singapore Airlines）航空更是連續四年皆獲獎。能夠獲得這項殊榮非比尋常，因為必須經由1,790萬名旅客及超過一百個不同國籍的人，經過長達十個月的調查，最後勝出，獲得該獎項可謂航空公司提供的產品及服務獲得全球航空旅客之肯定，也是全球航空公司的典範及學習的對象。我國華航及長榮也都參與評

表5-1　2008-2011年英國天空足跡評比獲得五星級的前五家航空公司

	2008年	2009年	2010年	2011年
1	新加坡航空（Singapore Airlines）	國泰航空（Cathay Pacific Airways）	韓亞航空（Asiana Airlines）	卡達航空（Qatar Airways）
2	國泰航空（Cathay Pacific Airways）	新加坡航空（Singapore Airlines）	新加坡航空（Singapore Airlines）	新加坡航空（Singapore Airlines）
3	卡達航空（Qatar Airways）	韓亞航空（Asiana Airlines）	卡達航空（Qatar Airways）	韓亞航空（Asiana Airlines）
4	泰國航航空（Thai Airways）	卡達航空（Qatar Airways）	國泰航空（Cathay Pacific Airways）	國泰航空（Cathay Pacific Airways）
5	韓亞航空（Asiana Airlines）	阿酋航空航空（Emirates）	紐西蘭航空（Air New Zealand）	泰國航空（Thai Airways）

資料來源：Skytrax網站。

比，獲得四星級的等級，這表示在評比項目中所提供的產品及服務品質良好，顯示我航空公司在提供服務上已經有改善，但是距離獲獎航空公司的努力程度仍有學習空間。

二、資本密集及高營運槓桿運作

根據維基百科對資本密集企業的定義是：相較於勞工工資而言，大部分的資金是用在購買價值昂貴的機具上。這個名詞是源自於十九世紀中至末期當鋼鐵業正值興旺的時候，由於採購的機具十分昂貴，導致的財務風險也相對升高。

與其他服務業比較不同的是空運業需要購買大量昂貴的裝備及設施，例如中華航空現有飛機機隊（**表5-2**），總計有66架飛機，而總購機成本〔按照表定價格（list price）〕約為131億美元，這麼一筆龐大的數目，如果沒有其他例如借貸、融資或是政府補助的方式，以任何

表5-2　中華航空現有飛機機隊　　　　　　（至2011年1月1日止）

機型	數量	價格（百萬美元）	共計（百萬美元）
B747-400	13	230	2990
A340-300	6	215	1290
A330-300	18	165	2970
B737-800	10	75	750
B747-400F	19	270	5130

資料來源：華航及aircraftcompare.com網站。

一個民間機構來說，都是不可能做到的。

　　表5-2所顯示的只是單純牌告的購機價格，有趣的是到2010年9月30日為止的資產負債表得知中華航空及長榮航空的資產總計，分別為超過新台幣2,125億元（約71億美元）及新台幣1,482億元（約49億美元），其中包括所有廠房及維修裝備等設施，資產價格居然還比購買機隊價格低，其間差異顯然是包含折舊、租賃以及實際購買價格與牌告價格間有極大的談判空間。而美國達美航空2009年12月31日為止的資產負債表的資產總計超過435億美元，超出中華航空及長榮航空資產相加的3.6倍。

　　在大量資金需求下，航空公司的經營者當然要想盡辦法去向外界募集資金，這也就造成航空公司的營運槓桿（Degree of Operating Leverage, DOL）普遍較其他行業為高的原因，所謂槓桿指的是以小博大，花小代價可以獲得高報酬的作為，在某種程度上它是一種投機的行為，當然也存在著風險，而槓桿程度越高，獲得高報酬或重大損失的機率就越高。

　　營運槓桿的大小可以從企業的損益表來計算，從最上面的營業收入逐步扣除各項業務面的成本與財務面的費用，一直到最後獲得每股盈餘（如果營運狀況不佳，則有可能會出現虧損）。以下是就成本屬性將損益表改寫成為：

營業收入	R	
－變動成本	V	
邊際貢獻	CM	業務面
－固定成本	F	
營業利潤	EBIT	
－利息費用	I	
稅前盈餘	EBT	
－稅金	T	財務面
稅後純益（淨利）	NI	
÷股數	N	
每股盈餘	EPS	

　　營運槓桿度的概念是當營業收入增減變動百分之一時，營業利潤增減變動是百分之一的幾倍？如果由損益表來看，就是上層的數字有些微的變動，下層數字的變動倍數為何，這種變動呈倍數放大的風險觀念就是槓桿原理概念。

　　接著介紹如何用公式5-1來計算營運槓桿：

$$DOL = \frac{營業利潤\,(EBIT)\,\%}{營業收入\,(R)\,\%} \qquad\qquad 5\text{-}1$$

【例題5-1】

　　假設泛華航空公司由桃園飛往越南來回機票價格（P）為10,000元，變動成本（V）為20元，固定成本為（F）為800,000元，旅客人數為100、110、120、130、140、150，試計算營運槓桿分別為何？

解答：

營業收入（R）＝P×Q，當旅客人數為100時

R＝10,000 ×100＝1,000,000

EBIT＝R－（V×Q＋F）

$$DOL = \frac{營業利潤(EBIT)\%}{營業收入(R)\%} = \frac{(EBIT_{110} - EBIT_{100})\Big/EBIT_{100}}{(R_{110} - R_{100})\Big/R_{100}}$$

$$DOL = \frac{(297,800 - 198,000)\Big/198,000}{(1,100,000 - 1,000,000)\Big/1,000,000} = 5.04$$

F	R	Q	V	P	EBIT	DOL
800,000	1,000,000	100	20	10,000	198,000	5.04
800,000	1,100,000	110	20	10,000	297,800	3.69
800,000	1,200,000	120	20	10,000	397,600	3.01
800,000	1,300,000	130	20	10,000	497,400	2.61
800,000	1,400,000	140	20	10,000	597,200	2.34
800,000	1,500,000	150	20	10,000	697,000	2.15

由上表得知當旅客人數為100時DOL＝5.04，表示當旅客人數增加（減）一個時，EBIT會增加（減）5.04%。

當旅客人數為140時DOL＝2.34，當旅客人數增加（減）一個時，EBIT只會增加（減）2.34%。

因此可以得知當DOL愈大時獲得乘數效果愈大；但是反之亦然，也就是說當旅客人數減少一個時，損失的乘數效果也愈大。

公式5-2在實務上有計算之困難，而經過換算也可得出：

$$DOL = \frac{營業利潤(EBIT)\%}{營業收入(R)\%} = \frac{R - VQ}{R - VQ - F}$$ 　　5-2

　　有關DOL的正負號及值的大小基本上是一個風險指標，如果營業收入（R）的值超過變動成本加上固定成本的總和（$V \times Q + F$），即表示公司的營收已經超過損益兩平點，所以DOL的值是正的。而正的DOL的值表示當R值增加時，營業利潤也會增加，反之亦然。舉例來說，如果DOL＝＋4.0，那就表示只要營業收入有1%的增加，營業利潤（EBIT）就會增加4%。當R值大於$V \times Q + F$時，DOL的值會介於＋1到＋∞，而如果DOL的值較小，表示營業的風險小，亦即營業利潤的變動小。另外，當固定成本相對於營業收入減去變動成本（$R - V \times Q$）較大時，也會獲得較大的DOL值，當然就意味著營業的風險增高。值得注意的是如果企業的固定成本為0（$F=0$），代表的是沒有營運槓桿，這時營業的風險小而DOL的值等於＋1。

　　反之，如果營業收入（R）的值小於變動成本加上固定成本的總和（$V \times Q + F$），此時DOL的值是負的。而負的DOL的值表示當R值增加時，營業損失會減少，當R值減少時，營業損失會增加。此時公司的營收是低於損益兩平點，低的負DOL值比高的負DOL值更危險，因為當DOL的負值很大時，表示營業損失不大，只要增加一些營業收入（R）就可以彌補，**表5-3**可以說明。

　　低的負DOL值出現時，航空公司要特別注意，因為它反應的是公司本身正遭遇大的營運損失，同時如果營收增加的不夠大，對於降低

表5-3　負DOL值變化情形

營業收入（R）	變動成本（VQ）	固定成本（F）	DOL
1,000	800	210	－20
1,000	800	240	－5
1,000	800	270	－2.9
1,000	800	300	－2
1,000	800	330	－1.5
1,000	800	360	－1.3
1,000	800	390	－1.1
1,000	800	420	－0.9
1,000	800	450	－0.8
1,000	800	480	－0.7

營業損失的效果有限，負的DOL的值會介於0到－∞。

由例題5-1得知當旅客人數為100時R＝1,000,000，VQ＝2,000，F＝800,000

代入公式5-2計算可得DOL＝5.04，與例題5-1之計算相同。

美國傳統航空公司的DOL大約是在5左右，而長榮從2007-2011年的DOL值如**表5-4**。

表5-4　長榮航空2007-2011年DOL值

	2007年	2008年	2009年	2010年	2011年
長榮航空DOL	－9.65	－1.47	－6.6	2.75	51.24

資料來源：Eva Air annual report 2011.

顯示長榮從2007-2009年都是處於虧損狀態，而2008年的虧損最為嚴重。另外，2011年的DOL值高達51.24，顯示營運風險相當高。

三、受景氣循環影響大

在第四章探討過當油價上漲時航空公司的獲利都會大幅減低，甚至走入宣告破產的命運，本節要探討另外一個影響航空公司獲利的因素——經濟因素。

通常由GDP的變化可以看出一個國家的經濟狀況是否成長或衰退，**圖5-1**顯示美國從1996-2011年GDP的變化，可以看出搭機乘客數量與GDP的變化趨勢幾乎一致，換句話說，當GDP呈現成長趨勢時，搭機旅客會成長，然而當GDP呈現向下趨勢時，則搭機旅客人數也會跟著下降。**圖5-2**顯示美國從1996-2011年GDP的變化與航空公司盈餘（虧）比較圖，可以看出當GDP往上成長時航空公司有正的盈餘，而當GDP往下走時，航空公司發生盈虧的機率就非常高。

根據波音公司對2010-2029年航空市場展望中指出，全球經濟的景氣嚴重影響旅客的航空需求，例如在2008年全球經濟陷入衰退時，消費者及企業的信心都變得低落，導致對航空的需求減少，但是歷史證

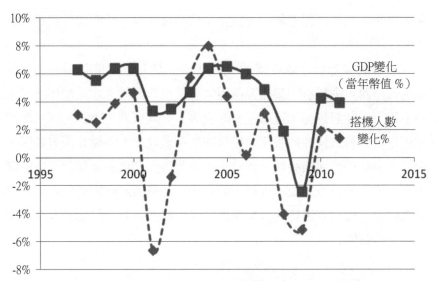

圖5-1　美國GDP變化%與搭機乘客變化%比較圖

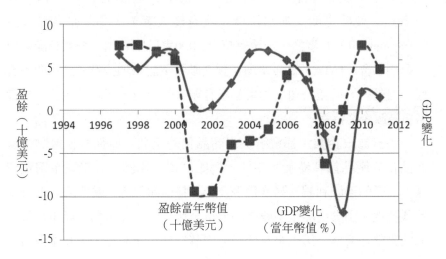

圖5-2　美國GDP變化%與航空公司盈餘（虧）比較圖

明，航空業是禁得起考驗的，只要全球經濟恢復，航空業必將重回興盛。

　　的確航空業與全球經濟的發展基本上是有著因果關係的，就局部地區來說，由於航空業需要僱用大量航空方面的人才，從事航空事務活動，因此能夠促進區域經濟的發展，而就廣義的來說，因為航空業可以提供有效快速的服務，能夠增加企業經營的範疇及節省時間。另外，由於經濟活絡發展，倒過來也會刺激人們旅遊及貨物運輸的需求，進而刺激航空業要提供更多的服務。就是因為在經濟發展與航空業之間有這種相互影響的因果關係，導致經濟發展與航空業存在著密不可分的關係。

四、商品化的產品——機位

　　從產業結構來看，如果某一產業中有過多的公司，相互競爭激烈，彼此之間又無法協調（沒有極大者），那就是各自為政（fragmented）的事業，全球有超過2,000家航空公司，雖然有國際航空運輸協會（IATA）每年舉辦各種活動希望能夠加強航空公司間的聯繫，但是對於航空公司的約束並沒有顯著的成效，因此航空公司具備各自為政企業特性。

　　各自為政企業大都會製造出商品化的產品，而從財務觀點來看商品化的產品都具備某些特性，例如高資產比例（大量資金購買資產）、低的邊際利潤、高度競爭及產品特性類似等，航空公司就具備此種特性。由於商品化型態產品大量充斥，因此在市場上競爭最關鍵的因素就是價格，這也是為什麼廉價航空公司能夠在美國及歐洲市場紛紛搶占傳統航空市場的原因。

　　雖然每個航空公司的座位及服務差異有限（商品化型態產品），而價格也是航空公司與對手競爭的重要武器，但這也不是絕對因素，例如新加坡航空及韓亞航空，與其他航空公司比較，就因為在市場上的聲譽良好，因而能夠收取較高的費用。

五、技術及勞力密集之微利產業

所謂勞力密集產業指的是需要大量人力用來生產製造及維護之產業，航空工業是一技術密集、資本密集、勞力密集與管理密集之整合性產業，一架飛機的組成包括其機身構造、飛行控制、推進各主系統以及各個次系統。這些零組件就多達十多萬個，且製造過程更結合了精密機械、電子、通訊、化工、材料、控制等高科技。

由於飛機是大眾運輸工具的一種，只要有飛安事故的發生，後果很可能會導致大量人員傷亡及高價裝備的損失，對於社會及人心上造成的衝擊都相當高，因此相較於其他運輸業，各國政府對於飛航安全的要求也相對提高，因而對於飛機的維護會有定期定時檢修的要求。這些措施都會導致航空工業需要較多先進技術及大量勞力來維繫的結果。

根據美國航空公司資料計畫（airline data project）公布的資料顯示，從1995年時美國所有航空公司（十五家）總共僱用378,640人，一路成長到2000年時的高峰456,190人，之後就開始走下坡，到2011年減少到338,277人（**圖5-3**），比1995年還低，顯示出美國航空公司為了降低成本，不得不減少人力，但儘管如此航空業仍然還是擁有龐大人力的勞力密集產業。

另外航空公司也是一個微利產業，要知道一個產業營運獲利狀況的好壞，通常可以由淨邊際利潤數字的大小看出，所謂淨邊際利潤指的是一個企業的營運收入（operation revenue），經過了一連串的扣除，包括費用支出、利息及稅金等，所獲得的淨利（NI），再除以營運收入所獲得之數字。而這個數字就代表企業的營運效率。

$$淨邊際利潤＝淨利／營運收入$$

例如一間公司的營運收入是100萬元，若其淨利為10萬元，那淨邊際利潤就是100,000/1,000,000＝0.1或是10%。

大衛‧皮爾森（David Pearson）（2010）撰擬的〈國際航空運

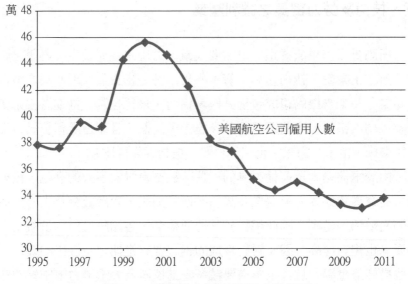

圖5-3　美國航空公司僱用人數統計

資料來源：美國航空公司資料計畫網站。

輸協會：病態的空運業邊際利潤〉（IATA: Airline Industry Margins 'Pathetic'）報導，文中引述IATA的總經理兼執行長喬瓦尼‧畢西納尼（Giovanni Bisignani）聲稱全球航空公司在2010年的淨利是151億美元，淨邊際利潤大約是2.7%，預估在2011年的淨利是53億美元，淨邊際利潤大約是1.5%。由這些數據來看，全球航空公司還是處於一個慘澹經營的狀況。

我國長榮及華航的淨邊際利潤在2009年前三季為－7.6%及－11%，而在2010年前三季為14%及18%。可以看出在2010年的淨邊際利潤高於全球的2.7%，這也顯示出亞太地區的航空業發展優於其他地區，以及兩岸三通及ECFA政策施行帶來的成果。

六、寡占市場

羅伯特‧埃克倫德（Robert B. Ekelund）（2006）認為在市場中出售某種特定產品或服務的廠家數量不多者就是寡占市場，例如啤酒、

汽車、鋼鐵、香菸等都是，而主要的特性則是在寡占市場當中由於生產廠家的數量不多，因此每一個廠家都瞭解若是自己或是他人採取某種作為，對其他廠家的銷售、價格或是利潤都會受到影響。換句話說，在寡占市場當中廠家的命運是彼此相互關聯的，也可以說彼此是相互依賴，而最有可能的做法就是透過相互勾結（collusion）獲取利益。

隨著1978年美國國會通過航空公司解除管制法解禁之後，美國航空運輸市場就陷入激烈的競爭，包括主要傳統航空公司與以前只能在區域營運的航空公司相互競爭，像是西南航空的加入州際空運市場，而原本營運包機的航空公司也加入定期航班市場，當這些以往受到美國民用航空委員會（CAB）限制的小型區域航空公司加入到美國航空運輸市場後，為了爭取市場他們提出低廉的票價，主要傳統航空公司在擔心市場流失狀況下，被迫加入削價競爭，在美國航空運輸市場的價格戰爭下，低廉的票價刺激了乘客搭機的需求，導致美國搭機人數急遽上升。雖然搭機人數增加，但是在廉價航空公司的競爭下，從1978-1986年美國主要傳統航空公司的市場占有率從94%跌到77%。

在此期間共計有198家航空公司獲准加入美國州際市場航線競爭，若加上在管制法案解禁之前的36家，在當時美國州際市場航線總共有234家航空公司展開營運，由於競爭過於激烈，很快的有160家航空公司遭遇到購併或是破產的命運。而近年來在營運狀況不佳的狀況下，一些主要傳統航空公司例如東方及泛美航空公司紛紛宣告破產，就在航空運輸市場搭機乘客人數增加，而航空公司數量減少的情形下，各航空公司的市場占有率獲得改善。由於在美國航空運輸市場營運的航空公司數量變少，以及市場占有率過於集中的現象出現時，寡占市場的特徵就已經浮現。

第二個寡占市場特徵就是具有高度的進入障礙：航空公司解除管制法解禁之後，想要加入美國空運市場變得容易（只要有能買飛機的錢），但是要與既有的傳統航空公司爭取市場，最有利的武器就是票價的壓低，因此在當時票價幾乎成為航空公司間競爭的最大威脅。但

自1980年代中期以後新加入的航空公司數量明顯減少，同時新航空公司想要進入某些市場的困難度也逐漸升高，這是因為某些傳統航空公司將機場當成軸輻中心，由於將機場當作樞紐中心的航空公司已經投入大量金錢來經營，因此新航空公司想要在該機場與既有的航空公司競爭就變得十分困難，因為既有的航空公司有優先「繼承權」，不論在航線運作或是市場行銷上都享有優勢，這些都會導致新航空公司進入障礙升高。

另外一個對於新加入者的障礙就是當傳統航空公司將機場當成樞紐中心後，通常會將其發展成為營運網路，並藉此優勢形成在某區域的獨占，這也會使得新加入者的競爭難度升高。

第三是經濟規模（economies of scale）：由於生產廠家的數量不多，因此生產數量愈多的廠家就能夠獲得低的單位成本，也能夠發揮經濟規模的優勢。對航空公司來說也是如此，可以提供的可用座位英里（ASM）愈多，營運單位成本就愈低，當然也就愈容易獲利。除此之外，大型傳統航空公司由於規模夠大，因此能夠將工作項目劃分得很細，員工只要專精一、兩樣事務就可以滿足職務所需，而由於量大及工作專精，在工作上很容易做到完全發揮達到經濟規模的效益。

第四是透過併購成長：由於生產廠家的數量不多，因此若是將之前在同一地區相互競爭的廠家合併，立即就可以收到擴大市場占有率的效果，而可以更加發揮經濟規模的效益。近年來隨著航空公司獲利的下降，2008年10月達美航空及西北航空的合併，及2010年10月大陸航空及聯合航空的合併都是明顯的例子。

第五是相互依賴：由於生產廠家的數量不多，而每一個廠家都瞭解若是自己或是他人採取某種作為，對其他廠家的銷售、價格或是利潤都會受到影響，這種情形也存在航空公司之間，例如我國三家航空公司——中華、長榮及復興，都有飛往香港的班機，如果復興為了擴大市占率，而將票價大幅降低，可以預期的是許多原來搭乘中華、長榮的旅客會轉而搭乘復興班機。但是中華、長榮不會坐以待斃，因此很有可能會立即加入削價競爭行列，最後的結果很可能是搭機旅客人

數增加了，但是中華、長榮及復興航空卻沒有獲得應有的利潤。在瞭解上述相互依賴的狀況後，航空公司自然不會輕易開啟價格戰。

第二節　歐、美政府掌管航空運輸業之機構

幾乎在所有的國家政府對於空運業的規範都特別多，在美國也是如此，雖然空運業的資金來源大多來自民間的投資者，但是在1978年以前想要從事空運業卻不是一件簡單的事，換句話說，即使有錢也不見得可以加入空運業的經營。

一、美國聯邦航空總署（FAA）

空運業是大眾運輸工具的一環，在營運上當然也必須顧及大眾利益，例如說在美國為了要確保空運業能夠有效的運作，聯邦航空法案（Federal Aviation Act）對於空運業就做出了許多限制，而聯邦航空總署（FAA）則是負責執行管制的主管單位。

聯邦航空總署（FAA）是根據1958年聯邦航空法案成立，在1967年正式成為美國交通部的一個部門，主要掌管空中商業行為，除了要確保空運業的順利發展及安全外，還要能夠兼顧滿足國防的需求。FAA掌管了美國的整個空域，而在空域飛行的飛機，不論是軍機或是民航機，在考量安全及效率的前提下，都得接受FAA的指揮及管轄。綜整FAA的管理項目概述如下：

1. 安全規範：在保障飛安方面，FAA發布了一系列的法規及規範給民航公司及與民航事務相關機構，例如飛機製造、營運、飛機維護及飛航人員，甚至機場提供飛航設施等，都必須經過認證及FAA所發布的法規來遵造實施，而FAA也必須負責對美國境內之助導航設施實施檢驗確保飛安。
2. 空域及航行管理：為了達到在空域內安全飛行之首要目標，FAA

將機場塔台、航路交通管制中心、飛航服務台等構成一個相互連結之網路，並利用這些設施發展出使用空域之規範及規定，同時也達成符合國防安全的飛航管制目標。

3. 助導航設施：對於符合聯邦規範之飛航輔助設施位置之選定、裝備設置及維護操作等也是FAA必須負責的項目，這些包括維護通訊設施、飛航服務台設施及航路控制中心等。

4. 研究與發展：由於FAA主要負責的是飛航安全及航路管制，因此FAA主導的研究與發展項目主要是著重在能夠提升航路規劃及飛航安全的系統、流程、設施裝置方面之研究與發展項目。另外，若對於能改進飛機、發動機及應用系統等研究項目，FAA也會介入。

5. 機場規劃及發展計畫：對於政府管轄機場提出與大眾有關之發展計畫所需經費，FAA在審核後會給予補助。

6. 註冊及記錄：對於飛機之國籍、發動機及機上使用裝備等，FAA也有一套可供登錄記載之系統。

7. 戰時服務：當戰爭發生時，FAA的任務是支援國防部，對於戰區指揮官所需之空中交通管制、空中通訊等，給予必要之協助。另外，根據行政命令11161（Executive Order）條規定，明定在戰時FAA直接聽令於國防部，在文人政府的指揮下，協助達成作戰所需物資之運送。

二、歐洲航空安全局（EASA）

與美國聯邦航空總署（FAA）一樣，歐洲航空安全局（EASA）則是歐洲負責掌理民用飛航安全的最高機構，EASA成立於2002年7月15日，其前身是歐洲聯合航空署（JAA），EASA的職責包括執行對於飛機、發動機、零附件等的適航認證（airworthiness）許可權。EASA與歐盟會員國的國家航空署（National Aviation Authorities, NAAs）一起工作處理歐盟國家內有關飛航標準事宜。同時EASA也負責協助歐盟

執行委員會（EC）與其他國家進行國際協議談判，另外也與美國FAA
一樣，EASA代表歐盟會員國與世界各國夥伴直接締結工作階層協議。
EASA也制定航空維修站政策，對於在歐盟以外國家的維修站頒發認證
（外國維修站及人員經過認證後才可以對歐盟國家飛機進行維修），
同時EASA也發展出飛航組員認證及歐盟會員國使用非歐盟國家飛機的
規範。

1. EASA的使命是：促使民航業能夠有最高安全及環境保護的共同
標準。

2. EASA的責任有：

(1)在歐盟起草新法規時提供專業意見。

(2)發展、制訂及監督安全規定，包括視察歐盟會員國的執行狀
況。

(3)頒發新飛機及零附件的型式認證（type-certification），以及
批准參與設計、製造及維護航空產品的機構。

(4)頒發參與飛機運作的個人及機構的認證。

(5)頒發提供泛歐洲航管（Air Traffic Management, ATM）及航行
服務（Air Navigation Services, ANS）機構認證。

(6)頒發在歐洲以外但接受歐盟法律國家之認證，以及負責提供
適用歐盟法律會員國家的航管（ATM）、航行服務（ANS）
及航管人員（Air Traffic Controller, ATCO）訓練。

(7)授權非歐盟之第三國操作人員。

(9)飛安分析及研究。

3. EASA的任務有：

(1)幫助歐盟會員國制訂能夠確保飛安及環保的共同標準法。

(2)確保這些法規在歐洲實行無偏差，同時所有必要保護措施要
被執行。

(3)將這些標準推向全世界。

近來在2012年1月發生空中巴士A380客機機翼有裂縫的消息曝光

後，新加坡航空依歐洲航空安全局（EASA）命令檢查所有6架A380，發現6架機翼全都有裂縫。澳洲航空公司於2012年2月8日發現一架空中巴士A380客機機翼有裂紋，歐洲航空安全局（EASA）也下令對全球的68架空中巴士A380客機進行檢查，這些有關飛航安全的必要作為都屬於EASA的職責。

三、我國民航局

全球除了歐、美兩大負責對飛航安全制訂規則的機構外（FAA及EASA），其他國家的民航管理單位大都採用歐、美兩大機構制訂出之標準，我國也不例外，而根據民用航空局97年年報報導，對於落實飛安制度、拓展民航業務、推動機場建設、提升服務水準、培訓民航人才等一直是我國民航局所追求之目標。而總計我國民航局主要工作職掌概述如下：

1. 民航事業發展及民航科技之規劃與政策之擬訂事項。
2. 國際民航規劃、國際民用航空組織及國際民航合作之聯繫、協商與推動事項。
3. 民用航空業之管理督導及航空器之登記管理事項。
4. 飛航標準之釐訂、飛航安全之策劃與督導、航空器意外事件調查及航空人員之訓練與管理事項。
5. 航空通訊、氣象及飛航管制、情報之規劃、督導與查核事項。
6. 民航場站及助航設施之規劃、建設事項。
7. 軍、民航管制之空域運用及助航設施之協調聯繫事項。
8. 民航資訊系統之整體規劃、協調與推動，以及電腦設備之操作、維護與管理事項。
9. 航空器及其各項裝備和零組件之設計、製造、維修、組裝過程與其產品及航空器製造廠、維修廠（所）之檢定、驗證事項。

我國民航局其業務職掌大致與美國FAA相類似，唯一與美國FAA

不同的是我民航局並沒有將戰時民用航空器如何納入國防部作一整體規劃運用之細則訂出。

第三節　空運市場探討

何謂市場？根據經濟（Economics）網站的定義，市場可以發生在同時存在想要出售某種物品或服務的賣方，又有願意購買該類物品或服務的買方，而最終可能完成交易的地方。

一、市場種類與特性

約翰·泰勒（John B. Taylor）（2004）認為市場有四類：(1)獨占市場（monopoly）；(2)寡占市場（oligopoly）；(3)壟斷性市場（monopolistic competition）；(4)完全競爭市場（perfect competition），每個市場的特性皆不相同，概述如下：

(一)獨占市場特性

1.在該種商品的市場只有一家廠商。
2.該產品沒有相近的替代品。
3.是價格制定者（price maker）。
4.存在著加入產業的進入障礙，例如規模經濟、專利、獨家擁有生產要素及特權等。

例如：1988年之前的中華航空、台電。

(二)寡占市場特性

1.廠商的家數相對較少，廠商之間彼此都知道對方的市場力量（market power），也知道當有一廠商採取作為後，其他廠商可能做出之策略行為（strategic behavior）。

2.廠商可以經由勾結決定產品價格。

3.彼此間行為互相牽制,適用遊戲理論(game theory)。

例如:1988年之後的長榮及華航、1992年之後的中油與台塑。

(三)壟斷性市場特性

1.它是獨占及完全競爭市場的綜合。

2.市場內有多間公司或廠商。

3.市場內有龐大數目的顧客。

4.公司或廠商生產相似但有少許差異的商品。

5.市場並沒有進入障礙。

例如:紡織業、餐飲業。

(四)完全競爭市場特性

1.眾多的消費者和廠商。

2.商品具同質性。

3.具有完全透明的市場訊息。

4.是價格接受者(price taker)。

5.長期來看所有廠商可以自由進出。

例如:股票市場。

(五)市場運作基本模式:需求及供給

需求及供給是經濟學中對於決定市場價格的一個常用模式,通常指的是在一個競爭的市場當中,某特定物品的價格會不斷變動直到消費者需求的數量與生產者提供的數量相同時,市場價格就被訂出,產生出所謂的價格與數量之經濟平衡。

經濟學中對於需求及供給有四個基本關係:

1.如果需求增加,而供給保持不變,市場價格會升高供給數量會

　　上升。

　　2.如果需求減少，而供給保持不變，市場價格會下降供給數量會
　　　減少。

　　3.如果供給增加，而需求保持不變，市場價格會下降供給數量會
　　　上升。

　　4.如果供給減少，而需求保持不變，市場價格會上升供給數量會
　　　減少。

二、空運市場探討

　　在探討航空運輸市場之前，有三個問題我們應當先要界定清楚，
就是何謂航空運輸市場、航空運輸市場具有哪些功能，以及航空運輸
市場如何去滿足那些功能。

　　航空運輸市場簡單的說就是將乘客或貨物利用空中運輸服務的處
理方式，提供給有此需要的消費者——旅客或是託運人。由於運輸業
是以市場為導向，空運業者自然會想盡辦法來滿足消費者的需求，而
目的不外是要追求最大的利潤。

　　航空運輸市場基本上是將空運服務業者提供的活動有系統的組
織起來，並用來達成及滿足顧客的需求。而市場的概念就是將空運服
務業者及顧客的需求加以結合，最終達到空運服務業者能夠賺取利潤
及顧客的需求能夠獲得滿足的目的。市場本身存在的條件必須是乘客
或貨物對於空運服務有需求，換句話說，市場需要具有購買能力的顧
客，而市場本身必須具有一個場所，可以是實際或虛擬的，讓買賣雙
方能夠進行物品交換或獲得服務。

　　對於滿足大眾運輸功能而言，空運服務業者可以提供四種基本的
經濟活動功能：

　　1.產品：提供航空運輸服務，例如說提供座位或是物品存放空
　　　間。

2.適時：當顧客對於空運服務有需求時，能夠適時提供。

3.地點：具有空運服務時的座位或是物品存放空間，能夠將顧客及物品送到目的地。

4.方式：有系統的將可用座位出售給搭乘旅客，及執行既定的運送服務。

　　一個成功的航空運輸市場能夠將「產品」——座位或是物品存放空間；「適時」——當顧客對於空運服務有需求時，能夠適時提供；「地點」——能夠載運旅客或是物品到目的地，及「方式」——將機位出售，執行載運旅客及物品之功能。

　　基本上航空運輸市場的活動與社會上其他行業的營業活動相差不多，航空運輸市場本身就是一個小型的社會經濟體，她必須要瞭解顧客的期待，以及能夠提供滿足顧客需求的服務。

　　無論如何空運市場也應當屬於上述四種市場結構的一種，而由寡占市場中廠商的家數較少，廠商之間有相互依存關係，彼此的一舉一動均會互相影響，也就是說當任何一家做出某種策略時，其他廠家幾乎會立即做出反應，例如台灣中油宣布調漲（降）無鉛汽油價格時，幾乎同時間台塑也會立即跟進宣布調漲（降）汽油價格，而幅度幾乎一樣，沒有差異。

　　由於寡占市場中廠商的家數較少，因此有些經濟學者喜歡用另外一種競爭程度指標，稱為Herfindahl-Hirschman Index，簡稱HHI指標，來計算產業的集中程度，一般說來，某產業的HHI若低於1000，表示市場集中度不高；若介於1000-1800，屬中等集中度；若超過1800，屬高度集中市場，其計算方式是首先計算產業內所有廠商的市場占有率，將此市占率乘以100以後再取平方，然後加總即得。

　　如果選擇以收益乘客英里（RPM）作為計算市場集中度的基礎，那根據美國航空公司資料計畫網站所提供的2009年美國航空公司的收益乘客英里（RPM），如**表5-5**所示。

　　根據**表5-5**求出HHI的值是1452，其中因為達美及西北航空已經合

表5-5 2009年美國航空公司的收益乘客英里（RPM）

航空公司	2009年（百萬）	市場占有率
American	122,417.6	17.84%
Continental	77,784.68	11.34%
Delta	100,733.4	23.85%
Northwest	62,954.54	
United	100,475.7	14.64%
US Airways	57,885.44	8.44%
Southwest	74,571.78	10.87%
jetBlue	25,482.52	3.71%
AirTran	18,511.79	2.70%
Frontier	8,632.356	1.26%
Virgin America	5,511.629	0.80%
Alaska	18,365.6	2.68%
Hawaiian	8,141.907	1.19%
Allegiant	4,737.674	0.69%

併，因此只算一家；另外如果將美國及大陸航空也算做一家（在2010年5月合併）則HHI的值高達1856。而按照美國司法部的標準只要HHI的值超過1800就是寡占市場。

　　另外我國民航局公布國籍航空公司2009年服務旅客總人數資料（**表5-6**）。

表5-6　2009年我國航空公司的服務乘客人數

國籍航空公司	2009年旅客總人數	市場占有率
中華	7,990,818	54.18%
長榮	5,507,989	37.34%
復興	607,590	4.12%
華信	489,102	3.32%
立榮	154,277	1.05%
遠東	0	0

資料來源：交通部民航局。

由**表5-6**計算得出的**HHI**值高達4359，顯示我國的航空市場屬於高度集中的寡占市場。

三、寡占市場的競爭特性

約翰‧泰勒認為不論是完全競爭市場、壟斷性市場或是獨占市場，他們對於價格的制定或許有不同的方式，但是基本上都不需要太過在意競爭對手的反應，但是唯有寡占市場因為只有少數廠商，因此任何一方在基於策略考量制定價格時，都需要注意其他競爭對手的反應，同時所有競爭對手的反應也都會根據某一方的決定而來。在這種狀況下，寡占市場的價格及平衡如何達成呢？

在完全競爭市場中當供給及需求相同時就達成平衡，這是因為每一廠家都想要盡最大的力量將自己的產品賣出，賺取最大利潤，而在供給及需求相同時就是廠家賺取最大利潤的平衡點。

這套每一廠家都想要盡最大的力量賺取最大利潤的理論，用在寡占市場當中就要做一些修正成為「在將競爭對手的作為納入考量下，做出對自己最有利的行為」，同樣的這套理論也適用於競爭對手，也就是說「競爭對手也會在將對方的作為納入考量下，做出對競爭對手認為最有利的行為」。這套理論在1951年時由約翰‧納許（John F. Nash）以「納許平衡」（Nash equilibrium）理論提出，簡單的說就是在一個既有的遊戲規則下，沒有任何一方有意願去改變與其他對手競爭的現狀，換句話說，任何的改變都不會讓自己獲致更大的利益。在這種狀況下，就產生了納許平衡。

以上所述可以用一個例子來說明，假設我國中華及長榮航空同時經營桃園飛往香港之航線，由於兩家航空公司所提供的機位及服務基本差異不大，因此在同一航線上票價的高低往往就成為航空公司競爭的利器，假設在其他條件不變下，有兩個價格10,000元及8,000元可供華航及長榮採用，而在採用這兩個價格策略時，兩家航空公司的獲例如下所示。

長榮（000）

		8	10
華航（000）	8	30, 30	75, 20
	10	20, 75	50, 50

(一)假設華航選擇8,000元作為票價時

1.若長榮也選擇8,000元作為票價，華航及長榮都分別賺得30,000元利潤。

2.若長榮選擇10,000元作為票價，華航及長榮分別賺得75,000元及20,000元利潤。

(二)假設華航選擇10,000元作為票價時

1.若長榮也選擇10,000元作為票價，華航及長榮都分別賺得50,000元利潤。

2.若長榮選擇8,000元作為票價，華航及長榮分別賺得20,000元及75,000元利潤。

(三)同樣假設長榮選擇8,000元作為票價時

1.若華航也選擇8,000元作為票價，華航及長榮都分別賺得30,000元利潤。

2.若華航選擇10,000元作為票價，華航及長榮分別賺得20,000元及75,000元利潤。

(四)假設長榮選擇10,000元作為票價時

1.若華航也選擇10,000元作為票價，華航及長榮都分別賺得50,000元利潤。

2.若華航選擇8,000元作為票價，華航及長榮分別賺得75,000元及20,000元利潤。

　　這個例子其實與囚徒理論有相同的道理，就是兩家航空公司都想要盡最大的力量賺取最大利潤的理論，若兩家都選擇10,000元作為票價，華航及長榮可以分別賺得50,000元利潤，但是如果當其中一家發現若將價格調降可以獲致更大利潤時，為了賺取最大利潤（誘因出現），就很可能會調降票價，而另一家也會如法泡製跟進，最後導致只能賺得30,000元利潤的後果。而此時若華航選擇8,000元作為票價時，長榮若將票價調至10,000元，其利潤將會由原先30,000元降至20,000元，同理若長榮選擇8,000元作為票價時，華航若將票價調至10,000元，其利潤也會降至20,000元。此時就達到任何的改變都不會讓自己獲致更大利益的說法（誘因消失），在這種狀況下，就產生了納許平衡，有關遊戲理論在寡占市場當中的運用，在制訂票價政策章節中將會有進一步的探討。

　　如果在現實社會中真的發生上述狀況，那獲利的將是消費大眾，而航空公司只會減少獲利，問題是航空公司會讓這種情形發生嗎？

　　實際上早在1981年及1982年初時，美國航空及布蘭尼夫航空公司（Braniff Airways）為了爭奪市場，雙方大打價格戰，當時擔任美國航空總裁的羅伯特‧克蘭道爾就私下打電話給當時擔任布蘭尼夫航空總裁的豪爾‧普特南（Howard Putnam），表達雙方應當就航線價格方面達成同一價格避免相互傷害的共識。這通電話遭到錄音並且送到美國司法部展開調查，由於在電話中公開談論價錢已經違反1890年通過的謝爾曼反托拉斯法第一款（Section 1 of the Sherman Act）：禁止協議、聯合或是勾串對貿易做出限制，其中認定將競爭市場的價格「固定」就是違反上述的做法。另外謝爾曼反托拉斯法第二款（Section 2 of the Sherman Act）也明白表示，凡是壟斷，或是企圖對市場做出壟斷都是違法，而且也禁止做出可能會造成壟斷的陰謀。由於布蘭尼夫航空總裁豪爾‧普特南拒絕合作，在實質上並不構成違背謝爾曼反托拉斯法第一款的要件，但是法院認為在電話中公開談論價格，已經構成企圖對航空市場做出壟斷的行為（適用謝爾曼反托拉斯法第二款），最後美國航空對司法部做出以後永不再犯的承諾。

在1983年3月，由於有了之前電話商討價格的教訓，羅伯特‧克蘭道爾對所有航空公司做出一個計算採用里程來計算票價的方式，他提出凡是超過2,500英里的航程，每一英里15分；而在250英里以下的短程，採取較高的每一英里53分的方式來計算票價。在當時因為競爭激烈，對於票價的計算方式相當紊亂，因此當美國航空提出這個說法時，立刻獲得多家航空公司的迴響而宣布跟進。但是美國航空表示這個做法有助於減少票價紊亂的說法，遭到了是想要減少彼此競爭而制定出「合謀價格」（collusive pricing）的質疑。

即使這個做法受到航空公司間的熱烈迴響，但是只不過短短二週，泛美航空為了爭取市場，首先就宣布降價，而其他航空公司為了怕失去市場，很快的就紛紛跟進，而這場固定價格的戲碼，正是囚徒困境下的受害者，也再度突顯出寡占市場中價格是最大競爭利器的說法。

然而利用價格勾結的做法並沒有因此而告終，在2011年1月17日《航空運輸世界》（*Air Transport World*, ATW）由傑佛瑞‧湯瑪士（Geoffrey Thomas）撰寫一篇〈在美國的集體訴訟案中澳洲航空以2,650萬美元達成和解〉（Qantas reaches $26.5 million settlement on US class action lawsuit）報導。文中指出實際上美國司法部、歐洲、澳洲競爭及消費者協會早在2005年就開始對多家航空公司，將空運貨物部分價格固定的做法是否有違背公平競爭的部分展開調查。ATW引述美國司法部公布的說法表示，前澳洲航空公司美洲貨運部副總裁布魯斯‧麥卡弗瑞（Bruce McCaffrey）從2000年就開始對國際客戶空運貨物至美國部分採取固定費率，直到2006年為止。這項作為已經違反美國不得干預市場公平競爭的反托拉斯條款，布魯斯‧麥卡弗瑞個人已經承認犯罪，除了要繳交20,000美元罰緩，另外還要監禁八個月。

這項堪稱歷史上最大對於國際航空公司將貨運價格固定的勾結做法經過多年的調查，與美國司法部達成和解並付出罰款的計有：法國航空／荷蘭皇家航空公司（8,700萬美元），德國漢莎航空公司（8,500萬美元），盧森堡貨運航空（3,510萬美元），斯堪的納維亞航空公司

（1,390萬美元），日本航空公司（1,200萬美元），全日空航空公司（1,040萬美元），以及美國航空（500萬美元）。

歐洲議會也對十一家航空公司做出共計7億990萬歐元的罰鍰，歐洲議會表示這些航空公司彼此的勾結，對於燃油及安全等項目收取固定的附加費，絲毫不能打折的做法已經長達六年，已經妨礙到在整個歐洲經濟體的貨物運輸，其中法國航空的罰款最重（1億8,290萬歐元），關係企業荷蘭皇家航空罰款1億2,720萬歐元，英國航空罰款1億400萬歐元，盧森堡貨運航空罰款7,900萬歐元，新加坡航空罰款7,480萬歐元，斯堪的納維亞航空公司罰款7,020萬歐元，國泰航空罰款5,710萬歐元，日本航空罰款3,570萬歐元，荷蘭馬丁航空罰款2,950萬歐元，加拿大航空罰款2,100萬歐元，澳洲航空罰款890萬歐元，以及局域網航空罰款820萬歐元。

有趣的是歐洲議會對於德國漢莎航空及其所屬的瑞士國際航空做出了罰鍰完全豁免的決定，這項決定是根據對於首先將勾結訊息完整告知的寬大處分條款辦理。

從1982年的美國航空總裁的羅伯特・克蘭道爾私下打電話給布蘭尼夫航空總裁豪爾・普特南，表達企圖要將價格固定，到2011年美國及歐洲分別對國際航空公司將貨運價格固定的做法，這些都是在寡占市場中為了降低競爭，增加獲利而常見的做法，雖然能夠收到一時的效果，但是最後也都受到美國及歐洲政府的制裁。

四、航空客運市場分析

波音公司在當前市場展望2010-2029年中認為空中旅遊市場雖然遭受到2009年全球經濟危機的影響，導致乘客對空中旅遊的需求衰減約2%，但是經由過去歷史可以看出航空運輸業具有相當韌性，因此從長期市場成長分析來看，航空運輸業已經從全球經濟恢復當中站了起來，在2010年全球旅客需求預計上升6%，而展望從2011-2014年，預估全球旅客需求將維持同樣的成長幅度。

　　空中巴士在全球市場預測2010-2029年中表示，在2010年全球收益乘客公里（RPK，1 RPK表示一名付費旅客搭機飛行一公里）約為4兆7,540億公里，預估在2029年將成長到12兆300億公里，成長幅度約153%。另外空中巴士也與波音公司同樣表示，從長期市場成長分析來看航空運輸業具有相當韌性（圖5-3），在圖中縱座標代表收益乘客公里（RPK），我們可以得知從1970-2010年，不論遭遇到石油危機、經濟風暴、恐怖攻擊或是嚴重急性呼吸道症候群（SARS）等事件的打擊，全球收益乘客公里始終是保持著向上發展的趨勢。

　　圖5-4為美國從1996-2011年收益乘客公里（RPK），2010年的RPK約為1兆3673公里，約占全球RPK的28.76%，亦即美國的RPK超過全球四分之一，可見美國航空運輸業之重要性。從圖5-3及圖5-4來看，不論全球或是美國的航空運輸業收益乘客公里（RPK），雖然會隨著全球經濟變遷或是受到突發事件影響會出現下滑現象，但是就長期來看一直都是呈現往上趨勢，然而值得注意的是在過去十年全球航空運輸

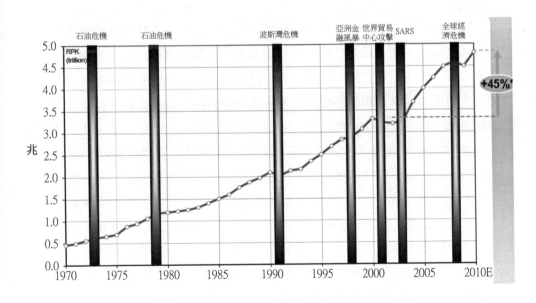

圖5-3　全球航空運輸業收益乘客公里（RPK）

資料來源：空中巴士全球市場預測（2010-2029）。

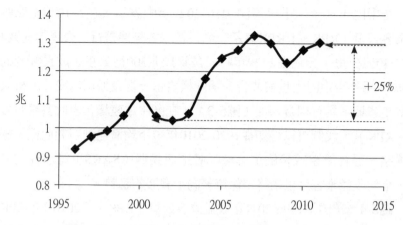

圖5-4　1996-2011年美國收益乘客公里（RPK）

資料來源：美國交通統計局（BTS）。

業收益乘客公里增加45%，美國航空運輸業收益乘客公里增加25%，顯示美國航空運輸業的成長幅度較全球低，其中成長幅度最大者就是亞太地區。

　　波音公司自1964年就開始對航空旅遊及航空公司對飛機的需求做市場展望預測，其目的當然是想要藉由各項數據來規劃公司長期發展策略，同時也可以幫助航空公司瞭解全球空運市場的發展趨勢。波音公司認為從2010年開始展望未來，全球經濟將會逐漸復甦，經濟復甦將會反應在全球GDP成長上，波音公司預測未來二十年全球GDP將會保持3.2%的成長率，而全球搭機旅客的平均需求將會有5.3%的成長率，而航空公司為了滿足旅客成長的需求，必須購買或更新現有機隊，因此預計每年全球航空公司機隊會有3.2%的成長率，預估全球民航機將會從現有的19,000架，到2029年時將會增加到超過36,000架，因此預估航空市場將需要生產30,900架新飛機（包含替換老舊客機），價值超過3兆6千億美元，其中窄體客機占絕大部分（約69%），主要是因為中國及其他新興市場經濟崛起所造成，同時因為油價高漲的因素，也會增加航空公司想要加速將老舊客機更換成為省油高效能的飛機。另外，受到科技進步以及市場自由化的影響，新型廣體客機如波

音787及777能飛得更遠，航空公司會利用這項優勢來開闢新的直飛航線。

　　空中巴士則認為未來二十年預計航空市場將需要生產25,850架新飛機，價值超過3兆2,000億美元，與波音公司相同的是他們同樣都認為中國及其他新興市場經濟崛起將會遠高於歐洲及北美成熟市場，也會是未來二十年發展的主軸，如**圖5-5**過去及未來展望全球實質GDP成長顯示，新興市場GDP成長遠高於歐洲及北美成熟市場，而由於GDP成長與航空旅遊需求成長呈正相關，因此預測未來二十年新興市場的空運需求將會高於歐美成熟市場。另外由**圖5-6**過去三年每月可用座位公里（Available Seat Kilometer, ASK）成長變化可以看出新興市場的需求成長（13.7%）超過歐洲及北美成熟市場的2.5倍，與**圖5-5**的預測結果相互呼應。

　　由於空運市場充滿機會與挑戰，波音公司也預測未來全球空運業者必須能夠適時做出改變，隨著全球新興國家對於航空需求的高度成長，未來的空運業者的營運模式必須隨著改變，例如在未來二十年，

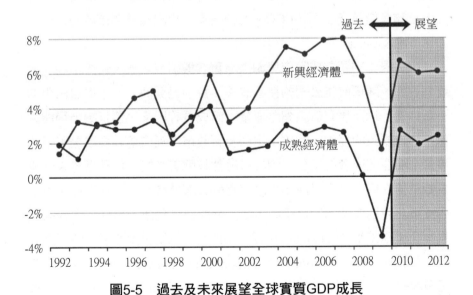

圖5-5　過去及未來展望全球實質GDP成長

資料來源：空中巴士全球市場預測（2010-2029）。

圖5-6　過去三年每月可用座位公里數（ASK）變化

資料來源：空中巴士全球市場預測（2010-2029）。

大約有77%的新飛機需求是來自北美洲以外的地區，而大約有34%的新飛機需求將會出自於亞太低區，其中大多數來自中國的快速發展。另外，全球廉價航空公司（LCC）的營運模式也成為航運市場的另一股加深市場區隔的動力。

　　空中巴士則認為成熟市場淘汰老舊客機引進新機、新興市場經濟蓬勃發展、廉價航空公司的持續成長（特別是亞洲）、市場自由化的不斷推廣，以及現有航線網路運量不斷成長等因素，都是讓市場能夠保持持續成長的理由。的確，中國及新興市場經濟蓬勃發展是不爭的事實，而亞洲廉價航空公司的發展雖然較歐美為慢，但是近年來的成長數量相當驚人，到目前為止已經有61家廉價航空公司在南亞、東南亞及東北亞地區超過一百個城市及島嶼間展開營運。另外，從1994年東南亞國協（ASEAN）就已經提出要改善東協國家間交通運輸行動計畫（ASEAN Plan of Action in Transport and Communications），其間經過多次的協調，終於在2008年11月6日，東南亞國協各國交通部長聚集在馬尼拉簽署了多項協議，其目的是要將東協十國間的航空客運及貨

運限制取消，而讓各國航空公司能夠飛往任一東協十國首都（無限制的第五航權），這個條約將在2010年實施，另外預計在2015年時，東南亞國協將會成為一個單一的航空市場。另外，根據東南亞國協開放天空政策預計將會降低航空公司的營運成本及改善生產力，同時開放天空政策會增加人們旅遊意願也可望帶動旅遊事業，而如果旅遊業興盛，將會繳交更多的稅給政府，也可以增加政府的稅收。最後，由於開放天空政策落實後，對於票價及航線班次的限制將會取消，預料將會刺激東協國家航空公司的競爭，進而降低票價，讓原本就已經朝向蓬勃發展的亞太地區航空旅遊事業會更加興盛。

由於航空業受全球經濟景氣循環的影響很大，因此波音公司在做長期預測時也將經濟因素納入考量。例如對單一國家做未來航空旅遊需求預測時，波音公司會將該國經濟發展現狀及成長趨勢、與其他國家的雙邊航空協定、當地的規定、及人口結構變化等一併考量。從圖5-7全球GDP與全球RPK變化百分比趨勢圖當中，可以發現全球航空旅遊成長大約高過全球經濟成長的1.5-2.0%，據此，波音公司推斷大約60-80%的全球航空旅遊成長可以歸功於國際貿易促進的全球經濟成長。

由圖5-8美國1996-2011年的GDP與RPK變化百分比來看，也可以印證RPK變化百分比的確比GDP變化百分比的幅度來得大。

五、航空客運市場營運現狀

全球航空客運市場的營收狀況如何呢？我們可以從國際民用航空組織（ICAO）會員國家航空公司從1990-2011年發布的營運利潤及淨利（net profit）來看（圖5-9、圖5-10）。

從圖5-9、圖5-10得知全球航空公司在過去二十一年當中共計虧損66億5,000萬美元，而如果分為兩個階段，從1990-2000年全球航空公司的淨利為182億5,000萬美元，而從2001-2011年全球航空公司共計虧損249億美元，換句話說，近十年幾乎是全球航空公司的夢魘，如果這種

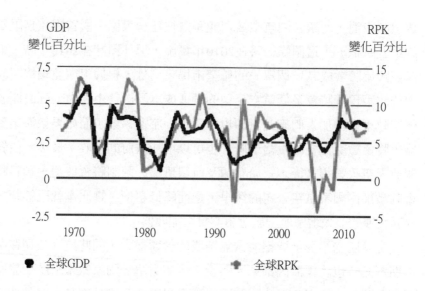

圖5-7　全球GDP與全球RPK變化百分比趨勢

資料來源：波音公司全球市場預測（2010-2029）。

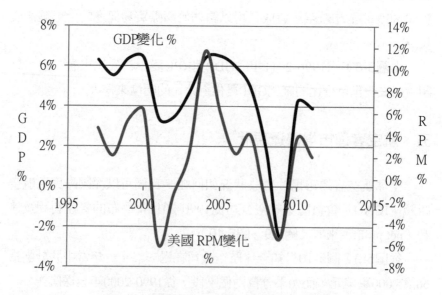

圖5-8　美國GDP與RPM變化百分比趨勢

資料來源：綜整自BTS及Bureau of Economic Analysis, BEA.

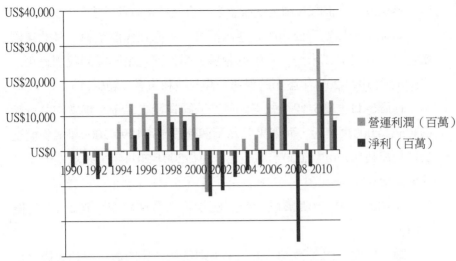

圖5-9　全球航空公司營運利潤及淨利變化

資料來源：ICAO.

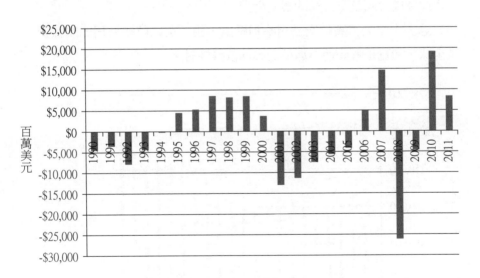

圖5-10　全球航空公司營運淨利變化

資料來源：ICAO.

趨勢無法改善，很難想像全球航空公司還能持續營運下去。

　　看完了全球航空公司的營運狀況後，一向在民航業執牛耳的美國航空公司在過去二十一年當中的營運又是如何呢？同樣的我們也可以從ICAO從1990-2011年發布的營運利潤及淨利來看（**圖5-11**）。

　　從**圖5-11**、**圖5-12**得知美國航空公司在過去二十一年當中共計虧損405億6,000萬美元，而如果分為兩個階段，從1990-2000年美國航空公司的淨利為120億4,000千萬美元，而從2001-2011年美國航空公司共計虧損指530億美元。

　　從2001-2011年美國航空公司虧損超過全球航空公司2倍多（**圖5-13**）。

　　圖5-14顯示出在過去二十年來美國航空公司的邊際淨利率與全球航空公司比較起來，不論是有盈餘或是盈虧的產生，都呈現出大幅度的超出，不幸的是過去二十年全球航空公司呈現虧損時間比較多，因此也就造成美國航空公司的嚴重虧損。

　　過去十年來美國航空公司虧損嚴重，由於美國航空公司的航線遍及全球，究竟是哪些地方虧損最大就值得探討。

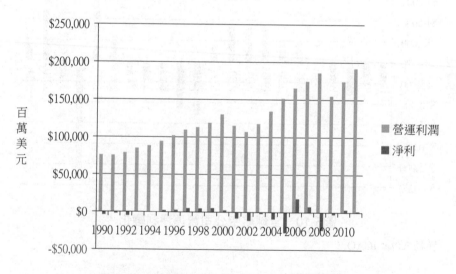

圖5-11　美國航空公司營運利潤及淨利變化

資料來源：ICAO.

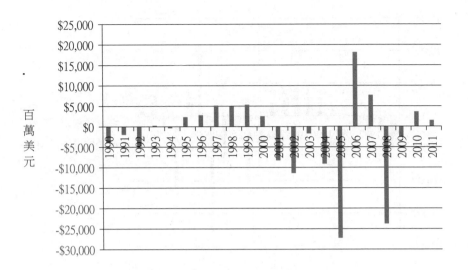

圖5-12　美國航空公司營運淨利變化

資料來源：ICAO.

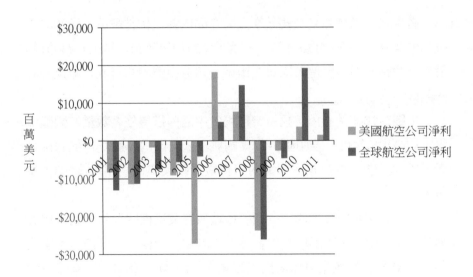

■ 美國航空公司淨利

■ 全球航空公司淨利

圖5-13　全球及美國航空公司營收狀況比較

資料來源：ICAO.

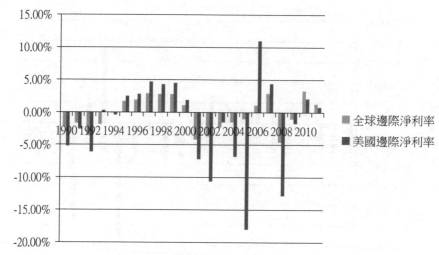

全球邊際淨利率

美國邊際淨利率

圖5-14　全球及美國航空公司邊際淨利率比較

資料來源：ICAO.

　　圖5-15上清楚看到美國航空公司在國內虧損相當嚴重，僅2001年及2002年就損失超過150億美元，然而在2010年及2011年也有超過120億美元盈餘，顯示整個美國航空市場公司當中國內的營收是最重要的一部分。

　　由**圖5-16**清楚看出美國航空市場當中國內搭機旅客數量較國際市場平均高出8.24倍。若由**圖5-17**美國航空公司國內、國際班機狀況來看，美國航空市場公司當中國內班機數量較國際市場平均高出12.28倍。

　　除了美國航空公司國內、國際搭機旅客及班機狀況外，**圖5-18**美國航空公司國內、國際收益乘客英里（RPM）及國內、國際可用座位英里（ASM）比較也可以看出美國國內的RPM、ASM皆比國際高出2.7倍及2.8倍。

　　從**圖5-15**到**圖5-18**都顯示出美國航空市場公司當中國內市場的重要性遠超過國際市場，因此當國內市場營運不好時，美國航空公司就

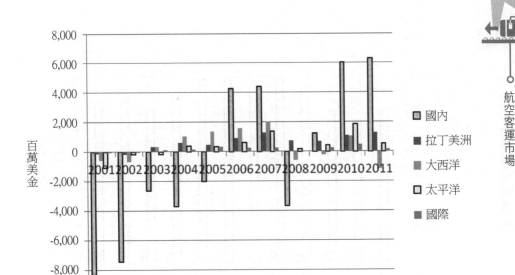

圖5-15　美國航空公司國內、外營收狀況

資料來源：ICAO.

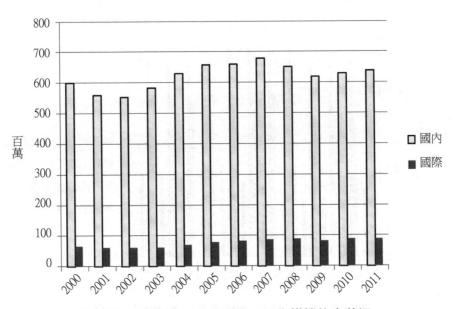

圖5-16　美國航空公司國內、國際搭機旅客狀況

資料來源：ICAO.

航
空
運
輸
管
理
概
論

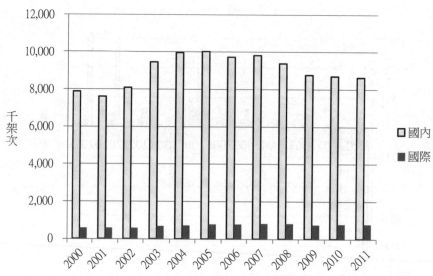

圖5-17　美國航空公司國內、國際班機狀況

資料來源：ICAO.

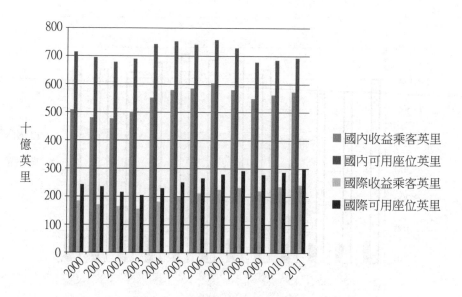

圖5-18　美國航空公司國內及國際RPM、ASM狀況

資料來源：ICAO.

會遭受損失。

　　IATA統計從2009-2011年全球航空客運市場的淨利共計193億美元，而按照地區分則為北美27億美元、歐洲－19億美元、亞太155億美元、中東13億美元、拉丁美洲17億美元，非洲沒有盈虧（**圖5-19**），很明顯的亞太地區的獲利最高是北美的5.7倍，遠超過其他地區，而歐洲則因為受到歐債危機的影響，至今仍無法回復。而IATA對2012年所做的預測當中亞太地區的獲利為20億美元，仍然領先其他地區，顯然在全球經濟持續低迷的狀況下，亞太地區儼然已經成為全球航空客運市場復甦的火車頭。

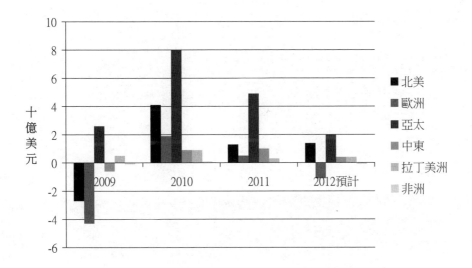

圖5-19　2009-2012年全球航空客運盈／虧變化

資料來源：IATA/Economis.

Chapter **6**

航空貨運市場

運用交通工具來載運物資一直是人類發明運輸工具的主要目標，早期時由於運輸科技的不夠發達，許多物資只能夠在短距離作運輸，隨著科技的進步，尤其是航空貨運，目前已經做到可以在二十四小時之內將物資載運到全球各地。在某種程度上，貨物的快速運輸所獲得的利益甚至超過傳統航空公司的客運收益。尤其令人矚目的是在過去二十年來，航空貨運在數量上的發展已經超過傳統航空公司的客運量，這也透露出航空貨運在未來發展的重要性。

航空運輸市場大致上可以分成航空客運市場、航空貨運市場及航空快遞市場三大類，其中航空快遞市場的發展較航空客運及航空貨運市場來得慢，但是在一切講究快速的時代，航空快遞市場恰好具備上述快速送達的優勢，例如可以做到在二十四小時內送到全球任何國家的服務，因此航空快遞的發展已有後來居上的趨勢，本章綜合全球兩大空運業製造龍頭波音公司發表的「當前市場展望2010-2029」（Current Market Outlook, 2010-2029）及空中巴士發表的「全球市場預測2010-2029」（Global Market Forecast, 2010-2029），及其他相關論述對下述三大航空運輸市場做出探討及分析。

第一節　航空貨運發展史

航空貨運服務可以分為三個階段：航空郵件（air mail）、航空快遞（air express）及航空貨運（air freight）。

一、航空郵件

在1911年時，印度、英國及美國都有航空郵件服務的展示。而在美國最早的航空郵件服務是在1911年9月23日，由厄爾‧歐文頓（Earle L. Ovington）駕駛皇后（Queen）單翼機所完成。接著為了證明航空郵件服務的可行性，在華盛頓及紐約間郵政部（Post Office Department）

展開了為期三個月的航空郵件運送服務，總計運送了193,021磅的郵件，獲取了19,103美元的利潤。接下來的九年，美國郵政部完全把持航空郵件運送服務，甚至於連飛機的運作都加以掌控。到1925年時，美國國會下令禁止政府部門介入航空郵件運送服務，要求建立由民間公司承包的流程，就在美國郵政部退出航空郵件運送服務後，航空郵件運送服務的發展卻急遽增加，航空郵件運送幾乎成為民用航空業者的最大收入來源。這種狀況一直維持到1935年，道格拉斯飛機公司製造出雙引擎螺旋槳DC-3飛機，這架飛機可以載運21名旅客，可以飛行十五個小時，而在當時也是唯一能夠從提供客運服務賺取利潤的飛機，也因為DC-3飛機的成功，使得航空郵件運送服務的盛況逐漸式微，而到今天航空郵件運送服務的收益已經不到航空公司收入的3%。

二、航空快遞

首次出現航空快遞這個名詞是1927年9月在紐澤西州的哈德利田（Hadley Field），當時是由國家空運（National Air Transport），聯合航空的前身，以及鐵路快遞服務機構（Railway Express Agency）共同提出專門提供航空快遞的構想。而儘管當時幾乎是由鐵路快遞服務機構獨家經營的航空快遞，然而總收入不超過航空公司營運的1%，航空快遞並沒有達成當初成立時的目標——成為航空公司的主要收入來源，更不幸的是航空公司不斷的將旅客由鐵路部門搶走，最後在1975年11月鐵路快遞服務機構終於宣告破產結束營業。

在1973年4月弗雷德‧史密斯（Frederick W. Smith）在美國十三個州開展聯邦快遞（Federal Express, FedEx），在營運上，史密斯也顛覆了以往快遞業的做法，根據「他們塑造美國」（They Made America）網站對於史密斯的報導，他早在越南服役的時期對於後勤補給就有詳細觀察，在1971年返回美國時就採用飛機及卡車混合方式組成效益最大化及耗費時間最少的輻軸（hub-and-spoke）系統（航空客運則是在1980年代才逐漸採用），他的想法是利用輻軸系統能夠從各個地區將

貨物集中到集散中心,而後加以分類、包裝,再分送到不同的目的地。

在1975年時,聯邦快遞雖然營業額高達1億7,300萬美元,但是實際的營收仍然呈現虧損狀態,但幸運的是此時全國最大的快遞服務公司——鐵路快遞服務機構,由於經營不善宣告破產,而他們所留下來的業務正好交給聯邦快遞接收,也因為有了這個轉機使得聯邦快遞逐漸擴大。

三、航空貨運

如果將航空貨運定義為使用全貨機載運貨物空運到各地的說法可以被接受,那最早的航空貨運是發生在1930年代,當時美國郵政部門認為在同一條航線上,不可以同時有兩家航空公司獲得郵資補助,因而迫使西方航空快遞(Western Air Express)、洲際航空運輸(Transcontinental Air Transport)及匹茲堡飛航實業公司(Pittsburgh Aviation Industries Corporation),在1930年7月16日合併成為洲際及西方航空公司(Transcontinental & Western Air Inc., TWA)。TWA在1931年8月6日執行第一次的航空貨運,載運的是牲畜由聖路易斯(St. Louis)到紐沃克(Newark)。

而真正第一個實施定期航空貨運的是聯合航空,正好在二次世界大戰前,1940年12月23日聯合航空採用道格拉斯出產的DC-4飛機,從紐約運送郵件往返芝加哥,但是這條航線僅維持了五個月便宣告關閉,這次失敗幾乎導致航空貨運淪為航空客運及郵件運送的附屬品。到1941年12月時,聯合、美國、TWA及東方(Eastern)等四家航空公司組成航空貨運公司(Air Cargo, Inc.),進行航空貨運任務。而航空貨運公司也只存活了四年,但是接下來包括聯合及TWA都分別成立了屬於自己的專門航空貨運服務。

在二次世界大戰結束後,民用航空委員會(CAB)做了兩個重大的決定,第一個是在1948年4月讓航空貨運承攬業(air freight forwarder）合法化，讓他們可以擔任託運人及航空公司之間的中間人，賦予他們能夠將各別託運貨物集中並且能夠向航空公司議價的權利，雖然在執行初期並不十分受到航空公司的歡迎，但是由於有了官方的認可，對於航空貨運實際也增加了另外一條行銷管道。第二個重要的決定是賦予三家全貨機航空公司——史力克（Slick）、美國航空（US Airlines）及飛虎（Flying Tigers）的營運權利，其中飛虎是由大戰結束後軍方過剩的運輸飛機所組成，而他們的飛行員則大多是來自大戰期間在陳納德將軍（General Chennault）麾下執行防衛緬甸公路（Burma Road）任務的同袍。而飛虎也是三家全貨機航空公司當中最早在1949年9月21日獲得認可的航空公司。

第二節　航空貨運市場簡介

在貨運市場中，航空貨運無異是高單價運輸成本的行業，處在競爭激烈的市場上，掌握速度，通常就是擁抱勝利與成功不可或缺之利器。因此只要有需求的一方在諸多因素考量下，認定「快速及時送達」是最重要的選項，自然願意付出高價的運送成本支出。反之若有需求的一方在諸多考量下，認定「運輸成本」的選項較為重要，自然會選擇運送成本相對低廉的海、陸運輸工具。然而航空貨運之定價受到許多因素的影響，如：運輸時間、損壞率、保險、稅率、管理費及貨物處理費；另外，影響航空貨運議價的因子如：需求者、貨運提供者、貨運方式與時效，且其彼此是互相影響而關聯，換言之，貨運市場上供需互相牽動決定「適當的航空貨運定價」。

當今商業的繁榮發展離不開航空貨運，許多大型公司的業務早已存在國際合作。一個大型的機具，往往在某個國家完成設計，在另一個國家從事生產，最後在另一個國家完成組裝。在這種情形下想要提高效率，充分利用國際航空貨運服務就成為最佳選項。尤其是緊急設備和易腐食品等，如果在運輸中耽誤過多時間，將可能給公司帶來巨

大損失，此時航空運輸是不二之選，這也是國際航空貨運在現代商業中廣受歡迎的主要原因。

　　與航空客運比較起來，航空貨運的重要性往往是被低估的，的確一直到二十一世紀初在整個航空運輸業的總產值當中，航空貨運的產值大約稍大於三分之一。根據世界銀行（The World Bank）發布從1970-2010年全球航空貨運收益延噸公里數（Revenue Tonne Kilometres, RTKs），RTK即載運每公噸貨物航行一公里的數量，如**圖6-1**所示。而自1970年代以來，國際航空貨運量成長的幅度相當大，從1971-1980年平均年成長率為13%；1981-1990年平均年成長率為7.66%；1991-2000年平均年成長率為8%；2001-2010年平均年成長率為5.56%。

　　雖然國際航空貨運量成長力道驚人，但是國際航空貨運量成長的不確定性也較航空客運更大，根據世界銀行的統計資料顯示，在1973年及2009年這兩年的貨運收益延噸公里（RTKs）的成長率分別為36%及41.5%，而在2001年及2010年的負成長率分別為－6.2%及－4.7%，雖然國際航空貨運量的成長率與全球經濟發展密切相關，然而由統計

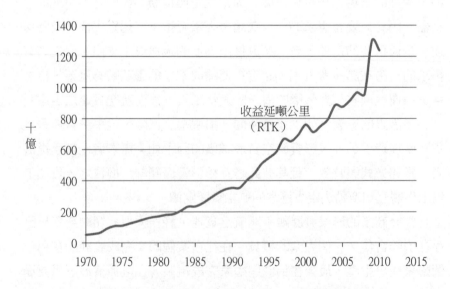

圖6-1　全球航空貨運收益延噸公里（RTKs）

資料來源：Worldbank.

資料得知航空貨運量成長率變化幅度非常大。

　　圖6-2是美國交通部從1995-2007年全球航空貨運及海運載運貨物重量比較圖，若以載運重量比較，空運僅占海運的3‰左右，但是值得注意的是全球航空貨運及海運的運量除了2000年有下降之外，其餘各年都呈現上漲趨勢。雖然海運載運貨物重量比空運高出甚多，但根據2002年美國航空貨運的價值高達7,700億美元，占美國當年總貨運價值的7.4%，而海運的價值僅占當年貨運價值的8.3%，兩者相差無幾，顯見航空貨運用來載運高價值貨物的重要性。

　　在航空貨運發展初期大都是以填補航空客運剩下來的運量為主，但是由於自1960年代以後呈現出高成長性，導致許多航空公司紛紛成立全貨機服務，這也是因應高航空貨運需求而產生，另外由於航空貨運可以在夜間進行作業，正好可以彌補航空客運在日間作業之不足，在這些因素的刺激下，導致在1970年代中期定期班表的航空貨運以驚人的43%成長速度快速成長。然而好景不長，首先在1974年及接著在1978-79年航空燃油價格飆漲，對航空公司的全貨機服務造成的傷害遠

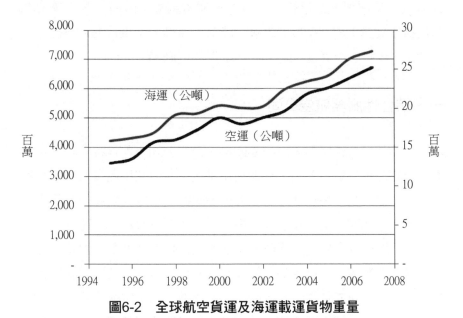

圖6-2　全球航空貨運及海運載運貨物重量

資料來源：美國交通部（DOT）。

大於客運服務，究其原因是對於全貨機服務而言，在總營運成本當中燃油所占的比重較航空客運為高。另外在1970年代當大型廣體客機例如B747問世之後，原來依靠窄體客機機腹載運貨物的空間大幅增加，再加上航空貨運裝載技術的提升，使得航空公司紛紛將全貨機服務又改回到由廣體客機的機腹載運。

這種情形到了1990年代中期以後又有了新的變化，這是因為在東亞地區以出口為導向的經濟快速發展導致，許多主要航線的航空公司由廣體客機的機腹載運貨物的運量已經不足以滿足航空貨運成長的需求，根據國際航空運輸協會（IATA）的資料統計，在2000年時大約有44%的航空貨運是由全貨機服務所提供。然而歐洲因為幅員狹小，對於航空燃油價格飆漲造成的全貨機服務的傷害迄今仍舊無法完全回復，而在歐洲主要的貨運已經被價格相對低廉的陸運所取代。

另外一個讓航空貨運快速發展的原因就是與航空客運比較起來，對於航空貨運的規範相對較少，這也導致許多主要航空公司都願意加入航空貨運服務行列。在全球約有九百家航空公司有經營航空貨運，而航空貨運市場的競爭也不如航空客運市場來得激烈。為了讓讀者對於航空貨運市場有全般的瞭解，威勒・鍾得（Willem-Jan Zondag）（2006）年將航空貨運分成三類經營模式（**圖6-3**）。

一、綜合性服務航空公司

所謂的綜合性服務（combination）航空公司也就是會同時提供乘客及貨物運輸的航空公司，亦即在正常航班當中利用機腹兼辦航空貨運業務；由於是利用載運乘客之客機機腹裝載貨運，因此一般都將航空貨運視為航空公司的副產品，由於航空貨運量大約占公司營運量的15%，所以在航空貨運的管理方面自然也比較不受重視。由於航空公司將貨運業務視作為副產品，因此常常會發生當客機機腹裝載貨運量超過規定時，首先被拿下飛機的一定是貨運物品。當託運者提出抱怨時，航空公司的解釋是客機上的乘客及行李必須同時運送，但是航空

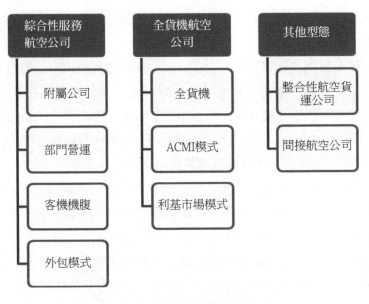

圖6-3　三類航空貨運經營模式

貨運物品卻可以利用不同航線或是不同航班載運，反正只要抵達目的地就行。客機利用機腹載運物品可以讓航空公司獲得除了正常班機營收外，還可以獲得額外的貨運營收，提高飛機的使用率。然而有優點就有缺點，首先客機機腹有一定容量，因此當乘客行李過多時，載運物品的空間就變小；另外，班機受到離到場時間及落地後進行加油清潔整理的限制，也會妨礙到航空貨運物品裝載的便利。

　　航空客運基本上是一個消費者市場，全球數百萬乘客在購買機票時，不論是出於價格或是安全考量都會做出審慎的選擇，也就是說消費者握有主動權；與航空客運相比，航空貨運基本上是一個需要做出專業判斷的企業市場，由於物品是不會動的，因此需要到它的所在地去收取，然後再運送至目的地。另外物品需要保險、包裝、報關及準備文件，這些事物會交由合格的貨運承攬業來負責。由於貨物運送本身不像航空客運需要注意乘客反應，在載運物品時的彈性較大，例如不在乎飛機內部裝潢好壞、飛機大小或老舊以及機場設施是否先進等；另外，從外型上來看乘客的形狀基本上差異不大，但是對貨物運

送來說，物品的形狀卻有相當大的差異，以及要受到嚴格的裝載規範約束。

再者對大多數航空公司來說，不論航路的設計或是班表的安排基本上都是為了航空客運而設計，實際上許多航空公司在規劃營運時也是首重航空客運業務，另外由於有電腦訂位系統（Computerized Reservation System, CRS）及透過網路可以取得所有航空公司的航班資訊，因此航空公司的客運業務也較貨運業務更為透明。

另外較為少見可作為客運或是貨運用途的「客貨機」（combi）飛機，與機腹載貨不同的是，它是在機上同樣一層中加添一個分隔板（partition），將乘客及貨運分開，客貨機一般用在對於航空貨運需求較大而航空客運需求較小的航線上，由於受限於上述要求，加上飛機內部經常需要改裝，因此對於飛安也造成極大考驗，尤其是發生在1987年11月27日一架南非航空295班機（B747客貨機），由桃園國際機場起飛前往約翰尼斯堡（Johannesburg），機上載有140位乘客及47,000公斤的貨物，在飛行途中載運貨物的部分發生火警，最後導致飛機墜入海中，機上乘客無一生還，這起事件更加深人們對於客貨機安全性的質疑，因此只有少數航空公司，例如荷蘭航空擁有客貨機飛機。

最後值得一提的是，對於許多航空客運公司來說，兼做航空貨運是一個偶然，因為航空貨運可以為航空公司帶來額外的營收，而根據阿嘉吉（Acharjee）及拉姆斯丹（Lumsden）（1999）認為，同時提供乘客及貨物運輸的綜合性航空公司有下列幾種經營模式：

(一)附屬公司（subsidiary）模式

這個模式是在同一個航空公司名下，有一個全部或部分分開的組織，這個獨立的組織基本上會與航空客運完全分開，它有自己的計畫及使用自己的設施，在財務方面也會製作不同的報表，它有自己的營運策略，因此在運作上相當有自主權。由於還是隸屬於同一家航空公司，因此在營收上還是要對母公司做出貢獻，像是德國漢莎貨運航空

公司（Lufthansa Cargo）及新加坡航空都是有名的例子。

(二)部門（division）營運模式

這個模式是在同一家航空公司下分別成立兩個貨運及客運部門，它們都有不同的財務及管理上的運作，但是與附屬公司模式相比較，部門營運模式的限制較多。運用此種模式的有荷蘭航空（KLM Cargo）及英航（British Airways World Cargo）。

(三)客機機腹（belly）模式

此種模式與航空公司不是分開的實體，貨運部門也沒有多少自主權，對於航空公司來說貨運只是一個副產品，載運物品與否必須要看客機機腹能夠提供多少剩餘空間而定，由於貨運不是航空公司主要業務，因此在定價上往往較為低廉，而這也容易造成貨運部門在航空貨運市場上能夠扮演更積極的角色。

(四)外包（outsourced）模式

此種模式是近年來的發展，航空公司將貨運完全外包給專門經營貨物管理公司（cargo management firms），例如在2003年由德國漢莎貨運航空公司成立的「貨物計算」（cargo counts）子公司就為許多家歐洲航空公司提供貨運服務。會造成將貨運外包的原因是因為受到廉價航空公司的競爭壓力，迫使許多航空公司為了要能夠增加營收，不得不專注經營管理而採取的權宜做法。

二、全貨機航空公司

的確是有一些放棄客運而專注經營「全貨機」的航空公司提供定期以及「即時」（ad hoc）航空貨運服務，麥可（Micco）及塞瑞布里斯基（Serebrisky）（2004）提出一套認為專注航空貨運營運的航空公司，比載客的航空公司更有彈性的說法，他們的理由是專注航空貨運

的航空公司有更多的機場可供選擇，因為他們不需要考量乘客的便利性，可以選擇時間帶寬鬆的機場，而且可以選在離峰時間出發。

全貨機航空公司有下列幾種經營模式：

(一)全貨機航空公司

全貨機航空公司擁有自己的貨機，而且只提供機場到機場的服務。一般而言，全貨機航空公司對於成本相當敏感，這就是為什麼許多全貨機航空公司在1970年代當航空燃油價格飆漲時宣告破產或是被整併，例如美國非常知名的飛虎，成立於1945年，是美國第一家獲得定期航班的航空貨運公司，然而到了1986年時，平均每天的營運都虧損74,600美元，而在1985年也損失4,420萬美元，在無法彌補虧損的情況下，最後由聯邦快遞在1988年12月將其購併。目前只有總部在盧森堡（Luxembourg）的Cargolux全貨機航空仍舊在做全航空貨運服務。

(二)ACMI營運模式

根據維基百科對於ACMI營運模式下的定義是「出租人（lessors）將飛機（aircraft）、機組員（crew）、維修（maintenance）及保險（insurance），以濕租（wet lease）的方式提供給需要使用的航空公司（承租人，lessees）」。航空公司只要付費，其他如飛機的機組員、維修、保險等均不需承租的航空公司負責，必要時，還可將飛機機身改塗裝成承租航空公司的樣式。這樣的好處是，航空公司無需為了在貨運高峰期時為了多載貨而要買一堆貨機，而在沒貨可載時卻可能發生飛機閒置，導致支出浪費的情形，同時航空公司無需為了貨機增加訓練機組員費用。而對於出租貨機的公司來說，不需要自行經營貨運承攬業務，只要把飛機及機組員出租給承租公司即可，這是一個雙贏的營運模式。成立於1992年4月的美國亞特拉斯航空（Atlas Air）貨運公司，就是以ACMI模式經營，在成立隔年開始貨運航班的飛行，初期曾濕租多架波音747貨機給中華航空。

以ACMI為營運模式的航空貨運公司，風險相當低，因為它只需要

將飛機租給其他航空公司，至於會不會賺錢則與它無關，其他航空公司必須保證要付最小保障金額給它。而ACMI航空貨運公司也只負責提供飛航服務，相關的市場行銷完全漠視，在當今競爭激烈的環境下，此種只重視降低成本的做法是否能夠讓航空公司繼續生存，其實是有爭議的。

(三)利基市場模式

這種經營模式是相當獨特的方式，因為航空貨運公司必須要具備某些其他競爭對手無法做到的事情，也就是具備在某種特別市場運作的能力，例如要運送某種特殊形狀的物品，航空貨運公司不單要有能夠裝運的飛機，還要有能夠做搬運特殊器材的裝備；另外如在一些跑道狀況不佳，或是基礎設施不良的機場上進行物品載運。例如在1990年代，空中巴士（Airbus）就將A300客機進行結構強化與改良，製造出了新的A300-600ST白鯨（Beluga）運輸機。能夠載運橫斷面24呎、容積50,000立方呎、載重47噸，包括A380機身等大型機材，大多透過白鯨來往運送於歐洲各地。

三、其他型態

「整合性」（integrators）航空貨運公司，與綜合性航空貨運以及全貨機航空只提供「機場到機場」的服務比較，整合性航空貨運公司會提供「戶到戶」（door-to-door）服務，也可以讓顧客在指定時間內將物品送達目的地，由於他們提供的服務更便利，在過去二十年來整合性航空貨運公司快速成長，目前全球最大的兩家分別為聯邦快遞及UPS優比速全球國際快遞（United Parcel Service, UPS），第三及第四名則是德商國際快遞DHL及TNT快遞，當然也還有一些規模較小的航空貨運公司。

次要（indirect）航空公司

　　這是一種不同型態的航空公司，就以美國為例，一些原來是整合貨運承攬業者，在業務做大了以後，搖身一變自己開始成立航空貨運公司，最有名的例子就是在1946年成立的艾默利全球航空貨運（Emery Worldwide）公司，它也是第一家在美國變成為航空貨運公司的貨運承攬業者，在2001年開始它遭遇到營運上的困境，最後在2004年底被UPS優比速全球國際快遞（UPS）併購。另外一家與艾默利全球航空貨運類似的就是空中快遞（Airborne Express）航空貨運公司，同樣也是在1946年成立，最後在2003年底被德國郵政集團100%持股的快遞貨運公司DHL併購。

　　航空貨運與貨運承攬業者之關係如**圖6-4**。

　　近年來由於航空貨運公司不斷發展，造成與貨運承攬業者之關係產生了一些變化，長久以來貨運承攬業者一直在航空貨運公司與客戶之間扮演著中間人的角色，這是因為航空貨物多以少量多樣之型態運送，託運人本身多不具處理地面運輸、報關或倉儲等相關事宜之能力，也可能是託運人基於節省成本之考量，將貨物交由貨運承攬業者，並全權委由貨運承攬業者代為安排所有前、後端運送事宜，由於

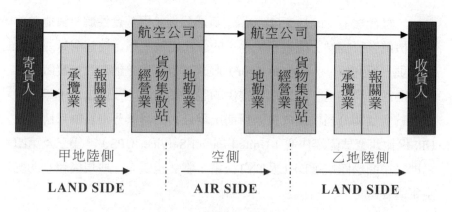

圖6-4　空運貨物作業流程簡圖

資料來源：孔祥善，空運倉棧實務講義。

大部分航空貨運公司的業績也是來自貨運承攬業者的招攬，據估計經由承攬業者運送之比例即高達80-90%，由於這種依存關係造成航空貨運公司幾乎就像是貨運承攬業者營業範圍的一部分。

赫門（Herrmann）、崔日格（Trefzger）及克拉克斯（Crux）（1998）就曾經提出貨運承攬業者對航空貨運公司的議價權很高，這是一個很有趣的現象，因為就數量來說貨運承攬業者遠多於航空貨運公司，尤其是對於那些將貨運收益當作是多賺的航空貨運公司來說，貨運承攬業者的議價權更大。彼得‧康衛（Peter Conway）（2003）說到雖然全球有超過數千家的貨運承攬業者，但是最前面的17家卻創造了超過45%全球航空貨運公司的收益。另外值得注意的是，貨運承攬業者也有合併的趨勢，造成大者恆大的現象。

四、航空貨運公司會逐漸式微嗎？

「航空貨運公司是否會逐漸式微」是一個非常耐人尋味的問題，而許多學者也針對這個問題做了許多研究，以下僅將這些學者的看法綜整如後：

第一，對於從長遠來看傳統航空貨運公司是否會輸給整合性航空貨運公司，道根尼斯（2002）表示確實有可能，但是如果傳統航空貨運公司願意對以下兩點做出改進，應當還有機會擺脫頹勢。首先，傳統航空貨運公司應當改進託運貨物的追蹤系統、倉儲技術、自動以客戶為主的報告系統、大筆投資加強資訊科技及配送網路，以確保客戶可以準時收到貨物。其次，為因應客戶日益增加對全球運送的需求，傳統航空貨運公司要能夠提供全球運送服務，但是做到上述要求，僅能夠讓傳統航空貨運公司不會被整合性航空貨運公司淘汰。道根尼斯認為傳統航空貨運公司必須要將他們的貨運網路聯合起來，互相合作，共同來對付整合性航空貨運公司。他更進一步建議傳統航空貨運公司要能夠擺脫以往不重視航空貨運的心態，將以往只注意承攬業者轉而到重視託運人的身上，因為唯有專注經營重視託運人的需求才能

夠將航空貨運做好。

第二，馬克・卡達（Mark Kadar）及約翰・納茹（John Larew）（2003）指出為何傳統航空貨運公司逐漸衰退的原因：其一，他們認為航空貨運量持續被高估，因為有48%的航空貨運物品是由客機機腹載運，因此實際上只剩下一半的航空貨運物品給航空貨運公司載運。其二，航空貨運物品有著方向性的不平衡特性，容易造成航線上的虧損。其三，許多航空公司貨運經理人對航空貨運抱持額外多賺的心態，沒有努力經營。其四，航空貨運公司缺乏一套與航空客運公司一樣的營收管理系統，造成的原因可能是綜合性服務航空公司的客運部門營收通常6倍於貨運部門，導致貨運不被重視。其五，航空貨運沒有差別化處理的問題，同時航空貨運公司通常不會直接接觸顧客，只需面對承攬貨運業者。其六，航空貨運物品基本上會分散到全球各地，但是航空公司因受限於規定，無法跨國擁有，也就是無法做到真的全球化，然而承攬業者卻沒有這個限制。其七，就是距離在1,000英里以內的地方，空運與平面運輸之間的競爭愈來愈困難。

除了上述的論點外，莉莎・海瑞頓（Lisa Harrington）（2006）提到油價飆漲、安全威脅、不斷改變的倉儲策略、其他運輸模式的競爭及承攬業者合併等都對航空貨運業造成極大影響，而航空貨運公司及託運人也亟思要如何渡過這些難關。

莉莎・海瑞頓綜整出了幾個觀點來討論航空貨運面臨的挑戰：

第一是日益飆漲的燃油價格（skyrocketing fuel prices）。

對於航空貨運業而言，最重要也最棘手的問題就是日益飆漲的燃油價格，僅從燃油的成本來看，每一桶燃油從2007年初的70美元，在2008年時最高漲到180美元左右，在2008年底曾跌回到約50美元，但是又逐漸上漲至2012年的120美元（**圖6-5**），根據《美國今日》（*USA Today*）在2011年6月1日的報導，高漲的油價導致燃油在航空公司的總營運成本當中已經達到約35%（在2000年時約占總營運成本的18%），成為在各項營運成本中最大的一項支出。

據美國能源情報署統計資料從1990-2008年，全球航空公司每日需

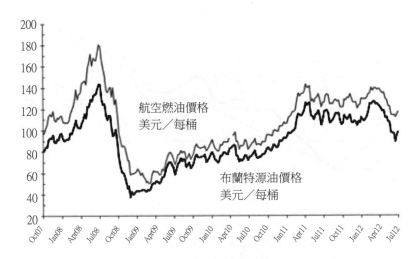

圖6-5　航空燃油與原油價格比較

資料來源：IATAJet Fuel Price Development.

要消耗之航空燃油數量（**圖6-6**），若以2008年為例，每日需要消耗之航空燃油為527萬桶，全年約需要19億桶，用每桶等於42加侖來算，則每年需要807億加侖，換言之，只要航空燃油價格每加侖上漲1美元，則航空運輸業就要多支出807億美元的營運成本。

　　由於中國、印度及第三世界國家對於燃油需求的增加、西方國家煉油設施的不足（原油運輸距離長）、中東地區長期政局的不穩定，再加上燃油供應商之間沒有競爭壓力的種種原因，導致燃油價格持續看漲。

　　為了能夠應付燃油上漲造成的成本上揚，幾乎所有的航空貨運業者對於貨物運送都增加了附加費用，相對於總運費，某些主要的航線甚至加到30%，然而即使在大幅增加的狀況下，美國UPS優比速全球國際快遞（UPS）全球貨運服務部副總裁恰克·庫吉（Chuck Cocci）說道：燃油附加費用根本無法完全抵銷燃油上漲費用。

　　第二是蟄伏的安全威脅（looming security threats）。

　　在2006年8月10日，在英國有多達10架飛往美國的客運班機，隱藏

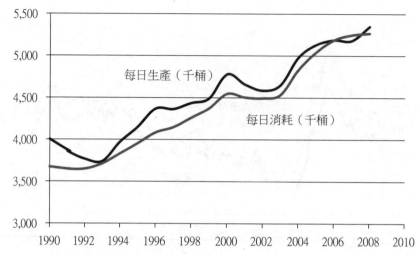

圖6-6　全球航空公司每日需要消耗之航空燃油數量

資料來源：美國能源情報署（EIA）。

在旅客攜帶的行李當中居然有液態爆炸物，幸好英國警方及時查獲並逮捕了24名嫌疑犯，接著英、美當局立即制定出更嚴格的旅客安全措施。

在同年8月16日，針對此起恐怖計畫事件，美國眾議院共和黨議員，同時也是國土安全委員會（House Homeland Security Committee）成員的愛德華‧馬凱（Edward Markey）要求國土安全部長邁克爾‧切爾托夫（Michael Chertoff）對於所有客機上的航空貨運物品要做百分之百的檢查，另外對於所有海運前往美國港口的貨船，在出發之前也要做到百分之百的檢查，以確保安全。

這個要求引起了極大的反彈，運送組織及運輸安全管理部門都表示要對航空貨運物品做到百分之百的檢查，來達成安全保障之目的，基本上是有困難的。美國國家工業運輸聯盟（The National Industrial Transportation League）就提出警告說，如果一旦要真的實施，對於航空運輸將會造成極大的負擔。因為預估這項做法在第一年將需要6億5,000萬美元，但是這筆花費並不能夠確保可以為航空運輸業帶來更大

的安全保障。國家運輸聯盟認為自911恐怖攻擊事件後，美國已經制定出了最嚴峻的安全檢查機制，當然不能否認它對於加強安全也有一定的貢獻。

然而根據過去的恐怖攻擊事件以及對於未來還有發生恐怖攻擊的可能，大多數的航空貨運業者都相信對於航空貨運的安全檢查將會更嚴格。大衛‧哈賓（David Hoppin）（2006）認為加強安全檢查的確會影響到營運及增加航空貨運的成本，但是他認為對於客機機腹載運物品的影響尤其大。機腹貨運幾乎占了全球洲際航空貨運總量的一半，尤其是在飛越大西洋的航線。但是因為恐怖事件的發生，機腹貨運運費很有可能會大幅調升，或者乾脆停止，的確只要發生一次機腹貨運的恐怖攻擊事件，那利用機腹載運貨物的價值一定會被澈底摧毀。

如果由於密集檢查造成成本升高，或是硬性規定要這麼做，那航空貨運的成本將會升高。當然若航空公司被要求要這麼做，他們也必須做好準備，然而若是因為額外的加強檢查導致作業時間的延長，將會使得海運及空運的差異性降低，而最後很可能會導致許多託運人會放棄空運而改由海運。

某些觀察家則認為任何對於航空貨運增加安全檢查的要求，都會讓整合性航空貨運公司更加勝過傳統航空公司。大衛‧哈賓認為聯邦快遞及UPS優比速全球國際快遞（UPS）從源頭開始對於貨物就能夠掌控，這是很重要的因素，然而對於傳統航空公司的承攬業者來說，對於貨物的掌控是做不到的，因為與承攬業者有合作關係的收送貨公司負責將貨物載往機場，接著又將貨物放到第三方航空公司的飛機上，彼此之間並無監控能力，這種關係本來就有許多漏洞存在。

第三是庫存策略改變（revised inventory policies）。

鑑於供應鏈有時會發生斷鏈風險，以及在配送過程中有可能遭遇供不應求現象，許多公司對於保持少量庫存的做法開始感到質疑。

大衛‧哈賓說到現在零售商及生產工廠都決定要多備安全存量，一方面可以因應不時之需，再方面也可以避免要求緊急航空貨運，對於全球供應鏈的結構來說，這是一個根本上的改變。他表示在五年前

幾乎所有工廠都想盡辦法將存貨減低，但是這些工廠在營運上一旦遭遇庫存不夠，或是由於供應鏈出了問題時，要花費更多在要求緊急航空貨運上，現在他們都在思考如何能夠避開這些巨大的開銷。

做生意的人也開始思考將所有產品都在中國製造是否是明智的做法，大衛‧哈賓認為雖然中國能夠提供低價的製造成本，但是不要忽略隱藏的供應鏈成本，首先空運的成本很高，其次要從中國運送到其他國家，在運送過程中需要花費的安全措施及時間等都很可觀。

西班牙知名服飾零售商Zara就是一個很好的例子，Zara決定要留在西班牙或是歐洲其他地區生產製造，雖然生產成本較在亞洲為高，但是由於公司每兩週就要將商品更新，因此速度對他們來說是增加競爭力的重要關鍵，如果將工廠設在亞洲，空運的成本將會增加很多，而將工廠設在西班牙或是歐洲其他地區，用卡車就可以將貨物運送。

第四是運送模式改變（mode shifting）。

高運送成本及嚴格的安全檢查已經造成許多廠商開始重新檢討使用航空貨運的必要性。在美國，對於1,000英里以內的陸上運輸，陸運已經成為空運的強大競爭對手。專門載運重量在68公斤及9,072公斤之間的小包裹（Less Than Truckload, LTL）運輸公司，可以到不同託運人的家中或公司搜取貨物，集中後於二至三天內送往目的地的便利做法，在美國國內已經快速成長，也搶走了許多原來是航空公司載運的貨物。

公司之間都在思考如何不用花費高昂的空運費用，而紛紛將生產製造、組裝、運送等轉移到公司附近的地區，這個轉變也使得陸運或海運變得更為有利。

全球領先的供應鏈管理供應商世捷集運（APL Logistics）於2008年8月宣布推出全球首個指定天數送達的貨櫃運輸服務——海運保證（ocean guaranteed），該服務將在中國和北美地區展開。早在2006年，世捷集運即與美國貨車運輸者康威物流公司（Con-way Freight）攜手推出海運保證服務。目前，該項服務已經在亞洲地區設立九個始發港，並首次將運送目的地拓展到了美國以外的地區。

海運保證已經成為亞洲地區唯一指定天數送達以及快速運送的優質海運拼櫃運輸服務。該服務加快了亞洲和美國之間的貨物運送速度，並提供運送時間保障的退款承諾。世捷集運將負責把貨物安全地從廣州運往香港的裝運港口。貨主還可將貨物運往加拿大的蒙特婁、多倫多和溫哥華。

康威公司總裁約翰·萊布里（John Labrie）表示：「貨主不斷地告訴我們在國際供應鏈的管理方面他們優先考慮的是可靠性和運送時間。海運保證提供的可靠和操作簡單的服務可以滿足他們的需求。相較於空運，它具備更大的價格優勢。」

最可靠的海運拼櫃貨物運送方式的價格為空運的25%。世捷集運總裁羅博恩（Brian Lutt）表示：「我們發現越來越多的客戶從空運轉向選擇海運保證服務，以降低不斷增長的運輸支出。」

大衛·哈賓表示世捷集運將會對航空運輸造成極大威脅，而三十到四十五天的海運保證與五到六天的空運保證，都可以滿足不同託運人的需求。

第五是整併力量（consolidating power）。

就運輸業整體來看，航空運輸業正邁向集中化的趨勢，也就是大的運輸公司將小的貨運承攬業購併。這麼做的理由很簡單，因為除了FedEx及UPS之外，大的航空運輸公司對於終端客戶並沒有建立顧客關係，他們大都仰賴貨運承攬業來作為聯繫橋樑，而大的航空運輸公司認為自己能夠建立顧客關係比較好。

大衛·哈賓表示，UPS及DHL對於顧客的做法都是採取一站到底（one-stop shopping）的策略，在這個策略下他們必須將與他們有關係的貨運承攬業購併達到經濟規模效益。

例如在2006年初史耐德（Schneider）物流將美國海外航空貨運（American Overseas Air Freight）併購；而當貨運承攬業併購航空貨運後，在營運上他們變得更積極，與傳統的貨運承攬業有相當大的差異。

當貨運承攬業不斷擴大營運範疇時，航空公司當然也要採取相對

的做法來因應，根據大衛‧哈賓的說法，認為唯有航空公司跟著擴大才能夠有力量與逐漸壯大的貨運承攬業者相抗衡。

　　大衛‧哈賓表示法航及荷航的合併是一個最好的跨國合併案例。但是目前航空業還是受到航權賦予的航空公司負責人必須擁有該國國籍的限制，因此在航空公司的跨國合併方面仍舊相當困難，但是航空公司可以朝著跨國合作的方向邁進。

　　對於國際以及全球情勢而言，聯合航空貨運部行銷副總尼爾夏（Neel Shah）認為只要燃油價格及附加稅能夠持續下降，航空貨運市場一定能夠回到往日榮景，因為所有的問題都是因為錢，所以只要經濟能夠回穩，航空貨運必然會是相當好的選擇，因為航空貨運的快速安全是其他運輸模式無法比擬的。

　　至於過去十年來，究竟全球航空貨運的發展如何，我們可以由一些數據來做說明。首先根據IATA所提供的資料〔以貨運收益延噸公里數（RTKs）來計算〕，在2008年全球前十大航空貨運公司分別是：

1. 聯邦快遞：總共載運151億2,200萬RTKs，其在美國內載運85億4,000萬RTKs，而國際線載運56億8,200萬RTKs。
2. UPS優比速全球國際快遞（UPS）：總共載運109億7,700萬RTKs（比聯邦快遞少了約41億RTKs），其在美國內載運56億8,700萬RTKs，而國際線載運52億8,900萬RTKs。
3. 大韓航空（Korean Air）：總共載運88億9,000萬RTKs，其在國際線載運88億2,200萬RTKs，若以國際線來看其實韓航是第一名。
4. 國泰航空：總共載運82億4,500萬RTKs，其載運全部都是國際線。
5. 德國漢莎貨運航空公司：總共載運82億600萬RTKs，其在國際線載運81億9,400萬RTKs。
6. 新加坡航空：總共載運74億8,600萬RTKs，其載運全部都是國際線。
7. 阿酋航空：總共載運60億1,300萬RTKs，其載運全部都是國際

線。

8.法國航空：總共載運58億2,000萬RTKs，其在國際線載運只有300萬RTKs。

9.盧森堡的Cargolux：它是唯一一家登記為全貨機的航空貨運公司，總共載運53億3,400萬RTKs。

10.中華航空：總共載運52億6,100萬RTKs，與2007年比較中華航空的貨運營收減少約5.1%。

而與2000年全球航空貨運的載運量來做比較可得如**表6-1**所述。

在**表6-1**中可以看出在2000年時排名前十名的航空貨運公司當中亞洲只有三名，到2008年時亞洲有四家航空貨運公司進入前十名，顯示亞太地區的貨運量持續在增加；另外由航空貨運的總量來看，2000年時總運量為493億6,800萬RTKs，到2008年增加到812億8,600萬RTKs，足足成長了1.65倍，也可以看得出來全球航空貨運的載運量呈現持續而穩定的成長。2008年全球前十名的航空貨運公司的貨運收益延噸公里（RTKs）占全球航空貨運RTKs（1,010億480萬RTKs）的80%以上。

表 6-1　2000年及2008年全球排名前十名的航空貨運公司

排名	2000年		2008年	
	航空公司	RTKs（百萬）	航空公司	RTKs（百萬）
1	德國漢莎	7096	聯邦快遞	15122
2	大韓航空	6357	UPS	10977
3	新加坡航空	6020	大韓航空	8822
4	法國航空	4968	國泰航空	8245
5	英國航空	4555	德國漢莎	8206
6	聯邦快遞	4456	新加坡航空	7486
7	日本航空	4321	阿酋航空	6013
8	國泰航空	4108	法國航空	5820
9	荷蘭航空	3964	Cargolux	5334
10	Cargolux	3523	中華航空	5261
總計		49368		81286

　　而在亞太地區的大韓航空的全球航空貨運的載運量，不論是在2000年或是2008年都位於前三名以內，顯示出大韓航空在全球航空貨運上的重要性。另外值得慶賀的是我國的中華航空也在2008年時進入到全球前十大航空貨運公司行列，雖然排名只在第十位，但是已經足以顯示出中華航空爭取更多航空貨運的決心。最後值得一提的是，在2000年時全球前十大航空貨運公司當中只有一家是整合性航空貨運公司，總運量只有44億5,600萬RTKs，占總貨運量的9%；到2008年時變成為二家，總運量更是成長到260億9,900萬RTKs，占總貨運量的32%，總共成長約3.6倍，且在全球排行榜上分居一、二名，足見整合性航空貨運公司在全球航空貨運市場上的重要性以及未來發展之潛力。

　　另外由波音公司發表的世界航空貨運2010-2011年展望（World Air Cargo Forecast, WACF）當中提及由於受到全球經濟不景氣的影響，自2008年中開始，航空貨運遭遇到了連續十八個月的嚴重衰退，但從2010年起，儘管景氣沒有完全好轉，但是航空貨運需求已經開始反轉，而預估未來二十年航空貨運將會成長3倍，也就是平均每年以5.9%的速率成長，而全貨機的數量也會增加1.6倍（**圖6-7**）。

　　未來二十年全球航空貨運成長預測如**表6-2**所述。

　　波音公司預測未來二十年全球航空貨運將會以每年5.9%的速率成長，而全球航空貨運收益延噸公里（RTKs）將會以每年平均6%的速率成長。波音公司的報告中提到由於受到2009年嚴重衰退的影響，使得原來由1997-2007每年以3.9%的成長速率，變成為從1999-2009年以1.9%的成長速率，但是全球航空貨運量會從2009年的1,668億RTKs，到2029年時將會增加到5,265億RTKs。

　　其中最引人注目的是亞洲航空貨運的持續成長，只要中國國內及亞洲內部能夠分別保持以9.2%及7.9%的高速率成長，就可以帶領全球航空貨運量往上成長。而除了北美及歐洲市場由於已經相當成熟外（成長速率緩慢），其他如拉丁美洲—北美、拉丁美洲—歐洲、亞洲—北美以及歐洲—亞洲市場都將會以年平均速率成長。

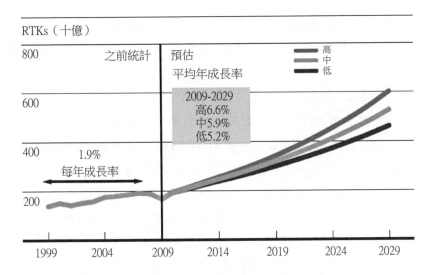

圖6-7　未來二十年航空貨運成長預測

資料來源：波音公司世界航空貨運2010-2011年展望。

表 6-2　過去及未來二十年全球航空貨運發展示意圖

	過去	未來
	1999-2009年成長率	2009-2029年成長率
全球	1.90%	5.90%
北美內部	－2.50%	3.00%
拉丁美洲—北美	－0.70%	5.70%
拉丁美洲—歐洲	2.50%	5.60%
歐洲—北美	－1.50%	4.20%
歐洲內部	0.10%	3.60%
中東—歐洲	6.50%	6.00%
非洲—歐洲	3.30%	5.10%
亞洲—北美	1.40%	6.70%
歐洲—亞洲	4.10%	6.60%
亞洲內部	3.40%	7.90%
南亞—歐洲	4.10%	6.50%
中國國內	13.10%	9.20%

資料來源：Boeing World Air Cargo Forecast 2010-2011.

另外在波音公司也預測未來二十年全球航空貨運飛機將會從2009年的1,755架,到2029年時將會成長到2,967架,成長約1.7倍(**圖6-8**)。

在波音公司的報告中提到就長期發展來看,世界經濟環境仍然是呈現往上發展趨勢,波音公司認為雖然受到目前經濟衰退的影響,全球航空貨運量從2007年的1,914億RTKs,下降到2009年的1,668億RTKs。波音公司預估在未來二十年直到2029年,國內生產毛額(GDP)將會以平均3.2%的年成長率成長,由於GDP是促進全球貿易的主要動力,因此也會進一步刺激全球航空貨運以2倍的GDP成長速率成長(**圖6-9**)。不可否認的,波音公司發表的報告是相當樂觀,但是就全球經濟發展走向來看,雖然在某些時候會呈現往下現象,然而就整體來看確實是呈現持續攀高的趨勢。因此波音公司的報告雖然可能存在太過樂觀的估算,但是可以肯定的是只要經濟情勢穩定,到2029年時全球航空貨運量一定會大幅超過目前的數量。

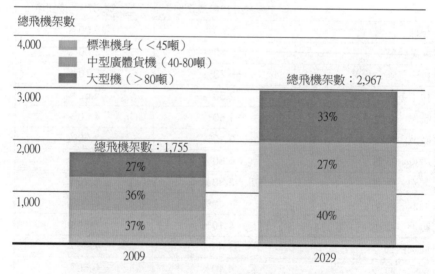

圖6-8 未來二十年全球貨運飛機數量預測

資料來源:波音公司世界航空貨運2010-2011展望。

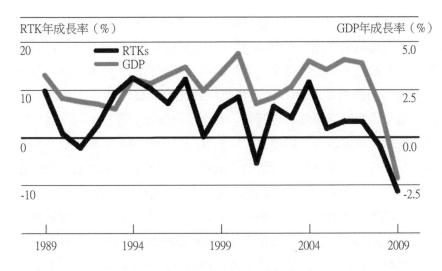

圖6-9　1989-2009年全球GDP成長率與RTKs成長率比較圖

　　全球對航空貨運服務的需求：

　　基本上航空貨運服務與航空客運服務有相當大的差異，舉例來說，對於物品的運送就可以用重量或是運送時間的快慢來做分類。與航空客運對乘客做區隔一樣，航空貨運市場也可以用託運者的動機來做區隔，並因而制定出要提供什麼樣的服務，以及收取的價格為何。

　　最明顯的例子就是緊急物品的運送，例如說有疫情發生時立即需要疫苗來做醫療處置，機器設備某個重要零件損壞，如果不能立即獲得機器就無法運作，或是商場上雙方在談判過程當中缺少某件重要文件，也可能是廠商在展示某樣商品時發覺缺少備份件需要立即運送，這些都會用到最具時效性的航空貨運服務，而通常這些服務都會交由航空快遞服務來達成。尤其是近年來全球化的推動，各國政府對於國際貿易限制的減少，更加的讓航空快遞業快速成長。另外當平面運輸受到干擾，例如說擁擠或是因為自然災害導致路上或海上運輸變得困難時，這時候航空貨運服務自然會變成重要的運輸工具，而高成本也就不構成唯一考量因素。

　　由於緊急事件的發生缺乏規律性，也就是說緊急事件具備稀有特性，因此航空貨運公司無法將緊急物品運送列入到日常營運計畫當中；另外對於重量輕體積小，但是價值不菲的物品，例如珠寶、黃金及稀有的毛皮或藝術品等，通常航空貨運服務會是託運者最佳的選擇，這是因為航空運輸具備時效、安全及低風險的特性。同時對於緊急物品以及高價值物品的運送，所需要提供的服務品質相對較高，由於航空貨運可以滿足託運者所要求的服務，以及減少運送過程中所擔負的風險，因此雖然航空貨運價錢昂貴，依然還是託運者的首選。

　　大多數的航空貨運公司都有既定的運送排程，最常見的就是對於易腐敗（perishable）及非易腐敗（non-perishable）物品的運送。對於易腐敗物品的運送，像是產品生命很短的例如新鮮海產、非當季的水果、最新流行的服飾等，都得依靠航空貨運的快速運送，才能夠在產品過期或是搶占市場先機消失前迅速送到消費者的手中。此時再昂貴的航空貨運價格也無法阻擋託運者選擇採用航空貨運。我們常由新聞報導得知有「黑鑽石」之稱的法國松露就具備此種特性，因為其稀有及量少，全球老饕爭相採購，導致價格高昂，在相比較之下空運費用的支出就顯得微不足道了。

　　至於非易腐敗物品的運送則託運人對於是否要採用昂貴的航空貨運，當然會先衡量在其他方面所節省下來的成本，例如包裝、處理、物品收取、運送、倉儲及保險等，與航空貨運的花費比較，如果節省下來的費用大過航空貨運的花費，那託運人自然會選擇航空貨運的方式來運送物品。一般來說，會選擇採用航空貨運的物品，大都具備高的價值對重量比（value-to-weight）特性，這是因為航空貨運的計價方式與重量成正比，也就是說重量愈重，航空貨運收費愈高，因此當商品的價值對重量比值愈高時，所付出的航空貨運費用自然就顯得無關緊要，像是照相機、錄影機、個人電腦、高價服飾及鞋子等都屬於此類商品。另外，若高價值商品又同時具備易碎或是容易在包裝及運送過程中遭受損壞的特性，託運者通常也會傾向採用航空貨運方式來運送。航空貨運還有一項較平面運輸好的優勢，就是快速及可靠，尤其

是對於長程貨物運送，若交由海、陸運輸可能會長達一個月，但是航空貨運卻可以提供隔日送達的服務，就整個運送期程來看，航空貨運在無形之間又為廠商減少了運送風險及倉儲壓力，自然也增加了航空貨運對於平面運輸的競爭力。從以上的說明當中不難得知為何近年來亞太地區的航空貨運量會大量增加的原因，這是因為亞太地區有大量的生產工廠，從事生產製造上述高單價商品的原因。

另外一個航空貨運的特性是對於載運貨物的需求是單向性的，這點與航空客運是雙向性需求有極大的差異，這種情形會容易造成由甲地載運貨物到乙地的航線出現極端不平衡，也就是說會發生由甲地滿載貨物到乙地，而由乙地返回甲地時可能出現沒有或是載運很少貨物的情形。這種情形經常發生在中華航空由桃園飛往西雅圖的貨機，由桃園飛往西雅圖時滿載，然而由西雅圖回程桃園時幾乎沒有載運貨物。因此對於專門從事貨運的航空公司在航線規劃上要特別注意不要因為單向性的載運貨物需求，由甲地載運貨物到乙地營收賺錢，但是由乙地返回甲地時虧損，最後的結果是該航線造成營運上的損失，而航空公司可以利用價格策略來彌補上項缺失，亦即在貨物載運不足地區將貨運價格調降，如此可以刺激託運者的需求。但是也要注意不要因為貨運價格降低，導致即使達到百分之百載貨率也無法支付營運成本的後果。

我國籍航空公司對於貨運也相當重視，根據民航局國籍航空公司全球航線客貨運概況統計資料顯示，航空貨運的運輸量由1996年的43億6,793萬到2010年的118億7,334萬航空貨運收益延噸公里，成長近2.7倍（**圖6-10**），由此更可見其重要性。由於全球航空貨運都是載運高單價精密產品或元件，因此當台灣航空貨運日益成長的同時，所顯示的就是台灣在高科技產業發展日益蓬勃，也表示台灣的未來更具備競爭力。

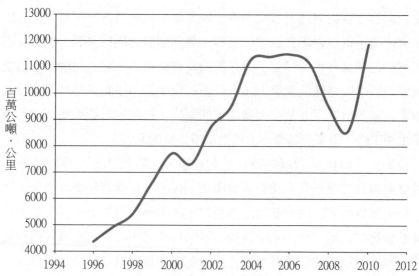

圖6-10　1996-2010年國籍航空貨運收益延噸公里（RTKs）

資料來源：交通部運輸研究所。

第三節　航空客運與貨運營收比較

　　雖然航空運輸市場大致上可以分成航空客運及航空貨運市場，然而長久以來大多數航空公司都偏重在航空客運市場的發展，對於航空貨運市場的發展顯得不甚重視，對於航空公司在重視航空客運市場的同時，是否也應當重視航空貨運市場的發展，對於航空公司的決策人員來說，應當是一個值得正視的問題，本節將從營收及成本兩方面來探討。

　　首先從美國六家主要航空公司如美國航空、大陸航空、達美航空、西北航空、聯合航空、全美航空；四家廉價航空如西南航空、捷藍航空、穿越航空、邊疆航空，以及三家主要飛國內線的航空公司如阿拉斯加航空（Alaska Airlines）、夏威夷航空（Hawaiian Airlines）、忠誠航空（Allegiant Air）等共計十三家美國航空公司的航空客運及航

空貨運營收做一比較。

　　圖6-11至圖6-14為美國六家主要航空公司、四家廉價航空公司及三家主要飛國內線的航空公司的客運及貨運營收狀況,很明顯的可以

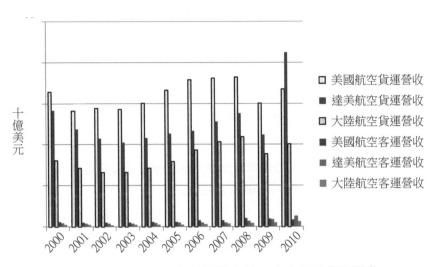

十億美元

- □ 美國航空貨運營收
- ■ 達美航空貨運營收
- □ 大陸航空貨運營收
- ■ 美國航空客運營收
- ■ 達美航空客運營收
- ■ 大陸航空客運營收

2000 2001 2002 2003 2004 2005 2006 2007 2008 2009 2010

圖6-11　2000-2010年美國航空等三家客運及貨運營收

資料來源:US DOT Form 41 via BTS, Schedule P12.

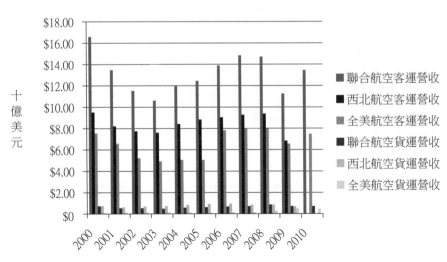

十億美元

- ■ 聯合航空客運營收
- ■ 西北航空客運營收
- ■ 全美航空客運營收
- ■ 聯合航空貨運營收
- □ 西北航空貨運營收
- □ 全美航空貨運營收

$18.00 $16.00 $14.00 $12.00 $10.00 $8.00 $6.00 $4.00 $2.00 $0

2000 2001 2002 2003 2004 2005 2006 2007 2008 2009 2010

圖6-12　2000-2010年聯合航空等三家客運及貨運營收

資料來源:US DOT Form 41 via BTS, Schedule P12.

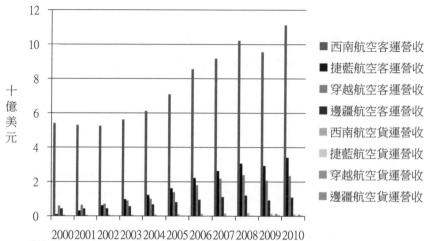

圖6-13　2000-2010年西南航空等四家客運及貨運營收

資料來源：US DOT Form 41 via BTS, Schedule P12.

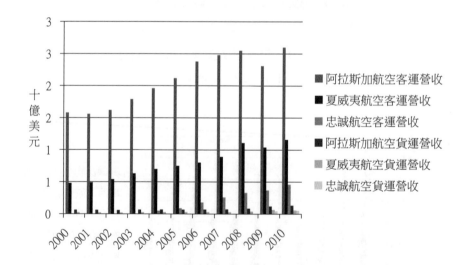

圖6-14　2000-2010年阿拉斯加航空等三家客運及貨運營收

資料來源：US DOT Form 41 via BTS, Schedule P12.

看出上述十三家美國航空公司的客運營收遠高於貨運營收，例如**圖6-15**綜整美國航空、達美航空、大陸航空及聯合航空等四家航空公司客、貨運營收比較，差異從2000年的23-28倍逐漸縮小到2010年的15-19倍，顯示美國主要航空公司對於航空貨運已經逐漸重視，但航空貨運受到重視的原因為何呢？

至於為何航空貨運會逐漸受到航空公司重視的原因可由另外一個數據——客運單位收益（passenger yield）及貨運單位收益（cargo yield）來看，所謂客運單位收益就是將乘客收益除以收益乘客公里（RPKs），而貨運單位收益就是將貨運收益（cargo revenue）除以酬載貨物延噸公里（FRTKs），以美國航空為例（**圖6-16**），可以得到從2000-2010年美國航空貨運單位收益較客運單位收益平均高出2.6倍。

這絕不是一個單一特例，新加坡航空從2001-2010年貨運單位收益較客運單位收益平均高出3倍；長榮航空從2010-2011年貨運單位收益較客運單位收益平均高出3.2倍，而中華航空2010年貨運單位收益較客運單位收益高出3.6倍，以上數據都顯示航空貨運的確較航空客運能夠賺取更多利潤，同時也說明為何專門從事貨物運送的聯邦快遞及UPS

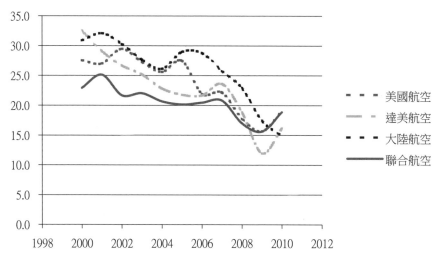

圖6-15　2000-2010年美國航空等四家客、貨運營收比

資料來源：US DOT Form 41 via BTS, Schedule P12.

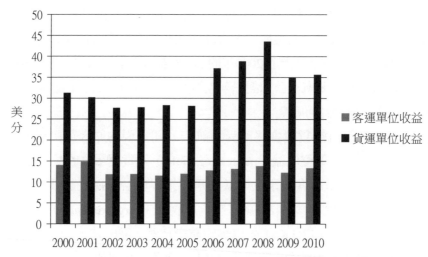

圖6-16　2000-2010年美國航空客運及貨運單位收益

優比速全球國際快遞（UPS）比一般航空公司更能賺取高額利潤的原因。

第四節　航空貨運之發展與挑戰

　　航空貨運業未來會如何發展，而將面對的挑戰有哪些呢？凱倫‧蘇爾摩（Karen E. Thuermer）（2007）提到由於受到全球製造業不斷外移到勞工工資較低國家的影響，所生產的零組件需要利用空運來增加時效，因此也導致了航空貨運業前景的一片看好。尤其是波音及空中巴士兩大飛機製造廠商，在他們出刊的報導中更是預言到2025年全球航空貨運業將會以每年6%的成長幅度成長，但是到2006年時航空貨運業的成長就已經低於他們的預估，而對於未來也似乎充滿了不確定性。

　　實際上確實是有一些相當困擾的因素已經出現，例如由於航太科技的進步造成運量大增，但是獲利反而下降，其中尤其令人憂慮的是

燃油價格的高漲，更是讓航空貨運業的前景蒙上陰影。

文章指出以往將中國市場的外銷看得太樂觀，現在看起來似乎有點錯誤，而亞洲市場，特別是香港很明顯的已經呈現出運量過剩，而價格及獲利雙雙都在下降。在2006年以前，幾乎班班貨滿的狀況已不多見，對於獲利已經形成壓力。

聯合航空貨運部行銷副總尼爾夏認為，雖然在2007年航空貨運有2-3%的成長，但是聯合航空的貨運部門卻沒有明顯跟著成長，主要的原因就是出在中國。尼爾夏表示以往將中國市場看得太美好，如今卻要在其他地方去設法將飛機上的貨運量補足，值得慶幸的是聯合航空並沒有專門的貨機，他們只是利用客機機腹來載運貨物，儘管如此航空貨運的收入對於獲利仍然十分可觀。

而在亞太地區不論是在2000年或是2008年都位於前三名的大韓航空的行銷主管巴特尼里（Giulio Battaglini）也認為雖然身處在中國的旁邊，有地利之便，但是這項優勢不會長久，他預期航空貨運的成長將會停滯，因此如何維持獲利將會是一個重要課題。

對於油價不斷攀高也造成航空貨運業極大壓力，因為幾乎每桶原油上漲一元美金，全球航空公司就要多支出5,000萬美元，目前雖然許多航空公司採取燃油附加稅的做法來減輕航空公司的負擔，但是由於許多消費者對於要多付出運輸成本相當在意，因此也有許多貨主改採海上運輸方式，這種情形在太平洋航線尤其明顯。更令航空貨運業者感到壓力的是由於美元匯率呈現疲弱狀態，也迫使以前用空運的貨物改採成本較低的海運模式。

值得慶幸的是對於有時間壓力的物品運送者來說，航空貨運還是一項無法取代的選擇，然而在降低成本的考量下，將海運及空運的優點集合起來，例如從海運集裝箱（container ships）將物品集中後再交由空運送至目的地，這樣做除了可以節省成本外，也保有快速運送的特性，目前此種做法在中東地區成長快速。

另外一項可以讓航空貨運業在當前諸多不利因素下保持存活的方式就是設法將服務提升，英國航空全球貨運在2007年的獲利比2006年

高出4.6%，就是因為英國航空提供了高品質貨運服務，他們花了3,000萬美元買了一項能夠提供恆溫的設備。除此之外，英國航空對於飛行的路線也做了重大投資，而就在2007年歐洲的短程貨物運送就增加了40%；對於由倫敦希斯洛機場飛往全球的空運航線，在過去十年也投資了將近10億美元來加強服務。

韓國航空有80%的貨物是經由貨機來運送，他們也不斷積極的在擴充新航線，而在2010年韓國航空分別引進了5架波音747-8F及777F貨機，這些新貨機不但具有省油的優點，也讓韓國航空在競爭上具有成本優勢。

自2008年開始，由於運送物品數量的減少，全球航空貨運市場遭受到負成長，這是因為受到全球經濟衰退及減緩的影響。而受到全球經濟衰退的影響，隨處可見倉庫中堆滿無法銷售的貨品，以及消費者對需求的減低。在北美、歐洲、非洲及亞太地區都可以看見經濟衰退所造成的衝擊，而航空貨運公司更是感受到無法接到客戶帶來的新訂單。

2009年可以說是航空貨運市場需求最受影響的一年，與以往超過65%的平均負載率來說，下降到只有49.4%，這種低的負載率直接導致全球航空貨運公司將24%的貨機停飛。受到歐債危機引發的全球經濟景氣下滑影響，中華航空公司機隊中的兩架747-400型貨機，於2012年2月4日已經封存於美國沙漠中；長榮航空則因剛好有貨機租約到期，不再續約，暫時沒有封存貨機。另外令航空貨運公司更難過的是在這些不利因素下，油價也呈現大幅波動，在成本高居不下的狀況下，貨運業者紛紛將原來空運的貨物轉為海運，使得航空貨運的運量更加過剩，也造成航空貨運公司的獲利減低，目前期望的是當美國、歐洲及亞太地區的經濟復甦後，全球航空貨運需求能再度回復。

皮特生（J. Petersen）（2007）表示受到全球化的影響，全球供應鏈也日益普遍，連帶也使得航空貨運的角色也日益吃重，而從1980年代開始國際航空貨運量就以超過全球GDP的2.5倍在成長。如果以全球貨物運輸總量來計算，航空貨運雖然不超過2%，但是若以價值來衡

量，航空貨運的總值卻超過國際貨運貿易的三分之一，這是因為會利用航空貨運的物品大都具備高價值特性，例如藥物、工具機、電腦及電子產品、易損壞（腐敗）物品及醫療設備等，而上述物品又多半具有時效性，必須要按時或儘速送達消費者手中，因此對於要支付高額的航空運費並不會在意。

波音全球航空貨運預測（The Boeing World Air Cargo Forecast, WACF）2006-2007 提及在2005 年全球航空貨運量高達1,781. 22億公噸，自1995年以來全球航空貨運量的平均年成長率為5.1%，其中成長最快速的是來自亞洲市場，而中國市場的成長更是驚人。然而波音全球航空貨運預測（WACF）2010-2011年中也提到自2008年5月開始，全球航空貨運連續遭遇十八個月的巨大損失，而在2010年隨著全球航空貨運需求的增加導致強烈反彈，預估未來二十年全球航空貨運量會增加3倍，且將會以平均每年5.9%的速率成長。

在二十一世紀的航空貨運報告中列出傳統航空貨運業對於未來發展的疑慮，報告分從貨主（shippers）、承攬業者（forwarders）及航空公司（airlines）三方面來討論：

第一，貨主。由於貨主之間對於價格的要求迫使承攬業者須不斷地將價格壓低，承攬業者抱怨貨主要求高服務品質卻不願付錢，而貨主抱怨承攬業者只會要錢。

第二，承攬業者。為了降低成本不斷地向航空公司施壓，他們最主要的敵人是整合性航空貨運公司，因為幾乎所有強調以快速為主的物品運送都被整合性航空貨運公司拿走。

第三，航空貨運公司。將降低成本列為主要目標，他們將整合航空貨運公司視作是最大威脅，然而與承攬業者的相處也不甚和諧，因為許多承攬業者對於價錢斤斤計較，同時又喜歡強勢主導。有許多航空公司甚至想要避開承攬業者，直接與貨主接觸。

就全球航空貨運長期發展來看，最短時間送達會是航空貨運市場主要發展方向，它的成長會是傳統航空貨運的2倍，而DHL、TPG、FedEx、TNT及UPS等全球主要的整合性航空貨運公司，在以時間為主

的航空貨運市場中占有90%的市場。

雖然全球航空貨運業產值高達2,000億美元，但航空貨運部分只有20%的收益，其他的部分是在配送方面。即使單位成本並沒有增加，但是近年來的獲利卻減少50%，而更糟的是預估將會持續呈現緩慢減少，目前每單位收益（考量通貨膨脹）與二十五年前比較起來只有一半，而購買飛機的成本卻增加了7.5倍。

儘管航空貨運的獲利逐漸下降，但航空貨運飛機數量卻可能會倍增，唯一能夠合理解釋的是大量增加的新貨機是屬於整合性航空貨運公司，這也就是說全球性航空貨運將會由傳統航空貨運公司轉移到具備快速運送能力的整合性航空貨運公司。除非有積極的作為，傳統航空貨運公司及承攬業者將會因獲利降低而退出航空貨運市場。

為何整合性航空貨運公司會逐漸占有整個航空貨運市場，道理很簡單，這是因為整合性航空貨運公司具有下列優勢：

1.能夠確認顧客需求。

2.能夠提供顧客適當的班表。

3.提供整合性服務。

4.以單一價格提供整套服務。

例如成立於1973年4月的美國聯邦快遞，就是因為瞭解傳統航空公司缺乏的兩種特性：(1)無法提供貨品運送快速服務，尤其是無法提供具緊急時效的小包裹或文件的快速運送服務；(2)無法做到不經第三者而將貨品送交給客戶的門到門（door-to-door）服務。而針對這兩項服務所做的創新速遞概念迅速席捲全美國，很快便在海外開始尋求新的發展據點。

而綜觀FedEx服務的優點包括：

1.全球超過四萬三千個方便顧客投遞的地點。

2.即時同步的包裹遞送動態查詢。

3.具有全球陣容最龐大的專用貨機群，可以將所有的大貨小包送

往世界的每個角落。

4.免費的服務品質效果證明——發票上會明載貨品送達的時間及簽收人的姓名。

5.爭取時效為顧客增加生產力創造價值。

　　布萊登・富萊德（Brandon Fried）（2011）提到對於全球經濟而言，航空運輸是一個不可或缺的潤滑劑，每天在全世界有成千上萬的大小包裹藉著航空運輸的快速性在最短時間內送達。然而，也因為航空運輸的快速及方便性，若處理不甚很可能也會帶來巨大災難。葉門當局在2010年10月30日逮捕一名企圖利用航空包裹方式將炸彈寄到位於芝加哥的兩座猶太會館，慶幸的是這兩個包裹分別在杜拜及英國被攔截下來，沒有造成人員傷亡。這起意外事件造成了極大震撼，對於如何加強航空運輸的安全也引起廣泛討論。

　　歐巴馬政府也立即宣布對於航空貨運物品要加強篩檢措施，這項計畫包括規定某些物品不得運送以及不得運送來自高危險國家的物品，最近的措施更包括要制定與航空客運一樣的法令，就是要對空運物品做百分之百的篩檢。

　　大多數國家的航空客運對於安檢執行嚴格要求早就有一套標準的作業流程，而航空貨運則比較不同，因為許多經常要託運貨物的貨主與空運業承攬業者都建立了良好關係，而空運業承攬業者對於美國運輸安全管理局（TSA）嚴格的安全規範也都能遵守，問題是出在一些不是經常託運貨物的貨主，尤其又是從那些喜歡包庇恐怖分子的國家託運來的貨物。

　　為了將這些威脅消除，歐巴馬政府正在研擬一套新的管制案法，根據東南貨運消息（South East Shipping News）於2011年3月14日由艾德門笙（R. G. Edmonson）所做的報導，美國運輸安全管理局即將提出一項對於國際航空貨運篩檢更嚴格的規定，這項新的安全規定主要是針對高危險群的國際貨物託運貨主制定。而美國國家工業運輸聯盟隨即也要求所有的會員，對於那些沒有經常託運貨物的貨主要提供額外

的資訊給他們。這些訊息包括貨主的帳目資料，以便讓航空公司可以在事前決定要採取哪些安全措施。

目前的做法是飛機在美國落地前這些訊息必須要送交，但是新規定要求這些訊息必須在飛機起飛前數個小時就必須提出，以便能夠完成對於貨物的危險評估。其目的是在測試早期危險資料偵測的可行性，這項規定用意良好，但是問題是出在企業與政府之間配合的程度，例如說到底要在幾個小時前提出，而貨物託運人要準備多少資料等。

在2010年由美國運輸安全管理局提出的報告中已經提到，從美國機場起飛的貨運飛機已經做到百分之百的貨物篩檢要求，但是從其他國家載運貨物到美國的貨機並沒有完全達到這項要求。而美國運輸安全管理局也認為到2013年以前，這項要做到百分之百的貨物篩檢的規定都將無法落實。

然而隨著葉門事件的發生，迫使美國運輸安全管理局不得不加速要求所有從其他國家載運貨物到美國的貨機要完全做到這項要求，根據最新資料顯示，原來預期在2013年以前將要做到百分之百的貨物篩檢的規定要提早到2011年12月31日以前完成，也就是說所有搭載旅客而以機腹載運貨物的飛機都要在期限前做到百分之百的貨物篩檢。

為了能夠加速這項措施的執行，美國運輸安全管理局公布了十二種合格的L-3X光篩檢系統，能夠對貨機上大、中、小型物品進行篩檢。現在的問題是出在經費的支應上，根據IATA在2011年公布的報告中得知，雖然航空貨運只占國際貨物運輸的2%（其餘98%為海運），但是價值卻高達35%，而預估在2011年的空運業產值為5,940億美元，其中貨運部分高達680億美元，與2010年比較，航空貨運量更成長了6.1%，總貨運量為4,620萬噸。

IATA的總經理兼執行長畢希納尼（Giovanni Bisignani）表示，航空貨運必須要能夠做到提供更好品質，更有效率以及在營運上要能夠更安全的目標沒錯，但是我們給政府的訊息很清楚，就是我們反對這種不用腦袋想就知道很難執行的百分之百的貨物篩檢。因為航空產業

除了安全的要求外，也要顧及快速有效率的將貨物運往全球各地，航空貨運安全必須要同時兼顧三種考量——供應鏈安全、掃描技術改進及充分運用電子貨運資料。

　　早從2004年開始IATA就開始使用電子貨運資料，以及朝向航空貨運不用紙張的方向邁進，這是一個由IATA贊助而航空貨運業全面參與的計畫，包括航空貨運公司、航空貨運承攬業者、地勤作業人員、貨主等，目的是要將以往每年可以裝滿80架波音747貨機的紙張文件，完全用價格低廉的電子貨運資料取代。畢希納尼表示，希望在2015年前航空貨運能夠完成百分之百的使用電子貨運資料，預計將可以節省49億美元的費用。

　　美國運輸安全管理局提出的百分之百的貨物篩檢實際上顯得窒礙難行，因為有些國家要不是缺乏用來做篩檢的機器設備，或者根本不願意與美國運輸安全管理局配合提供所需的文件。要對所有運往美國的航空貨運物品做到百分之百的貨物篩檢，基本上會耗費大量時間及金錢，當然對於飛航及國家安全沒有人會反對，但是這項做法是不是可以達到預期的效果仍然是充滿爭議，而在航空貨運業已經面對許多困難的今天，這項要求無疑的又給航空貨運業出了另外一個難題。

　　華航總經理孫洪祥2012年1月18日說：「航空貨運的前景並非慘淡，但充滿挑戰。華航貨運業務主要運營是長途航線，如果油價維持現狀，對於華航來說，挑戰巨大。同時，歐債危機讓這個問題愈發嚴重。」董事長張家祝2012年2月23日表示，今年貨運及油價是非常大的不確定因素，整體航空業仍受其影響、持續面臨艱困環境，但華航將客運部分瞄準東北亞、東南亞以及兩岸航線的大幅成長空間，客運需求仍有一定水準，貨運則積極調整以降低成本，相信華航仍可度過今年的高油價、貨運低迷的難關。不過張家祝也表示，雖客運持續有成長動能，貨運及油價則成為今年營運上「較為衝突、矛盾」的點，是非常大的不確定因素，預期這部分對於整體航空業皆會造成不小壓力。

Chapter **7**

航空公司營運策略規劃

策略規劃的目的是協助企業瞭解環境變遷的趨勢，掌握機會，逃避威脅，整合內部資源，發揮企業的競爭優勢，彌補經營劣勢，有效達成企業目標！

成功的企業策略規劃（corporate strategic planning），就像是企業偉大願景的一張藍圖，透露出企業達成目標的計畫和方法；精確的個人策略規劃（personal strategic planning），讓經理人能夠將組織帶往正確的方向，讓願景成真。

第一節　企業策略

想要在激烈競爭的市場當中占有一席之地，公司必須要有長遠的計畫，這個計畫必須包含公司長遠的目標，以及基於對市場的瞭解而做出與競爭者區隔的方式，公司各階層的管理者都必須全力支持這個長遠計畫，簡單的說，企業策略（business strategy）需要將企業的整體方向清楚的描述出來，而一個好的企業策略應當能夠將她與同行之間做明顯的區隔，如果企業能夠朝著企業策略的目標邁進，除了能讓企業在激烈競爭的市場當中不被淘汰外，也能夠帶領企業走向永續經營之路。

在企業策略之下，還有各部門的功能性策略，例如行銷部門的行銷策略，營運部門的營運策略，以及財務部門的財務策略等，雖然各部門按照自己的專長職掌來撰擬各自的功能性策略，但是它們最終的目標是用來幫助及達成企業策略的目的（圖7-1）。

在今日資訊科技日益進步，全球航空公司競爭激烈的狀況下，由於獲利薄弱已經不時傳出有航空公司宣告破產之際，航空公司的管理者確實需要有一個能夠讓公司有明確努力方向的企業策略，來幫助他們在景氣好時維持有好的利潤，在經濟衰退時能夠順利度過難關，不致陷入宣告破產之命運。

塑造一個在市場上具有競爭能力的企業策略，必須要對企業本

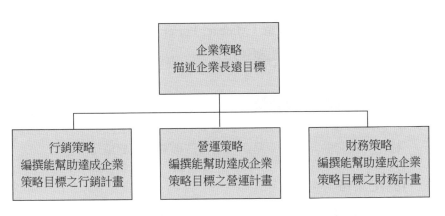

圖7-1　企業策略與各部門功能性策略關係圖

身提供的產品或服務與其他競爭者比較有哪些優勢，以及要對企業本身所處環境的競爭特性確實瞭解，而在瞭解企業本身產品或服務的優勢以及企業本身所處環境後，結合企業內相關資源在整體規劃的考量下，綜整出企業的發展指導原則，換句話說，策略是從企業的整體觀點考量，建構企業的競爭優勢及提供企業長久發展的方向，絕非用來應付短期營運之方法。

　　對於企業策略的定義，中外學者都有不同的見解，錢德樂（Alfred Chandler）（1962）認為「策略是決定企業根本長期目標，採取行動方向及為了達成目標所作的必要資源分配」。格魯克（William F. Glueck）（1976）則認為「策略是自成一體的、無所不包的、密切協調的計畫，用來確保企業的基本目標可以達成」。克里斯·阿吉瑞斯（Chris Argyris）（1985）認為「策略的形成及施行，包括確知組織在環境中的機會與威脅，評估組織的優勢及弱點，之後設計架構，定出組織地位，僱用合適人選，及制定出適當的獎勵辦法，讓員工能夠始終保有貢獻自己的動機」。許士軍（1980）認為「策略乃代表為達成特定目的所採取的特定手段，表現為對重要資源的調配方式」。

　　對於如何塑造出一個成功及具有競爭能力的企業策略，在學術界一直都有很多說法，本章僅列出三個重要的理論分別由格魯克及趙曲（Lawrence R. Jauch）（1984）、麥爾斯及史諾（Miles and Snow）

（1978），以及麥可・波特（Michael Porter）（1980）分別提出各自觀點的企業策略，茲將重點概述如下：

一、格魯克及趙曲的觀點

格魯克及趙曲認為在策略選項上有四種基本策略值得考慮：

(一)穩定策略

對於企業來說，穩定的「守護既有的利益及優勢、追求更好的目標、朝著既定方向前進、持續的維持營運效率、鞏固既有地位及做到投入資源最佳化等」，都是重要的目標。

(二)擴張策略

擴張策略是當企業想要擴張原有版圖，對企業做重新定位；擴張策略包括有多元化、購買及合併等作為。

(三)減縮策略

企業可以藉著將其主要產品線或市場關閉來重新定位，發生減縮的原因通常是因為經營環境變得相當不利，而採取其他策略都無濟於事時。

(四)綜合策略

在實務上，上述三種策略並不是相互排斥，在選取策略上對於某些特殊狀況是可以採取綜合策略的。

二、麥爾斯及史諾的觀點

經過許多實地觀察研究，麥爾斯及史諾認為企業策略應當著重市場的變化，他們也發展出四種企業策略：

(一)防禦型策略

通常採用這種類型策略的企業擁有少量的產品或是服務,而他們會重視效率及流程改進,製造高品質產品給特定顧客,他們重視保護自己的產品及預防新競爭者加入。採用防禦型策略者很少對組織進行改造,也不喜歡冒險,通常處在日漸萎縮或是穩定的環境中這個策略容易成功。例如台灣的運動器材製造廠家就是一個應當採用防禦型策略的例子,基本上這個產業的變動不大,產品市場相對穩定,他們重視的是品質改善及有效率,就產業的整體特性來說採用防禦型策略應當容易成功。

(二)前瞻型策略

這種類型策略適合用在競爭激烈的企業當中,他們需要不斷追求創新以及要去開拓新的市場機會,前瞻型策略者著重產品創新或是服務,及具備冒險精神,對於競爭者要能隨時做出反應,保持彈性以便能夠拓展企業經營市場的占有率。一些高科技公司,例如蘋果、宏達電或是新力等都屬於這類型企業,因此若他們採用前瞻型策略應當較容易獲致成功。

(三)分析型策略

這種類型策略適合讓企業用來分析評估競爭者為何能夠成功的原因,接著思考如何能夠將這些因素複製到本身企業上,甚至做些改進,然後將產品或是服務改良後參與競爭。採用分析型策略者通常想要固守本業,但是為了要能生存通常會做出一些創新或是提升效率。這種企業策略通常介於防禦型及前瞻型之間,例如美國寶僑公司(Procter & Gamble, P & G)在1879年就已經推出全球知名的象牙(IVORY),可以浮在水面上及標榜純度 $99\frac{44}{100}$%,到今天還在生產,同時他們也極力保持其他原有產品的銷售市場,例如幫寶適(Pampers)紙尿布、海倫仙度絲洗髮精(head & shoulders shampoo)、

汰漬（Tide）洗衣粉及佳潔士（Crest）牙膏；寶僑公司也積極開發在原有產品中加入新的特色，例如會讓牙齒更潔白新款佳潔士3D潔白牙膏，以及除了止癢也能讓秀髮更美麗的海倫仙度絲洗髮精等。

(四)反應型

採取反應型策略的企業基本上並沒有一個固定的策略，而是因應環境變化時抓住產生出的威脅與機會，適時的做出應有的反應策略。這種策略因為是由最高的企業管理者為了讓企業能夠繼續生存，而採取的權宜措施，因此談不上長遠計畫，也沒有什麼清晰的目標，只要能夠符合眼前的利益即可。雖然有時候採取反應型策略的企業也會獲致成功，但是很難持久。實際上這種企業很多，例如因為全球第一個生產傻瓜型膠捲相機成名的「柯達」（Kodak）公司，就因為沒有長遠的企業策略，在2005年4月柯達虧損1.42億美元，美國債信評等公司標準普爾（Standard & Poor's）將柯達信用評等一舉降至垃圾級，同時因為轉型數位市場太晚，且傳統底片市場快速萎縮，柯達公司的獲利亮起紅燈，而在2010年12月時已有七十四年歷史的柯達公司終於遭到從美國標準普爾500指數中剔除的命運。

三、麥可‧波特的觀點

相較於麥爾斯及史諾的著重市場反應，哈佛商學院的麥可‧波特教授則著重在顧客及競爭者的關係上，波特認為競爭策略主要是利用別人忽略的地方，以及充分發揮自己的優勢，他於1980年出版的《競爭策略》中認為基本上企業只有兩種類型的競爭策略──低成本（low cost）或是區隔化（differentiation），這兩種競爭策略再加上範疇大小，可以衍生成為四種不同的競爭策略（**圖7-2**），而一個公司在與本身相關的企業中是否會獲利或是虧損，往往與企業本身採用的競爭策略及執行力的好壞有關。

競爭優勢

低成本　　　區隔化

競爭範疇

範疇大　　成本領導　　區隔化

範疇小　　專精成本化　專精區隔化

圖7-2　麥可‧波特競爭策略圖

(一)成本領導

成本領導（cost leadership）的企業競爭策略主要是想藉由製造產品或是提供服務時需要的成本較其他同行為低，然而因為產業特性不同，所謂低成本優勢的著重方式也不盡相同，有些產業是靠經濟規模取勝，例如台灣自來水公司；有的是靠專利，例如製造威而鋼的輝瑞（Pfizer）藥廠；另外有的是靠特許經營，例如2002年5月以前的台灣菸酒公賣局。不論如何，追求低成本的製造廠商都必須要盡力找尋使用成本優勢的各種可能，而如果廠家能夠做到以及持續保有低成本優勢，對於其他同行自然能夠占有競爭優勢，同時也能提供優於其他同行的價格，獲取較大的利潤。單純的成本領導策略會相當重視一切能將成本壓低的方式，一個企業想要用成本領導作為企業的競爭優勢時，必須盡一切努力將成本減少到低於同行的標準，大多數採用成本領導的企業會將重點放在企業內部的生產作業流程上，他們強調生產力、資金報酬率等的生產細節，例如鴻海企業就十分重視成本管控，並且以高的生產率，接受大量訂單以低價的方式將產品賣給顧客（例如蘋果公司）。

(二)區隔化

採用區隔化策略的公司，基本上要能夠提供給同行更優異的產品及服務，也就是說某些方面必須要與同行有些區隔，要讓顧客感受到

企業的產品及服務具有一定的價值，值得讓顧客多花錢。由於區隔化策略是以能夠提供同行無法達到的高品質產品及服務，為防止同行的模仿跟進，常需要投入更多資金做研發創新，以便不斷保持在同業間的領先。單純採用區隔化策略的公司除了對產品及服務的品質相當重視外，由於售價高於同行，因此對於是否符合顧客的需求也絕不可忽視，尤其是當產業環境改變，或是有新科技引進時，更是要能做出即時反應，新加坡航空公司就是很好的例子，為了讓顧客對其印象深刻，全球第一次的巨無霸空中巴士A380的處女航，就是由新加坡航空公司在2007年10月26日由雪梨（Sydney）飛往新加坡。

(三)專精化

基本上採用專精化（focus）策略的公司會將與同行間的競爭鎖定在某一特定範疇內，這些特別選定的範疇通常與企業的核心專長相關，在針對特定範疇內發揮企業的核心專長，在產品及服務上就能夠收到超越同行的效果。如果企業選擇針對成本或是區隔化採取專精化的話可以衍生出兩種不同策略：

1. 專精成本化：專精成本化策略就是將成本優勢設定在某一些特定目標範疇內。
2. 專精區隔化：專精區隔化策略就是將區隔優勢設定在某一些特定目標範疇內。

兩種由成本或是區隔化衍生出的策略，由圖7-2中可以得知與成本或是區隔化策略比較起來，專精成本化及專精區隔化策略的應用範疇比較小，也就是說採用這兩種策略的企業會針對顧客做出區隔，會針對某一特定族群的特定需求提供合適的產品及服務，例如服飾業者可以採取專精成本化策略，對年輕族群推出低成本的服飾，滿足年輕人對價格挑剔的特性；而旅遊業者可以採取專精區隔化策略，針對銀髮族推出合適老年人的精緻旅遊，強調安全舒適及周全照顧，相對的在價格方面可以適度的提高。

第二節　企業策略形成要素

　　麥可‧波特認為競爭策略是企業在競爭環境中的自我定位，定位並不僅限於對產品本身或是市場行銷的瞭解，它是一種對整體企業的定位，包含所有企業的功能，像是產品、分銷、物流及服務等企業在整個競爭環境中可能遭遇的問題。企業究竟應當如何去發展策略呢？在發展策略之前有兩個問題先要釐清，第一個問題是「企業所處競爭環境的結構為何？」；第二個問題是「在這個競爭環境裡，企業本身的定位為何？」。

　　在任何企業當中都可以發現有表現很好的企業，他們的獲利豐富，但有的企業卻表現不佳，虧損連連，甚至有的企業在開始時營運良好，但是接下來卻轉盈為虧，這些都與企業的競爭策略執行良窳有關，而在制定企業的競爭策略之前，一定要先將上述兩個問題瞭解清楚。

一、企業分析

　　首先第一個問題是進行企業分析（industry analysis），不論企業生產何種產品或是提供何種服務，麥可‧波特認為五力分析模式（圖7-3）都可以用來對企業進行分析。

　　首先由中間的既有競爭者之競爭來看，其中包含市場定位競爭、價格競爭、產品改良、新產品引進及產能增加等都是，不同產業間同行競爭的方式也大不相同，有的產業的競爭方式十分溫和，而有的產業間的競爭十分激烈。其次來看新加入者之威脅，新進入者會讓產業的供給變多，而如果進入門檻低，或是產業技術層次不高的話，很容易有新進入者加入，而造成對既有產業的威脅，所以要防止新加入者之威脅，一個關鍵因素就是將進入門檻提高。接著討論替代品之威脅，所謂替代品就是有不同的產品或服務，但是可以提供與企業本身

	新加入者之威脅

供應商議價能力　　既有競爭者之競爭　　消費者議價能力

替代品之威脅

圖7-3　麥可‧波特五力分析圖

資料來源：麥可‧波特五力分析競爭模式。

的產品或服務相同或類似的功能，例如台灣本島內的航空業很容易被高速鐵路取代，通常某一企業出現類似替代品時，企業產品或服務的價格就會受到限制，因為只要企業將價格提高，很快地他的顧客就會立刻被替代品給吸引過去。再來就是供應商議價能力，企業要從供應商那裡取得原物料、機器，甚至於需要勞動力時都要從供應商那裡取得，如果供應商的議價能力高，他可以控制原物料、機器的供應數量，提高售價，剝削企業獲利。最後要討論的是消費者議價能力，企業的產品或服務最後要銷售給消費者，如果消費者具備議價能力，而且又對價格敏感，他們很可能會要求企業必須對於產品或服務的品質提升，而不願意付出更高的價錢，這也會相對壓縮企業的獲利。

　　麥可‧波特表示，任何企業長遠獲利的基礎都要經由上述五力的匯集，而五力的匯集又與企業特性不同而有不同的效果，但是如果企業想要保持長久獲利，五力匯集的力量是重要因素。然而如何決定五力個別力量的大小呢？按照麥可‧波特的說法，實際上每一競爭力量都有其結構因素，例如對於既有競爭者之競爭這項因素來說，同行數量多少、企業成長率大小、轉換成本高低、與同行間產品差異大小、退出障礙高低，以及與品牌忠實度高低等因素，都可以用來做企業分析時的重要參考資料。其餘四個力量的結構要素如**圖7-4**所示。

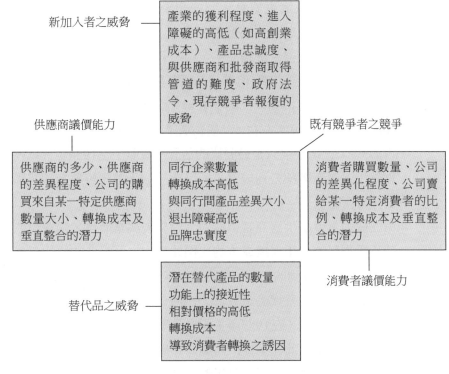

新加入者之威脅 ── 產業的獲利程度、進入障礙的高低（如高創業成本）、產品忠誠度、與供應商和批發商取得管道的難度、政府法令、現存競爭者報復的威脅

供應商議價能力

供應商的多少、供應商的差異程度、公司的購買來自某一特定供應商數量大小、轉換成本及垂直整合的潛力

既有競爭者之競爭

同行企業數量
轉換成本高低
與同行間產品差異大小
退出障礙高低
品牌忠實度

消費者購買數量、公司的差異化程度、公司賣給某一特定消費者的比例、轉換成本及垂直整合的潛力

消費者議價能力

替代品之威脅 ── 潛在替代產品的數量
功能上的接近性
相對價格的高低
轉換成本
導致消費者轉換之誘因

圖7-4　麥可‧波特個別力量的結構要素

(一)美國製藥業之五力分析

　　為了讓讀者更瞭解五力分析在幫助企業做策略分析時的作用，麥可‧波特特別舉了兩個例子來說明，首先是對美國製藥業做分析，美國製藥業在全球擁有800億美元的市場，平均稅後股東權益報酬率（Return On Equity, ROE）為20%，就任何經濟體來說這都是一個獲利豐厚的行業，為何美國製藥業會成為一個獲利如此豐厚的行業呢？用五力分析最能夠回答這個問題：

1.首先從消費者議價能力來看，對於藥品的消費者可分三類，病人、醫生及保險公司，而這三類消費者都不會對藥品價格的高低有強勢主觀意見，也就是說他們對於藥品價格不敏感，因此大都接受藥品的報價。

2.接著來看新加入者之威脅,到底想要進入到製藥業有多困難呢?首先如果新藥品要被醫生接受,至少要聘用上千個銷售員到各個醫院去跟醫生解釋說明,這將耗費巨大成本;其次研發一個新藥品平均要花費1億美元,而研發到問世時間也從1960年代的八年增加到1990年代的十五年,而製藥業的研發費用約占產品銷售所得的10%左右(一般製造業的研發費用占產品銷售所得的3%),這些都只是最簡單的估計。實際上從1950年代以後就幾乎沒有新製藥公司成立,所以要想加入美國製藥業的門檻是非常高的。

3.第三個力量就是供應商議價能力,對於製藥業而言,購買製造藥品原物料的費用占總成本的比例非常小,而很多的原物料都是市面上可以買到的商品,供應商根本沒有什麼議價能力。

4.第四個力量就是替代品之威脅,任何一個新藥品的問世都會受到專利法之保護,在1983年美國食品藥物管理局(FDA)訂立了罕用藥法案,此法案提供大量研究成本的稅務抵減及賦予任何上市的罕用藥公司享有七年的市場獨占權,而往往在專利權過期後,出於對品牌忠誠的緣故,其他品牌的類似功能藥品也很難在價格上與原有品牌競爭,因此就製藥業而言替代品之威脅並不大。

5.第五個力量就是既有競爭者之競爭,製藥業之間是如何競爭呢?基本上製藥業之間的競爭十分溫和,原因很簡單,由於消費者本身對於價格不具敏感性,因此製藥業之間不需在價格上競爭,他們要做的是將品牌聲譽及產品服務做好,讓消費者願意選用他們的產品就好,而這些作為都不會影響到製藥業的獲利。

討論完對製藥業的五力分析後,不難發現任何一個結構力量對於製藥業來說都是正數,因此麥可‧波特將製藥業歸類成為五星級產業,基本上只要營運方向正確,獲利就是必然。

(二)航空業之五力分析

另外一個例子就是航空業,同樣的我們用五力分析來分析航空業的策略,與製藥業比較起來,航空業有著截然不同的營運狀況,實際上從二次世界大戰以後,民用航空業才開始蓬勃發展,但是在那個時候不論是美國或是其他國家,對於航空業都有非常嚴格的規範,在這個時期政府對於航空業的管制可以說是五力以外的第六個力量,但是麥可‧波特認為應當將政府對於航空業的管制視作對其他五個力量的影響,而根據對每一個力量影響的大小及好壞,來評估政府管制對於航空業競爭策略的影響。

◆ 政府管制對於航空業的影響

1. 首先由於航空業受到嚴格的規範,無論是價格、航線或是加入營運航空公司的家數,都是由政府管制,航空公司之間不存在同行間之競爭。

2. 在政府的嚴格管制下,航線的價格是固定的,消費者無從選擇,換句話說消費者是沒有議價能力的。

3. 由於航空公司不能隨意增加航線,而新航空公司也不被允許成立,所以也沒有新加入者的威脅。

4. 航空公司是飛機供應商的最佳顧客,為了要銷售飛機給航空公司,波音及空中巴士無不極力拉攏航空公司購買飛機,因此供應商的議價能力有限。

5. 最後由於航空器具備速度快,短時間內可以抵達全球任何角落的特性,因此對於時間敏感的消費者而言,航空器具有無法取代的特性。

◆ 政府解除管制對航空業的影響

在政府管制的年代,航空公司是獲利豐厚的。然而好景不長,在1978年美國國會通過航空公司解除管制法,結束政府對航空公司航線與價格的經濟掌控,導致航空業的基本結構發生重大變化:

1. 對於新航空公司的申請成立門檻降低,而由於新加入的航空公司數量相當多,對於原有航空公司造成威脅。

2. 其次消費者對於價格相當敏感,而且缺乏忠誠度,只要航空公司的票價夠低,時間對於消費者夠方便,消費者很快就會轉換。

3. 由於航空公司數量快速增加,彼此間的競爭變得激烈,為了爭取顧客,航空公司使出各種手段,票價降低是最直接的方式,然而由於航空公司固定成本龐大,票價降低導致獲利逐漸減少。

4. 雖然剩下的兩個力量——供應商議價能力及替代品之威脅對於航空公司並沒有造成太大的影響,但是整體而言,在政府結束對航空公司的管制以後,航空業的結構發生了重大變化,而整體情勢對於航空公司來說並非有利,這點可以從通過航空公司解除管制法之後,美國多數航空公司獲利下降就可以獲得證明。

企業本身也會改變,而通常造成改變的原因有下列兩個:

第一,環境因素造成改變,例如新技術問世,可能將整個產業結構改變。

第二,企業本身如果夠強大,它也可以改變整個企業結構。

如何來分析企業結構改變呢?我們可以運用五力分析來說明,如果一個企業在競爭環境中發展,很可能會對五力當中的個別力量結構發生改變,關於此點麥可‧波特還是回到製藥業的例子,在之前由五力分析的結果得知,製藥業是一個企業獲利的「金礦」,只要好好經營它的獲利是非常豐厚的,但是近年來製藥業遭受到三個因素的衝擊,而使得它的獲利也無法維持像以往一樣。

1. 首先從消費者議價能力談起,之前提過消費者對於藥品價格並不敏感,但是由於受到政府及保險公司的要求要將藥價降低,因此製藥業也不得不開始做成本控制,這是因為在1980年代之前藥品價格上漲的幅度幾乎是消費者物價指數的2倍,賺錢速度

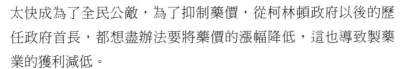

太快成為了全民公敵，為了抑制藥價，從柯林頓政府以後的歷任政府首長，都想盡辦法要將藥價的漲幅降低，這也導致製藥業的獲利減低。

2.由於要做到成本管制，導致了第二個對製藥業產生改變的重要因素，也就是產生了所謂的通用藥物（genetic drugs），這種藥品不標示製藥廠商的名字，但是標示出的藥品成分與原來由知名藥廠生產的藥品一樣，療效也相同，出現通用藥物的原因是因為只要藥廠的專利權過期，理論上所有的藥廠都可以進行仿製生產，由於生產成本較低，政府及保險部門轉而要求採用通用藥物，不用相同知名廠商的藥物。

3.第三個導致製藥業產生改變的重要因素是生物科技（biotechnology）的進步，生物科技應用在製藥研究上是一種全新方式，利用生物科技除了降低製藥研究成本外，同時也將進入製藥業的門檻降低，成立於1976年的基因泰克生物科技公司（Genentech Inc.）就是在這種情形下於2009年加入羅氏集團（Roche Group）進入製藥業的例子。

價格管制、通用藥物出現以及生物科技運用這三個重要因素，對製藥業的生態結構造成很大的衝擊，而由於獲利的不斷下降，最後終於迫使製藥業不得不做出改變。

然而，對不同的企業來說，改變也可能帶來不同的結果，例如之前討論過競爭激烈獲利微薄的航空業，同樣的也發生了三個結構性的改變，但是卻讓航空業能夠逐漸走向正途。

第一，就是軸輻式系統的出現，這個系統可以讓航空公司在同一時段，同一個機場有效率的處理大批乘客，提高航空公司的營運效率，這種營運效率的優勢導致航空公司將競爭市場由各別航線轉到軸輻航線營運中心，由於不同航空公司會選擇在不同城市機場建立自己的軸輻航線營運中心，在當地擁有競爭優勢，因此無形中將進入航空業的門檻提高了，因為一旦航空公司建立了自己的軸輻航線營運中

心，其他航空公司就很難加入競爭。

第二，就是先進的管理資訊系統出現，航空公司每天要處理的事務成千上萬，而現代的電腦資訊系統完全能夠幫助航空公司來做自動化的處理，問題是想要擁有這套先進的管理資訊系統，航空公司要先投入大筆資金，這個相對的也提高了進入航空業的門檻。

第三，就是常客飛行計畫（Frequent Flyer Program, FFP）的推出，所謂FFP就是讓乘客在搭乘某航空公司飛機後將里程數累積，而累積到一定程度後可以免費搭乘該航空公司的飛機一次。航空公司為什麼要推出這個計畫呢？這是由於航空公司的產品——機上座椅，基本上是沒有太大分別的，而航空公司為了要爭取乘客，當然要推出一些優惠措施，這又導致進入航空業的門檻提高。

企業分析給我們的啟示：

由前面的例子可以得知企業分析是企業開始做策略規劃的第一步，換句話說企業首先要瞭解所處的環境，瞭解競爭對手的狀況；其次要瞭解在五力分析中的哪些力量是最值得關注的，這會因為產業特性不同而異，在找出哪個力量最重要後，企業在制定策略時就要對其特別注意；接著要對產業環境可能發生的變化持續關注，上述的製藥業及航空業就是很好的例子。

同樣的企業也有能力將產業環境改變，如果企業對整體影響力夠大，整個產業環境也會隨之改變，尤其是在某產業中擔任領導角色的企業，如果策略規劃是朝向讓產業更好的方向發展，可以發揮影響力讓產業結構變得更好。但是值得注意的是在企業競爭的過程中，可能無意間會讓產業結構變得更壞，這或許是策略規劃及執行時造成的偏差所導致。因此任何的策略在執行的過程中，都需要不斷地被檢驗，要瞭解策略在執行上對基本結構造成的衝擊為何。

二、企業在同業中之定位

在討論完第一個企業在發展策略的要素——企業分析後，接下

來要探討第二個要素，企業如何在自己的產業當中有較好的表現，通常一個有良好表現的企業，一定有一個可以持續運作的競爭優勢（competitive advantages）。簡單的說，企業要有優異的表現，在某些方面一定要表現得比競爭對手為優，而這項優勢很難被競爭對手模仿，或是想要模仿的話要付出很高的代價。而能夠持續保持優勢的原因有兩個，一個是天生好命，企業所擁有的優勢其他競爭對手根本無法模仿（這種狀況很少發生），另一個是企業本身不斷地在改進，而改進速度快過於競爭對手的模仿，這是大多數成功企業採行的方式，不斷地改進，不斷地創造競爭優勢，始終走在競爭對手的前方，例如近年來在資訊產業上始終保持領先地位的蘋果，不論在手機或是平板電腦上，只要有新產品推出就能夠為產業開闢一種新的風潮，也成為其他資訊業者不斷仿效的對象。

如果我們知道競爭優勢是讓企業能夠獲得優異表現的關鍵因素，那什麼是競爭優勢，而企業要如何才能找到自己的競爭優勢呢？麥可·波特認為基本上企業有兩種競爭優勢可以選擇：

1. 成本優勢：企業選擇成本優勢表示在原物料、生產、製造、行銷方面都要將成本控制到比競爭對手低，由於成本低因此可以在售價上獲得優勢，使得獲利優於競爭對手。
2. 差異化：選擇差異化優勢的企業能夠提供獨特功能產品，而這些功能正好滿足某些顧客的需求，因為產品特殊所以顧客願意付高價格來購買，高價格給企業帶來一定的利潤可以讓企業持續經營。

接下來的問題是企業如何利用本身的優勢，來決定採用成本優勢或是差異化策略呢？

在選擇上述兩種策略之前，要先瞭解企業專注的範疇為何，換句話說，企業想要在較廣的範疇競爭，還是想要在較窄的範疇競爭。例如通用汽車公司想要在較廣的範疇競爭，他們的車輛產品種類很多，提供給不同地域的顧客群；又例如宏達電推出的機海戰術，無論哪一

個族群都可以從宏達電的手機產品當中選擇自己喜愛的產品。然而有些公司知道在競爭優勢上自己無法提供多樣產品給不同的顧客，因此他們專精在某種市場，生產某種產品給特定顧客，他們選擇的是較窄範疇的競爭策略，例如德國的保時捷（Porsche）汽車就是以品牌導向，價格動輒以千萬計，因此專門鎖定給高消費族群。

將競爭優勢（成本、差異化）加上範疇（廣、窄）就構成**圖7-2**中四種麥可‧波特認為一般企業可以用來選擇的企業競爭策略，只要經過仔細分析，不論選擇哪一種，企業都可以在自己的產業當中占有一席之地。麥可‧波特認為最糟糕的就是不知道如何選擇適合自己競爭優勢的企業，在品質上無法創造差異性，在市場上也無法確知該如何定位，這種企業就是所謂的泛泛企業，而一般來說他們的獲利應當低於同產業的平均表現。

(一)成本領導—大範疇的案例

任何想要採用成本領導的企業，在開始時要有一個好的產品，產品的品質及功能要能夠符合顧客的基本需求，以低成本為訴求的企業，不會講求產品外型的亮麗，不做誇大的廣告，基本上他們只是要生產品質好又實用的產品，他們追求的優勢是要與其他競爭對手在成本上保持一段差距，並且在整個製造產品的流程當中盡可能將成本壓低。

當企業決定採用成本領導策略時，一方面將成本嚴格管控，另一方面將產品價格儘量定在同產業的平均價格附近，如此一來可以獲得更大利潤。對成本領導者而言有一個重要的公式就是價格與成本的關係，換句話說就是產品的價格及成本與競爭對手的比較，一般企業的獲利是計算價格與成本之間的差異，差異大則獲利高。成本領導的企業在價格方面可以稍低於競爭對手的價格，但是由於有低成本的優勢，因此仍然可以賺取豐富的利潤。

麥可‧波特舉出兩個以成本領導獲利的企業，第一個例子是製造肥皂的寶僑公司（P＆G），在美國肥皂市場產值高達16億美元，然而

每當人們在使用肥皂時很容易想起象牙（IVORY）肥皂。寶僑公司成立於1837年，在1879年時推出象牙肥皂，在當時有超過300家肥皂製造公司，大多數肥皂製造公司只生產粗糙的肥皂，也有一些生產精緻高貴的肥皂，在進入市場時象牙肥皂採用的是差異化策略，推出的產品強調純淨、溫和，不添加任何像其他廠牌用的刺激性強的物質（例如鹼），加上能夠浮在水面的特性（當時許多人喜歡在河邊洗澡，一般肥皂會下沉），象牙肥皂創造出一些新的特徵及策略，它採用純白的顏色（一般肥皂為褐色），同時推出在當時幾乎是首創的強力品牌廣告行銷，在廣告文宣當中，為了突顯象牙肥皂的純度，寶僑公司創辦人威廉·寶特（William Procter）的兒子哈利·寶特（Harley Procter）打出象牙肥皂具有 $99\frac{44}{100}$ %的純度（當時對於肥皂的純度並沒有任何標準），在當時成為家喻戶曉的口號，獲得極大的迴響，進而成為象牙肥皂的代名詞。除此之外，他還用化學家及醫生來做背書，強調象牙肥皂的純度確實夠高；接著在廣告當中，採用嬰兒作為主軸，強調即使皮膚嬌嫩如連嬰兒都可以安心使用。在這些強力廣告行銷下，從1940-1950年代象牙肥皂採用的差異化策略在美國獲得極大的成功，售價較一般品牌高，而且成為領導肥皂市場的主流產品。

然而好景不常，在1950-1960年代肥皂產業發生了一些變化，對於傳統的肥皂產業造成衝擊，首先是漢高消費者產品公司（Henkel Consumer Goods Inc.）於1948年生產能夠消除異味的戴爾（Dial）肥皂，強調能夠殺死80%附著在皮膚上的細菌；接著在1955年引進美國的多芬（Dove）肥皂，更是具備多種用途，不單標榜具備美容療效，同時也兼具能夠洗髮、洗臉及洗澡的功能，甚至敏感性皮膚都能使用，多芬肥皂也被稱為美容皂，由於上述兩種具備特殊效果的肥皂加入市場，引起很多廠商紛紛加入。

當然由於戴爾及多芬肥皂的加入市場，對於採用差異化策略的象牙肥皂造成極大挑戰，象牙肥皂並沒有戴爾及多芬肥皂所擁有的特性，這時製造象牙肥皂的寶僑公司面臨要做抉擇，如果要持續執行差

異化策略，象牙肥皂可以選擇加入與戴爾及多芬肥皂一樣的特性。但是經過評估分析，寶僑公司決定變更策略，由原來的差異化策略改變成低成本策略，象牙肥皂保持原有高品質及純潔能夠浮在水面的特性，為了維持低成本，象牙肥皂的包裝簡單，印刷樸實，沒有亮麗的圖案及設計，甚至在包裝時象牙肥皂也首開將六塊包在一起的先例，象牙肥皂強調的是全家人都可以使用的肥皂，而可以用低價格一次購買六塊，從售價上更可以反映出象牙肥皂從差異化策略轉變成低成本策略。象牙肥皂將原來與其他知名品牌一樣的高售價降低成與一般肥皂類似的價格，另外在象牙肥皂的廣告當中仍然強調簡單樸實，適合全家使用的高品質肥皂，但是卻打出低價的訴求。

象牙肥皂能夠維持低成本是靠著下列因素：首先在製造過程中，因為要能夠浮在水面上，所以要多加入空氣，因此製造肥皂的材料就可以減少；其次，不添加除臭、美容效果的添加物，也讓生產成本減低；簡單包裝也可降低成本；同時由於象牙肥皂的歷史長久，大眾早已熟悉，因此可以節省廣告費用；最後由於象牙肥皂品牌形象好，價格低廉，因此與其他同等級的肥皂比較起來，象牙肥皂的銷售量大得多，因此可以減低與零售商協商鋪貨的費用。將以上的項目加總起來，象牙肥皂當然可以維持低成本的策略，所以雖然將售價降低，一樣可以賺取相當的利潤。

象牙肥皂大範疇低成本策略帶來的啟示──相同的產品可以有不同的策略：

第一，由上述的探討中瞭解在肥皂產業裡，象牙肥皂、戴爾肥皂及多芬肥皂，採用完全不同的策略，象牙肥皂採取成本領導策略，而戴爾肥皂及多芬肥皂則採取了差異化策略，然而他們都獲得了不錯的績效。

第二，由象牙肥皂的例子我們瞭解策略必須具有長期的連續性及一貫性方能獲致成功，因為如果策略反覆，不但企業內部員工不知所措，市場或顧客也會不知道企業的產品為何。

第三，象牙肥皂的例子也告訴我們一個事實，就是企業的策略並

不是一成不變的，如果產業的結果或是競爭對手定位已經發生變化，亦即當顧客需求改變或是競爭對手對企業造成威脅時，企業就應當考慮改變策略。在象牙肥皂的案例當中，當戴爾肥皂及多芬肥皂出現對象牙肥皂造成威脅時，象牙肥皂就將原來的差異化策略改變成為低成本策略。

第四，值得注意的是，轉換策略是一件費時同時又具有風險的事情，寶僑公司在思考轉換象牙肥皂的策略時，就曾經做過許多研究分析，最後才做出決定。

(二)成本領導—小範疇的案例

那肯塔汽車旅館（La Quinta Inns）是眾多美國汽車連鎖旅館業者之一，於1968年在美國德州聖安東尼奧市（San Antonio）成立，到目前為止在美國二十九州有超過二百二十家連鎖旅館，那肯塔汽車旅館主要鎖定的顧客群是對成本敏感的商務旅客，在1970及80年代那肯塔的表現無與倫比，接下來在1985年遭受到德州的能源衰退，以及過多汽車旅館興建問題的衝擊，使得那肯塔的表現顯得平庸。然而短期的獲利並不足以表示衡量公司的策略是否正確，就以那肯塔的例子來說，從策略角度來看，那肯塔擁有相當的優勢，顧客對他們滿意，競爭者無法與他們競爭，而消費者評鑑也將那肯塔列為汽車旅館業的模範生。那肯塔的策略是什麼呢？與其他旅館業者想要提供不同設施企圖要滿足各種顧客的需求比較起來，那肯塔採用典型的專精成本策略，鎖定商務旅客族群，尤其是那些業務員及銷售人員，全心全意來滿足他們的需求，這些人通常都會經常性的來到某一些地方，根據統計那些業務人員平均一年有十七個晚上會待在那肯塔。

首先，那肯塔的策略是選擇地點，大多數那肯塔都會選擇鄰近高速公路的交流道旁，明顯易見及容易進出，另外那肯塔也會選擇在工業園區及機場旁，商務人士常常會出沒的地方；同時那肯塔本身不經營餐廳，但是在旁邊都會有二十四小時營業的餐廳可供享用；那肯塔汽車旅館提供大坪數的客房（約有300平方呎），比希爾頓飯店還大；

更有甚者，那肯塔的客房都是用鋼筋水泥建造，能夠提供良好的隔音，讓疲倦的商務旅客能夠放鬆休息及安心工作；而旅館也提供客人二十四小時的訊息服務，這一切的好處在1980-1990年代只要40美元一晚，價格遠低於其他同行的汽車旅館。

那肯塔的服務及住宿條件絕對不比同行差，甚至是更好，但是卻能夠收取較低的價格，在成本管控上，那肯塔是如何做到的呢？首先，那肯塔會從顧客角度出發，避免提供顧客不需要的服務，例如沒有客房服務，沒有餐廳，這表示那肯塔的營運成本可以降低，同時平均每間客房投資成本也跟著下降；同時那肯塔本身從最高階層做起就是要將成本降低，進入那肯塔的大廳沒有炫耀的裝飾，建築及採購成本都儘量降低。另外，最有趣的是那肯塔連鎖旅館的管理都是由夫婦一起經營，夫妻不單是一起管理公司所有事務，同時他們也住在由那肯塔旅館提供的房間裡，由夫妻一起管理的那肯塔連鎖旅館可以將總管理成本降低，同時他們對公司的忠誠度高，常常一做就是五年十年，也將因為離職需要找尋替換人員的成本降低；而夫妻在管理旅館之前會接受十二週的訓練，包括所有管理及維修等事務，而當問題發生時，可以由他們自行解決，這樣也可達成節省成本的目的。將以上所述的不同措施加總起來，就讓那肯塔汽車旅館名副其實的成為低成本，但是卻能夠維持高品質的汽車旅館。

那肯塔汽車旅館小範疇低成本策略帶來的啟示——如同之前對象牙肥皂策略所做的分析一樣，相同的汽車旅館業可以有不同的策略：

第一，由上述的探討中瞭解那肯塔汽車旅館小範疇低成本策略，鎖定商務旅客中的某一小部分特定對象，例如業務員及銷售人員，甚至不包括老闆級的商務人士。

第二，在成本控制方面，那肯塔汽車旅館本著以客為尊的方式，處處皆從顧客的角度出發，給他們需要的安靜、舒適、便利及便宜；刪除一切不需要的服務，例如不設酒吧、沒有餐廳及客房服務等。另外為了維持低成本，那肯塔汽車旅館在成本控管方面相當嚴格，山姆·巴夏普（Sam Barshop）說到：「在成本控制方面，其他公司是以元

作為計算單位時,我們是以分以角作為計算單位。」

第三,最重要的是那肯塔汽車旅館的員工,從上到下都非常瞭解公司的策略,同時也都能夠忠誠的站在自己的崗位上默默付出,終於讓那肯塔在汽車旅館業獲得了相當優異的績效。

第四,如同象牙肥皂的例子一樣,我們瞭解策略必須具有長期的連續性及一貫性方能獲致成功,那肯塔汽車旅館的例子再度印證上述事實,就是企業的策略要能夠執行成功,必須要長期持續的去執行,但是在執行的過程當中,當顧客需求改變時,企業就應當立即做出應變。誠如那肯塔汽車旅館創辦人山姆・巴夏普所言:「我們必須要瞭解顧客、聆聽顧客、接近顧客,因為顧客才是真正的老闆,瞭解顧客的需求以及儘量讓顧客獲得滿足。」

第五,為了維持高品質的服務,在那肯塔汽車旅館一切都以樸實達到顧客需求為原則,山姆・巴夏普也深信簡樸哲學,他認為:「提供愈多的服務,犯錯機會就愈多。」將以上的作為加總起來,不難發現企業的成功絕非偶然,即使是鎖定在小範疇的低成本策略的執行。

(三)差異化—大範疇策略

差異化策略的本質為何,以及與成本領導策略有何不同。在開始時差異化策略要先確定一些消費者認為有價值的特定需求,而針對這些需求採取差異化策略的企業不但要盡力去達成,而且要做得比競爭對手更好,通常這可能需要額外多花一些成本。對於採取差異化策略的企業來說,他們對於產品的訴求往往是要在市場上獲得較高的價格,但是天下沒有白吃的午餐,消費者會願意付出更高的價格,當然是產品的品質或是具備某些其他產品沒有的特性,為了要具有高品質或是其他產品沒有的特性,採取差異化策略的企業自然要多付出成本。

在探討成本領導策略時,曾經提過採用成本領導策略的企業,要將成本嚴格管控,及將產品價格儘量定在同產業的平均價格附近,如此一來可以獲得更大利潤。而決定採用成本領導策略的企業,由於為

了要讓產品有高品質及獨特的功能，必須要付出比競爭對手更高的成本，但是由於顧客願意付較高的價格，因此雖然成本較高，但是在提高售價後仍然可以獲得大的利潤。然而雖然消費者願意付出較高的價格，但是仍然有其限度，因此對採取差異化策略的企業來說，價格與成本的關係仍然要取得平衡，換句話說就是對於支付在產品品質及特殊功能上的成本，必須與高售價維持一定的差距，如此才可以確保能夠賺取豐富的利潤。

另外一個對於採取差異化策略企業的重要觀念就是要能夠與消費者保持良好溝通，也就是說要讓消費者知道企業的產品的價值究竟好在哪裡。同樣地，麥可‧波特舉出兩個採取差異化策略獲利的企業，第一個是大範疇差異化策略，以美國航空為例，在1978年當美國國會通過航空公司解除管制法之後，許多新航空公司加入競爭，由於競爭激烈獲利降低，航空業幾乎被外界視為殺戮戰場，在1990年代時很多人擔心美國航空是否會因此而遭受到淘汰，但是事實證明美國航空不但沒有宣告破產，相反的卻更加興盛，美國航空是如何做到的呢？

原來當航空公司解除管制法之後，由於競爭激烈，為了求生存，不論新、舊航空公司幾乎都以降低營運成本為首要目標，但是美國航空卻選擇不同的策略，她想成為一個可以為顧客提供更佳服務品質的航空公司，要讓顧客感受到與其他航空公司不一樣的價值。由於受到大環境改變的影響，美國航空也必須在成本上儘量節省，但是在經過仔細的安排運作下，美國航空做到節省成本，但是又不妨礙提供更佳服務給顧客的差異化策略。

先是在1979年美國航空大舉拓展國內、外航線，到了1980年代中期，在航空業裡美國航空已經明確顯示出與其他航空公司不同的大範疇差異化策略。然而想要採取差異化策略是一回事，實際要落實在營運執行上又是另外一回事；由於航空公司營運有太多層面要兼顧，想要面面俱到幾乎不可能，為了落實大範疇差異化策略，美國航空選擇了以下幾個領域加強與其他航空公司做區隔：

第一是機上服務，美國航空相信對於旅客的滿意度而言，這是

一項最重要的因素，因此要求要提供給旅客最溫馨、最舒適的機上服務。

其次是精準的離到場時間，在1980年代美國航空一直是全美國七大航空公司中準時率最高的，美國航空甚至被稱為「準時機器」（the on-time machine）。

另外一個問題就是超額售票（over booking），由於旅客會有訂票後不搭機（no show）的可能，因此航空公司為了提高乘載率，往往會讓購票旅客超過機上可提供座位數，而如果旅客都按時前往搭機的話，就會造成雖然訂了票卻搭不上飛機的後果，對於旅客的行程安排造成極大困擾。為了減少旅客的不便，在80年代及90年代，美國航空一直保持最少旅客因為超額售票導致搭不上飛機的航空公司。

美國航空還有另一項重要的資源，就是旅行社，在當時旅行社對於航空公司來說是一個不可或缺的夥伴，美國航空有超過80%的營收是靠旅行社創造，很多航空公司將旅行社的銷售管道視做為生意上的必要之惡，但是採取差異化策略的美國航空卻有不一樣的看法。從1950年代開始，美國航空就一直為管理訂位系統所苦惱，而在1981年時，美國航空發現幾乎所有的旅行社的從業人員在為顧客選擇航空公司時，在螢幕上第一行出現的航空公司有超過92%的機會會被挑選，這給了美國航空一個很大的啟示，就是要盡一切手段讓美國航空成為螢幕上最先出現的航空公司。實際上美國航空與IBM在1960年代就開始合作開發電腦訂位系統，在1964年正式為美國航空採用並稱之為賽博（Sabre）系統，由於美國航空率先採用電腦訂位系統，她將與其有往來的旅行社全部裝上與美國航空連線的電腦終端機，到1985年，在美國已經有超過一萬家旅行社採用賽博系統。透過賽博系統可以讓旅行社直接銷售美國航空機票及開票，由於美國航空很早就採用賽博系統，因此與旅行社的銷售管道關係良好，同時也贏得更大的利潤。

誠如在之前曾提到過的，製造出比競爭對手更好的產品或服務只是差異化策略的必要條件，成功的差異化策略執行者必須要能夠將產品或服務的優異處，透過溝通傳達給潛在的顧客，而傳達的訊息必須

要清晰而且有公信力。美國航空就透過一系列的活動傳遞訊息，首先是利用電視及報紙廣告，而主要對象先鎖定搭乘美國航空的常客，在1981年5月美國航空率先推出「A有利」（A advantage）旅遊酬賓計畫，只要旅客累積滿25,000里程，就可以獲得美國境內經濟艙免費機票一張，這個計畫為航空公司及旅客造成雙贏局面，美國航空提高了載客率，而旅客在搭乘若干次後也可以獲得免費搭乘的機會。

除了A有利計畫外，在1985年美國航空再推出「超優省錢票價」（ultimate super saver fares）旅遊計畫，讓票價的折扣高達七折，為了要將願意購買高額票價的旅客加以區隔，美國航空做了一些購票上的限制。由於美國航空成功的將全額票價及廉價票乘客區分開來，讓他們都願意來搭乘美國航空班機，實際上美國航空是利用營收管理的觀念提升旅客搭機率。

為了要確保服務品質優於競爭對手，美國航空發展出一系列「檢視」服務績效好壞的指標，從購票等待時間到到達目的地後行李拿到手的時間都要列入記錄。從1984年開始，美國航空開始對旅客機上服務列出二十一項注意事項，並且有280名專職人員隨時對服務品質做追蹤檢查。

另外一項落實差異化策略的做法就是，美國航空重視招聘及訓練新進人員，他們要求員工要有正確的認知及態度，並且與員工培養出互相尊重及信任，當其他航空公司在大談要如何降低薪資時，美國航空卻推出兩種不同薪資結構，新進人員按照市場當前狀況付給薪資，而藉由擴大招聘員工，間接也做到將薪資成本降低。

除了上述事項之外，在落實差異化策略上美國航空還有一項關鍵因素，就是技術，例如之前提過的賽博系統，在1980年代美國航空總計投資超過4億美元開發這套全美國最先進的航空公司管理訂位系統，而也就是藉著這套系統成功的將訂位、售票、旅客服務追蹤等訊息完全串聯起來，因此才得以讓美國航空在1980及1990年代能夠成功的執行大範疇差異化策略。

美國航空大範疇差異化策略帶來的啟示：

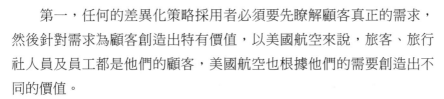

第一，任何的差異化策略採用者必須要先瞭解顧客真正的需求，然後針對需求為顧客創造出特有價值，以美國航空來說，旅客、旅行社人員及員工都是他們的顧客，美國航空也根據他們的需要創造出不同的價值。

第二，除了創造出特有價值外，還要透過各種管道讓顧客瞭解及感受到確實有特殊價值存在，例如對搭機旅客，美國航空就確實做到班機離到場準時及親切熱誠的機上服務。

第三，要不斷透過溝通讓外界知道企業創造的價值，以美國航空為例，當時的總裁羅伯特‧克蘭道爾就不斷地遊說交通部要將各航空公司的營運績效指標公布，例如離到場準時率、載客率、顧客滿意度、飛安狀況等資料公布給消費大眾。因為羅伯特‧克蘭道爾知道如果單從票價很難反映出航空公司實際營運的好壞，而如果消費大眾瞭解實際的營運狀況後，就可以做出更為理性的選擇。

第四，差異化策略採用者必須知道天下沒有白吃的午餐，因此要有多付出成本的心理準備；以美國航空為例，他們知道差異化策略會多付出成本，但是過高的成本將影響公司營運，因此必須將旅客需求確實瞭解並且集中在旅客最關切的部分來執行差異化，例如美國航空投入大筆資金來做賽博系統，但是這套管理系統卻又為公司在提供其他服務方面節省了許多成本，甚至為公司帶來利潤。

第五，差異化策略採用者更知道節省成本的重要，羅伯特‧克蘭道爾就曾經說到如何將飛機重量減輕的做法，他將以前在飛機上所攜帶的物品一一檢討，凡是對於旅客服務沒有助益的都加以刪除。同時美國航空也是唯一傳統美國航空公司當中在機身上不用任何塗料的公司，這些將飛機減重的做法都是為了節省飛機燃油消耗，達到降低成本的目的。另外美國航空率先採用軸輻式網絡系統，也為公司節省下許多成本。

第六，就是在成本及差異化之間必須有一個平衡點，在這個例子當中美國航空就十分瞭解拿捏的分寸，他們知道如果只會減低成本，很難不影響到服務品質，因此凡是牽涉到減低成本等問題，一定會透

過大量溝通來達成，羅伯特‧克蘭道爾表示他大約要花三分之一的時間來和大家溝通；同時美國航空也知道要成為一個差異化策略執行者，一定會成為同業的模仿對象，因此絕對不能靜止不動，要隨時保持創新，讓想要模仿者因為要付出高昂的代價，最後知難而退。

誠如之前所言，每當某一企業在同行之間有傑出表現時，其他同行會很快的模仿跟進，就拿在1980年代被稱為「準時機器」的美國航空來說，近年來已經風光不在，根據飛行統計準時履行服務（FlightStats On-time Performance Service）網站的全球航空公司準時率（表定離到場十五分鐘以內），公布2010年蒐集統計資料全球到場準時率最高的是阿拉斯加航空，準時率87.36%；離場準時率最高的是日本航空（JAL），準時率89.90%。另外富比士網站（Forbes.com）公布的全球前十大準時率航空公司（World's 10 Most On-Time Airlines）當中，第一名也是日本航空（JAL），準時率高達90.95%。而在這兩份統計資料當中美國航空居然連前十名離到場準時率的名單都沒有進入，充分顯示出在1980年代曾經是模範生的美國航空已經完全喪失在這方面的優勢，此舉也更突顯出競爭者模仿能力之強，凡選擇差異化策略的企業一定要隨時保持警惕。

(四)差異化─小範疇策略

麥可‧波特舉出的例子是電腦設計師西莫‧克雷（Seymour Cray）於1972年創立的克雷研究公司（Cray Research Inc.），總部位於美國西雅圖，是一家專注於超級電腦研發、製造、銷售、服務的資訊技術商，在1980年代，當時著名的IBM及許多電腦製造商都將電腦產品的生產，從小型到大型電腦無所不包，唯獨克雷研究公司只專精於生產運算速度最快的電腦，用麥可‧波特的理論就是採取小範疇差異化策略，專精生產運算速度最快的超級電腦，當時的行銷執行副總裁馬賽樂‧古摩西歐（Marcelo A. Gumucio）就曾說到：「全世界每一名工程師都希望擁有一台克雷電腦，因為運用二維運算的結果不夠精確，他們需要用三維運算獲得正確結果，而克雷電腦就是擁有這種強

大運算能力的超級電腦。」

有趣的是，想要賣出一台克雷電腦不是一件容易的事，因為它的單價很高（約1,500萬美元）。克雷研究公司只有85名行銷人員，他們不但素質高而且訓練有素，能與高科技的工程人員談任何有關產品的問題；除了高素質的行銷人員外，克雷研究公司還有兩個團隊人員，一批是世界級科學家團隊，他們可以設計未來克雷電腦的新功能；另外一批是標準（benchmarking）團隊，他們將客戶需要應用的程式放到克雷電腦上去執行，並告訴顧客執行的情形有多好。在以上三種人員合作下，才能將價格昂貴的克雷電腦銷售出去。

由於有以上從設計、製造、生產到現場都有專人負責的做法，顯示出克雷研究公司有極高的信用及可靠度。這些優勢都反映在昂貴的價格上，克雷電腦昂貴之處不在產品本身，而是貴在它的價值，在於它能夠為顧客創造極高的價值，因此與克雷電腦售價比較起來也就不算什麼了。

在討論了克雷研究公司重要的策略要素後，而如何來執行這些策略同時也需要有一些步驟來配合：

第一，就是研究發展經費的投入，每年克雷研究公司將15%的營收投入研發，這些經費全部用來研發超級電腦。

第二，由於要做這些先進的研發，克雷研究公司極需要吸取優秀的人才，在遴選人才方面克雷研究公司花了相當大的心思，例如要面試一位設計人員，執行面試的人可能包含行銷及管理專長的人，而不僅只是設計人員，克雷的目的是要找到真正能在跨領域工作的人。

第三，克雷採取的是扁平靈活的領導方式，與員工之間的關係非常融洽，在每一台生產的電腦都附有一本日誌，上面清楚載明每一名參與的員工姓名及負責工作的照片，這本日誌會隨著電腦一起送交到顧客手中作為永久保存，同時這也是克雷研究公司對產品負責及信譽的象徵。

第四，克雷與顧客的相處關係良好。馬賽樂·古摩西歐說到：「克雷非常重視與顧客的相處，客戶的工程師與克雷工程師互動，客

戶的總裁與克雷的總裁互動，客戶工廠的員工直接到克雷的生產線觀看，經過長時間的相互瞭解與交流，克雷與顧客發展出良好的關係。對於顧客來說，克雷沒有秘密，只要顧客對產品的進度有任何疑問，克雷會毫不保留的如實告知，甚至於對未來的發展方向都可以討論，讓顧客知道克雷的發展，同時也瞭解顧客的需求，這種方式對於雙方的長期合作非常好。」

第五，最後值得一提的就是，由於克雷策略的成功，他們也獲得意外的效果就是顧客推薦克雷。這個道理很簡單，就是當你購買一台如此昂貴的電腦時，你很可能也在意別人對你的看法，而由顧客口中說出克雷的好，也就成為克雷銷售策略的一部分，所謂眾口鑠金就是這個道理。

克雷研究公司小範疇差異化策略帶來的啟示：

第一，如同之前大範疇差異化策略一樣，克雷研究公司首先也要知道顧客需要的價值所在，並且為顧客在需要的部分創造價值，最後讓產品獲得高價。

第二，克雷充分做到產品的價值不在產品本身，而是包括製造出的產品以及產品被顧客使用的整體價值，這就是為什麼在產品銷售後，克雷還派員到現場實地與顧客一起操作的原因。

第三，如同其他差異化策略執行者一樣，克雷也透過各種方式企圖讓顧客知道產品的差異性在哪裡，例如克雷有標準人員為顧客執行應用運算，讓顧客瞭解克雷超級電腦對他們的實際幫助。同時也藉由顧客的口說出克雷超級電腦的好，進而推薦顧客。

第四，克雷研究公司也清楚瞭解他們的產品會成為其他電腦公司模仿的目標，如果要保持領先就必須不斷地創新，例如每年將15%的營收投入研發就是為了達成這個目標。

第五，克雷研究公司也顯示採取精確差異化策略的做法，必須是非常清楚的將顧客區隔，而全力的發展製造這個範疇顧客的需求，也因為克雷盡最大努力將產品在特殊需求上做到最佳化，因此其他不夠專精的電腦公司也就無法挑戰克雷在超級電腦上的成就。

第六，小範疇差異化策略者必須找到有此種需求的顧客，但是如果小範疇顧客的需求不能被滿足，或是在這小範疇的優勢被競爭者超越，亦或是有其他產品可以取代，那小範疇差異化策略者就會陷入危機。

第七，在策略執行過程中，由於外界環境的不斷改變，小範疇差異化策略者很容易受到干擾，而產生是否要改變或調整策略的疑惑。在1980年代雖然克雷電腦展現出優異的表現，但是隨著迷你超級電腦的推出，克雷研究公司也曾經陷入是否要改變策略的爭執當中，但是最後仍然選擇維持「專精」策略，這也讓克雷研究公司在1980年代成為美國獲利最豐厚的公司之一。

在1980年代克雷研究公司的小範疇（精確）差異化策略者展現出優異的表現，但是也由於他們的堅持，到了1980年代末期遭遇到了困難，首先是製造超級電腦的原物料（鎵及砷）價格高漲，導致克雷研究公司在研發生產克雷三號（Cray-3）上出現問題；其次就是迷你超級電腦的功能也愈來愈強，終於在1990年代為了讓公司能夠持續營運，克雷研究公司的小範疇（精確）差異化策略不得不做出調整，就是在生產超級電腦的同時也生產公司之前所排斥的迷你超級電腦。

克雷研究公司在策略上的轉變，顯示出沒有永久不變的策略，當企業在制定出策略後，必須時時加以檢討，在外界環境或是競爭對手改變時，企業就必須對制定的策略進行檢視，而後做出因應的做法，換句話說，沒有不變的策略，而唯一不變的策略就是變。

三、產業的定位問題

在探討完上述企業的不同競爭策略後，我們綜合得出下列企業在做產業定位及制定競爭策略時，應當注意的事項：

第一，不要忽略產業結構。一個成功的策略必須要能夠兼顧企業本身的定位及產業結構的狀況，例如在前述討論過的航空業結構，在1978年之前以及當美國國會通過航空公司解除管制法之後，整個航空業

結構就發生了重大改變，而產業的策略當然也要隨著做出調整。

第二，所有成功的策略執行者，與其他同產業的競爭對手都有著不同的策略：許多企業都會有一個迷思就是模仿成功企業的策略，認為如此做可以減少犯錯的機率，降低風險，但是充其量只能是一個平庸的追隨者。一個成功的策略執行者必須要有一套不同的策略，要有不同的作為，讓其他競爭對手難以模仿跟進。

第三，在以上的案例中明顯看出在制定策略時「選擇」的重要性，要知道企業的未來發展方向是什麼，在選擇策略的過程中往往會需要做出取捨，可能會擔負風險及刻意避開某些似乎應該可以做的事情，例如在克雷超級電腦的例子當中，當時的主席兼執行長約翰·洛瓦根（John Rollwagen）所說：「雖然很多顧客及銷售人員都告訴我們應當同時研發迷你超級電腦，但我們認為如此做可能會導致將原來的策略失焦，因此我們還是選擇專精發展超級電腦。」這就是選擇，以及承擔可能會喪失顧客的風險。

第四，當企業對自己的定位產生懷疑，或是當產業環境發生變化時，這時就是企業應當檢討產業策略的時候。例如象牙肥皂的例子，從最初採取差異化策略，到後來轉變成為成本領導策略，就是受到產業環境發生變化的影響。

第三節　競爭壓力下的策略抉擇

一、歐洲航空公司解除管制過程

從1978年美國落實航空公司解除管制法的同時，美國政府也致力於推動國際航空運輸市場的自由化，在1979年美國制定了國際航空運輸競爭法案（International Air Transportation Competition Act of 1979），其中明訂推動自由雙邊飛航服務協議（ASAs）的規範，而道根尼斯（2002）表示在1992年美國與荷蘭簽訂的第一個開放天空協議

更是一項重大的突破，在這個協議下雙方將兩國間飛航的運量及架次限制都完全取消。到了2008年11月5日，美國與全球六大洲的九十四個國家都簽訂了開放天空協議，達成美國想要落實開放天空的目的。

受到美國開放天空的影響，歐盟從1988-1997年開始也制定了三個航空運輸自由化的計畫，而在此之前歐洲飛航市場幾乎完全受到規範，而自由化的結果最終是將歐盟所有會員國建構成了一個單一的飛航區，不單如此歐盟更在1997年將境內營運權（cabotage rights）開放給所有的歐盟會員國。在2007年1月11日，全球有六十六個國家承認歐盟為單一的飛航區，並與歐盟簽訂飛航服務協議，允許歐盟所有會員國的航空公司能夠與其他簽約國相互營運。2007年4月美國與歐盟也正式簽署了開放飛航協議（Open Aviation Agreement, OAA），並且在2008年3月30日正式生效，其他國家也都群起效尤，國際航空運輸也掀起一股要邁向更自由的風潮，如果運用得當，或許一直為國際航空業詬病的國籍擁有者限制也將加以解除。

然而過度的開放卻也導致航空運輸業的進入門檻發生了變化，在某些狀況下甚至讓航空市場原來有的規則產生紊亂。不幸的是航空管制解禁及自由化的發展太過普及，對於許多營運多年的航空公司想要抱持以往的營運模式生存下去已十分艱難，因此要在營運策略上做出調整，通常可以朝兩個方向去思考：第一，讓沉浸在以前一切有規範的企業主管瞭解發展在管制解禁後生存策略的重要性；第二，努力研究如何制定出在變動環境中符合自己的營運策略。

由於美國率先在1978年就做出航空公司解除管制法，而在當時雖然歐洲還沒有做出適當回應，但是對於美國國內航空公司可能產生的衝擊已經有大量的研究報告出爐，彼得‧康吉仕（Peter Kangis）（1998），及都勒瑞‧歐瑞利（Dolores O'Reilly）（2003）分別提出文章探討歐洲航空公司應當採取的策略，他們表示歐洲最早的航空公司解除管制法是1980年代中期發生在愛爾蘭與英國間的自由化，此舉導致歐洲第一個廉價航空公司瑞安航空在愛爾蘭誕生，當時瑞安航空以廉價票價與成立多年的傳統航空公司——愛爾蘭航空公司及英國航

空展開競爭。

自此之後，歐洲的航空公司解除管制法也分做四個階段逐漸成形：

第一階段，1987年在第一個自由化措施計畫的規範下將票價規定取消，而在既有的飛航服務協議下，對於航空公司之間的相互合作也賦予更大彈性。

第二階段，1990年在第二個自由化措施計畫的規範下，允許所有歐盟會員國家的航空公司能夠將自己國家的人及貨物運往其他歐盟國家，包括第三、四、五自由航權一併適用，另外票價及運量的限制完全取消。

第三階段，1993年第三個自由化措施計畫規範，包括歐盟會員國家的航空公司持有相同證照及在歐盟航空市場自由航行，而對於票價的制定享有自主權。

第四階段，1997年，實際上是屬於第三個自由化措施計畫規範的一部分，由於歐盟會員國家的航空公司持有相同證照，因此賦予在歐盟各會員國國內航空市場的營運權。

在歐盟單一市場的架構下，歐盟會員國家的航空公司對於航線、運量、班表及票價享有完全自由，而歐盟各會員國政府幾乎無法加以干預，而商業利益考量也就成為歐盟會員國家的航空公司開啟或關閉航線的最主要決定因素。

二、歐洲航空公司在自由化環境下之運作

根據彼得・康吉仕及都勒瑞・歐瑞利（1998）挑選了二十一家航空公司進行研究，發覺在定價策略方面（**表7-1**），各航空公司在針對競爭者所制定之價格方面，普遍都是介於平均價格或是更低，換句話說，就是大多數航空公司的管理者都認為價格對於競爭力是有非常大的影響力的。

他們認為航空公司的管理者認為價格對於競爭力具有極大影響

表7-1　針對競爭者所制定之價格

與競爭者價格比較	次數
價格較低	6
平均價格	10
價格較高	1
其他	4

表7-2　乘客購買航空公司機票之理由（1-高，8-低）

理由	排序							
	1	2	3	4	5	6	7	8
次數	8	5	2	1	1	1	-	-
公司名稱	4	2	4	1	2	2	2	-
提供的服務	1	5	3	5	3	2	1	-
準時	0	6	3	3	1	2	2	-
常客飛行計畫	0	0	3	2	3	1	3	-
廣告／行銷	0	0	2	4	4	4	1	-
低價	5	1	2	2	2	3	2	1
其他	4	2	1	0	1	-	-	-

力，而在**表7-2**中詳列出了乘客購買航空公司機票之理由，其中提供服務的次數及價格在決定因素的重要性中分占一、二名，有趣的是在這份表格當中提供服務的水準、準時、常客飛行計畫及廣告／行銷等並沒有獲得乘客太多的關注。

　　歐洲航空公司的五力分析，茲分述如下：

(一)消費者力量

　　首先探討歐洲航空公司與消費者之間關係，通常消費者的力量愈大，他們對於價格及服務品質上的要求也就愈多。

　　從**表7-3**得知有超過半數的航空公司認為主要消費者是旅行社，這點與麥可‧波特的論點相同，就是當消費者採購數量愈大時，他們的

表7-3　主要採購者

買方性質	次數
個人	1
旅行社	11
旅遊團體	6
公司	1
無回應	2
總計	21

談判力量就愈大。由於歐洲的旅行社就掌握了平均約46.26%的航空公司售票，因此談判力量也較大。另外，如果消費者所購買的服務基本上差異不大時，他們的談判力量也會愈大，這是因為他們能夠輕易的從替代供應商那裡找到類似服務。

(二)供應商力量

理論上如果供應商對於航空公司的議價能力愈高，則航空公司的獲利能力就愈差。由於實際上有取得資料的困難，因此彼得‧康吉仕及都勒瑞‧歐瑞利是從營運成本、供應商數量及航空公司可以選擇的替代供應商數量等幾個因素作為考量。

從二十一家航空公司的研究中顯示燃油是單一最大的營運成本（到目前更形惡化），其次是落地費用。對於燃油價格無法掌控的是因為機場是一個獨占市場，對於航空公司來說毫無議價能力。然而對於電腦訂位系統（CRS）以及機上餐點供應商而言，航空公司就較具有影響力，這是因為航空公司可以擁有電腦訂位系統及機上餐點供應的能力。

比較不幸的是，一般來說航空公司可以選擇作為替代供應商的數量不多，當然也就會影響航空公司的議價能力。另外一個因素就是國際上許多國家主要機場的供應商數量有限，然而航空公司的數量卻很多，當然也會影響議價能力。因此除非航空公司能夠團結在一起成為

單一購買力量，否則這種情形將很難改善。

(三)航空公司與競爭者之關係

研究報告顯示歐洲航空公司普遍認為競爭者的優勢是來自於低成本及良好的行銷，而為了能夠增加競爭力，許多航空公司都將重點放在與顧客關係的改善及提高管理品質上，他們認為其他航空公司較不重視顧客關係與管理。另外有趣的是航空公司大都認為政府的財政補助對於競爭優勢並無助益，而如預期的是所有接受研究的航空公司都認為自己擁有其他航空公司所沒有的獨特競爭優勢，但是他們也都承認他們的競爭者也會針對他們來發展一些特殊優勢。

(四)新進入者之威脅

歐洲自1993年實施航空管制解禁後，許多新航空公司也陸續進入空運市場。獲利最豐富的航線吸引不同的競爭者加入，有趣的是有六家受訪的航空公司其中一端的航點是在倫敦，而三分之二的新加入競爭者也都是以英國為基地。而主要的新加入競爭者都是獨立的而且較現有的航空公司更大，且受訪的航空公司都認為新加入競爭者會採取成本領導方式加入競爭。

(五)航空公司的替代威脅

由於本文是以歐盟國家航空公司作為研究對象，因此在實務上只有歐洲高鐵可以稱得上是航空公司的替代威脅，而航空公司也相信火車及私人汽車在歐洲都是航空公司的替代品，因為歐洲各國的面積不大，因此距離較短的國家面臨上述替代品的威脅就較大。相反地離開歐洲以外的航線，由於距離較遠，上述替代品的威脅就大幅減低。

最後，在五力分析之外，有一個非常值得關注的現象，就是受訪的航空公司也都認為價格對於競爭更為重要，相較於對替代品的威脅卻顯得不在意，很明顯的受訪的航空公司對於票價一直在降低，而對

於航班的架次卻一直在增加，尤其是對於一些短程航線，例如從比利時的布魯塞爾（Brussels）到法國巴黎（Paris）的航線較短（空中航線164英里，路面距離193英里），在這裡鐵路及公路對於空運的競爭相當激烈。由於在歐洲大陸運輸模式彼此之間的差異化不大，因此使得航空公司在制定票價時會受到替代品（鐵路及公路）的制約。

Chapter 8

案例探討

　　由於當前航空運輸業的競爭激烈，許多專家學者或是航空公司的經營者大都相信除了將營運成本減至最低外，另外就是要將員工的生產力儘量發揮，換句話說，就是要盡一切力量榨乾員工以換取公司獲利。然而有一個採取另類做法的航空公司——西南航空公司，創辦人赫伯‧凱萊赫（Herb Kelleher）堅信除了成本之外，互信、分享及共有才是可以激發團隊向前的力量。在赫伯‧凱萊赫的領導下，西南航空這個廉價航空公司在全球航空史上創造了輝煌的紀錄——到2011年已經連續三十九年獲利，由於這個紀錄使得全球航空公司的經營者無不將西南航空的營運策略當作標竿，許多廉價航空公司更是將西南航空的營運策略當成圭臬，希望能在激烈的競爭環境中脫穎而出。西南航空除了在各個層面都儘量做到降低成本外，如何做到能夠在激發員工的潛能下讓西南航空成為空運業的佼佼者，也就成為本章探討之重點。

第一節　西南航空的發展

　　如同一開始就提到的西南航空從1972年開始營運到2011年連續三十九年在高度動盪、競爭激烈、普遍獲利不佳的航空運輸業能夠始終保持獲利，在2008年6月，西南航空的市場價值（market capitalization）高達92億美元（**圖8-1**）占美國航空產業的43%，比美國航空、西北航空、達美航空、大陸航空、聯合航空及捷藍航空等六家航空公司加起來還多。

　　西南航空在1998年首度獲得《財富雜誌》（*Fortune Magazine*）評比進入全美100大最適合工作公司名單，在1999年及2000年排名第二，2001年排名第四。由於西南航空有如此出色的表現，讓人不禁聯想起在1980年代的豐田（Toyota）汽車——精實製造（lean manufacturing）在汽車業颳起的旋風，而西南航空則是在空運業創造出有效運用資源，以低成本提供可靠服務能夠獲利的模式，由於能夠持續維持獲利，因此在空運業也颳起了西南航空旋風，除了廉價航空紛紛採用西

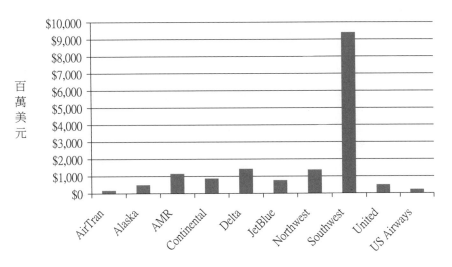

圖8-1　2008年6月美國航空公司市場價值比較

資料來源：紐約股票市場。

南航空的模式外，以樞紐運輸為主的傳統航空公司也加入模仿的行列，採用在航空公司內部再造出另一家航空公司的方式，例如在聯合航空之下再成立聯合穿梭（United Shuttle）及在達美航空之下再成立達美快捷航空（Delta Express），足見西南航空在空運業造成極大之影響。

　　然而西南航空能夠有今日的成功絕不是靠著僥倖，在1967年對於投資顧問羅林·金（Rollin King）和他的律師赫伯·凱萊赫來說他們有一個夢想，想要創造一個與眾不同的航空公司，在當時羅林·金已經擁有一個在三個德州大城市——達拉斯（Dallas）、休斯頓（Houston）及聖安東尼奧之間來回飛行的小型包機航空公司，一開始名字叫做西南天空公司（Air Southwest Company），接著又改名為西南航空。在當時整個空運業的票價及航線都受到政府嚴格的掌控，羅林·金和赫伯·凱萊赫突發奇想要做到能夠提供一個低成本、點到點直飛，不需要經過轉機而且又只要付低廉票價就可以到達目的地的另類航空服務。但是由於受到規範的限制，這種做法在當時並不被允許，律師出身的赫伯·凱萊赫不得不挺身而出，去對抗由其他航空公

司提出想要阻止西南航空展開營運的訴訟，最後赫伯‧凱萊赫贏得勝訴，在1968年德州航空委員會（Texas Aeronautics Commission）批准西南航空在三個德州大城市的營運權，接著西南航空陸續購買四架波音737飛機及僱用約兩百個員工準備開始正式營運，終於在1971年6月在達拉斯、休斯頓及聖安東尼奧之間展開首航，不幸的是在1972年就遭遇370萬美元虧損。

除了在開始營運的前兩年有虧損外，很快的從1973年開始西南航空就一直維持連續三十九年的獲利（**圖8-2**），而在1989年西南航空的營運收入超過美國交通部規範10億美元的門檻，正式成為美國主要（major）航空公司。

西南航空的營收旅客搭機人數更從1971年的108,554人到2011年時成長到110,586,815人，成長倍數高達1,018.7倍（**圖8-3**）。

西南航空的員工及飛機架數也分別從1971年的195人及4架波音737飛機，到2011年時成長到45,392人及698架飛機，成長倍數分別高達232.8及174.5倍（**圖8-4**）。

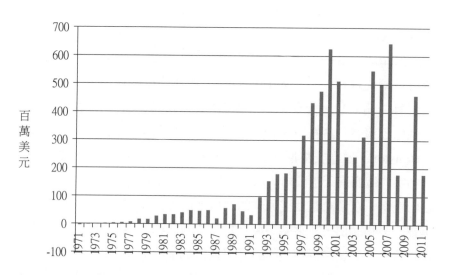

圖8-2　西南航空1971-2011年獲取淨利變化

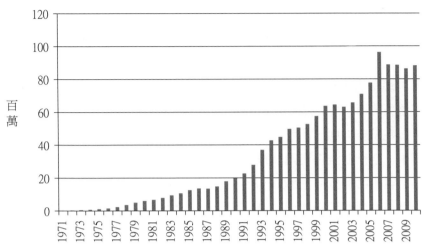

圖8-3　西南航空1971-2011年營收旅客搭機變化

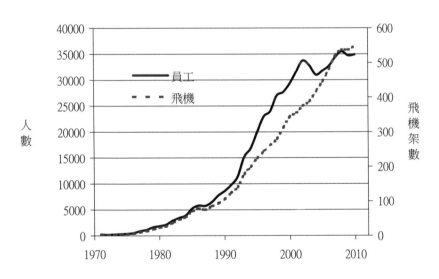

圖8-4　西南航空1971-2011年員工及飛機架數變化

　　在赫伯‧凱萊赫的領導下，當1978年美國通過航空公司解除管制法後，在1979年西南航空的營運航線正式超越德州到達路易斯安那州紐奧良市。1995年西南航空正式推出無紙本機票，同時也連續四度獲得美國交通部頒布的衡量所有航空公司關於顧客抱怨、準時到達、行李遺失等項目後評鑑的三冠王獎（triple crown）。

　　在飛安方面，西南航空也有出色的表現，在長達四十二年的營運當中，西南航空沒有因為飛機失事而造成任何乘客的死亡，唯一的一名乘客死亡是發生在2000年8月11日，一名乘客在地面企圖闖入由洛杉磯飛往鹽湖城飛機的駕駛艙，在其他旅客合力制止下，該名乘客不幸傷重身亡，此起意外與飛航安全無關。

　　西南航空的搭機旅客人數的快速成長也非常驚人，**圖**8-5為美國五大搭機旅客航空公司比較，，明顯看出從2007-2009年西南航空的搭機旅客人數超過所有美國航空公司，而在2010年及2011年，達美航

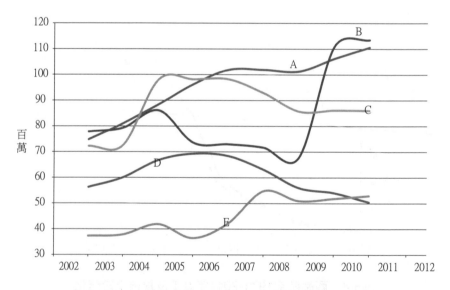

A：西南航空　B：達美航空　C：美國航空　D：聯合航空　E：全美航空

圖8-5　2003-2011年美國前五大搭機旅客航空公司比較

資料來源：BTS.

空的搭機旅客人數為全美第一，西南航空則退居第二，可是這是發生在2008年10月29日，達美航空以28億美元收購了美國的西北航空成為世界上規模最大的航空公司之後，達美航空的搭機旅客人數在2010年及2011年，才躍升為全美第一（西北航空2008年搭機旅客人數為4,877萬），因此若扣除掉西北航空搭機旅客人數，西南航空的搭機旅客人數仍然超過所有美國航空公司。

第二節　西南航空的營運優勢

先進企業諮商（Advance! Business Consulting）網站（2009）刊載一篇〈崛起的西南航空〉（The Rise of Southwest Airlines）文章，指出西南航空之所以能夠成功是因為有以下三大因素：

1.有一個簡單清楚的主要企業目標。

2.能夠選擇正確的企業模式來支持企業目標。

3.能夠從主要企業目標當中發展出一致性的核心價值及作為。

西南航空公司的首航是從達拉斯的愛田機場（Love Field）到休斯頓和聖安東尼奧，搭配簡單餐點沒有額外服務的短航程。西南航空一開始就打出一個簡單的策略：「如果能夠讓旅客用最低的票價，準時的抵達目的地，而且又能確保他們有快樂的空中旅行的話，人們一定會來坐妳的飛機。」西南航空提出的承諾是：「致力於提供最高品質的服務給顧客，讓顧客感受到溫暖、友善、尊嚴及公司的活力。」而每一個在西南航空服務的員工也都充分配合公司的目標，因此即使在航空運輸業受到全球經濟衰退時仍能夠有著優異的表現。

穆康德・史瑞利法珊（Mukund Srinivasan）（2005）表示，根據國際航空運輸協會（IATA）2011年6月5日的統計資料顯示，西南航空已成為美國境內搭乘旅客數量最多的廉價航空公司，同時西南航空也創下多項驚人的紀錄：

1.第一個全部採用單一機種（波音737）的航空公司。

2.第一個採用無機票旅行系統，它的常客飛行計畫是採取飛幾
　次，而不是里程累積來計算。

3.第一個提供與員工分享利潤（從1973年開始）的航空公司。

4.第一個發展及採用網路購票的航空公司，在2001年約40%的旅客
　營收是透過網路訂購。透過網路訂購西南航空每筆的成本約1元
　美金，而透過旅行社訂購每筆成本約6-8元美金。

西南航空主要的競爭優勢有：

1.低營運成本／高營運效率。

2.獲得顧客服務獎。

3.人力資源管理／工作文化。

相較於其他的航空公司，西南航空在策略執行上相當有效率，也
因為執行營運策略的有效率，讓西南航空成為其他航空公司爭相模仿
的對象，而西南航空的一些競爭優勢分別是：

一、營運成本及效率

就整體空運業來看，現階段的營運環境十分不利，然而即使處在
如此惡劣的環境當中，西南航空仍然能夠保有相當豐碩的利潤，她是
如何做到的呢？根據凱萊赫的說法是無論從資產負債表或是營運成本
來看，西南航空與其他航空公司比較起來都十分出色，尤其是兩大營
運支出──勞工及燃油成本，通常會超過總營運成本的50%，由於西
南航空選擇點到點航線、次要機場落地及採用單一機型營運等，使得
營運成本大幅降低。

根據哈佛商業案例研究（HBS Case Study）報告顯示，西南航空
是工會化最澈底的航空公司，大約84%的員工都屬於工會，而西南航
空員工所領的平均薪資也高於同業。西南航空的員工工作非常有彈
性，除了一些需要有證照或是影響安全的工作外，幾乎都能跨領域工

作，由於能夠跨領域工作以及長久以來培養出的團隊合作文化，導致
效率高而成本降低。

　　除此之外，西南航空在航線安排方面比運用網路規劃的傳統航空
公司在成本的節省上享有極大優勢，其中一個原因就是西南航空的單
位營運成本比傳統航空公司低很多。因此，儘管美國航空及達美航空
擁有更長的飛行航線、更大的飛機以及各機場間有更多的網狀聯繫，
由於西南航空的單位營運成本低（**圖8-6**），導致西南航空即使在艱難
的環境中也能夠保持獲利。但值得注意的是2010年及2011年西南航空
的單位營運成本也逐漸升高，這有兩種解釋，第一就是隨著油價高漲
迫使傳統航空公司也不得不正視成本問題，第二就是西南航空營運至
今已有四十一年，資深及退休人員愈來愈多，人事成本當然也隨著成
長，這將會是以低成本著稱的西南航空要加以重視的問題。

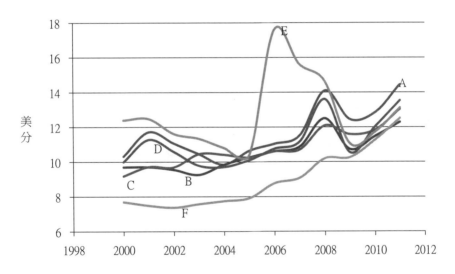

A：美國航空　B：大陸航空　C：達美航空　D：聯合航空　E：全美航空
F：西南航空

圖8-6　營運單位成本（美分／可用座位英里）比較

資料來源：BTS.

二、燃油成本

在2005年以前，西南航空燃油成本占營運成本比例一直維持在18%以內，但是到了2006年以後，燃油成本卻不斷攀高，在2008年時首度超過人事成本占營運成本高達35%（**圖8-7**）。西南航空為了要做到防止受到高燃油成本影響公司獲利，對於燃油採取積極的避險措施。由於空運市場競爭激烈，加上受到機上座位商品化的影響，西南航空知道價格是航空公司獲得成功及賴以生存之法則，因此若是要將燃油價格上漲完全反應給消費者，將會嚴重影響乘客搭機意願。

與其他航空公司比較，西南航空的燃油避險相當積極，在2003年時在每單位可用座位英里（per ASM）當中，西南航空的燃油成本僅為1.16美分。2005年第二季時，儘管燃油價格已經上漲25%，但是由於西南航空將所需燃油的85%皆以26美元每桶的價格實施避險（同年8月燃油價格已經上漲至68美元每桶），導致西南航空的每單位可用座位英里當中，燃油成本為1.57美分，與2004年比較僅上漲0.27美分。而在

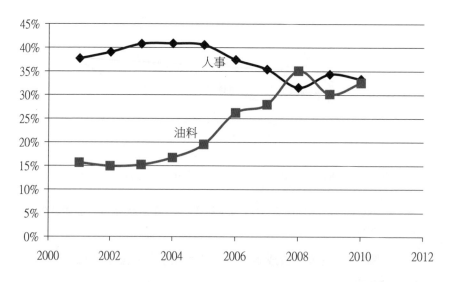

圖8-7　西南航空燃油成本與人事成本占營運成本比例變化

資料來源：西南航空公司網站。

2005年第二季時，西南航空的燃油避險措施就為公司省下1億9,600萬美元，遠遠領先其他航空公司。

　　由圖8-8可看出在2008年以前西南航空每單位可用座位英里燃油成本明顯較其他美國傳統航空公司為低，值得注意的是2008年發生燃油飆漲，由於西南航空採取積極的燃油避險措施，導致燃油成本並沒有大幅上升。但是從2009年以後卻有逐漸接近趨勢，顯示美國傳統航空公司也開始加強注意燃油成本的管控。

　　除了採取燃油避險措施外，在機種的挑選方面，西南航空於2003年也選擇燃油效益較高的波音737-700飛機，該型機在兩側機翼尖端皆裝有向上翻轉的小翼（winglet），對於飛機的航程及燃油消耗極具效益，同時發動機也經過改善亦具有噪音降低及維修成本低之優點。

三、點到點服務

　　與傳統航空公司不同的是，在機場服務方面，西南航空採取點到

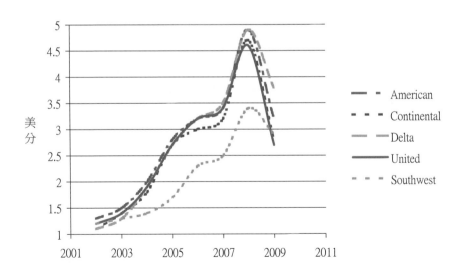

圖8-8　西南航空與美國傳統航空公司燃油成本變化

資料來源：BTS.

點服務,這種方式除了能讓營運效率極大化外,也能夠做到成本上的節省,而西南航空大部分的航線都是短程飛行,平均航線長度約為590英里,在這種方式下能夠讓飛機的留空時間長,獲得較佳的使用率。

四、次級機場

在機場的選擇方面,西南航空會避開繁忙擁擠的主要機場,改為選擇次級或是小型機場的策略,這麼做不單可以避開受到擁擠而造成之延誤,也讓西南航空一直都能夠做到準時起降,以及提供給顧客最好的服務,在對旅客所做的問卷調查當中,西南航空的準點率一直都獲得極高評價。而選擇在次級或是小型機場的另外一個好處就是負擔的落地及其他服務費用相當低,這點也讓西南航空的營運成本可以降低。

五、單一機種

讓西南航空獲得成功的另外一個重要的因素是單一機種的選擇,西南航空從營運之初就始終採用單一機種——波音737客機,由於機隊當中只有一種機型,對於飛行人員、空勤組員、地面人員及維修人員等的訓練成本都可以大幅降低,同時地面設施及裝備也因為單一化機種的關係,複雜度也降至最低,而零附件採購及備料儲存也可以減少,這些種種都導致整體營運成本的降低,進而導致即使在低廉的票價下仍可以獲利。

六、電子機票

不用紙本機票是西南航空在營運策略上的一大利基,因為它可以導致將銷售成本大幅降低。事實上,早在1990年代西南航空就已經在計畫要推動電子機票或是不用紙本機票,而在1994年西南航空率先推出全球第一張電子機票,有趣的是根據國際航空運輸協會(IATA)的統計資料顯示,在2007年時全球已經有大約97%的機票是使用電子機

票。而從環保觀念來看，IATA估計電子機票的使用相當於每年為地球拯救了五萬棵樹木。

西南航空在電子機票的推動方面非常具有成效，到2009年年底時，已經有超過94%的顧客選擇使用沒有紙張的電子機票，而透過西南航空網站（Southwest.com）訂票的乘客更高達77%，到2010年時更成長到79%，顯示這種購票策略已經逐漸被西南航空乘客接受。而這項做法也讓以往動輒要付給旅行社10%左右的佣金制度澈底毀滅（大約每張票8美元），如今西南航空的電子機票每張只要花費50美分至1美元，當然可以讓成本大幅下降。

七、顧客服務

談到顧客服務先要從西南航空的使命說起，西南航空的使命是要在溫馨、友善、顧客尊嚴及注重公司形象狀況下，提供給乘客最高規格的服務。

西南航空的創辦人凱萊赫（Herb Kelleher）就曾說過「我們身處的是顧客服務業，我們提供的是航空運輸」，而從不斷的獲得顧客服務獎項就證明了西南航空一切以顧客為尊的特色，而在西南航空從上到下的作為上，也不難看出他們處處皆以讓顧客滿意為導向。其中最讓人津津樂道的就是，即使貴為公司創辦人，凱萊赫在感恩節時也出來協助旅客處理行李的運送。就是透過這種發自內心重視顧客及員工的態度，西南航空讓自己從商品化的航空公司產品當中脫穎而出。另外，從技術層面來看，在西南航空內部每一個員工或團體均有其負責的顧客，這是說即使沒有直接面對顧客的員工，在公司內部也還是有要提供服務的顧客，例如工程人員的顧客可能是機師，餐點製作人的顧客是空服人員。這種將顧客群由公司外擴大到公司內的做法，讓西南航空將服務業的概念澈底落實。

「積極無止境的服務」（positively outrageous service）是西南航空特有的服務方式，也是不可能由公司部門或是管理高層要求就做得到

的，它必須發自內心，並且成為產品的一部分，在這種做法下，公司員工對待顧客自然就與其他航空公司產生極大差異，這也說明為何總是有許多顧客在受訪時說出因為受到西南航空員工熱情接待而心存感激的原因。

總而言之，良好的顧客服務在西南航空已經成為一種既有的文化，而這種文化也不斷鼓勵員工在顧客服務上要再更多盡一份心力，這種方式也讓原本一般的服務更提升到主動的付出，最後導致西南航空員工優越的服務品質成為公司產品的一部分，讓其他航空公司無法望其項背。

八、員工關係

在管理創新方面，西南航空也有其獨到的地方，在人際關係及管理人員方面一直是西南航空強調的重點。如同顧客服務一樣，在西南航空的使命裡就說道：我們致力於為員工創造一個穩定的工作環境，同時也要提供員工相同的學習及成長機會。為了改善西南航空的效率，我們鼓勵創造及創新。我們關心及尊敬所有員工，我們也期望能將這種在公司內部關切員工的態度擴及到對我們的顧客。

從西南航空的使命當中我們不難瞭解到對於員工他們有強烈的責任感，西南航空對於員工及顧客都是一樣的尊敬，他們深知員工在公司策略中的重要性，因為只有在員工全力付出下才能夠做到讓顧客對服務滿意及提升公司效率。也因為西南航空對員工的重視，使得西南航空的員工無論在忠誠、熱誠、努力及創新上，都遠遠超過其他航空公司的員工。

有一位飛行員說得好：「我能夠隨時打電話給凱萊赫，但要記住不要只把問題告訴他，因為他會問你認為要如何改進，他的心胸非常開闊，我們可以在任何時間打電話給他，如果是緊急狀況，通常在十五分鐘內他一定會給你回話。他是公司的精神支柱，會傾聽每位員工的話，如果你發生問題，他會表達關切。」

九、員工僱用

在僱用員工方面，西南航空的策略也相當獨特，他們希望能找到態度正確，能夠融入並且能夠將西南航空文化發揮極致的員工，西南航空聘用員工的過程冗長，而藉著這個機會將不適合的人員剔除，獲得態度正確及願意投入的員工。一名西南航空員工柯林‧巴瑞特（Colleen Barrett）說道：「僱用員工的過程非常重要，因為個人的行為是無法制度化的，因此在一開始就必須找到那些已經具備你所需要行為模式的那些人。然後才能夠期望招募到的員工會根據基本常識，及他們自己的習慣來做出讓人滿意的顧客所需要的服務。」

在西南航空的僱用及面試分為兩個層次，第一步是由員工共同組成的集體面試，這時候看的是應聘人員的溝通技巧；接下來則是一對一面試，這時候應聘人員的態度及對於服務他人的看法則成為重點。這套聘用新進人員的準則對西南航空而言是全面性的，也就是所有部門都一樣，因為西南航空的所有員工都是以服務顧客為主。西南航空營運策略當中有一個重要的項目，就是所有在西南航空的工作都是以顧客服務為導向，不論是直接的服務外部顧客，或是間接的服務公司的內部顧客。

有一個有趣的現象就是在西南航空的員工當中約有80%的人加入工會，可以說西南航空是一個受到工會影響相當重的公司，但是與其他主要航空公司比較起來，每次員工在與公司商討制訂契約內容，過程所需的時間，西南航空卻是最短的。這點就足以證明西南航空與員工及工會之間的相處是多麼融洽。

十、公司文化

西南航空從一開始成立就已經在思考要創造與其他公司不同的另類文化，柯林‧巴瑞特在1990年時創立了西南航空文化委員會，不論在航空業或是在其他大型企業當中這都是一個創舉，而西南航空文化

委員會也有自己的使命就是：我們的目標就是要幫助創造西南航空所需要有的精神及文化；讓既有的變得更豐富及更好；即使是困難重重也要將它融入到生活當中。簡單的說，這個團隊的目標就是要盡一切力量去創造、強化以及豐富屬於西南航空特有的精神及文化，讓西南航空真正成為一個人人心羨的公司。

就是因為西南航空有這種特有的價值，也使得西南航空在航空運輸業能獲得前所未有的成功。

十一、技術創新

西南航空在許多方面都強調運用技術來達成公司的目標，及維持一貫有效率的運作。西南航空認為技術與生產力之間是畫上等號的，在1995年西南航空在資訊科技的幫助下，發展出西南航空網站（southwest.com），並在1996年開始透過網站銷售電子機票，此舉讓西南航空獲得超過70%的乘客收益（passenger revenue），在2000年更推出SWABIZ來幫助處理機票預訂。

第三節　西南航空的五力分析

在瞭解了西南航空的各種特有的優勢後，本節進一步利用麥可‧波特的五力分析來對西南航空進行探討。

按照北美行業分類系統（North American Industrial Classification System, NAICS）的分類，西南航空是屬於4811類「表定航空運輸」，可以同時執行航空客運及貨運業務，然而西南航空的大部分營收是來自航空客運業務（圖8-9）。

一、既有競爭者之競爭

從本質上來看航空運輸業是一種擁有許多賣家，但是彼此之間

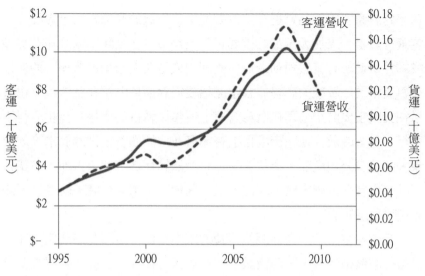

圖8-9　西南航空客、貨運營收比較

資料來源：BTS.

的產品差異不大的產業，由於受到這種特性及目前市場條件的雙重影響，使得航空運輸業處於一個十分不利的地位。在最近幾年不斷聽到許多美國前十大的航空公司宣布破產，例如達美航空及西北航空同時在2005年9月宣布破產，另外聯合航空也在2002年12月宣布破產。到目前美國十大航空公司當中西南航空可以說是唯一一家還能一直維持獲利的航空公司。

讓許多美國航空公司營運產生虧損的原因有許多，而自2001年後之五年的競相削價卻讓這種狀況加速惡化。美國主要航空公司產品差異化不足，再加上受到對於價格斤斤計較乘客的影響，迫使美國主要航空公司將削價競爭當作是擊敗對手的主要手段。而削價競爭的結果不但將航空運輸業的利潤嚴重侵蝕，同時也將價格與成本之間的差距嚴重壓縮，更糟的是由於廉價航空公司的進入，讓已經飽受削價競爭的美國主要航空公司狀況更加惡化。

由於乘客對於價格的斤斤計較，導致美國主要航空公司之間的非價格競爭幾乎已經消失殆盡。雖然有一些美國主要航空公司仍然想要

藉著對於乘客服務品質提升，例如提供更舒適的座椅及給予更好的常客飛行計畫，來加大產品的差異化，但是這些作為除了讓公司花更多成本外，並沒有替公司創造更多的利潤或是擴大市場占有率。即使以往對價格較不敏感的商務旅客也開始變得對價格非常在意，這點也讓以往美國主要航空公司在財務管理上所賴以執行的價格差異化變得不可行。美國的航空運輸市場目前普遍存在運能過多（供過於求）的現象，而航空公司產品（機位）又具有無法儲存之特性，再加上航空公司具有相當高的固定成本支出，以上種種現象都導致許多航空公司陷入無法妥協的地步。

西南航空由於一向強調要將營運成本壓低，也因為如此使得在今日盛行的價格戰當中，西南航空還可以保有獲利。目前在美國主要航空公司當中，西南航空的單位可用座位英里成本（CASM）是最低的（**圖8-6**），這也使得西南航空在價格控制方面能夠顯得得心應手，並且能夠維持獲利。然而近年來隨著勞工成本以及燃油成本的上漲，西南航空的單位可用座位英里成本已經逐漸的上升，但是與其他美國主要航空公司比較起來還是較低。

二、新加入者之威脅

本質上航空運輸業是一個高度集中的行業，根據美國交通部運輸統計局（BTS）的統計資料，在2010年美國國內市場各航空公司班機總計搭載629,457,532名乘客，前九大的航空公司就包辦了全美國國內空中運量的72%，而西南航空的國內空中運量為16.9%，是市占率最高的航空公司（**表8-1**），即使將聯合航空及大陸航空合併後，成為全球最大的航空公司來計算國內空中運量也只有11.8%，與西南航空相比仍有一大段差距。

儘管航空運輸業有高度集中，以及許多主要航空公司都遭遇財報不佳的困擾問題，在過去十年多來仍有許多新航空公司不斷加入市場營運，例如在2000年加入市場的捷藍航空，由於擁有亮麗的盈餘及高

表8-1　2010年美國國內市場各航空公司班機搭載乘客數及市占率

航空公司	乘客人數	市占率
西南航空	106,225,000	16.9%
達美航空	89,952,000	14.3%
美國航空	65,711,000	10.4%
全美航空	45,141,000	7.2%
聯合航空	43,307,000	6.9%
大陸航空	30,606,000	4.9%
穿越航空	24,078,000	3.8%
西空航空（SkyWest）	22,646,000	3.6%
捷藍航空	21,129,000	3.4%
其他	180,662,532	28.7%

資料來源：BTS.

的載客率，使其成為一個成功的案例。實際上捷藍航空應該是一個特例，大多數新加入的航空公司不是還沒有在空運市場上站穩腳步，就是已經提出破產而宣告結束營運。

　　在過去幾年，美國已經有包括東南航空（Southeast Airlines）、阿羅哈航空公司（Aloha Airlines）及中途島航空（Midway Airlines）在內的七家航空公司宣布停止營運，對於想要新加入營運的航空公司來說，偏高的營運成本應當是一個主要的障礙，值得注意的是雖然有如此高的破產比率，但從過去的資料顯示，資本市場（銀行及股票）並沒有減少對於新航空公司資金的贊助，不過由於近年來空運市場的持續積弱不振，以往資本市場對於航空運輸業的熱情已經顯現退縮。尤其是911事件發生之後，美國主要航空公司頻傳遭遇重大的財物損失，結果是資本市場開始對想要加入的新航空公司在資金贊助上加以限制，也造成新加入營運的航空公司變得困難。當然如果一旦乘客需求及獲利雙雙回復，資本市場對於航空運輸業的熱情可能也會回復，到時新航空公司又將容易獲得資金贊助。而資金獲得的困難度及航空公司的獲利是否足夠，將會是新航空公司願意加入空運市場的誘因。

　　新航空公司加入市場的最大障礙是與現有航空公司之間對於空運市場的競爭，一般來說新航空公司喜歡採用的策略是對區域獲利最高的航線加入競爭，他們通常都會採用比現有航空公司更低的票價策略，這是因為新航空公司與現有航空公司比較，無論是勞工或是維修成本都較低，導致邊際成本也比較低的緣故。然而主要航空公司為了維護他們既有的市場占有率，他們也會在競爭激烈的航線上採取降低票價策略，在那些競爭較少的航線則提高票價，如此一來形成新航空公司與現有航空公司間之削價競爭，對於雙方都無法獲得好處。

　　西南航空在航空運輸市場當中採取的是點到點航線，以及避開主要機場之策略，被西南航空選擇的機場大都不是原本就競爭激烈相當擁擠的航線，對於新航空公司而言缺乏進入誘因，也形成另類的進入障礙，因此只要狀況不變新航空公司的加入對於西南航空根本就不會構成威脅。

三、替代品之威脅

　　對於航空運輸業來說，巴士、汽車及火車都是個人旅遊的運輸替代選項，其中最主要的替代項目就是汽車，因為美國有發展最完善的州際高速公路系統，能夠讓個人搭乘汽車到達全美國任何地方，尤其是短途旅程汽車更是航空運輸的最大威脅；從數據來看，當旅程距離增加時，航空運輸的利用率就顯著上升。在2004年時只有13%的汽車旅程的距離超過1,000英里，而利用航空運輸的比率超過75%，這是因為當旅程變長時，搭乘汽車無論是時間或是金錢上的花費與飛機比較起來都不符合成本效益。

　　火車對於航空運輸業的威脅比較輕，但是與航空運輸業比起來他們有運輸成本較低的優勢，尤其是安崔克鐵路公司（Amtrak）不但有低成本的優勢，同時還有美國政府的補助，因此可以將票價壓得非常低。

　　由於火車與航空公司票價上的巨大差異，使得許多對於時間不敏

感的顧客會改為選擇用火車運輸的方式來運送物資。低的成本及票價固然會吸引走某些顧客，但是緩慢的火車運輸還是會讓許多對於時間無法容忍的長程運輸顧客轉而選擇航空運輸。

以上所述的都是對於區域會對航空運輸業構成替代威脅的不同運輸模式，但並不至於會對整體航空運輸業構成直接威脅。然而西南航空主要的營運都是點到點的短程區域航線，因此巴士、汽車及火車都是可能的運輸替代選項，而美國有許多機場因為安全緣故增加了冗長的等待時間，這種做法將造成空運節省時間的優勢消失殆盡，如無法改善，最後將導致巴士、汽車及火車旅遊運輸取代航空運輸業。

四、供應商議價能力

航空運輸業對於供應商議價能力相當敏感，而供應商主要有下列三種：航空燃油、飛機及勞工。第一也是最主要的議價能力就是來自航空燃油的供應商，而根據美國的航空公司（Airlines for America）網站公布資料顯示（**圖8-10**）航空燃油價格一直都高於原油價格。

與其他航空公司一樣，當航空燃油價格不斷攀升的同時，西南航空的獲利也不斷下滑。但是與其他航空公司不一樣的是，當航空燃油價格上升時，西南航空採取的是積極的燃油避險措施。一般傳統航空公司的做法是將航空燃油價格上升或下降當作是一種營運常態，航空公司無法掌握只能被動接受；但是西南航空及捷藍航空這兩家廉價航空卻有不同的看法，他們採取主動的燃油避險措施，也就是將未來燃油價格預先設定在一定的範圍（詳見本書第四章），這種做法讓西南航空在2008年當航空燃油價格上升到歷史新高時，仍能夠維持一定的獲利。

至於第二種供應商議價能力——飛機，傳統上全球只有兩大飛機製造商——波音及空中巴士生產製造商用客機，按照經濟學上之定義，在一個高度集中生產製造（寡占或獨占），並且幾乎沒有替代品的選擇下，供應商的議價能力應當是很強的。然而，由於當前全球的

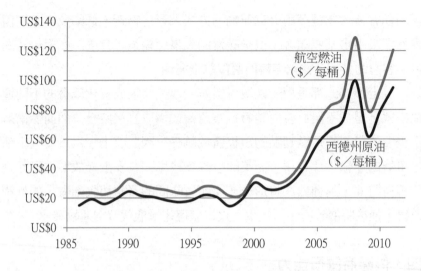

圖8-10　航空燃油與原油價格比較

資料來源：Airlines for America.

經濟狀況不佳，影響到了全球航空公司的營收，反而使得波音及空中巴士在議價能力上屈居弱勢。波音及空中巴士這兩家飛機製造廠商，為了要爭取航空公司的大訂單，常常會產生直接面對面的激烈競爭，幾乎可以說波音及空中巴士任何一家都害怕他們的顧客（航空公司）轉向另一家採購飛機，在這種狀況下供應商議價能力當然會大幅降低。

　　對波音來說，西南航空目前是最大的單一機種（波音737）採購者。西南航空單一機種機隊的策略使得他們必須依賴波音，而西南航空每年都固定會向波音採購大約25-30架新飛機。由於面臨全球經濟不景氣，西南航空每年的大額採購已經成為波音公司固定收入的來源，也因此造成波音公司有一定程度的依賴西南航空，當然會盡一切努力來討好西南航空。

　　以往勞工成本一直是全球航空公司的最大營運成本，近年來由於受到油價不斷飆高的影響，燃油價格已經取代勞工成本成為全球航空公司的最大營運成本。由於美國主要航空公司的員工大都屬於工

會，而工會運作的最大目的就是讓主要航空公司的員工獲得最好的待遇及福利。然而，龐大退休基金的壓力已經成為美國主要航空公司的沉重負擔，也造成它們在資產負債表上的損失及整體空運業財務運作的困難，導致美國主要航空公司不得不轉向宣告破產，企圖來降低勞工成本。全美航空及聯合航空就已經透過宣告破產而將他們的員工退休金計畫取消，而令人值得注意的是，如果這種透過宣告破產而將員工退休金計畫取消的狀況一再發生，那員工工會的談判力量將會受到影響，而員工與公司妥協的情形將會取而代之。總之，以往在航空公司內部擁有強大談判力量的工會，受到近年來全球經濟狀況不佳的影響，已經逐漸式微，而除非市場經濟回復正常，航空公司工會想要重新再擁有強大談判力量是不可能的。

五、消費者議價能力

對於航空公司而言，消費者（乘客）通常擁有強大的議價能力，尤其是遭受到從2000年開始至今的全球經濟不振，以及發生在2001年的911恐怖攻擊事件的影響，更嚴重的損害消費者的搭機意願（圖8-11）。

圖8-11美國運輸統計局（BTS）統計資料顯示，由2000-2011年美國國內固定班表航空公司收益乘客英里（RPM）變化情形，清楚看出2001年的911恐怖攻擊事件發生後對乘客搭機意願造成重創，另外受到2008年油價創新高導致機票價格上漲的影響，也再度造成搭機意願降低。而在圖8-12中也顯示因為乘客搭機人數減少，造成航空公司大量減班，同樣的在2008年也再度發生航空公司大量減班。

在2001年時由於航空公司收益乘客英里（RPM）的下降，美國國內航空公司刻意降低可用座位英里（ASM）以降低損失，但是這個做法也導致美國國內航空公司的乘載率下降。當乘載率下降後造成航空公司的運量（座椅空位）過剩，由於航空公司座椅不能夠被儲存，因此對於航空公司在營運上造成極大之壓力。

航空運輸管理概論

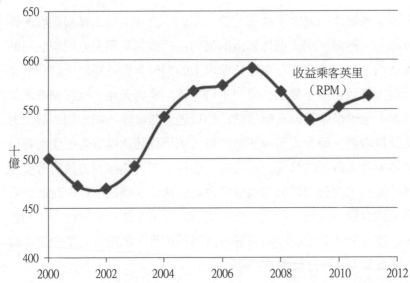

圖8-11　美國國內固定班表航空公司國內乘客載運變化量

資料來源：BTS.

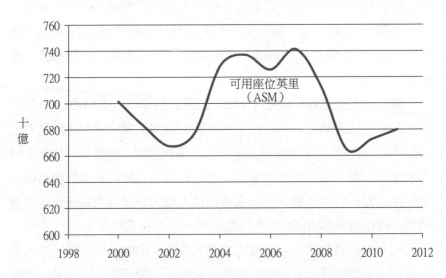

圖8-12　美國國內固定班表航空公司國內可用座位變化量

資料來源：BTS.

由於大多數乘客對於票價都非常敏感，因此也迫使航空公司不敢隨意調漲票價，為了要將成本壓低，美國航空公司紛紛將矛頭對準以往收取航空公司佣金的旅行社，根據IATA在1996年的統計資料顯示，旅行社的佣金大約占航空公司總營運成本的7-8%，這是一筆龐大的支出，當然也是美國航空公司最想要也最容易刪減的部分。

西南航空是第一家開放網路訂票的航空公司，在2000年時付給旅行社的佣金為1億5,900萬美元，占總營運成本的3.4%，爾後開始逐年降低，至2004年時西南航空公司佣金已經不存在。當然其他航空公司，例如聯合航空及西北航空等都隨即加入採用網路訂位，期望能夠裁減旅行社佣金，在成本降低後在價格上才能提高競爭力。

另外，旅遊網站的設立也讓乘客能夠輕易的接觸到不同航空公司的票價，大大增加乘客對於價格的透明度。目前全球經濟衰退導致空運市場處於不利的狀況，再加上旅客本身的偏好，已經讓航空公司很難利用差異化價格來賺取利潤。而過去航空公司倚重的願付高額搭機的商務艙旅客，也因為網路發達而使得這些人也開始對價格斤斤計較，這種趨勢讓原來就已經陷入慘澹經營的航空公司更是雪上加霜。對於消費者來說價格就是王道，無所謂品牌忠誠度，這種情形在票價一向昂貴的航空運輸業更是如此。而為了增加乘客的忠誠度，航空公司所能做的就是提供比以往更好的常客酬賓計畫。

對於西南航空來說，並不期望於建立乘客對於品牌的忠誠度，相反的是因為西南航空能夠一貫的在低成本狀況下，提供乘客低廉的票價，因此凡是對於價格敏感的乘客自然會一再的回來搭乘西南航空班機。總之，在面對消費者議價能力方面，低成本航空公司較高成本航空公司更具有競爭力。

綜合以上所述，可以得出西南航空的五力分析圖（圖8-13）。

供應商議價能力

西南航空選擇次要機場及點到點直飛航線，新航空公司缺乏進入誘因威脅不大 —— 新加入者之威脅

既有競爭者之競爭

1. 採取燃油避險措施，若燃油價格上漲損失有限
2. 固定向波音採購大額新機，造成波音公司對其依賴
3. 受到全球經濟不佳影響，工會影響力已逐漸式微

西南航空的單位可用座位英里成本（CASM）最低，若航空公司間採取削價競爭，西南航空仍能夠維持獲利

受到資訊網路發達影響，消費者能充分瞭解價格，對於具低成本優勢之西南航空不致構成威脅

消費者議價能力

替代品之威脅 —— 西南航空主要營運是點到點的區域航線，巴士、汽車及火車都是可替代選項，而因為安全緣故機場等待時間增加不利空運業

圖8-13　西南航空的五力分析圖

第四節　西南航空的SWOT分析

　　SWOT是由優勢（strength）、弱點（weakness）、機會（opportunity）及威脅（threat）所組成，其中優勢、弱點屬於內部因素，也就是公司能夠掌握的項目，以西南航空為例，他們能夠掌控的內部因素是財務及管理。機會及威脅則屬於外部因素，也就是公司無法掌握卻能夠影響到公司的項目，以西南航空為例，像是燃油成本、美國新的法令、科技改變及市場的變化等，基本上都是公司無法掌控，但是卻會對公司營運造成影響的項目。

　　以下是對優勢、弱點、機會及威脅的分別介紹：

一、優勢

對航空公司而言，其最主要的優勢就是快速的人員或貨物航空運輸，雖然在遭遇景氣不佳也會有需求下滑的時候，但就整體而言，航空運輸始終都是呈現成長的趨勢，究其原因包括人口持續成長及人們對於航空的依賴也更為增加。

而除了快速之外，飛航安全也是另一項優勢，而這項優勢不論對傳統航空公司或是近來搶占航空市場的廉價航空都一樣適用。

航空公司的人員從飛行機組員到維修人員，甚至地勤人員都經過高度嚴格訓練及經驗豐富，他們都具有專業機構的檢定及認證，能夠獲得大眾的信任。

由於是以商業為導向，即便是對相同航線的經營，一般航空公司也都具備區隔市場的能力，這點可以讓航空公司對於其想要提供服務的水準做出定位，同時也利於航空公司在制定票價時作為依據（**表8-2**）。

二、弱點

與其他大多數企業比較起來，航空公司具有相當高的產品「耗損

表8-2　西南航空的優勢

項次	優勢
1	比其他航空公司出發班次更為密集，旅客搭機方便
2	點到點直飛方式省去轉機時間
3	一貫保持最低的營運成本
4	保有高的旅客乘載率
5	空運市場短途旅程的市占率最高
6	與工會的關係良好
7	低成本有效率的運作，保證能夠提供低票價
8	在西南航空工作的員工感受良好，團隊合作默契佳
9	單一機隊訓練成本低
10	顧客評比紀錄優
11	全球唯一連續三十九年沒有虧損的航空公司（至2011年）

率」，也就是說一旦飛機離開登機門，所有空的機位都是無法產生利潤的實質損失。

其次，由於飛機價值高昂往往需要大量的資金投入，導致固定成本高，因此容易造成投資報酬率（Return On Investment, ROI）與營運計畫上所預期的有所不同。

第三，由於航線的遼闊，例如是跨洲的國際航線，通常需要有大量的工作人力分布在不同的地區，因此需要不停的協調聯繫及監督，而如果遭逢惡劣氣候等無法掌控因素干擾時，對於航空公司的營運會更加困難。

第四，如果遭逢外在大環境突然改變時，例如政治、經濟或是健康及安全（如SARS、911）等因素而影響旅客搭機意願時，航空公司在航班班表及飛機調度上會因為原有飛機的租賃、機組員工的工作協議等因素，導致無法輕易改變既有行程（**表8-3**）。

三、機會

航空運輸市場一直在成長，此點可由國際航線旅客人數持續成長看出。

表8-3　西南航空的弱點

項次	弱點
1	很少提供大清早班機
2	不提供國際航線（已在計畫中）
3	機隊中僅有一種飛機
4	超過80%以上員工屬於工會
5	僅提供經濟艙不能吸引商務艙旅客
6	僅能透過西南航空公司預訂機票
7	不提供貴賓室、機上電影等服務
8	成立迄今已經超過四十年，創始人已經年邁，加上資深人員薪資也逐漸增加，會成為未來公司營運及成本掌控上的隱憂

　　其次，由於科技的進步導致航空公司支出成本的減少，例如飛機發動機燃油效率的提升及有更多地面自動化流程的運用等；另外拜科技進步之賜，在長程飛行途中航空公司可以提供更多附加價值的服務，例如開放空中網路或是手機使用，而這些服務的提供可以要求旅客支付額外的費用，同時也可以為航空公司帶來額外的營運收入。

　　第三，與其他航空公司的結合，例如採取協調航班、共享代號（code share）（同一架航機但卻有兩家航空公司的班號）等行動，當然也可以採取結盟的方式，這些都可以擴展航空公司的航線以及增加旅客的載運量，進而達到增加營業收入的目的（**表8-4**）。

四、威脅

　　每當遭逢全球經濟不景氣時，航空公司的營運，不論是旅遊或是貿易的搭機旅客人數都會大幅度下降，導致航空公司的營業收入減少。

　　其次，燃油價格不斷上漲，對於許多航空公司來說燃油成本已經成為其最大的負擔，如果燃油價格持續攀高，對於許多航空公司的營運一定會造成極大的問題。

　　第三，每次當全世界有發生恐怖分子劫機而造成人員大量死亡的時候，或是有大的傳染疾病發生時，旅客搭機的意願就會受到相當大的影響。

表8-4　西南航空的機會

項次	機會
1	即將開啟由國內航線擴大到國際航線
2	能夠充分運用網路做行銷及定位
3	長途飛行市場的成長可以預期
4	擁有優良的顧客滿意度調查，旅客選擇搭乘意願高
5	全美有超過一百個城市希望西南航空能夠開啟營運服務
6	全球經濟持續惡化，加上燃油價格變動幅度大，將會有更多傳統航空公司宣布破產，西南航空更有機會擴大市占率

第四，各國政府在制定法令時，例如修訂要增加費用及提高環保費用的規定，對於航空公司的營運常常會發生意想不到的效果，而這些規定可能會導致航空公司在國際競爭上的成本壓力增加（**表8-5**）。

西南航空的SWOT分析總結見**表8-6**。

第五節　西南航空成功的背後因素

創立於1971年6月18日的西南航空，到今天已成為全美國四大航空公司之一，由於能夠維持最低的營運成本以及能夠提供最低廉的

表8-5　西南航空的威脅

項次	威脅
1	燃油價格不斷上漲將影響乘客搭機意願
2	全球經濟惡化會降低旅客搭機意願
3	雖然已經儘量做到降低成本，但是能夠再精簡的範圍有限，預料營運成本仍將會持續上升
4	高速鐵路的快捷舒適對於短途甚至中程航空運輸造成威脅
5	航空公司彼此激烈競爭將會損及公司獲利
6	911事件後因為安全措施加強導致時間拉長乘客不滿
7	由於西南航空的成功經驗，使得大多數航空公司展開模仿，若不持續精進，有可能會喪失優勢

表8-6　西南航空的SWOT分析總結

優勢	弱點
為多年來的營運持續獲利，公司擁有豐富資金，同時有良好之顧客滿意度，產品聲譽好；最重要的是能夠一貫維持低成本營運及高度之使用率。	不飛大清早飛機、依賴單一機種、不與旅行社或其他航空公司合作之網路訂位、不重視貨運及不提供分區段售票。
機會	**威脅**
發展國際航線、商務旅客開發、發展長程航線及開發老年族群航線等。	受到經濟景氣差及恐怖事件影響，搭機旅客意願降低、燃油價格飆漲及航空公司彼此競爭激烈等。

票價，從創立初期只有三架波音737飛機只提供三個德州城市空運服務——達拉斯、休斯頓及聖安東尼奧，到2010年底時，西南航空已經擴展到在全美國三十五州的六十九個城市提供點到點的空運服務。

　　儘管空運業遭受到2001年911恐怖事件，及2008-2009年的全球經濟衰退，在許多傳統航空公司紛紛傳出營運不利的消息後，西南航空仍能夠維持良好的運作，其中主要的原因就是西南航空能夠維持一貫的競爭策略——低成本模式，而主要的競爭對手也認知到如果想要以低價模式與西南航空展開競爭，他們的下場將是被西南航空擊敗。西南航空的成功不單是僅有低成本模式的競爭策略，他們同時還有精心設計的配套措施，像是簡單明瞭的企業目標——「提供短程、低價、多班次、點到點的美國境內服務」。

　　西南航空簡單又有效率的企業目標，就是西南航空營運策略、組織結構及企業文化的主要指導原則。西南航空的組織是一個上下顛倒的金字塔組織，高層的幹部在最底部，他們主要任務是來支持第一線員工的工作，因為第一線員工直接面對顧客，執行公司政策，他們的所作所為直接影響到公司的成敗。

　　西南航空的創辦人相信公司的管理決策要由公司內部每一個人來決定，不應該只是交由少數高層領導人來做。公司本身不過分強調組織架構，相反地，他們相當鼓勵員工能夠在不受束縛下自由發揮，諸如職務頭銜或是工作內容等都可以自行訂定。

　　西南航空成功的因素是由於他們有清晰的企業目標及核心價值，在僅由一種飛機——波音737組成的機隊，只提供經濟艙，並不提供機上餐點服務下，西南航空清楚的訂出他們的服務目標：「主要提供直接點到點城市短程空中運輸，只使用一種飛機以及提供最低廉的票價。」

　　在這個簡單的服務目標下，西南航空放棄了許多其他航空公司提供的「附加」享受，像是舒適的座椅及華麗的機場貴賓室等。而就是因為採取簡單的運作方式，西南航空才有可能在花費最少的狀況下，將旅客由甲地運送到乙地。然而雖然顧客花費不多，但是這絕不表示

他們會受到比其他航空公司差的服務待遇。為了彌補在旅途當中聲光餐飲上之不足，只要是碰到需要有個別服務的地方，西南航空的員工總是會做到超出顧客需求的服務，西南航空的座右銘是「如果員工是快樂的、滿足的、全力以赴的甚至是充滿活力的，他們在服務顧客時就會流露出真愛。而如果顧客是滿意的，他們就會再回來尋求你的服務。」

西南航空將與員工維持良好關係當作是一種投資，華勒·哈斯（Werner Haas）（2007）提到搭乘西南航空飛機絕對不是一個舒適的選擇，因為通常飛機上滿滿的都是假日旅客及家庭旅客，同時也有商務旅客，座椅安排非常擁擠，西南航空沒有預先訂位措施，而在登機門附近總是人潮滿滿，但是就在上述種種不利的條件下，西南航空卻奇蹟式的創造了成功。2000年5月《時代雜誌》就刊登出一則西南航空在美國航空公司準時出發及到達率的評比當中一直獲得第一名的頭銜，他們是如何做到的呢？是靠運氣、低價或者是經過仔細計算乘客的需求量呢？過去的經驗告訴我們，只靠低價的航空公司是不可能獲致這種成功的，因此若只從低成本方面來探討西南航空的成功是以偏概全的。

西南航空最初的目標「成為主要的短程航空公司（600英里以內），以及提供比其他知名航空公司更低廉的票價」沒有改變。的確西南航空的平均航線長度為394英里，而超過600英里以上的航線在整個班表當中不過2.5%而已。在一次稍帶嚴肅的談話當中，赫伯·凱萊赫說到西南航空的營運成功是：「我們喜歡持不同意見以及大家都保有一絲幽默，我們總是喜歡嘗試不同的做事方法，比方說我們不預先指定座位，這個做法讓在登機門的飛機可以更快的離場，也提升飛機的使用率，結果是創造了更多利潤以及可以提供低廉票價。」

因為只使用單一機種飛機，維修成本可以大幅降低，而具有耐操特性的波音737可以保持平均每天飛行11.5小時，遠高於空運業的標準每天飛行8.6小時。西南航空不採用其他主要航空公司喜歡的軸輻式網路設計，而改採點到點服務，此舉大大提高旅客直飛的便利性，不但

等待時間短，飛機離到場周轉時間更縮短到只需十五分鐘，遠低於空運業標準的四十五分鐘，造成飛機離到場周轉時間短的另外一個原因是採用較不擁擠機場。

赫伯‧凱萊赫表示不預先指定機位的做法，幫公司做到省時又省錢，也對能夠提供廉價票價做出貢獻。他同時認為過多的裝飾是虛假的，更指出如果想要行李與你一起準時抵達，搭乘西南航空；如果想要花大錢，搭乘其他航空公司。

對於市場的審慎選擇也是幫助西南航空成功的因素之一，例如2008年11月21日開闢巴爾的摩（Baltimore）及華盛頓的航線，就是因為出自當地需求的增高。西南航空在開闢航線時會選擇在當地已有顧客的市場，而不會花費時間及金錢去開發顧客，這也是西南航空在航線經營上具有效率的原因。

另外，率先在1994年推出無紙本機票（電子機票），也是西南航空的一大創舉，電子機票不單是將紙本機票的紙張及管理費用節省，同時對於班表計畫的調派也有幫助，例如在某條航線、目的地、甚至是某天的哪幾個時段需求發生變動，從電子機票的預訂過程當中都可以顯現出來，因此對於班表調派可以更滿足顧客需求，這也導致從1992-1996年，西南航空連續五年獲得全美航空公司三冠王頭銜，創下美國航空史之紀錄。

西南航空的市場策略是專注在短程旅客，並且提供比其他航空公司低的機票（約為1/3），平均航程長度為679英里，飛行時間為一小時五十八分鐘（資料時間2012年3月西南航空網站），圖8-14及圖8-15顯示西南航空從2003-2011年乘客逐年成長及美國市場占有率不斷擴大之情形，顯示西南航空執行短程市場策略的成功。

在美國西南航空被公認為是最好的公司之一，由於員工獲得重視，使得員工的忠誠度非常高，西南航空員工的離職率每年平均僅4.5%，由於員工不會輕易離職，節省下來的新進人員訓練經費就十分可觀。西南航空一向以能夠快速完成轉場（rapid turnaround）聞名，在員工工作熟練及全力以赴的狀況下，西南航空的平均轉場時間為二十

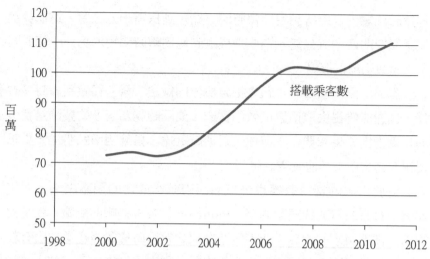

圖8-14　西南航空從2003-2011年乘客成長情形

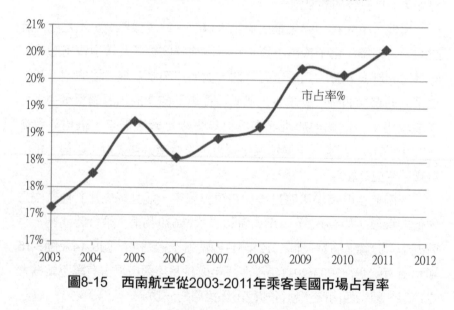

圖8-15　西南航空從2003-2011年乘客美國市場占有率

至三十分鐘，而在熟練員工的操作下，甚至可以在十五分鐘內做好完成轉場準備。

　　由於採用單一機種，供應商的數量也大幅減低；另外由於不提供食物，飛機上也不需要設置廚房或是笨重餐車。由於選擇較不擁擠的機場降落，西南航空也省下了大筆落地費。為了不讓員工之間有階級

分別，西南航空將決策階層及員工之間的距離縮小，儘量做到組織扁平化。西南航空的員工也努力不讓自己被成功沖昏頭。赫伯・凱萊赫也認為一個公司如果對成功感到自滿容易受到傷害，他也曾告訴公司的員工說「最大的敵人就是自己」。

西南航空對於挑選員工的要求是要找到對的人，而不是找到矯揉造作的人。赫伯・凱萊赫能夠讓西南航空員工如此忠誠有一個秘訣就是「顧客擺第二，員工擺第一」；赫伯・凱萊赫也不同意「顧客永遠是對的」這個說法，他認為如果真的碰到壞客人，公司應當寫信告訴他們，請他們改搭其他航空公司的飛機，他說「請不要霸凌我們的員工」。在西南航空有一條不成文的規定就是「任何以前沒有嘗試過的事，請不要說不可能」，這也是為什麼在西南航空內部始終能夠保有創新精神的來源。

綜合以上所述，基本上西南航空在競爭策略上的成功，絕不是僅靠低的營運成本或是員工有高昂的工作熱情就可以做到。實際上是要從公司整體來考量，再加上外在營運環境的配合才有可能獲致成功，這正是所謂的天時、地利、人和。因此我們不禁要問，因為西南航空的成功，已經成為空運業界其他航空公司爭相模仿的對象，如果西南航空繼續保持這種做法，勢必要跟許多與自己類似的競爭者競爭，西南航空還會繼續在空運業上保持有高獲利嗎？再者，如果其他航空公司做得跟西南航空一樣好，他們是不是也有機會變成西南航空第二呢？

第六節　結論

本章一開始就說到策略規劃的目的是協助企業瞭解環境變遷的趨勢，掌握機會，逃避威脅，整合內部資源，發揮企業的競爭優勢，彌補經營劣勢，有效達成企業目標。而在第四節中也針對美國西南航空公司實施低成本競爭策略成功的例子，做了詳盡的分析，西南航空從

上世紀70年代成立以來，一直處於在大航空公司夾縫中力爭上游的小航空公司，到今天一躍發展成為美國的第四大航空公司，更值得一提的是持續三十餘年保持遠高於行業平均水準的高利潤和遠低於行業平均值的低成本。而無論在全球經濟狀況好或經濟衰退的年份，還是遭遇石油危機、波灣戰爭、911事件抑或其他無法預測的災難時，西南航空都能夠維持一貫優於其他航空公司的表現。

西南航空在航空運輸業的亮麗表現是意外，還是在經過慎密策劃下的精心傑作，一直是業界及學界爭相探討的議題，經過整理分析本文得出幾個幫助西南航空邁向成功的做法，提出供讀者參考：

一、評估選擇做出正確之策略

西南航空成立於1970年代初期，當時美國的航空公司解除管制法尚未解禁，由於受到法案的保護，利潤較高的長途航線早已被美國主要航空公司瓜分完畢。在這種情況下，成立不久的西南航空瞭解，如果選擇直接跟美國主要航空公司搶奪市場，除了是會受到航空公司解除管制法的掣肘外，更會遭受到美國主要航空公司的聯手圍剿，成功的機會相當微薄。相反地，以汽車為主的短程運輸市場，由於利潤有限，幾乎沒有任何美國主要航空公司願意將主力投注在短程運輸市場。在經過評估後，西南航空將市場策略專注在以汽車為主的短途運輸市場，這一別出心裁的想法實現了與既有主要航空公司的差異化競爭，從而開闢了一個新的巨大的市場。

二、正確之市場定位

美國主要航空公司之間有一個共同的特質就是高固定成本，這種行業特性與相對低固定成本汽車比較起來，如果想要在價格競爭上獲勝，幾乎要注定失敗。西南航空知道將市場策略專注在短程運輸市場上，而在這個市場上消費者可以選擇的替代產品很多，想要獲勝就必

航空運輸管理概論

須採取低票價策略，因此如何能將成本壓低，也就是要做到將單位營運成本儘量降低就成為西南航空的首要任務。

面對這一巨大的挑戰，西南航空取得了非凡的成績。從如**圖**8-6得知西南航空單位可用座位英里成本比其他傳統美國航空公司低。由於能夠做到將營運成本壓低，使得西南航空能夠在推出低票價的同時仍能夠持續獲利。

三、策略明確，上下一心做好成本控制

西南航空努力要做好經營低成本短程空運市場策略的決心非常明確，另外在公司領導人的帶領下，全體員工對於貫徹公司的策略也都能全力以赴，無論從公司的任何一個環節來看，都盡力做好成本控制。這樣的成績使西南航空成為世界各地研究策略專家學者的最佳案例，其低成本成功之路也成為許多航空公司仿效的典範。然而，有不少刻意壓低成本的航空公司卻淪為失敗，其中有一個很重要的因素，就是沒有學到西南航空成功的成本控制是一項複雜的團隊合作，需要上下一心持之以恆，絕非僅靠在成本上之錙銖必較。

四、把握原則，始終如一

西南航空的創辦人赫伯‧凱萊赫曾經說：「自己是最大的敵人，在稍有成功時千萬不可志得意滿，以及要把順境當作和逆境一樣去應付處理。」因此即使是在全球經濟繁榮期間，西南航也非常重視成本控制，不敢絲毫懈怠，例如在1999年國際油價大幅下跌，最低的時候跌到每桶只剩10美元，為了怕員工鬆懈，西南航空採取了針對性的措施，赫伯‧凱萊赫除了親自給員工寫信要求每人每天節省5美元非燃料支出外（當年花費節省了5.6%），另外也提倡節省燃油，大幅減少公司的用油量。

赫伯‧凱萊赫堅信要能界定自己獨特的利基，堅持不懈，並且在

財務上做好準備，等機會來時好好利用。他認為要保持彈性，但是要能抵抗誘惑，不要改變自己的服務方式。他表示不論業務範圍如何擴展，西南航空都應當始終堅持最初制定的「與汽車競爭」的低價、短航程空運策略，並做好嚴格進行成本控制，不要偏離。

最後我們應當認清策略規劃是一種過程，最終目的是要找出策略，好的策略需有好的組織相配合，才可達到目標或給公司帶來預期的利潤，誠如策略專家所言：「沒有明確的策略，就不用談論企業的成本管理問題。」成本控制就是使企業的實際成本與預先設計的標準做到一致，除非策略設計出了問題，否則就應堅持正確的市場定位，不受外界干擾。就是因為能夠做到對成本進行不間斷的控制，才能導致西南航空在成本控制上的成功。

策略無法達成需檢討其原因，是策略與部門政策或部門組織之溝通出了問題，還是宣導不夠，導致沒有共識，要有系統地去追查哪一個環節出了問題，而在執行過程當中累積教訓。所有的策略規劃，考慮的因素甚多，但最重要的是把策略化成行動，訂出行動的時間及預算，最後再訂出目標，做對的事情比把事情做對來得重要，因此事先謀略，將是致勝的最大原因。

Chapter 9

航空公司成本結構

　　航空公司在提供服務的時候，對於需要花費多少成本對公司管理階層在制定決策時是一個重要的參考依據。航空公司提供的服務有許多種，每種所需要花費的成本也不同，在計算時需要分門別類加以釐清。對於航空公司而言，成本訊息的提供必須要能滿足四個需求：

1. 不管是按照一般管理或是會計項目，航空公司必須要將總支出成本分別加以歸類，這樣做可以讓航空公司管理階層瞭解各個不同項目的花費多少以及整體趨勢的變化，同時也可以知道各個功能，例如航務運作或是維修等費用高低，最後得出營運是淨利或是淨損。

2. 航空公司需要瞭解各航班及航線的詳細成本訊息，以便在盈虧的考量下，能夠做出對於航班及航線增減的決定。

3. 在制定競爭策略及決定票價時，不論是客運或是貨運，成本認定是非常重要的因素。

4. 對於購買新機或是增闢新航線來擴大公司的營運時，有關投資成本的評估相當重要。

　　之前我們提到不論是用一般管理或是會計項目，事實上都無法完全滿足航空公司管理階層的需求，因此各航空公司在做成本分析時，往往會按照不同的目的來製作。例如說如果某個國家對於會計項目非常重視，該國的航空公司可能就必須按照會計項目的需求來編制成本分析。另外道根尼斯（2002）表示國際民用航空組織（ICAO）為了便於對全球國際航空公司的營運狀況進行統計，也會要求所有會員國的航空公司按照ICAO公布的標準格式每年提供各項營運數據，包含資產負債表（balance sheet）及損益表（profit and loss statement），而根據他們提供的資料ICAO會編撰出財務報表「統計摘要」（Digest of Statistics）。各航空公司可以利用ICAO發布的財務報告，來比較自己與其他航空公司在營運成本效益上之差異。由於ICAO本身具有一定之公信力，因此由其所制定之財報數據格式已經逐漸被全球航空公司採用。

第一節　成本概念

　　企業投入購買機具成本之目的是為了要能夠賺取利潤，在市場上我們可以發現有許多高成本／高收益的行業，但是不可避免的也有許多低成本／低收益的行業。若由財務觀點來看，企業收益的高低與投入資金成本多少有關，也就是由每一塊錢所能獲得的利潤多少來決定。但是在競爭激烈的空運業裡，由於提供的服務幾乎相同，因此航空公司之間的競爭，能夠用較低的成本來創造更多邊際利潤者，往往就是贏家，也才能夠在不斷變動的環境中永續經營。

　　由於成本如此重要，身為航空公司的決策管理階層當然應當對投入的成本充分瞭解，但麻煩的是成本的本身也常常會因為使用者不同而變動，例如說某航空公司在幾年前以4,000萬美元購買了一架飛機，毫無疑問的這是一筆歷史資料，對於會計制度來說，公司在作帳時會以年度折舊來編撰資產負債表，但是對於經濟學家來說，則會將購機成本列為沉沒成本（sunk cost），因此在某種程度上應當與未來決策無關。

　　會計人員是以當前的支出及收入做導向，而且會將以往投入的歷史成本購買的設施、地面裝備及飛機等的固定資產，用分期償還或是折舊等方式來編列，換句話說，會計人員會仔細記錄說明所發生的事情，而經濟學家則對於如何運用成本來幫助決策制定較有興趣。由於成本定義十分繁瑣，為了幫助讀者容易瞭解，在進入成本計算前對於財務上一些常用的專有名詞有必要做一解釋及釐清。

　　根據史迪芬・哈勒維（Stephen Holloway）（2003）對於可避免成本（avoidable cost）、漸增成本（incremental cost）、沉沒成本及機會成本（opportunity cost）做出了以下定義：

一、可避免成本

　　凡是藉由決策決定不做某樣事情後可以避免支出的成本，例如航

空公司決定刪除某條航線，或是不開闢某條新航線後避免支出的成本。其次是決定少做某樣事情，例如決定將某條航線的班次減少。最後是用不同的方式來做某樣事情，例如將某條原有航線的班機改用成本較少的小型飛機，像是中華航空由桃園飛往溫哥華班機，原來採用波音747，由於成本較高，後來改由空中巴士A340來營運，就屬於這個例子。

二、漸增成本

這是由於做出某種決策後跟著會多增加的額外成本，例如新開闢某條航線；或是對原有某樣事情多做一些，例如決定將某條航線的班次增加；或是用不同的方式來做某樣事情，例如將某條原有航線的班機改用成本較高的大型飛機。值得注意的是，就是針對不同決策的制定，導致衍生出的可避免成本或是漸增成本都必須分別加以記載。

三、沉沒成本

凡是已經用掉而無法回收的花費，例如研究開發航線費用，或是當年的購機成本扣除掉目前二手機市場價值（殘值）後的花費等都應當視為沉沒成本，本質上沉沒成本應當與未來決策制定無關。

注意所有討論皆與時間有關，例如在決定是否要加入某條新航線之前，所有的廣告、航線規劃及新設站台費用等都屬於可避免成本；但一旦新航線服務開始後，大部分之前投入的花費就變成為沉沒成本。

四、機會成本

若是用價值來判斷機會成本則是放棄替代選項中（好幾個選項）獲利最高的，它並不是真正的現金收益，相反的它是存在於機會當中，受到選擇影響所喪失的價值認定概念，也就是把一定的經濟資源用於生產某種產品時，放棄另一些產品生產可能帶來最大收益的部

分。在實務上處處可見機會成本，有些機會成本是可以用貨幣來衡量。例如在股市當中如果資本額有限，選擇買A股票就不能選擇買B股票，則買A股票的機會成本就是放棄買B股票的收益，買A股票的機會成本便會是放棄買B股票的收益。但亦有些機會成本是無法用貨幣衡量，如心理上的感受，就像是到學校上課學習還是享受在網咖玩電動遊戲帶來的快樂之間的選擇。其他如當航空公司決定將長程機隊的商務艙地板面積擴充，希望搭乘更多商務旅客，此時這項決議所產生的機會成本就是將擴充地板面積用來搭乘頭等艙或是經濟艙旅客可能產生的營收。

同樣的若是用成本來判斷機會成本則是放棄替代選項（好幾個選項）可能付出的成本，例如客人到餐廳用餐，可以選擇牛排或是魚排，如果選擇牛排那被放棄吃的魚排就是機會成本。此外，機會成本可以藉由商品消費來計算，例如吃一客哈根達斯（Häagen-Dazs）冰淇淋要120元，買一份漢堡要60元，選擇哈根達斯的機會成本就是二份漢堡，同樣的選擇漢堡的機會成本就是0.5客哈根達斯。注意要做此種計算時單位要非常清楚，否則無法計算。

機會成本也可以當作制定決策時的參考，例如在一架飛機上有多餘空間可以提供一個商務艙座位或是兩個經濟艙座位時，那提供一個商務艙座位的機會成本就是放棄作為兩個經濟艙座位的成本。

第二節　總成本、固定成本、變動成本及邊際成本

史迪芬・哈勒維（2003）認為如果以產出數量作為區分依據，可以將營運成本分成為固定及變動成本。

一、固定成本

是一種「往回看」的成本，它代表的是購買用來執行生產用途固定資產資金的一部分，例如航空公司的飛機及維修裝備等。從會計面

來看，固定成本可以用資產的生命週期呈現在企業的資產負債表中，例如折舊費用。在企業現有的設施裝備下，只要產出數量（外界對於機位需求量）不會超過供給量（航空公司現有機隊可以提供的座位數量），那固定成本就不會因為產出數量之不同而發生變化。然而當外界對於機位需求量增加，超過航空公司之機隊可以提供的座位數量時，為了可以提供更多的座位數量，導致航空公司必須擴充機隊，此時固定成本就會增加。固定成本又可分成下列兩類：

(一)約束性固定成本

指管理當局按照既定計畫執行時無法控制必須支付之成本，例如飛機租賃、辦公室、登機門、機場櫃檯，及貴賓室等的花費都是約束性固定成本（committed fixed cost）。值得注意的是不管飛機有沒有營運，有關租賃及折舊費用都與約束性固定成本有關。反之，當飛機停止營運（不論是合約終止或是從公司帳目上刪除），則無約束性固定成本。

(二)酌量性固定成本

指管理當局的決策，可以影響固定成本之數額者。亦即此項成本可以透過航空公司本身的運作加以改變，例如廣告及公司人員訓練費用，其他像是管理費用，這些在某種程度上航空公司可以自行決定是否要精簡，因此都屬於酌量性固定成本（discretionary fixed cost）。固定成本與沉沒成本不同，沉沒成本指的是一旦花費出去就無法回收的成本；而固定成本則是與產出數量無關的成本支出。

二、變動成本

在企業現有的設施裝備下，會因為產出數量之不同而發生變化者，例如航空公司之燃油、落地費、助導航設施費、飛行時數及週檢產生之維修費用等。一般來說，變動成本之高低與航空公司之產出數

量成正比，但並不是成直線比例變化，這也可以說明產出之平均單位變動成本，會隨著產出數量多少而改變，例如每一百萬可用座位英里（ASM）的變動成本，不會正好是每五十萬可用座位英里（ASM）變動成本的2倍。

許多小型或是廉價航空公司喜歡將許多公司的作為，例如將地面勤務像是搬運、餐點或維修等外包，其目的除了是要降低成本外，也想要將一些固定成本轉變成為變動成本。尤其是在航空管制解禁及自由化的追求成為普世價值後，航空運輸業的競爭日趨激烈，因此如何降低及控制成本當然會成為航空公司努力的方向。

泰勒（2004）對於固定成本及變動成本的說法是，固定成本是在短期內（short run）不會隨著產出數量改變而變動之成本；變動成本是在短期內會隨著產出數量改變而變動之成本。所謂短期是指在某一段時間內，不可能會發生所有生產要素都產生變化者（至少有一個輸入因子是固定的），亦即如果將時間因素加入考量，只要時間夠長，最終將沒有固定成本與變動成本之區別，因為所有生產要素都會發生變化。

至於長期或是短期的定義，基本上是視企業的形態而定，一般小型的（非資金密集的）企業長期的時間較短，以下是幾個觀點：

第一，對於航空公司來說，事件發生的時間愈短，航空公司的固定成本比例愈高，因此當突然發生問題，例如說911恐怖攻擊事件，導致產品需求（乘客不敢搭乘飛機）銳減，收入減少。但由於飛機、員工、管理成本等龐大固定成本不能輕易更動，而固定成本所衍生的孳息航空公司必須要按時支出，因此只要意外事件發生航空公司就會變成一個錢坑，根據弗林特（Flint）（2001）對成本研究發現，就短期而言傳統航空公司的固定成本大約高達80%。

第二，當時間拉長以後，大部分的成本就逐漸轉變成為變動或是可避免成本，也就是說航空公司的經營階層有時間可以將公司營運方式及成本結構加以調整，例如在短時間內公司擁有的機隊數量無法改變，因此是屬於固定成本，但是隨著時間拉長，公司有足夠時間可以改變機隊數量及飛機機隊組合，此時固定成本也會發生變化。當然航

空公司想要購買或是出售一架飛機所需要的時間相當長，因為這不單是要考量航空公司財務的來源，還要考量飛機製造廠商、租機公司或是二手機市場等是否有新機生產或是現貨供應而定，因此往往需要花費數年。

第三，與小型廉價的航空公司比較起來，傳統航空公司的營運部門大而複雜，所謂的「長期需要的時間」就愈長，總之就是說無所謂標準的長期或短期時間定義。

幾乎所有的營業項目都可以分成為固定及變動成本兩類。在前面我們也對固定成本及變動成本的本質做過探討，表面上看固定及變動成本是相對的，當產量增加時，固定成本維持不變，但變動成本卻會增加。但是若從每一單位平均分配到的成本來看時，若變動成本維持不變，平均固定成本會隨著產量增加而降低，例如自來水公司配管線要支出龐大固定成本，如果將其轉換到每一個家庭時，平均單位固定成本就會變小。

很多公司都知道如果能夠將固定成本轉變成為變動成本，公司較容易掌握獲利，尤其是對成本較大的企業，例如航空公司，這個道理很簡單，就是當每單位固定成本愈高時，那只要公司的產量銷售不如預期（如航空公司的機位乘載率低於50%），或是遭受重大事故導致銷售停滯（如遭遇911或是SARS事件，乘客不敢搭飛機），這個時候高固定成本就會遭受到嚴重的損失。反之，某些變動成本會隨著產量減少時也減少支出，因此可以降低損失。明白這個道理後，應當就能瞭解為何近年來航空公司傾向於將以往購買飛機的做法，改為租賃的原因了。

採用固定及變動成本的成本劃分方法，在理論上並不困難，但實際上卻存在下列問題：

第一，局限性。在固定成本和變動成本的定義中，都存在一定期間或一定產量的限制。例如說一架能夠搭乘200人的客機固定成本為1億美元，如果乘客增加為400人，需要2架飛機，此時固定成本就變成為2億美元，固定成本發生變動。

第二，不切合實際。固定成本、變動成本劃分法對於成本與產量之間的討論是完全線性假設，亦即是成正比例和反比例變動。但在實務上當產量增加時，變動成本的增加並不一定呈現直線成長。

第三，固定成本、變動成本的劃分問題。採用固定成本及變動成本的另外一個問題就是無法將所有成本都清楚的劃分，也就是說某些成本包含固定及變動成本的特性，例如說台灣水、電費的計算，在某一定度數內為固定成本，但是超過之後就變成為變動成本。

第四，不能得知企業營運效益。對於企業而言，固定成本及變動成本是一個單純數字概念，不能由固定成本及變動成本的大小來預測企業獲利好壞。

由於有上述的問題，因此單純以固定及變動成本的方式來計算航空公司之獲利與否，並不多見。通常成本與企業規模大小有關，但是要知道企業在營運上是否獲利就要利用到另一種成本概念——平均（單位）成本（average cost or unit cost），從經濟學的角度來看，生產數量的多少以及是否有效率，在技術水平不變的情況下，可以從生產中所使用的各種生產要素（勞動、土地、資本和企業家）的數量與所能生產的最大產量之間的關係顯示出來，它可以用一個數理模型、圖表或圖形來表示。

泰勒（2004）對於總成本（TC）、固定成本（FC）、變動成本（VC）及邊際成本（MC）等做了詳盡的說明。總成本是企業用來生產產品或是提供服務需要花費成本之總和，其大小與產出數量及服務多少有關。而固定成本及變動成本則是構成總成本的重要因素，一般來說：

$$總成本（TC）＝固定成本（FC）＋變動成本（VC）$$

三、邊際成本

根據商業字典（business dictionary）的定義，邊際成本是在生產過程中每多製造一個單位所導致總成本增加的增量。計算邊際成本的時

航空運輸管理概論

機通常是在生產產品數量已經滿足損益兩平點之後，此時固定成本已經被所生產的產品吸收，剩下來只有變動成本需要考量。

　　邊際成本又稱漸增成本，是指每增加一單位產出數量引起的總成本變化量。通常邊際成本的計算可由以下公式算出：

$$MC = \frac{\Delta VC}{\Delta Q} = \frac{\Delta TC}{\Delta Q}$$

　　由上式不難看出邊際成本與變動成本有關，通常包含勞工及材料成本。對於某些需要大量資本投資的企業，例如汽車業及航空運輸業，由於固定成本大，其邊際成本相對較小（參見**表9-1**及**表9-6**）。

　　邊際成本的概念與平均總成本不一樣，平均總成本將所有產品的成本（包括固定及變動成本）考量在內，而邊際成本則只考量最後多生產一個產品導致總成本發生的變化。

　　除了上述成本外，還有幾個重要的平均（單位）成本在此也一併

表9-1　短期各項成本統計

運送數量	固定成本（FC）	變動成本（VC）	總成本（TC）	邊際成本（MC）	平均固定成本（AFC）	平均變動成本（AVC）	平均總成本（ATC）
0	500	0	500				
1	500	250	750	250	500	250	750
2	500	450	950	200	250	225	475
3	500	625	1,125	175	166.7	208.3	375
4	500	775	1,275	150	125	193.8	318.8
5	500	950	1,450	175	100	190	290
6	500	1,175	1,675	225	83.3	195.8	279.2
7	500	1,450	1,950	275	71.4	207.1	278.6
8	500	1,825	2,325	375	62.5	228.1	290.6
9	500	2,250	2,750	425	55.6	250.0	305.6
10	500	2,750	3,250	500	50	275	325

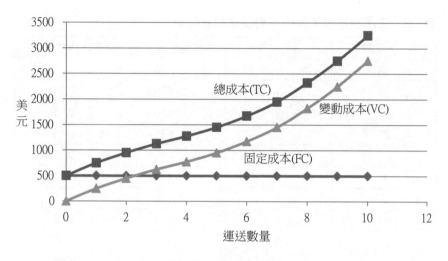

圖9-1　總成本曲線

介紹：平均總成本（ATC）、平均固定成本（AFC）及平均變動成本
（AVC），計算公式如下：

$$ATC = \frac{TC}{Q}, \ AFC = \frac{FC}{Q}, \ AVC = \frac{VC}{Q}$$

在做進一步探討之前，我們先舉一個例子說明上述成本之關係。

【例題9-1】

　　假設約翰從事運輸業運送大型機具，租一輛卡車每日需500美元
（固定成本），請一個工人每小時薪資25美元（變動成本），就短期
來說固定成本是不變的（卡車數量），從**表9-1**得知變動成本會隨著運
送機具數量而變，例如由運送3台機具增加到8台機具時，變動成本會
從625美元增加到1,825美元，而總成本則會從1,125美元增加到2,325
美元。試求出總成本、固定成本、變動成本、平均（單位）成本及邊
際成本之關係。

表9-2　生產函數中工作小時與運送數量關係

工作小時	運送數量	變動成本（VC）	勞工邊際生產
0	0	0	
10	1	250	0.10
18	2	450	0.13
25	3	625	0.14
31	4	775	0.17
38	5	950	0.14
47	6	1,175	0.11
58	7	1,450	0.09
73	8	1,825	0.07
90	9	2,250	0.06
110	10	2,750	0.05

　　若將上例用短期生產函數表示，$Q=f(L)$，Q是運送數量，L是工作時數，亦即在其他條件不變下，只有工作時數會改變，因此可以得出**表9-2**。

　　表9-2中有一項勞工邊際生產（marginal product of labor）等於$\Delta Q/\Delta L$，是指在生產時每增加一單位勞工數量引起的產出數量變化量，當勞工邊際生產值變大時，表示每增加一單位勞工數量時生產力可以提升，如運送數量從2到3，此時增加一個產出數量只需增加七個單位勞工小時，表示公司的資產（卡車）能夠充分被運用。而當勞工邊際生產值變小時，表示每增加一單位勞工數量時生產力反到減少，如運送數量從7到8，此時增加一個產出數量需增加十五個單位勞工小時，這表示增加勞工工時反而花費更多成本，此時報酬遞減率（law of diminishing returns）就出現了。

　　在**圖9-2**中可以看出平均總成本是平均固定成本及平均變動成本之和，且在一開始當產出增加時，平均變動成本及邊際成本都呈現下降趨勢，然而當產出（運送數量）持續增加時，平均變動成本及邊際成本開始呈現上升趨勢。

　　將**圖9-2**與**表9-2**合起來看，發覺當邊際成本曲線在平均總成本曲線之下時，平均總成本曲線呈現下降趨勢；然而當邊際成本曲線在平均總成本曲線之上時，平均總成本曲線呈現向上趨勢。

　　有關邊際成本曲線在平均總成本曲線之上，會導致平均總成本曲線呈現向上，而邊際成本曲線在平均總成本曲線之下，會導致平均總成本曲線呈現向下走向之情形，我們可以舉另外一個例子說明，例如全班經濟學平均成績為60分，此時突然發現有一個學生成績漏算，如果該生之成績為90分，高於全班平均成績，如果將其納入計算當然會使得平均成績向上提升，同理若該生之成績為30分，低於全班平均成績，此時就會將全班平均成績拉下。

　　在自由競爭市場當中單一廠商無法制定價格，他們都是價格追隨者，而選擇市場價格等於邊際成本（P＝MC）的產出數量可以達到最大利潤。**圖9-3**顯示廠商的利潤就等於收益（等於P×Q）扣除掉成本〔等於平均總成本（ATC）×Q〕。

　　對空運業而言，平均（單位）成本的計算是將由一定的產出數量得出之總營運成本（TOC），除上用來生產的單位數量，例如可用座位英里（ASM）。平均（單位）成本會隨著產出數量的多少而改變。

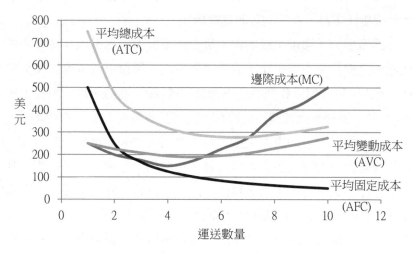

圖9-2　邊際成本及平均（單位）成本

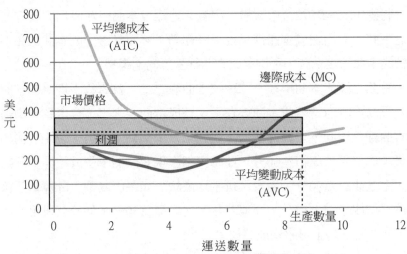

圖9-3　邊際成本與企業獲利關係

　　首先，就短期而言，因為平均（單位）成本包含了平均固定成本
及平均變動成本。而從短期總成本觀點來看，在可提供產出數量之能
力範圍內，固定成本會隨著產出數量之增加而下降。換句話說，如果
盡可能的將產能運用到最大，當然分配到的固定成本就會降低。就實
務上來說就是只要在現有產能下，每多提供一單位產出所賺取之收入
大於變動成本時，企業的營收就會增加。

　　然而平均（單位）成本並不是一成不變的，這是因為總營運成本
與產出之變化並不成正比，通常短期平均（單位）成本會以英文字母
U的形式呈現。如果我們將產出數量當成y軸，而將平均（單位）成本
當成x軸，根據報酬遞減率的說法，換句話說就是在固定的產能下，生
產要素中變動因子的邊際生產力並不會隨著增多而增加；亦即在一開
始時變動因子的邊際生產力可能會快速增加，在總營運成本的上升比
例小於產出數量時，平均（單位）成本會急速下降，但接著下降幅度
趨緩然後變成平滑，最後平均（單位）成本會往上升。

　　其次，就長期而言，當產出數量逐漸增多（需求增加）時，原有
的生產設施已經無法滿足產能需要，此時企業可能會面臨要增加採購

生產設施來滿足產出數量，此時生產函數Q＝f（C, L），Q是運送數量，L是工作時數，C是資產（卡車），我們還是用例題來說明。

【例題9-2】

假設約翰的運輸事業愈做愈大，必須要多租一輛卡車（兩輛每日1,000美元固定成本），請一個工人每小時薪資25美元（變動成本），如果其他條件不變，試比較原來及增加卡車後之總成本、平均總成本、固定成本之關係。

表9-3中由於卡車數量變為二輛，因此固定成本（FC）變為1,000元，而變動成本（VC）則小於例題9-1卡車數量變為一輛時之變動成本，其原因應當是由於生產設施增加，有助於幫助工人在短時間內提高生產產量。

圖9-4及圖9-5均顯示出當卡車數量為一輛時的總成本曲線、固定成本曲線及平均總成本曲線，在運送數量小時（五台機具以下），均

表9-3　長期各項成本變化

運送數量	固定成本（FC）	變動成本（VC）	總成本（TC）	邊際成本（MC）	平均固定成本（AFC）	平均變動成本（AVC）	平均總成本（ATC）
0	1,000	0	1,000				
1	1,000	150	1,150	150	1,000	150	1,150
2	1,000	250	1,250	100	500	125	625
3	1,000	325	1,325	75	333.3	108.3	441.7
4	1,000	375	1,375	50	250	93.8	343.8
5	1,000	450	1,450	75	200	90	290
6	1,000	575	1,575	125	166.7	95.8	262.5
7	1,000	750	1,750	175	142.9	107.1	250.0
8	1,000	975	1,975	225	125	121.9	246.9
9	1,000	1,250	2,250	275	111.1	138.9	250.0
10	1,000	1,575	2,575	325	100	157.5	257.5

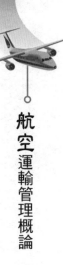

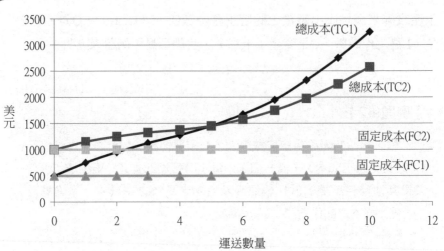

圖9-4　總成本曲線及固定成本曲線變化

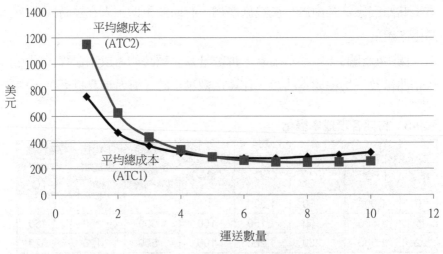

圖9-5　平均總成本曲線變化

較卡車數量增加為二輛時來得低，但是當運送數量超過五台機具以上時，上述情形則正好相反，這也說明當產量擴大到某種程度時，增加生產設施可以達到降低成本之目的。

　　另外在邊際成本（MC）等於邊際收益（MR）時的生產數量，可

以讓企業獲得最大利潤（**圖9-6**）。我們再回到例題9-1的例子，假設每運送一台機具的運費為425美元，代入可得**表9-4**。

四、空運業各項成本介紹

在介紹過成本概念後，接著我們要以空運業成本結構為例，來探討短期產出變化對總成本、平均成本及邊際成本之影響。

(一)總成本

當產出為零時，總營運成本是等於固定成本的，這是因為沒有產出時的變動成本為零。而當產出大於零而在可用產能的範圍內時，每一單位產出的增加都會讓總營運成本增加，這是因為隨著產出的增加，變動成本跟著增加，而固定成本保持不變所致。近年來，許多航空公司藉著科技的進步，例如發動機改善、機身材料變輕希望減少燃油消耗等的做法，都是企圖希望達到降低總營運成本的目的。

對航空公司來說，當產出（乘客對機位需求）增加維持在可用產

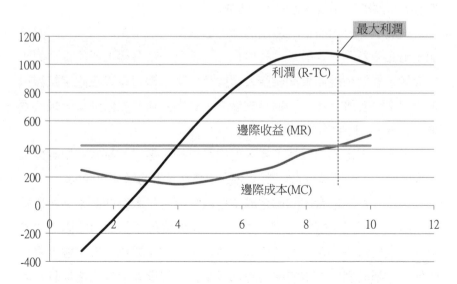

圖9-6　邊際成本（MC）等於邊際收益（MR）時利潤最大

表9-4　運費為425美元下之總收益及邊際收益

運送數量	固定成本（FC）	變動成本（VC）	總成本（TC）	邊際成本（MC）	總收益（R）	邊際收益（MR）	利潤（R-TC）
0	500	0	500		0		
1	500	250	750	250	425	425	-325
2	500	450	950	200	850	425	-100
3	500	625	1,125	175	1,275	425	150
4	500	775	1,275	150	1,700	425	425
5	500	950	1,450	175	2,125	425	675
6	500	1,175	1,675	225	2,550	425	875
7	500	1,450	1,950	275	2,975	425	1,025
8	500	1,825	2,325	375	3,400	425	1,075
9	500	2,250	2,750	425	3,825	425	1,075
10	500	2,750	3,250	500	4,250	425	1,000

能（公司飛機可提供的座位數量）的範圍內時，總營運成本會隨著變動成本的增加而上升。而一旦產出增加到超過可用產能的範圍時，此時若航空公司想要滿足乘客的需求，可能必須購買飛機（固定成本增加），當然總營運成本定會大幅增加。

對於航空公司而言，產出的增加數量是無法切割的，換句話說增加產出必須是「一定數量」的增加，也就是一架飛機上所能提供的座位數量。舉例來說如果某航空公司擁有一架飛機，每天在固定航線只飛一個來回航班。如果因為需求量大，航空公司又能做到每天飛四個來回航班，此時會有兩件事情發生：

第一，固定成本保持不變，但像是燃油、機場及航管費用等變動成本會增加，同時總營運成本也會隨著變動成本的增加而增加。

第二，每單位產出的固定成本會減少，這是因為四個來回航班將可用座位英里（ASM）增加了4倍，因此導致每單位產出的固定成本降低。至於每單位產出的總成本，也就是平均（單位）成本會不會也降低，必須視固定成本的平均降低量是否大過變動成本的增加量，若否，則不會。

現在假設由於需求持續增加,即使每天有四個來回航班仍然有需求溢出現象,為了滿足市場需求,航空公司決定多購買一架飛機加入營運,此時會有下列情形發生:

第一,雖然市場的需求是以一單位計算,也就是在特定時刻會有一或多個乘客無法搭乘飛機,但是航空公司多購買一架飛機所提供的運量卻具有「整批」特性,這是因為飛機的座位數具有不可分割之特性,而具有此種特性之營運系統是不可能達到經濟學中所謂的供需平衡要求的。另外除了飛機之外,時間帶、登機門分配及員工人數等都有類似不可分割之特性。而多購買一架飛機增加運量的方式,往往會導致固定成本的大幅上升。

第二,這種因為增加運量導致固定成本的大幅上升,對於小型新加入的航空公司產生的影響,遠較大型已經營運多年的傳統航空公司大。

總之,航空公司在現有的運量下會產生一定的固定成本,而在該運量的範圍內(從零到運量的最大極限),平均固定成本會隨著運量的增加而下降。然而當需求超過運量的範圍時,若採取購買新機的方式,此時會產生額外增加的固定成本,同時因為飛機的座位數具有不可分割之特性,會造成固定成本大幅增加,最後導致總營運成本也升高。而如果新增加的運量不能夠完全加以利用,此時每單位產出的固定成本(每一ASM)就會升高。

(二)平均成本及邊際成本

當產出(飛機機位)增加數量維持在可用產能(可用座位英里,ASM)的範圍內時,由增加產出、增加數量而導致的邊際成本增加量,會與增量之變動成本的增加量相等(注意並不是與平均變動成本相等,增加產出數量而導致的增加的邊際成本,可能大於或小於平均變動成本,至於是大於或小於則與增加產出時的成本效益有關)。我們仍舊用例題9-1當例子,可以發現當產出增加數量維持在可用產能的範圍內時,增量之變動成本的確與邊際成本相等,而平均變動成本則

不一定大於或小於邊際成本（**表9-5**）。但是一旦產出增加到超過可用產能的範圍時，任何多出的產出就必須增加購買設備的固定成本，當然會導致邊際成本的增加。

如果再回到之前所舉的航空公司在單一航線每天飛四個來回的例子，可以得知：

在起飛前讓最後一位乘客搭上飛機最後一個座位增加的邊際成本，與增加這位乘客所產生的變動成本（票務、佣金、行李搬運、餐點及燃油消耗）是相同的，基本上這些都是交通（traffic）費用。

但是如果將最後一位乘客安排搭上新購買飛機增加的航班，此時由購買飛機及加入營運會導致變動成本及固定成本的大幅增加，這就不僅是交通費用，還要加上增加運量（capacity）的費用。

從上面所舉出的簡單例子，很容易的可以得知當航空公司根據市場需求做出決策時，對於成本會產生重大影響，也就是說在增加班次與購買新機上要取得一個平衡點是非常重要的決定。

首先，回顧過去，航空公司需要在現有的運量下將所有的成本賺回來。這是因為通常傳統航空公司都擁有一定數量之飛機，因此

表9-5　單位增量之變動成本、平均變動成本與邊際成本

運送數量	固定成本（FC）	變動成本（VC）	總成本（TC）	邊際成本（MC）	增量之變動成本	平均變動成本（AVC）
0	500	0	500			
1	500	250	750	250	250	250
2	500	450	950	200	200	225
3	500	625	1,125	175	175	208.3
4	500	775	1,275	150	150	193.8
5	500	950	1,450	175	175	190
6	500	1,175	1,675	225	225	195.8
7	500	1,450	1,950	275	275	207.1
8	500	1,825	2,325	375	375	228.1
9	500	2,250	2,750	425	425	250
10	500	2750	3250	500	500	275

固定成本本來就高，而每單位產出的平均成本（包含平均固定成本及平均變動成本），從短期來看有時會遠高於邊際成本。另外由於空運業的產出具有「無法儲存」特性，加上一般普遍認為空運業的邊際成本低，在這兩種壓力下，常常會迫使空運業在景氣不佳或是運量過剩時，採取短期邊際成本票價策略來求生存，但是卻疏忽了因為高固定成本，導致高平均成本，最後可能產生無法達到損益平衡的要求。

之後，展望未來，航空公司為了擴充現有運量要付出的代價。變動成本、平均變動成本與邊際成本千萬不要搞混。尤其容易犯錯的是將平均變動成本視作與邊際成本一樣，這是因為每多增加一單位產出所需的成本，不太可能會等於平均變動成本。因此在運用短期邊際成本票價時要非常小心，須知當產出維持在產能內時，以生產多一單位產出需要的變動成本來訂價，與邊際成本票價意思相近。但是只要因為市場需求需要多採購一架飛機加入營運時，這個訂價就會發生問題，因為它沒有將要支付新運量的長期需求考慮在內。

史迪芬‧哈勒維（2003）提及在1992年時，美國艾維塔斯（Avitas）航空顧問公司曾對美國國內航空公司作過研究指出，當飛機的乘載率在55-70%之間時，邊際成本大約是總營運成本的23-28%；而當乘載率在90%時，邊際成本大約是總營運成本的40%。

通常具有高固定成本的公司，其短期邊際成本在大部分產出範圍內都會低於平均總成本，我們可以再用前面例子來說明，此時如果將固定成本由原來之500元，增加10倍變成5,000元，再重新計算平均總成本與邊際成本之差異，很明顯可以得知在大部分產出範圍內邊際成本都低於平均總成本（**表9-6**）。

但**表9-6**也同時顯示出在產能不夠時，企業決定要增加產能所必須要多支付高額的固定成本，此時邊際成本占總營運成本的比例就會降低。這也說明當飛機的乘載率低時，多增加一位乘客所需交通費用產生之邊際成本較飛機的乘載率高時來得小的緣故，另外當邊際成本逐漸增加時也可以讓航空公司瞭解是否已經到達要檢討增加產能（購買新機）的時機了。

表9-6　固定成本增加下平均總成本與邊際成本之變化

運送數量	固定成本（FC）	變動成本（VC）	總成本（TC）	邊際成本（MC）	平均固定成本（AFC）	平均變動成本（AVC）	平均總成本（ATC）
0	5,000	0	5,000				
1	5,000	150	5,150	150	5,000	150	5,150
2	5,000	250	5,250	100	2,500	125	2,625
3	5,000	325	5,325	75	1,666.7	108.3	1,775.0
4	5,000	375	5,375	50	1,250	93.8	1,343.8
5	5,000	450	5,450	75	1,000	90	1,090
6	5,000	575	5,575	125	833.3	95.8	929.2
7	5,000	750	5,750	175	714.3	107.1	821.4
8	5,000	975	5,975	225	625	121.9	746.9
9	5,000	1,250	6,250	275	555.6	138.9	694.4
10	5,000	1,575	6,575	325	500	157.5	657.5

第三節　航空公司營運成本探討

　　航空運輸業在計算總營運成本時通常會將其分成為營運（operating）及非營運（non-operating）成本，前者是指由於執行航空運輸業務所產生之成本，而後者則泛指除了航空運輸業務之外，包括決策在內凡是與支援輔助航空運輸業務相關之作為。

一、非營運成本

　　道根尼斯（2002）根據國際民用航空組織（ICAO）及美國的要求，將全球大多數國際航空公司的非營運成本歸成五類：

　　第一類，不論是與飛航或是與飛航無關之現有資產或裝備淘汰所獲得之利潤或是損失，而究竟是獲利或是損失，則由資產或裝備折舊後剩餘之價值，與淘汰或轉售資產或裝備後所獲得之現金相比較即可

得知。

第二類，因為租賃借貸而付出之利息，以及本身存在銀行資金獲得之利息，通常此種付出或是獲得之利息會與飛航營運無關，而許多航空公司會將飛機租賃之利息列為營運成本。

第三類，與航空公司相關之附屬機構產生之獲利或是損失。

第四類，不屬於前三類之獲利或是損失，例如由匯率變動產生之匯損或是由出售股票之獲利。

第五類，任何直接或間接由政府提供之補助，或是其他有關稅負減免之獲益。這種現象在1990年代的歐洲最為常見。

二、營運成本

史迪芬‧哈勒維（2003）將航空公司總成本概念用圖9-7表示。營運成本又可以再區分出直接營運成本（direct operating costs）及間接營運成本（indirect operating costs）。

圖9-7將航空公司總成本分成為營運成本及非營運成本兩大類，其中非營運成本與航空公司的營運好壞並無太多直接關聯，而每家航空公司的非營運成本內容亦不盡相同，因此若在比較不同航空公司的總營運成本時，將非營運成本部分包括在內，產生的意義是不大的。

實際上許多航空公司當遭遇利潤減低時，他們會選擇對「非營運成本或是收入」部分來作帳，常見的做法是飽受財務困擾的航空公司會採取將飛機先賣掉，然後再「租」回來的做法，這麼做在財務報表上會有一大筆資金的現金流入，當然這是屬於非營運項目的收入，而可以用來將公司的損失彌補。由於這種做法存在有極大的漏洞，因此在比較航空公司的成本及營收時，最好是將非營運項目的部分拿掉，這樣才可以很客觀的知道航空公司的營運績效好壞。

基本上營運成本是航空公司為了要遂行空中運輸業務，為公司賺取收入而必須要用於投資購買營運機具的花費。營運成本又因為使用目的的不同可以分為直接營運成本及間接營運成本。理論上這兩種成

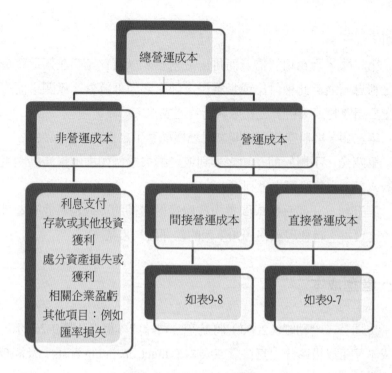

圖9-7　總成本示意圖

資料來源：摘自史迪芬‧哈勒維。

表9-7　直接營運成本

1.航務運作：
・組員薪資旅費
・燃油
・機場及航路費用
・飛機保險
・飛航設備租賃
2.維修及大修：
・維修工程人員費用
・備份零件損耗
・維修管理（可能是間接營運成本）
3.折舊及攤提：
・飛航設施
・地面裝備及資產（可能是間接營運成本）
・加速折舊
・開發成本及組員訓練費用分期償還

表9-8 間接營運成本

1.場站費用：
 • 地勤人員
 • 辦公大樓、裝備及交通
 • 付給其他機構之處理費用
2.旅客服務：
 • 座艙組員薪資（可能是直接營運成本）
 • 其他旅客服務成本
 • 旅客保險
3.票務、銷售及促銷
4.一般管理費用
5.其他營運成本

本有很清楚的定義，直接營運成本與飛機類型有關，也就是說當飛機改變時，直接營運成本也會改變。廣義來說直接營運成本包括所有飛航支出，像是機組員薪資及燃油等。間接營運成本與乘客有關，本質上與飛機無關，也就是說當飛機改變時，間接營運成本不會改變，包括旅客服務成本、票務及銷售成本、場站及地勤人員成本以及一般行政管理成本等。然而在實務上要想將直接營運成本及間接營運成本分得清楚是有困難的，這是因為某些成本項目在認定上有一些爭議，例如某些航空公司就將維修管理及客艙組員成本列為直接營運成本，而又有一些航空公司將他們列為間接營運成本。

(一)直接營運成本

道根尼斯（2002）將直接營運成本的項目分為：

◆航務運作成本

在航務運作成本中占比重最大的就是與飛機有關的成本，而第一項就是與飛航機組員有關的成本，包含飛機組員薪資、出差旅費、過夜津貼、退休金、保險費及其他社會福利費用等。為了安全因素，在同一期間飛行員只能飛一種機型的飛機，而大型飛機飛行員的薪資往往較小型飛機高。為了節省成本，空中巴士的A319及A320由於座艙儀

表配置相似，因此飛行員可以同時擁有駕駛兩種飛機的資格。

第二大項是燃油，燃油消耗量與飛機大小及發動機數量有關，通常大型飛機及多發動機的飛機較為耗油；另外，每條航線的耗油量也不一樣，而燃油消耗量與航線長短、風向及巡航高度也有密切關係。

第三項是機場及航路費用，通常航空公司的班機會使用機場跑道及航站設施，因此需要付錢給機場當局，而機場的費用大致分為兩類：以飛機重量為考量的落地費以及旅客服務費（按載客數計算）。根據美國AAE於2004年發布對飛機落地費的計算公式為：

$$Landing\ fee = 1.5 \times \left(\frac{W_{gross} - W_{fuel}}{1000} \right)$$

如果以波音747-400總重（W_{gross}）875,000磅及攜帶燃油重量（W_{fuel}）343,716磅帶入上述公式來計算，得出落地費約為800美元。這個數字遠低於加拿大航空運輸協會（The Air Transport Association of Canada）（2004）公布的渥太華機場2,395美元、蒙特婁機場2,238美元及溫哥華機場2,146美元便宜得多，由此可知各國對於機場落地費的多少具有相當大的自主權。

另外，航空公司的航路費用是用來支付飛機使用航路導航之用，而收費之多少與飛機大小重量及飛越該國家領空航路長短有關。在航務運作成本當中比重較低的就是飛機保險費用，通常保費是以新機全額購買價格的百分比來計算，大約是在1.5-3%之間。但是如果碰到恐怖攻擊事件，像是911事件，航空公司可能要多付2%的保費。

許多航空公司會想用租機方式來節省成本，尤其在過去二十年租賃變得非常普遍，基本上租賃方式分成兩種：營運租賃（operating leases）及財務租賃（financial leases）。營運租賃的年數短（通常在五年以內），而飛機的債權人不變（屬於租機公司）；財務租賃租期較長，而在十年或更長時間到期以後，飛機的所有權會轉移給航空公司。

◆維修及大修成本

航空公司的總維修成本包含甚廣，要將其分門別類相當耗費時間，為方便起見國際民用航空組織（ICAO）將所有維修及大修的花費放到一個不可分割的成本項目內；而英國民航局（UK Civil Aviation Authority）將其分成兩類：固定及變動，其中變動部分則是與飛行時數有關，亦即飛行時數愈高則變動成本也愈高。

航空公司有一系列針對飛機各系統和零件以及飛機機身的維修計畫，以確保飛機各系統能安全可靠地工作，並確保飛機內的線路、管路、機械操作機構和結構無損傷。所有規定的維修都有一個明確的執行週期或間隔，週檢單位通常用飛行架次、年、月和飛行小時來表示。為了執行方便，通常將同週期的維修計畫組合在一起同時執行，形成一系列的工作，就是：A檢、B檢、C檢和D檢。A檢、B檢、C檢和D檢分別有一個執行週期，其中飛機的D檢（大修）間隔是五至六年，C檢間隔是十五至二十一個月，B檢三至六個月，A檢間隔是五百至八百小時，在一個大修週期若以一架波音747為例，大約每天需要約一百個維修人員，共計要花費少至三週，多至兩個月的維修時間。

發動機是飛機最核心，也是最重要的部分，所需的維修成本也是最多的。發動機的大修週期完全取決於發動機熱段的壽命或時限。這是由於飛機在起飛時所需的發動機推力最大，使得發動機熱段受到的磨損和熱應力也最大，所以發動機零附件壽命的時限以熱段為週期。根據統計一具發動機維修和零附件更換成本超過50%的維修總成本。

在美國交通部要求航空公司將飛機的維修成本分作三類：機身、發動機及維修管理費用。而這些資料都會對外公開，正好可以作為各航空公司之間對於維修成本之比較。

◆折舊及攤提

固定資產長期參加生產經營創造產品價值，而企業在購買固定資產必須付出成本，這部分隨固定資產磨損而逐漸轉移掉的價值即為固定資產的折舊。

折舊是企業分階段（可能數年）將固定資產喪失價值記錄的流程，這種用一段時間以支出來記錄折舊的方式，其目的是要將原先購買固定資產的龐大金額（如飛機）分配到它的使用壽期當中。然而，與其他花費不同的是，折舊費用是非現金支出，簡單的說，就是在記帳的當時並沒有該筆資金的付出。

舉個例子來說，假設瑪莉的服飾公司在某年賺了美金1萬元，但在該年當中瑪莉為了擴大營業，她購買了一台縫衣機花了美金7,500元，並且希望該縫衣機能夠使用五年，但是如果不提折舊，那到了年底公司帳上只有美金2,500元的利潤，這個數據會讓投資者不能接受。

如果瑪莉將花了美金7,500元的縫衣機分五年提出折舊，則變成每年美金1,500元，這個時候公司可以在每年年底只需減去美金1,500元，而公司的獲利就變成美金8,500元，投資者當然高興。

以上的討論似乎有點矛盾，因為雖然公司的獲利是美金8,500元，但實際上公司卻是在一開始就付出美金7,500元購買縫衣機，也就是說公司在銀行的實際結餘應該還是只有美金2,500元。為了彌補這項缺失，另外有一項財務報表就是現金流量表，它必須清楚交代資金的流入及流出，因此投資者必須審慎觀察。

由於飛機、火車、輪船作為交通工具，與其他交通工具相比，其性能較強，價值較高，使用期限相對較長，折舊年限也相應較長；所以在中國大陸規定，此類固定資產的最低折舊年限為十年。

一般航空公司傾向使用直線折舊法，就是將購機成本分成若干年度等比例的支出，通常在年限過後仍會有約0-15%的剩餘殘值。到1970年代中期，廣體客機問世後折舊年限加長到約為十二年左右，究其原因為：(1)廣體客機的資金成本比以前的客機為高；(2)航空科技技術的進步已經到達高峰。到目前為止，航空公司的廣體客機折舊期限約為十四至十六年左右，殘值約為10%的購機成本。航空公司使用折舊的目的有二：(1)將龐大購機成本分攤到飛機的使用年限當中；(2)折舊費用可以從公司的盈餘當中扣除，放入到公司保留資金當中，而可以用來支付其他用途。

航空公司購買飛機使用折舊的多少與期限和剩餘殘值有關，舉例來說，若某航空公司用2億美金購買一架波音747飛機，假設採取十六年折舊，而殘值為10%，試求折舊費用多少？

$$年度折舊＝（購買飛機價格－剩餘殘值）÷折舊期限$$
$$＝（200,000,000 - 20,000,000）÷ 16$$
$$＝1,250,000$$

得出每年折舊費用為11,250,000美元

(二)間接營運成本

◆場站及地勤費用

所有在機場為了提供航空公司服務之費用（不包含落地及機場費），包括航空公司在機場處理及提供飛機、旅客及貨物服務的薪資及費用，另外航空公司提供給頭等艙及商務艙貴賓使用的貴賓室、地面運輸設備以及航站大樓辦公室所使用之電話、傳真等都是。一般而言，航空公司營運總部所在地該筆費用支出最大。

◆旅客服務成本

旅客服務成本最大部分是付給飛機座艙組員的薪資及津貼，像是外場過夜的旅館費及座艙組員的訓練費。第二大項是直接提供給旅客服務，像是航程中餐點、娛樂費用，以及過境轉機旅客的旅館費，加上某些時候（可能是誤點或天候引起）為了讓地面候機旅客覺得舒適的餐點費。

2010年4月航空公司指南就針對英國及愛爾蘭廉價航空公司，提供的經濟艙餐點及飲料服務列出價格比較（**表9-9**），其中瑞安航空的各項空中餐飲服務費用都偏高。不同於傳統航空公司，廉價航空公司提供的這項服務是消費者買單，同時也可以作為廉價航空公司的另類收入。

最後是旅客責任保費及旅客意外險費用，這項費用的支出高低與航空公司的安全記錄成正相關，在每1,000收益乘客公里（RPK）大約

表9-9　廉價航空公司餐飲價格比較（經濟艙）

航空公司	茶／咖啡	瓶裝水50cl	啤酒	三明治	巧克力棒
英國英倫航空公司（BMI）	£2.00	£1.50	£3.50	不提供	£1.00
Bmibaby（英國）	£2.00	£1.80	£3.50	£3.50	£1.00
易捷航空（easyJet）	£2.00	£1.50	£3.50	£3.50	£1.00
Flybe（英國）	£2.10	£1.70	£3.50	£3.95	£1.00
Jet2（英國）	£2.00	£1.50	£3.60	£3.75；套餐£9.99	£1.00
Monarch（英國）	£2.00	£1.60	£3.50	£3.50；套餐£6.00；某些包機免費	£1.00
Thomas Cook（英國）	£2.00	£1.60	£3.50	不提供；套餐£5.00；某些包機免費	£1.00
Thomson（英國）	£2.00	£1.60	£3.50	不提供；套餐£7.50；某些包機免費	£1.20
愛爾蘭航空公司（Aer Lingus）	£2.00	不提供	不提供	£4.50	£1.00
瑞安航空（Ryanair）	£2.63	£2.63	£3.95	£4.39	£1.32

資料來源：Airline guide: food and drink.

會收取33-55美分。

◆票務、銷售及促銷成本

　　包括所有從事票務活動的開支、給付及津貼等都是，國內、外零售票辦公室以及所有電話中心電話費、電腦訂位系統（CRS），以及航空公司的網路費用等。然而對於國外零售票辦公室費用在認定上往往出現問題，因為他們通常除了售票之外，常常也會幫忙處理乘客其他問題，例如行李處理，這時可能又是場站及地勤費用的範圍。

　　在此項目中支付給旅行社的銷售佣金所占比例最大，同時支付給

信用卡公司及全球配送系統對於他們在訂位上之協助也不少，最後所有促銷開支，包括廣告成本及類似提供給旅遊記者或旅行社人員的酬佣等都是。

◆行政管理費用

在航空公司的總營運成本當中，行政管理費用所占比例相當小，基本上這是因為與各項成本有關的管理費用可以歸類到相關成本當中，因此所謂的行政管理費用只考量單純與整個航空公司或是無法放入到各項成本的管理費用才算。因此如果航空公司之間將這項成本拿來比較的話是無多大意義的。

三、以功能別區分航空公司營運成本

由於在計算航空公司的營運成本時，許多成本在歸類上究竟應屬於直接營運成本或是間接營運成本，並無絕對之標準。彼得‧貝羅巴巴（Peter P. Belobaba）（2009）將航空公司營運成本按照「功能」（function）加以分類，基本上是將整個營運成本分成三大類：航務運作成本（flight operating cost）、地面運作成本（ground operating cost）及系統運作成本（system operating cost）。

(一)航務運作成本

航務運作成本包括所有與飛機運作有關的費用，也稱之為直接營運成本（DOC），在航空公司的營運支出當中該筆支出通常最大，在美國交通部發布之41號表格資料當中下列項目與航務運作成本有關：

1. 飛航營運（flying operations）：所有因為飛機在空中執行營運任務而直接產生之花費，包括機組員及燃油成本在內。
2. 維修：所有為了要維修及保持飛機及裝備正常營運所產生之直接及間接花費，還包括例行性維修及週期性檢查，該成本主要受到需要大量人力以及零附件更換之影響。

3.折舊及攤提：主要是將價值昂貴資產之資金成本，例如購買飛機之成本及利息分配到整個生命週期。

(二)地面運作成本

地面運作成本是航空公司在機場處理乘客、貨物及飛機之費用；另外，對於提供旅客交通服務產生之費用也包含在內，可分成三項：

1.飛機服務成本：處理飛機在地面之費用，包括落地費。
2.交通服務成本：處理在機場的乘客、行李及貨物之費用。
3.銷售及促銷成本：航空公司的訂位中心及票務辦公室，包括旅行社佣金及配送系統費用。

(三)系統運作成本

系統運作成本類似間接營運成本，不是直接用來提供交通運送服務，而是供公司營運開支，例如為了增加公司收入的廣告成本，航程中提供旅客服務的開支，例如餐點、娛樂及座艙組員成本，整個航空公司的管理費用，主要的項目有：

1.旅客服務成本，包括餐點、空服員及航程中服務費用。
2.廣告及宣傳成本。
3.一般行政管理成本，主要是整個航空公司的管理費用。
4.交通運輸相關成本，它是用來提供產生運輸相關收益的成本，包括付給提供區域空中服務的區域航空公司（與公司有合作關係）費用、過多行李費用及其他雜項營運成本。

彼得‧貝羅巴巴（2009）舉出美國航空運輸協會根據功能成本分類將2007年美國航空公司成本區分如**表9-10**。

其中航務運作成本約占總營運成本之53.10%，是營運成本中之最大項目，以功能成本分類可以提供給各航空公司更為詳細的成本比較。

表9-10　功能成本分類

類別	項目	百分比
1	飛航營運	39.30%
1	維修	9.40%
1	折舊及攤提	4.40%
2	飛機交通服務	14.20%
2	銷售及促銷	6.30%
3	旅客服務	6.70%
3	一般行政管理	5.90%
3	交通運輸相關成本	13.70%

資料來源：美國航空運輸協會（2008）。

四、固定直接營運成本及變動直接營運成本

　　營運成本之高低與企業獲利有直接關係，理想狀況當然是獲利逐年增加而成本逐年減少。航空運輸業本來就具備高成本特性，而獲利狀況也由於全球經濟持續衰退及同業競爭日益激烈，紛紛傳出獲利不佳訊息，因此航空公司之營運成本高低就顯得益加重要。

　　彼得‧貝羅巴巴（2009）綜整1992-2005年國際民用航空組織會員國航空公司的營運成本後得出**表9-11**，明顯看出直接營運成本從1992年的44%，不斷地攀升，到2005年已經到達54%，超過總營運成本的一半。

　　在過去二十年來，對於營運成本影響最大的就是燃油價格的波動（**圖9-8**），導致燃油及滑油占總營運成本之比例從1992年的12.2%，攀升到2005年的21.9%，幾乎上漲了10%。由於直接營運成本中的其他兩項（維修及大修、折舊及攤提費用）基本上並沒有大幅變動，其中維修及大修費用從1992年的10.9%，到2005年的10.2%。另外折舊及攤提費用從1992年的7%，到2005年的6.1%。表面上看起來這兩項費用不升反降，其部分原因是因為從1980年代開始，廣體客機大量被航空公司採用，由於壽期較長，導致折舊費用降低，另外由於科技的進步飛

表9-11　1992-2005年國際民用航空組織會員國航空公司營運成本

	1992年（%）	2002年（%）	2005年（%）
直接營運成本	44	49.1	54.0
1.航務運作	26.1	30.7	37.7
飛航組員	（7.2）	（9）	（7.8）
燃油及滑油	（12.2）	（13）	（21.9）
其他	（6.7）	（8.7）	（8）
2.維修及大修	10.9	11.3	10.2
3.折舊及攤提	7	7.1	6.1
間接營運成本	56	50.9	46
1.場站費用	17.2	17	16.2
落地及機場費用	（3.9）	（4）	（3.8）
其他	（13.3）	（13）	（12.4）
2.旅客服務	10.8	10.3	9.3
3.票務、銷售及促銷	16.4	10.7	9.1
4.行政管理費用	11.6	12.9	11.4

資料來源：摘自彼得‧貝羅巴巴。

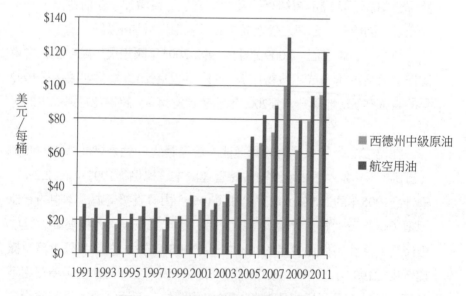

圖9-8　航空燃油價格之變動狀況

資料來源：Airlines for America.

機維修的成本也跟著降低，最後則是採用廣體客機後航空公司的產出——ASM也大幅提升，這些都會使得單位成本降低。因此我們幾乎可以認定燃油價格的變動是造成直接營運成本超過總營運成本一半的主要因素。

然而，從另外一個角度來看，在過去二十年，由於航空公司傾向用租賃方式而不是用現金購買方式來添購飛機，因此在折舊及攤提費用項目當中並沒有完全反映出過去的真相。

道根尼斯（2002）對於航空公司成本結構介紹中指出，經營不定期（包機）空運業務或是廉價航空公司的直接營運成本占總營運成本之比例約為60%或是更高，其原因是因為經營這些航空公司的管理者對於間接營運成本的支出非常謹慎，與傳統航空公司比較要少得多。

為便於比較上述國際民用航空組織會員國航空公司營運成本之趨勢，以下舉出美國航空從2000-2010年營運成本變化之例子。

由**表9-12**、**表9-13**看出美國航空直接營運成本變化百分比明顯大於國際民用航空組織會員國航空公司之直接營運成本，其中最大差別在飛航組員，國際民用航空組織會員國航空公司飛航組員占總營運成本約8%，美國航空卻高達30%以上，在全球航空公司競爭日益激烈的狀況下，擁有超高人事成本的美國航空公司當然容易喪失競爭力。

在瞭解營運成本之結構後，航空公司要如何做才能夠達到降低成本之目的呢？

前述對於航空公司營運成本之探討，大都是以功能性為導向，這種方式對於會計以及一般行政管理而言非常好用，而在航空公司內有航務部門、維修工程部門、行銷部門等等，也都是符合功能性之安排，因此將成本採用功能性區分對於航空公司內部或是與其他航空公司比較，都容易做到績效好壞之評量。

除此之外，將成本以直接或間接的方式來加以分類，對於航空公司營運績效之好壞也是很有效之方法。其中間接營運成本可以將其視作為固定不變的項目，因為它不受使用飛機型別之影響。而若是要對不同型別飛機在某一航路上的營運績效，可以用直接營運成本來做比

表9-12　2000-2010年美國航空營運成本　　　　　　　　　　　　單位：百萬美元

	2000年	2002年	2004年	2006年	2008年	2010年
直接營運成本						
飛航組員（wages, salaries and benefits）	6,354	7,954	6,224	6,202	6,655	6,847
燃油及滑油（aircraft fuel）	2,372	2,415	3,653	5,784	9,014	6,400
折舊及攤提（depreciation and amortization）	1,068	1,209	1,124	967	1,207	1,093
落地及航路費用（landing fees）	919	1,110	1,066	1,154	1,298	1,418
維修及大修（maintenance, materials and repairs）	899	962	821	771	1,237	1,329
租機成本（aircraft rentals）	561	815	588	587	492	580
間接營運成本						
旅客服務（food service）	769	693	552	500	518	490
票務、銷售及促銷（commissions, booking fees and credit card expense）	1,536	1,087	1,107	1,076	997	976
匯兌費用（other operating expenses）	2,395	2,339	2,184	2,445	3,024	2,729
意外遭受損失費用（special charges）		625	10		1,213	
其他（regional payments to AMR Eagle）		106	1,700	2,189		
總成本（total operating expenses）	16,873	19,305	19,029	19,486	25,655	21,862

資料來源：摘自美國航空。

較即可。

　　傳統以功能為主的營運成本計算方式，相當簡易明瞭，因為從這些直接及間接營運成本獲得的資料，航空公司營運者可以瞭解某條航線的營運狀況，或是某條航線在經營模式改變後成本的變化情形。至於如何將營運成本壓低，道根尼斯（2002）則提出另外一種觀念，就是「可避開成本」（escapability of costs）的概念，而究竟有哪些成本

表9-13　2000-2010年美國航空營運成本變化百分比

	2000年（%）	2002年（%）	2004年（%）	2006年（%）	2008年（%）	2010年（%）
直接營運成本	72.14	74.93	70.82	79.36	77.58	80.81
飛航組員（wages, salaries and benefits）	37.66	41.20	32.71	31.83	25.94	31.32
燃油及滑油（aircraft fuel）	14.06	12.51	19.20	29.68	35.14	29.27
折舊及攤提（depreciation and amortization）	6.33	6.26	5.91	4.96	4.70	5.00
落地及航路費用（landing fees）	5.45	5.75	5.60	5.92	5.06	6.49
維修及大修（maintenance, materials and repairs）	5.33	4.98	4.31	3.96	4.82	6.08
租機成本（aircraft rentals）	3.32	4.22	3.09	3.01	1.92	2.65
間接營運成本	27.86	25.12	29.18	31.87	22.42	19.19
旅客服務（food service）	4.56	3.59	2.90	2.57	2.02	2.24
票務、銷售及促銷（commissions, booking fees and credit card expense）	9.10	5.63	5.82	5.52	3.89	4.46
匯兌費用（other operating expenses）	14.19	12.12	11.48	12.55	11.79	12.48
意外遭受損失費用（special charges）		3.24	0.05	0.00	4.73	
其他（regional payments to AMR Eagle）		0.55	8.93	11.23	0.00	

資料來源：摘自美國航空。

是可以避開（節省）的呢？一般航空公司在展開營運後，有些成本在決策制定後立即能夠節省下來，但是有些成本在決策制定後，必須經過一段長時間才能夠節省。可避開成本包含有時間的概念，不同性質的成本需要不同的時間來節省，但若是時間夠長則所有的成本都可以避掉。

　　另外，可避開成本幅度的大小與航空公司營運的規模及所做的決策有關，假設航空公司考量將某一條航線的營運班次減少，其可避開

成本減少的幅度當然會小於航空公司考量將整條航線停止營運的結果。因為減少營運班次的可避開成本僅限於飛航營運成本的節省，而與其他該航線結合在一起的共同成本，會因為該航線剩餘航班要持續營運而仍舊要支出的固定成本。反之，若航空公司將整條航線停止營運，則相關的整個航站都可以關閉，人力可以精簡，當然可避掉成本就高。

航空公司對於可避掉成本的做法是將直接營運成本、間接營運成本，以及固定成本、變動成本的概念結合在一起。由於間接營運成本通常是固定要支出的成本在此不予考慮，因此可以在直接營運成本下再區分出固定直接營運成本（fixed direct operating cost）及變動直接營運成本（variable direct operating cost）。根據道根尼斯的說法，我們將直接營運成本再分成兩類，並將各細項成本分配到固定直接營運成本及變動直接營運成本當中（圖9-9）。

雖然圖9-9中所列出固定直接營運成本及變動直接營運成本的各個細項是由直接營運成本分離出來，但是如果再仔細去分析卻可以發現其中有許多項目已經有了變動。例如所有座艙組員薪資、付給其他機構之協助處理費用、其他旅客服務成本（例如空中餐點及過境旅館）等在表9-8中原來屬於間接營運成本的項目，變成為直接營運成本。

將直接營運成本下再區分出固定直接營運成本及變動直接營運成本之目的，就是要在直接營運成本當中找出有哪些是可以避掉的成本。道根尼斯並舉出英航在1999-2000年的營運狀況為例來做說明（圖9-10）。

圖9-10列舉出了英航將總營運成本分作固定直接營運成本、變動直接營運成本及間接營運成本三大項目之後，各個項目占總營運成本之比例分別為27.1%、40.1%及32.8%。由於固定直接營運成本及間接營運成本基本上是無法變動，因此如果想要將成本節省，唯有變動直接營運成本可以做調整，而該項目占總營運成本之比例高達40.1%，這也就是說如果取消一個固定航班，在短期內航空公司最多可以節省下40.1%的變動成本。因此當2001年的911恐怖攻擊事件發生時，大

間接營運成本	固定直接營運成本	變動直接營運成本
1.場站費用 ・地勤人員 ・辦公大樓、裝備及交通 ・付給其他機構之處理費用 2.旅客服務 ・座艙組員薪資 ・其他旅客服務成本 ・旅客保險 3.票務、銷售及促銷 4.一般管理費用	1.飛機固定開支 ・折舊及租賃 ・飛機保險 2.飛行組員成本 ・固定薪資（與飛行小時無關） ・座艙組員管理 3.座艙組員成本 ・固定薪資（與飛行小時無關） ・座艙組員管理 4.維修工程成本 ・固定工程人員成本 ・維修管理費用	1.燃油成本 2.變動飛行組員成本 3.變動座艙組員成本 4.直接工程成本 ・與飛機飛行次數有關 5.機場及航路費用 ・落地費及其他機場費 ・航路導航費 6.旅客服務成本 ・旅客餐點／旅館費用 ・付給其他幫忙服務旅客之機構費

圖9-9　固定（變動）直接營運成本及間接營運成本結構

資料來源：道根尼斯。

多數航空公司都忙著要將航線及航班縮減來節省成本，假設有20％的運能被節省下來，換算到全球航空公司來說，最高也只能節省下8％（20％×40.1％）的變動成本（短期內），對於全球航空公司的固定成本支出，並無多大助益。

國籍航空公司對於成本結構也有類似劃分為直接營運成本（direct operating cost）〔包含直接變動成本（direct variable cost）、直接固定成本（direct fixed cost）〕及間接營運成本（indirect operating cost）的做法，如**圖**9-11。

表9-14列出國籍航空公司從1985-1989年營運成本結構變化情形，若將直接變動成本、直接固定成本及間接營運成本，分別用項目1、2、3表示，可得出直接變動成本有六項，而這五年的平均直接變動成

間接營運成本	固定直接營運成本	變動直接營運成本
1.場站費用：52% 2.地面裝備折舊：1.6% 3.票務、銷售及促銷：18% 4.一般管理費用：5% 5.專屬貨運：2.2% 總計：32.8%	1.飛機固定開支：14.4% 2.飛行組員薪資：3.8% 3.座艙組員薪資：4.1% 4.固定工程人員成本：4.4% 5.旅客保險：0.4% 總計：27.1%	1.燃油成本：11.5% 2.變動飛行／座艙組員成本：4.4% 3.直接工程成本：5.5% 4.機場及航路費用：7.7% 5.旅客服務成本：5.9% 6.付給其他幫忙服務旅客之機構費：3.0% 7.專屬貨運：2.1% 總計：40.1%

圖9-10　英國航空在1999-2000年的營運成本結構

資料來源：摘自道根尼斯。

間接營運成本	直接固定成本	直接變動成本
1.維修管理費用 2.場站營運費用 3.旅客服務管理 4.票務、銷售及促銷 5.一般管理費用 6.利息	1.折舊及租賃 2.飛機保險	1.燃油成本 2.飛行組員成本 3.座艙組員成本 4.落地費、航路費用及其他機場費 5.旅客服務成本 6.維修成本

圖9-11　國籍航空公司成本結構

本占總營運成本的45.32%（**表9-15**），代表假設取消一個固定航班，在短期內航空公司最多可以節省到45%的變動成本。值得注意的是在1980年代燃油占總營運的百分比大約只有14%。

表9-14　國籍航空公司從1985-1989年營運成本結構　　　　　　單位：千元

項目	成本	1985年	1986年	1987年	1988年	1989年
1	旅客成本	24,995	33,158	44,541	48,536	51,526
1	飛行組員成本	16,198	19,047	26,740	30,063	46,873
1	燃油	145,017	119,750	127,692	125,575	146,088
1	直接維修	31,922	38,205	50,117	66,793	59,957
1	落地及航路導航費	55,347	71,386	85,780	93,068	101,604
1	座艙組員成本	22,016	24,566	34,372	39,902	52,544
2	保險	9,278	12,010	13,285	7,926	4,300
2	折舊及攤提	63,531	83,870	149,821	153,691	158,570
3	維修負荷	13,318	13,810	21,014	22,659	31,188
3	場站及地面運作	29,748	34,420	48,301	51,399	62,076
3	旅客服務管理	5,414	6,929	9,788	11,394	12,529
3	票務、銷售及促銷	84,766	113,154	161,629	173,032	207,620
3	一般行政管理	17,486	20,279	31,209	41,045	43,612
3	財務費用／租機	48,018	69,452	77,268	74,678	81,294
	總成本	567,054	660,036	881,557	939,761	1,059,781

表9-15　國籍航空公司從1985-1989年直接營運成本占總營運成本百分比

	1985年（%）	1986年（%）	1987年（%）	1988年（%）	1989年（%）
直接變動成本	52.11	46.38	41.89	42.98	43.27
旅客成本	4.41	5.02	5.05	5.16	4.86
飛行組員成本	2.86	2.89	3.03	3.20	4.42
燃油	25.57	18.14	14.48	13.36	13.78
直接維修	5.63	5.79	5.69	7.11	5.66
落地及航路導航費	9.76	10.82	9.73	9.90	9.59
座艙組員成本	3.88	3.72	3.90	4.25	4.96

Chapter 10

載客率與損益兩平載客率

在第九章我們對於航空公司的成本做了完整的介紹，成本對於任何行業來說都是非常重要的項目，如果一個企業對於成本認識不清，他將不知如何獲利，甚至於可能會產生應當獲利結果卻變成虧損。

航空公司也是一樣，在出售機位的同時應該要知道賣出多少可以獲利，而如果機位出售數量未到達某個數量，則會產生虧損。如果航空公司知道這些機位銷售數據，並且當作市場銷售之參考依據，就會在淡季做出促銷提高機位銷售量，最後讓公司可以維持獲利。而這個銷售機位數量之參考依據就是本章要討論的重點。

第一節　成本、收入及載客率

航空運輸業之產品為機艙內之座位，換句話說每售出一個座位，航空公司即可得到一份收入。由於飛機上之座位不可能儲存以待售，亦即只要飛機在機場登機口關上艙門時，任何多餘未售出的機位都無法為航空公司賺取收入，就像是腐敗掉的食物一樣只能丟棄，因此航空業也具備高耗性產業（high perishable industry）特性。由於此一特性，使航空企業之經營頗為困難，經營者勢須在飛機離開地面以前儘量把座位填滿，至少亦需到達滿足成本之地步。而究竟應當出售多少機位才可以達到滿足成本？或是在起飛前已經知道尚有許多機位沒有售出，為了減少損失，是否應當採取降價策略以招徠乘客？要想對於上述問題有深刻瞭解，必須知道航空運輸業之經營關鍵在於成本、收入及載客率等因素。此三個因素如運用得當，則易於在競爭中求取生存。

一、成本

一般而言，成本為企業為了獲取收入所必須支付之代價。由於各類生產因素如飛行時間、座位等並非無償性，用以獲取收入自需付出

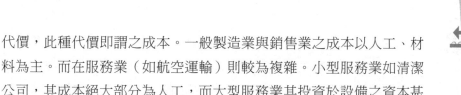

代價，此種代價即謂之成本。一般製造業與銷售業之成本以人工、材料為主。而在服務業（如航空運輸）則較為複雜。小型服務業如清潔公司，其成本絕大部分為人工，而大型服務業其投資於設備之資本甚為巨大，且使用此等設備亦將發生鉅額之現金支出。故而其支出勢須分門別類，俾管理當局能一目瞭然各類成本之消長趨勢。一般航空業之成本分類大都以美國民航局訂頒之會計制度為藍本，即將成本區分為直接成本與間接成本。此等劃分之著眼點乃因飛機為航空公司最重要之生財設備投資巨大，凡使飛機保持運轉或飛航而發生之一切必要費用，均列為直接成本，其下細分為組員薪津及費用、油料、飛機保險、修護成本及折舊等五類。其他不與飛機之使用或操作發生直接關係之費用，均列入間接成本項下，可細分為旅客服務、場站運務、營業票務及管理等四類。此係航空業一般所使用之區分方式。當然亦有不依照上述方式區分者，例如國泰航空公司其成本之區分完全按照成本之變動性與固定性為區分之依據。

上述一般航空公司最常使用的成本分類方式，在航空公司對外的年報當中最常被使用，例如美國航空在年報當中所列出來之成本項目及支出如**表10-1**所示。

表10-1　美國航空2008-2010年成本項目及支出　　　　　　單位：百萬美元

	2008年	2009年	2010年
人事	6,655	6,807	6,847
油料	9,014	5,553	6,400
折舊	1,207	1,104	1,093
落地費	1,298	1,353	1,418
旅行社佣金	997	853	976
維修	1,237	1,280	1,329
租機費用	492	505	580
餐點服務	518	487	490
特別費用	1,213	171	
其他	3,024	2,808	2,729
總成本	25,655	20,921	21,862

資料來源：美國航空。

Chapter 10 載客率與損益兩平載客率

　　從**表10-1**當中我們可以知道美國航空在當年度的成本費用多少，充其量只能知道哪些項目占總營運成本的比重有多少，但是要如何改進確實很難做到。因為造成成本上升的因素太多，例如飛機型別、飛行航線甚至耗費多少維修工時等都會影響成本支出，因此若想要對成本有更詳盡的瞭解，以便能夠對成本節省做改善，只看航空公司在年報當中所列出來之成本項目及支出是不夠的。

　　為了能夠確實知道成本的結構及支出狀況，航空公司必須對每一機種的每小時飛行成本確實瞭解，**表10-2A**、**表10-2B**、**表10-2C**為國籍航空公司在1980年代對於不同機型及不同航線的客、貨運所得之每小時飛行成本。

表10-2A　不同機型及航線客運每小時飛行成本　　　　　單位：美元

地區	泛太平洋地區				東北亞			
客運	747P	747SP	744	A300	747P	747SP	744	A300
飛行時數	4,631	1,921	11,445	169	2,041	238	1,565	512
乘客成本	1,621	737	1,245	323	1,562	1,187	1,702	384
飛行機組員	840	1,030	748	621	719	712	543	636
燃油	2,406	2,010	2,274	981	2,391	2,012	2,203	1,088
直接維修	1,383	997	412	1,839	1,395	1,016	470	1,719
落地費及航路	3,203	532	450	3,274	5,333	3,768	4,486	4,369
座艙機組員	1,178	726	1,049	583	1,066	884	1,184	617
保險	66	55	165	85	66	55	165	85
折舊及租機	1,865	2,420	2,901	3,022	1,865	2,420	2,901	3,022
間接維修	699	499	198	822	705	559	228	761
場站	772	330	369	1,609	1,010	776	847	1,445
乘客服務管理	477	238	329	197	407	309	430	186
乘客佣金	988	210	349	286	1,627	1,238	1,836	523
貨物佣金	15	8	17	3	16	12	20	7
票務及促銷宣傳	1,413	585	1,026	649	1,665	1,304	1,799	798
一般行政	614	217	379	289	1,025	815	1078	358
利息	0	101	1,040	1,180	0	101	1,040	1,180
每小時成本	22,171	12,616	24,396	15,932	22,893	17,406	22,497	17,690

表10-2B　不同機型及航線客運每小時飛行成本　　　　　　　單位：美元

地區	東南亞				歐洲	非洲	
客運	747P	747SP	744	A300	MD-11	747P	747SP
飛行時數	1,637	3,370	1,256	11,726	8,444	59	1,018
乘客成本	1,026	758	1,099	611	688	994	584
飛行機組員	692	653	522	643	655	725	764
燃油	1,903	1,785	1,841	1,195	1,456	2,432	1,977
直接維修	1,576	1,353	583	1,384	176	989	1,063
落地費及航路	3,133	2,139	3,571	1,852	1,153	1,224	901
座艙機組員	793	641	817	678	848	1,024	942
保險	66	55	165	85	74	66	55
折舊及租機	1,865	2,420	2,901	3,022	2,073	1,865	2,420
間接維修	792	679	314	620	163	446	517
場站	1,586	935	1,523	834	841	677	528
乘客服務管理	337	253	354	208	217	296	261
乘客佣金	529	425	1,010	308	204	265	134
貨物佣金	14	8	15	6	8	28	20
票務及促銷宣傳	1,095	946	1,688	785	942	1,128	784
一般行政	615	482	899	383	280	305	207
利息	0	101	1,040	1,180	544	0	101
每小時成本	16,022	13,633	18,342	13,794	10,322	12,464	11,258

　　從**表10-2A**、**表10-2B**、**表10-2C**當中我們很容易知道哪些項目的成本偏高：

1. 貨機每小時飛行成本較客運低2倍以上。
2. 747-400的每小時飛行成本最高。
3. 空中巴士A300的每小時飛行成本雖然較低，但是其直接維修及間接維修費用均較其他機種高出甚多。
4. 就客運來說，付給旅行社的乘客佣金較付給貨運承攬業者之貨物佣金高很多。
5. 東北亞的落地費及航路費用較其他地區高出甚多。

表10-2C　不同機型及航線貨運每小時飛行成本　　　　單位：美元

地區	泛太平洋地區	東北亞	東南亞	歐洲
貨運	747F	747F	747F	747F
飛行時數	5,814	204	1,304	2,101
乘客成本	0	0	0	0
飛行機組員	1,047	761	914	875
燃油	2,397	2,409	2,329	2,641
直接維修	612	760	1,310	833
落地費及航路	1,024	6,261	2,246	726
座艙機組員	0	0	0	0
保險	77	77	77	77
折舊及租機	1,885	1,885	1,885	1,885
間接維修	413	512	807	498
場站	788	4,653	1,994	468
乘客服務管理	0	0	0	0
乘客佣金	0	0	0	0
貨物佣金	139	83	60	58
票務及促銷宣傳	295	464	427	165
一般行政	372	567	411	368
利息	323	323	323	323
每小時成本	9,372	18,755	12,783	8,917

　　僅從**表10-2A、B、C**所列出之成本可以很容易得出機型及航線對於成本支出之影響，因此當航空公司想要在成本方面做調整時，就可以針對是否要更換機種及調整航線上來做運用。

二、收入

　　其次談及收入，概言之，航空運輸業之收入係以售票收入、超重行李、郵運及貨運四類為主要來源，而以售票收入為大宗，其餘三類收入約占總收入之10-15%（美國航空公司最為明顯）。出售機票所得票款，並非一般所想像即可列為收入，因旅客購票後，常有甚多轉搭

其他航空公司，取消訂位或退票等情事。因此如認為機票售出之後即產生收入之想法，顯然不切實際。由於尚未履行運送之契約義務，航空業將此等售票收入視為一種債務性質，稱之為營收（sales）。當旅客搭乘之後，根據其機票之搭乘聯及艙單，確定已履行運送合約後，方可將此一部分之營收轉為航收（flown revenue or uplifted revenue），此項航收方得謂之為航空公司真正之收入。雖然在航空公司的收入上有營收與航收之區別，但是在航空公司的年報當中卻並沒有做明確的表示，例如**表10-3**所顯示的為西南航空年報上之營收狀況。

同樣的由**表10-3**我們只能知道航空公司的年度營收狀況，但是由於航空公司的航線遍及全球，究竟是哪一些航線的營收對於公司的營運影響較大，則必須要對各地區之航線營收狀況做更進一步之瞭解。

假設某航空公司的各地區營收如**表10-4**。

表10-3 2006-2010年西南航空之營收狀況　　　　　　單位：百萬美元

	2006年	2007年	2008年	2009年	2010年
客運	8,750	9,457	10,549	9,882	11,489
貨運	134	130	145	118	125
其他	202	274	329	340	490
總營收	9,086	9,861	11,023	10,340	12,104
總營運成本	8,152	9,070	10,574	10,088	11,116

表10-4 假設某航空公司之各地區營收　　　　　　單位：千美元

	國內	大洋洲	東北亞	東南亞	歐洲	非洲
淨航收	26,048.9	343,325.3	189,881.6	417,534.5	88,140.5	8,590.8
直接成本	17,554.3	281,681.8	101,620.9	255,825.4	75,192.2	8,499.2
毛利	8,494.6	61,643.5	88,260.8	161,709.1	12,948.3	91.5
間接成本	10,135.3	95,106.2	41,555.9	115,110.5	28,211.0	3,255.9
營業利潤	−1,640.7	−33,462.6	46,704.8	46,598.6	−15,262.8	−3,164.4
獲利率（ROS）	−6.30%	−9.75%	24.60%	11.16%	−17.32%	−36.83%
ROS 排名	3	4	1	2	5	6
淨航收比重	2.43%	31.98%	17.69%	38.89%	8.21%	0.80%
淨航收比重排名	5	2	3	1	4	6

我們利用1970年由波士頓顧問公司提出的BCG矩陣，主要目的是協助企業評估與分析其現有產品線，BCG矩陣橫軸為相對市場占有率（relative market share），縱軸為市場成長率（market growth rate），如圖10-1所示，如果將橫軸與縱軸一分為二，那麼即可將此二維圖形分成四個象限，而根據此四個象限中即可區分為四種不同類型的產品（products），分別為問號（question marks）、明星（stars）、金牛（cash cows）與狗（dogs）。

狗就是在一個低成長的市場環境（外在環境），又僅擁有低市占率，因此策略上應該放棄此產品線。金牛產品就是會產生現金流量的產品，因為該產品之整體成長率低（因為接近飽和期）所以競爭態勢已經底定（外加競爭者不多），而現階段企業又占有高市占率，因此該產品可以持續產生現金流量，因此策略思考上即應該思考如何善用此現金流量。明星產品即是有朝一日（未來）具有成為企業金牛產品的明日之星（需要強調的是明日），該產品現階段處於成長率高的市場，將能保有較高的市場占有率，但有朝一日競爭者逐漸出局，整體成長率降低之時，即可成為另一頭金牛。問號即是問題兒童產品，亦即未來不確定性高，因為該產品處於高成長率，但是由於現階段競爭力較弱，因此市場占有率不高。

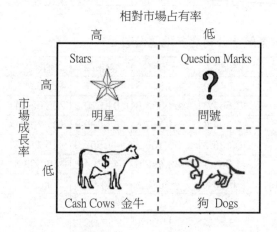

圖10-1　BCG矩陣

　　將BCG矩陣理論運用到航空公司的各地營收狀況，例如將獲利率取代相對市場占有率，淨航收比重取代市場成長率可將**表10-4**轉換成BCG矩陣（**圖10-2**）。

　　圖10-2中的16.67%及－5.74%分別是淨航收比重及獲利率（Return On Sales, ROS）的平均值，而由上圖很容易得知在歐洲、非洲及國內的航線，無論在淨航收比重或是獲利率方面都很低，因此都是可以列入檢討放棄的航線；而東南亞及東北亞的淨航收比重及獲利率都很高，屬於明星級航線，但要預防其他航空公司的加入競爭。另外，大洋洲屬於問號航線，未來不確定性高，因為該航線淨航收比重高，但是由於現階段競爭激烈，因此市場獲利率不高。

三、載客率

　　至於載客率，前已言及航空業之產品為座位，若再行深入考慮，航空業之產品尚不僅止於座位，而與距離有關。各城市間距離不一，

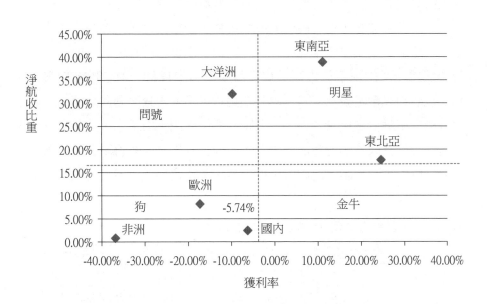

圖10-2　航空公司之盈收BCG矩陣

票價自然不同，所以航空業之產品，一般皆將距離合併計算，稱之為可用座位公里（ASK），在某特定期間，航空公司售出之收益乘客公里（RPK），將RPK除以ASK獲得之比率即稱為實際載客率（actual load factor）。根據上述對成本、收入及載客率意義之解釋，即可進一步探討此三者之關係，有一眾所熟悉之名詞，可以顯示此三者間之一種均衡關係，即損益兩平載客率（break-even load factor）。

第二節　載客率與損益兩平載客率之計算

　　根據前節所述，載客率為將RPK除以ASK獲得之比率，我們可以從航空公司年報當中輕易求出，例如長榮公司從2006-2010年的載客率（**表10-5**）。

　　航空企業之興起不過數十年，與平面運輸比較可以說是一種新興行業，因此許多理論及制度多由其他行業演化而來，諸如陸上運輸、海上運輸或是保險業等均對此一新興行業發生影響。因此在論及航空業之兩平理論之先，可先說明一般製造業、銷售業之兩平理論，如此則較易瞭解航空業之兩平理論，更可對兩平之實務觸類旁通。就一般行業而言，所謂兩平係指兩平銷貨額或兩平銷貨量。前者以金額表示，後者則以數量表示。其意義為當銷貨金額或數量達到此點時，則收入與支出應恰好相等，亦即沒有賺取多餘利潤。換言之，此時之收入恰好等於其成本（此處之成本，包括固定成本及因銷售變動而引起之變動成本）。所謂固定成本係指企業在某特定期間（多半為短期，

表10-5　長榮航空公司2006-2010年的載客率

	2006年	2007年	2008年	2009年	2010年
ASK（000）	30,366,618	29,785,040	28,852,754	29,311,228	29,632,492
RPK（000）	24,277,090	24,226,326	22,944,432	22,689,099	23,627,111
載客率	79.95%	81.34%	79.52%	77.41%	79.73%

指一年或一月）所發生之費用與其產量之多寡無關者，稱之為固定成本，例如房租、薪津、折舊、管理等費用，不論其產量多寡，此等費用皆不受影響，而其先決條件則為期間不能太長，且生產規模不變時始可以如此解釋。此外，生產規模不變，係指機器設備沒有增減，任何增加生產機器設備，即使在短期間內，固定成本亦必有所變動。惟在作一般成本分析時此等變化之有無事先必有所聞，在分析中自需一併予以考慮。但在說明理論之推演時，必須假定一切之狀況處於靜止。至於變動成本係指產量之多寡而發生變化之費用，例如水、電、材料等，當產量增加時，此類費用亦會隨之增加，產量減少時，亦隨之俱減，此種情形在製造業方面尤屬明顯，如生產冷氣機，壓縮機為必要之零件（材料），生產一百台冷氣機，則需用一百台壓縮機，所需壓縮機之數量完全與產量成正相關。

　　前述固定成本以及變動成本，同樣可應用於航空業中，舉凡機身折舊、保險、水電房租、薪津等均屬固定成本；而油料、組員鐘點費、場站降落費等則為變動成本。此等劃分雖屬明白易曉，但在實務上，有甚多費用難以截然劃分。因為甚多費用並非明顯隨產量（在航空業方面，係指飛行時間、班次、降落次數或可用座位公里數）之增減而變動，例如加班費、保證鐘點費、交際費、廣告、業務用印刷、臨時僱用人員薪津、各類捐贈、出差旅費等等。此類費用究竟應劃入固定成本或變動成本難臻精確，需賴成本分析人員審慎為之。雖然劃分甚為困難，但其優點是可使得兩平銷貨額較為精確。一般航空業者採用直接與間接成本，劃分雖較簡便，但在計算兩平時則較不易計算。

　　由於固定成本為無論生產量多寡均維持不變。因此在衡量銷貨額或銷貨量究竟須銷至若干始夠支應成本，端視變動成本之多寡而定。當然若銷貨量等於零時，則固定成本毫無收入可以支應，此時則注定賠損。此種情形在長期情形下不可能發生，因企業負責人在面臨可能產品滯銷時，一定會採取行動，例如調整生產規模或降低售價等措施來改善。但在短期情形下，生產規模無法立即調整，唯有虧損一途。若銷售量開始增加，則此時即開始有收入以支應固定成本以及隨之俱

增之變動成本。此時銷售部門即面臨究應銷售多少始足以支應此類固定及變動成本。今試以簡單算式表示如下：

銷貨收入（售價×銷量）＝固定成本＋變動成本（單位變動成本×銷量）
兩平銷貨量＝固定成本／（單位售價－單位變動成本）

$$P \times Q = FC + V \times Q \ , \ Q = \frac{FC}{P - V}$$　　　　　10-1

兩平銷貨額＝固定成本÷（1－變動成本÷實際銷售額）

$$Q = \frac{FC}{P(1 - \frac{V}{P})} \ , \ P \times Q = \frac{FC}{1 - \frac{V}{P}}$$　　　　　10-2

公式10-1係以兩平銷貨量表示，公式10-2則以兩平銷貨額表示，應用甚為廣泛，舉凡一切製造業、銷售業皆採用之，舉例說明如圖10-3。

【例題10-1】

假設有一廠商銷售物品，其固定成本為20元，變動成本為0.6元，物品每單位售價1元，試求兩平銷貨量及兩平銷貨額為多少？

解答：

銷售量	固定成本	變動成本	總成本	收入	盈餘
0	20	0	20	0	－20
10	20	6	26	10	－16
20	20	12	32	20	－12
30	20	18	38	30	－8
40	20	24	44	40	－4
50	20	30	50	50	0
60	20	36	56	60	4
70	20	42	62	70	8
80	20	48	68	80	12

應用公式10-1可求出兩平銷貨量＝20÷（1－0.6）＝50件
應用公式10-2可求出兩平銷貨額＝20÷（1－0.6/1）＝50元

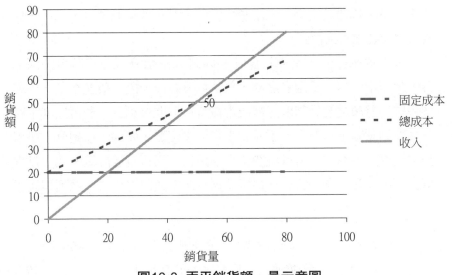

圖10-3　兩平銷貨額、量示意圖

　　圖10-3收入線與總成本線相交處即為兩平銷貨點。其與橫座標相對應之處為50，表示銷貨額為50元。其與縱座標相對應之處亦為50，表示此時之成本為50元（含固定成本及因銷售量增加而發生之變動成本30元）。

　　若銷貨額降至70元，其兩平銷貨量及兩平銷貨額情況如何？

　　此時之固定成本仍為20元，應用公式10-1可得：

兩平銷貨量＝20÷（1－0.6）＝50（件）

應用公式10-2，變動成本因銷貨額由100減至70元，故變動成本70×0.6＝42

兩平銷貨額＝20÷（1－42/70）＝50（元）

若銷貨量減至50件，兩平銷貨額為：20÷（1－30/50）＝50（元）

若銷貨量再減至30件，兩平銷貨額為：20÷（1－18/30）＝50（元）

　　根據上例可見不論實際銷貨多少，在生產規模不變情況下，其兩平銷貨額（量）均維持不變。此點可說明兩平銷貨額（量）可作為企業行銷、營業之重要參考指標。換言之，企業追求之目標即在求其銷

貨額（量）超過其兩平，以求賺取多餘利潤。此項原理雖不深奧，但在實務上往往不易做到。

因上述兩公式，其先決條件必須將成本劃分為固定與變動兩部分。但若干成本介乎兩者之間，無法截分為二。因一般航空業採用美國民航局訂頒之會計制度，將成本按直接與間接劃分，若再在其中區分為變動及固定兩部分，不僅有事實上之困難，勉強予以劃分，所求出之兩平亦不準確。所以航空業另闢蹊徑，另行設計計算公式，以求解決兩平問題。此一公式係根據美國民航業通用之公式，茲列式說明如下：

$$損益兩平載客率 = \left[\,(客運總成本 - 腹艙收入 - 推廣費)\,/ASK\right]\,/$$
$$\left[\,(總收入 - 腹艙收入)\,/RPK\right] \qquad \textbf{10-3}$$

公式10-3當中的客運總成本很難精確算出，為讓公式10-3更容易計算，畢捷‧瓦賽（Bijan Vasigh）（2008）將損益兩平點（銷貨收入等於營運支出）利潤（虧損）為0的觀念運用到航空公司計算損益兩平載客率（BELF, %），也就是營運收入（TOR）等於營運成本（TOC）的載客率。

$$TOR = TOC$$
$$RPK * \frac{TOR}{RPK} = ASK * \frac{TOC}{ASK}$$
$$RPK * RRPK = ASK * CASK \qquad \textbf{10-4}$$
$$RPK * YIELD = ASK * UNIT\ COST$$
$$BELF = \frac{UNIT\ COST}{YIELD}$$

換句話說損益兩平載客率等於單位可用座位公里成本（CASK）除以單位乘客公里營收（RRPK）。公式10-4之損益兩平載客率，即一般企業習用之兩平銷貨量，若與前述之公式10-1比較，不難發現分子項與成本有關，而分母項則與收入有關。而當分子與分母相等（成本等於收入）時，損益兩平載客率達到百分之一百，在此狀況下航空公司很

難賺到利潤。

　　然而運用公式10-4求出之損益兩平載客率有一個缺點就是當收益乘客公里（RPK）增加時（載客率上升），損益兩平載客率亦隨之上升，顯然與前述不論產品銷售多少，兩平銷貨額（量）均維持不變的常理違背，如**表10-6A**。

　　由**表10-6A**觀察，當載客率上升時，損益兩平載客率亦隨之上升，主要原因在於公式10-4（亦即目前一般航空業通用之公式）有一基本前提之假定，即假定所有成本（固定與變動）概與可用座位公里數（座位乘以距離）有關。以某一特定航線而言，可供銷售之可用座位公里與單位乘客公里收益（RRPK）均維持不變，此時若增加一個旅客，收入及收益乘客公里同時增加，但此時成本亦會上升（注意：僅變動成本上升），以成本除以可用座位公里數之後，得出之單位可用座位公里成本（CASK）自亦上升，以此數除以單位乘客公里營收（RRPK）（即公式10-4），其損益兩平載客率自然發生變化。

　　為使損益兩平載客率不受載客率影響，而維持不變以達到營業指標之目的。美國民航界發展一種可為大眾所接受之公式，並由美國民航局於1967年10月19日，通函美國各航空公司改採新法。茲將公式列式如下：

表10-6A　載客率與損益兩平載客率運算

		狀況A	狀況B
1	可用座位公里（ASK）	91458	91458
2	收益乘客公里（RPK）	52836	63403.2
3	載客率（2÷1）	0.578	0.693
4	淨收入（元）	3000	3600
5	淨成本（元）	1885	2062
6	固定成本（元）	1000	1000
7	變動成本（元）	885	1062
8	單位乘客公里收益（RRPK）（元）（4÷2）	0.057	0.057
9	單位可用座位公里成本（CASK）（元）（5÷1）	0.021	0.023
10	損益兩平載客率（CASK/RRPK）	0.368	0.404

損益兩平載客率＝淨固定成本（客運）／〔（淨客運收入－變動成本）／客運載客率〕

10-5

公式10-5中，分子部分之淨固定成本指客運總成本減去變動成本及腹艙收入。變動成本指隨載客率升降而增減之成本，如旅客餐點、佣金、旅客保險等。唯此等費用大部分皆難以分攤，不易劃分精確。因此美國民航局建議變動成本按客運收入（含超重行李）之10％作為幹線航空公司（trunk airline）之計算依據。地區性航空公司（local service）則按客運收入5％為計算依據。茲舉例說明如**表10-6B**。

表10-6B載客率上升20％之後，其損益兩平載客率仍維持不變，故公式10-5較為合理。惟上述舉例甚為單純，即假定班次、機型、使用率、票價、旅客之組成結構，以及設備、各項固定開支等等均不變之情況下，始有此種結果。事實上此公式10-5與前述之公式10-1及公式10-2一樣假設各項條件均固定不變，而一般航空公司之各機型、各利潤中心之固定成本如折舊係按飛時分攤，而各利潤中心所用機型及飛時無一月相同，固定成本中之折舊亦無一月相同。其他如房租、薪津、保險（機身）等亦各按不同基礎分攤，因此應用公式10-5之基本前提無一成立。

不論採用何種兩平公式，在實際作業時均發生同樣困難，有種種

表10-6B　載客率與損益兩平載客率運算

		狀況A	狀況B
1	可用座位公里（ASK）	91458	91458
2	營收乘客公里（RPK）	52836	63403.2
3	載客率（2÷1）	0.578	0.693
4	淨收入（元）	3000	3600
5	淨成本（元）	1150	1180
6	固定成本（元）	1000	1000
7	變動成本（元）	150	180
8	單位乘客公里收益（RRPK）（元）（4÷2）	0.057	0.057
9	單位可用座位公里成本（CASK）（元）（5÷1）	0.013	0.013
10	損益兩平載客率	0.228	0.228

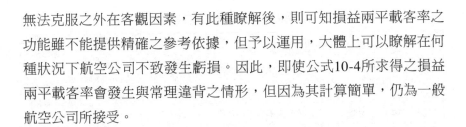

無法克服之外在客觀因素，有此種瞭解後，則可知損益兩平載客率之功能雖不能提供精確之參考依據，但予以運用，大體上可以瞭解在何種狀況下航空公司不致發生虧損。因此，即使公式10-4所求得之損益兩平載客率會發生與常理違背之情形，但因為其計算簡單，仍為一般航空公司所接受。

第三節　載客率、損益兩平載客率與航空公司獲利之關係

在第二節中我們對載客率、損益兩平載客率的意義及計算方式做了介紹，接下來我們將再進一步探討載客率、損益兩平載客率與航空公司獲利之關係，為了讓讀者更容易瞭解如何將載客率、損益兩平載客率運用到航空公司獲利上，本節我們將挑選出幾家國內外航空公司，並用他們的年度報告作為探討載客率、損益兩平載客率與航空公司獲利關係之依據。

首先以西南航空為例，由西南航空公布之年度報告綜整得出**表10-7**。

從**表10-7**得知2001-2010年西南航空載客率、損益兩平載客率的變化如**圖10-4**。

在**圖10-4**中除了2009年損益兩平載客率較載客率高出1.45%，2008年損益兩平載客率較載客率略高出0.2%之外，其餘幾年損益兩平載客率幾乎都較載客率低，進一步我們再看2001-2010年西南航空的獲利狀況。

從**表10-8**得知2001-2010年西南航空的營業利潤都為正值，表示獲利狀況良好，而由**表10-7**得知2008年及2009年因為損益兩平載客率較載客率高，因此有可能會出現負的營業利潤。由**表10-8**確實得知若僅由營收（客運營收加貨運營收）來看，在2009年確實小於營運支出，當年度的營業利潤應為負值，但是當加上西南航空的其他收入時西南航空的營業利潤又轉為正值。因此雖然當損益兩平載客率較載客率高

表10-7　2001-2010年西南航空載客率、損益兩平載客率

	收益乘客英里（RPM）（千）	可用座位英里（ASM）（千）	載客率	單位乘客英里收益（RRPM）（美分）	單位可用座位英里成本（CASM）（美分）	損益兩平載客率
2001	44,493,916	65,295,290	68.1%	12.09	7.54	62.37%
2002	45,391,903	68,886,546	65.9%	11.77	7.41	62.96%
2003	47,943,066	71,790,425	66.8%	11.97	7.74	64.66%
2004	53,418,353	76,861,296	69.5%	11.76	7.97	67.77%
2005	60,223,100	85,172,795	70.7%	12.09	8.05	66.58%
2006	67,691,289	92,663,023	73.1%	12.93	8.80	68.06%
2007	72,318,812	99,635,967	72.6%	13.08	9.10	69.57%
2008	73,491,687	103,271,343	71.2%	14.35	10.24	71.36%
2009	74,456,710	98,001,550	76.0%	13.29	10.29	77.43%
2010	78,046,967	98,437,092	79.3%	14.72	11.29	76.70%

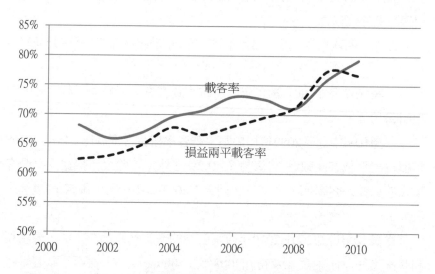

圖10-4　2001-2010年西南航空載客率、損益兩平載客率的變化

表10-8　2001-2010年西南航空營業利潤　　　　　　　單位：百萬美元

	客運營收	貨運營收	其他收入	總營運收入	總營運支出	營業利潤
2001年	5,379	91	85	5,555	4,924	631
2002年	5,341	85	96	5,522	5,105	417
2003年	5,741	94	102	5,937	5,454	483
2004年	6,280	117	133	6,530	5,976	554
2005年	7,279	133	172	7,584	6,859	725
2006年	8,750	134	202	9,086	8,152	934
2007年	9,457	130	274	9,861	9,070	791
2008年	10,549	145	329	11,023	10,574	449
2009年	9,882	118	340	10,340	10,088	252
2010年	11,489	125	490	12,104	11,116	988

時，航空公司的營業利潤應為負值，但由於兩者差異甚小（1.45%），因此只要再加上其他收入就有可能轉為正值。

接著再舉美國航空為例：

從表10-9得知2001-2010年美國航空載客率、損益兩平載客率的變化如圖10-5。

表10-9　2001-2010年美國航空載客率、損益兩平載客率

	收益乘客英里（RPM）（百萬）	可用座位英里（ASM）（百萬）	載客率	單位乘客英里收益（RRPM）	單位可用座位英里成本（CASM）	損益兩平載客率
2001年	106,224	153,035	69.41%	16.153	12.91	79.93%
2002年	121,747	172,200	70.70%	12.955	11.21	86.54%
2003年	120,328	165,209	72.83%	13.173	11.22	85.15%
2004年	130,164	174,015	74.80%	12.98	10.94	84.24%
2005年	138,374	176,112	78.57%	13.56	11.93	87.98%
2006年	139,454	174,021	80.14%	14.60	12.46	85.30%
2007年	138,453	169,906	81.49%	14.95	13.03	87.10%
2008年	131,757	163,532	80.57%	15.73	15.69	99.76%
2009年	122,418	151,774	80.66%	13.93	13.78	98.98%
2010年	125,486	153,241	81.89%	15.21	14.27	93.79%

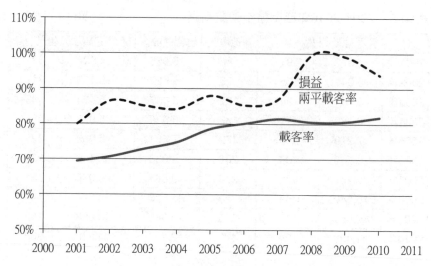

圖10-5　2001-2010年美國航空載客率、損益兩平載客率的變化

　　在**圖10-5**中2001-2010年美國航空損益兩平載客率都較載客率高出甚多，2006年及2007年損益兩平載客率與載客率較為接近，表示2006年及2007年營業利潤可能可以獲利，進一步我們再看2001-2010年美國航空的獲利狀況。

　　從**表10-10**得知2001-2005年美國航空的營業利潤都為負值，而由**表10-9**得知雖然2001-2010年美國航空損益兩平載客率都較載客率高出甚多，營業利潤應當出現負值。但2006年及2007年營業利潤可以由負轉為獲利，若僅由營收（客運營收加貨運營收）來看，在2006年及2007年確實小於營運支出，當年度的營業利潤應為負值，但是當加上其他收入時營業利潤又轉為正值。2010年營業利潤可以由負轉為獲利的原因與前述一樣。

　　上述例子當中不論是對西南航空或是美國航空的損益兩平載客率計算，其中單位可用座位英里成本（CASM）是用總營運成本除以可用座位英里（ASM）得出，而單位乘客英里收益（RRPM）則是用客運營運收入除以收益乘客英里（RPM）得到。由於總營運成本包括貨運部分之成本，因此會較只有客運部分之成本高，結果造成CASM變

表10-10　2001-2010年美國航空營業利潤　　　　　　　　　　單位：百萬美元

	客運營收	貨運營收	其他收入	總營運收入	總營運支出	營業利潤
2001年	17,158	662	1,136	18,956	19,758	−802
2002年	15,772	561	966	17,299	19,305	−2,006
2003年	15,851	558	1,031	17,440	18,532	−1,092
2004年	16,897	625	1,123	18,645	19,029	−384
2005年	18,762	622	1,328	20,712	21,008	−296
2006年	20,364	827	1,372	22,563	21,675	888
2007年	20,705	825	1,405	22,935	22,131	804
2008年	20,720	874	2,172	23,766	25,655	−1,889
2009年	17,049	578	2,290	19,917	20,921	−1,004
2010年	19,087	672	2,411	22,170	21,862	308

大，而用CASM除以RRPM所得之損益兩平載客率當然就可能偏高。

　　由於一般航空公司都有客運及貨運兩部分，為了能夠獲得更精確的損益兩平載客率，中華航空公司採用了另類的計算方式。首先我們還是用與西南航空及美國航空一樣的損益兩平載客率計算方式，得出**表10-11**。

　　表10-11中的損益兩平載客率皆超過百分之一百甚多，換句話說就是中華航空在2006-2010年的營運無論多麼努力都將注定虧損。而事實又是怎樣呢？

表10-11　2006-2010年中華航空載客率、損益兩平載客率

	2006年	2007年	2008年	2009年	2010年
可用座位公里（百萬ASK）	42,842	43,591	41,140	40,650	39,825
收益乘客公里（百萬RPK）	32,991	33,793	31,598	30,800	32,246
載客率	77.01%	77.52%	76.81%	75.77%	80.97%
單位乘客公里收益（RRPK）	1.91	1.99	2.17	1.92	2.35
單位可用座位公里成本（CASK）	2.78	2.88	3.30	2.45	3.10
損益兩平載客率	145.51%	144.93%	151.97%	127.86%	131.93%

表10-12   2006-2010年中華航空營收狀況   單位：百萬元

	2006年	2007年	2008年	2009年	2010年
總營運收入	121,995	126,993	125,221	98,084	138,140
客運收益	63,062	67,207	68,546	59,130	75,721
貨運收益	53,093	53,650	50,902	33,710	56,759
其他	5,840	6,136	5,773	5,244	5,660
營運成本	119,161	125,642	135,629	99,780	123,375
營業淨利	2,834	1,351	−10,408	−1696	14,765
純益	738	−2519	−32,351	−3805	10,622
營業獲利率	2.32%	1.06%	−8.31%	−1.73%	10.69%
純益率	0.60%	−1.98%	−25.84%	−3.88%	7.69%

由表10-12得知2006-2010年中華航空的營收狀況，若以營業淨利（扣除利息及稅金前），只有2008年及2009年產生虧損，而其餘三年的營業淨利為正值。會發生如此大差異的原因就是在計算單位可用座位公里成本（CASK）時未將貨運運能考慮在內，導致CASK變大所致。另外，西南航空的客、貨運收入比例差異很大（50：1），而中華航空的客、貨運收入比例約為1.3：1，也就是客、貨運收入相差不大，因此在計算CASK時若不將貨運運能一併考量，當然會導致CASK大增，進而造成損益兩平載客率失準。

為了改進上述缺失，中華航空在計算兩平率時，是將客、貨運收入一併列入計算，而用總運能（ATK）〔可用延噸公里客機與貨機可承載重量（公噸）乘以飛行距離（公里）〕及總運量（RTK）〔總酬載重量延噸公里客機與貨機總酬載重量（公噸）乘以飛行距離（公里）〕的方式來計算，這種將客、貨運合併計算的方式是假設每一個乘客的重量為90公斤，因此只要將搭機乘客數乘上90，接著再除以1000即可得到乘客總重量（公噸），再乘以飛行距離即可將客運運能及客運運量轉換成為與貨運運能及貨運運量一樣的單位，最後相加即可得到總運能（ATK）及總運量（RTK）。

由表10-13得知2006-2010年中華航空的兩平率與表10-11的損益兩平載客率比較，已經大幅下降，只有在2008年及2009年時承載率低於

表10-13　2006-2010年中華航空兩平率

	2006年	2007年	2008年	2009年	2010年
可用座位公里（百萬ASK）	42,842	43,591	41,140	40,650	39,825
收益乘客公里（百萬RPK）	32,991	33,793	31,598	30,800	32,246
載客率	77.01%	77.52%	76.81%	75.77%	80.97%
單位乘客公里收益（RRPK）	1.91	1.99	2.17	1.92	2.35
載貨數量（公噸）	667,392	676,324	604,309	753654	753,222
貨運運能（百萬FATK）	8,883	9,149	7,923	7,161	9,329
貨運運量（百萬FRTK）	6,289	6,301	5,384	4,959	6,674
載貨率	70.80%	68.87%	67.95%	69.25%	71.54%
貨運單位收益	8.44	8.51	9.45	6.80	8.50
總運能（百萬ATK）	12,738.78	13,072.19	11,625.6	10,819.5	12,913.25
總運量（百萬RTK）	9,258.19	9,342.37	8,227.82	7,731	9,576.14
乘載率	72.68%	71.47%	70.77%	71.45%	74.16%
整體單位收益（元／RTK）	13.18	13.59	15.22	12.69	14.43
整體單位成本（元／ATK）	9.35	9.61	11.67	9.22	9.55
兩平率	70.99%	70.71%	76.66%	72.69%	66.23%

兩平率，尤其是在2008年差異高達6%，也在當年造成104億800萬的營業淨損（扣除利息及稅金前）。

圖10-6清楚看出當將客、貨運合併計算時，乘載率及兩平率的應用就顯得有意義。

為了證明損益兩平率、載客率與航空公司獲利有直接關係，再舉出長榮航空的例子來說明。

從表10-14當中得知2001年及2003-2009年長榮航空的營運都是產生營業淨損，而由圖10-7可以清楚得知在2001年及2003-2009年長榮航空的兩平率皆大於乘載率時，與中華航空一樣，長榮航空在2008年差異高達12%，也在當年造成139億的營業淨損，而其餘幾年（例如2000年、2002年及2010年）當兩平率低於乘載率時，長榮航空就有營業淨利的產生。

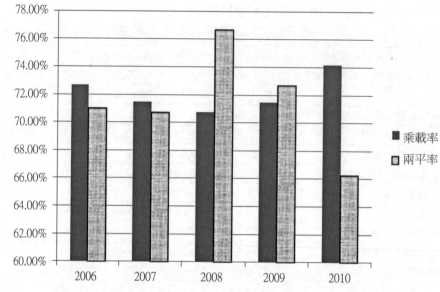

圖10-6　2006-2010年中華航空乘載率及兩平率的變化

表10-14　2000-2010年長榮航空乘載率、兩平率與營運獲利比較

	客、貨運收益（百萬）	營運成本（百萬）	營業淨利（百萬）	整體單位收益（元）	整體單位成本（元）	乘載率	兩平率
2000年	52,838.1	49,570.3	3,267.8	10.0	7.4	78.49%	73.63%
2001年	50,193.0	52,122.7	−1,929.7	10.3	7.7	71.84%	74.60%
2002年	60,032.8	59,519.8	513.0	10.2	7.7	75.82%	75.18%
2003年	60,766.4	62,893.9	−2,127.5	9.6	7.2	72.70%	75.25%
2004年	76,883.0	77,940.0	−1,057.0	10.3	7.9	75.26%	76.30%
2005年	82,584.6	87,604.1	−5,019.4	11.2	8.9	74.43%	78.96%
2006年	87,707.8	97,241.3	−9,533.6	11.9	9.9	75.11%	83.27%
2007年	87,194.4	95377.6	−8,183.1	12.5	10.6	77.39%	84.66%
2008年	85,367.5	99,262.4	−13,894.9	13.9	12.5	77.18%	89.75%
2009年	68,157.7	76,099.7	−7,942.0	12.0	10.6	78.91%	88.10%
2010年	97,691.0	91,761.3	5,929.7	13.4	10.4	82.53%	77.52%

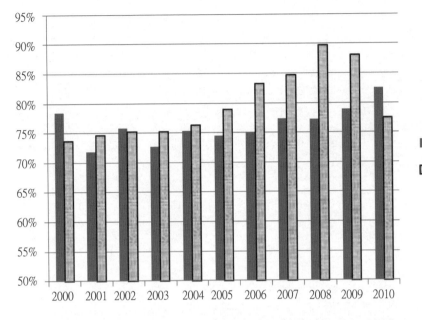

■ 乘載率
□ 兩平率

圖10-7　2000-2010年長榮航空乘載率及兩平率的變化

Chapter 11

航空公司績效及營運成本管理

　　自從1980年代及1990年代領導全球航空運輸業的美國及歐洲分別實施開放天空政策後，航空公司之間的競爭就愈趨激烈，有些航空公司因為營運得當而享譽全球，而有些航空公司則因為管理不善淪入破產或是進入重整之列。究竟航空公司營運優劣如何評估，而又可以從哪些績效指標或是標準，來評估航空公司營運績效之優劣，或者有哪些績效指標可以作為航空運輸業者之參考依據，本章即針對這個主題，試圖利用某些績效指標，並依據美國航空公司公布之數據，來探討航空公司營運績效之好壞，也期望我國籍航空公司能夠將這些績效指標納入營運績效之評估依據。

🚋 第一節　績效指標介紹

　　生產效率（productivity）乃是比較「投入」與「產出」多少之關係。如果投入因子及產出都只有一種，那生產效率很容易求得。但在多數的狀況下，由於投入因子及產出都不止一種，因此在計算生產效率時就會變得較為複雜。不論如何，生產效率的計算都是用「產出」除以「投入」所得之比值。而生產效率成長的大小就與產出成長率及投入成長率密切相關。

　　生產效率能以單純數值作為表示，如「員工與服務旅客比」，也能以經濟效益值表示，如「每千元行銷費用產生之收益」。由於單純數值較易取得，因此許多對航空公司效率比較之研究，大都使用「投入」與「產出」之實際數值做成各項效率指標後來探討。許多傳統航空公司喜歡採用「員工與飛機架數比」、「空服員與服務旅客比」或是「每架飛機離場率」等來作為效率評估標準，這些數值雖然有大小之分別，但是由於缺乏經濟效益價值，因此無法得知航空公司是否有效運用其既有資源。

　　為了能夠分辨出航空公司營運績效之好壞，許多學者偏重於整體性之計算，例如採用「單位總成本」以及「單位收益」之差異，通

航
空
運
輸
管
理
概
論

常若單位收益愈大於單位成本，表示航空公司營運之獲利好，反之則否。由於可供用來作為績效評量的指標太多，無法一一加以介紹，因此本節僅針對下列三項加以探討。

一、成本效率評估

評估「投入」轉變成「產出」之效率，最簡單之整體評估指標為「單位總成本」，此項指標可以用「單位可用座位英里成本（CASM）」表示。另外會對單位總成本造成影響的因素尚有人員薪資、飛機座位數目及航線距離等。基本上飛機愈大，座位數目愈多，航線愈長，單位總成本會下降。

二、生產力

除營運因素外，其他變數亦可能影響單位總成本，如燃油成本及員工成本兩項。對大多數航空公司來說，過去十年來燃油成本加上員工成本幾乎占業者營運總成本的一半以上，對美國傳統航空公司來說員工成本更是營運總成本當中最大者（通常約30%以上），近年來隨著油價高漲，燃油成本已經逐漸超越員工成本成為營運成本當中最大者（西南航空2001-2004年燃油成本占營運總成本僅約16%，到2011年已經高達38%）。由於絕大多數業者無法影響油價，為了能夠達到降低營運總成本的目的，除了提高效率減少消耗外，另外能做的就是降低員工薪資（美國航空2001-2004年員工成本占營運總成本約38.3%，到2011年已經降低到31.3%），有趣的是儘管航空公司員工成本逐年下降，但是員工生產力〔收益員工比（營運收益／員工數）〕卻逐年上升（西南航空2001-2004年員工生產力約為18萬美元，到2011年已經高達30萬美元）。

另外，整體員工生產力評估雖然有其效用，但卻無法顯示出個別部門之效率，因此如果要知道不同類別人員之生產力，必須分別評

估,例如對機師可以用「每一正副機師每年飛行時數」,對座艙組員則可以用「座艙組員與飛機比」或是「座艙組員與服務旅客比」。另外飛機使用率(aircraft utilization)、可用座位英里(ASM)及飛行小時(block hour)也都可以用來作為評比生產力高低之因素。

三、營運收入

　　航空公司能否賺取利潤與營運部門對單位成本、收益及酬載率三者之綜合管理能力密切相關。通常飛機的酬載率高,航空公司可能產生高收益的機會就高,收益及酬載率二者之間呈現正相關的關係,而高的酬載率也表示航空公司在運量供給上之效率。然而有時候雖然航空公司有高的酬載率,卻不一定會產生高收益,此種情形常發生在旅遊淡季的時候,由於預期搭機乘客數偏低,為了刺激搭機乘客需求,航空公司通常會推出特惠專案,如果因為特惠專案的低票價導致酬載率變高,此時就不能保證會產生高收益。因此,在評估航空公司之收益時,不能僅由酬載率的高低來判斷。

　　對於以客運為主的航空公司來說,單位(平均)收益通常以「單位乘客英里收益」(RRPM)來反映價格及營運績效。然而,「單位乘客英里收益」的大小並不能真正代表航空公司獲利的多少,還必須考量成本支出,也就是說要比較「單位乘客英里收益」與「收入/支出」間的比率關係,因為前者是利潤之絕對值,後者則指出利潤之相對水準。

　　最後要提的是沒有一個單一指標能夠用來評量航空公司績效之好壞,許多航空公司在某些方面相當有效率,在其他方面則不甚理想,沒有一家航空公司能夠在各方面均非常傑出,即使在同一公司裡的各項業務運作也會有重大差異,而如果僅參考整體性指標數據很可能無法將這些差異顯示出來。所以在比較航空公司之間之績效時,通常須將整體性指標與分類指標配合運用,如此可以讓業者確實知道有哪些方面需要改進。

第二節　美國航空公司績效指標評量

在本文當中會選用美國航空公司來作為績效指標評量的參考對象，最主要的原因就是美國運輸統計局（BTS）對於全美國各個航空公司資料做了完整分類，對於想要從事航空運輸研究的人員來說，在資料取得上相當容易。

一、成本效率評估

前面已經提過效率乃是「投入」與某一特定「產出」水準間之關係。最簡單之整體評估尺度為「單位成本」，對航空公司來說就是「單位可用座位英里成本」（CASM）。其餘兩項重要因素一為飛機大小，由於本文是以客運為主，因此改用飛機座位數取代。另一為航段平均距離。通常飛機愈大，機位愈多，單位成本也就跟著降低。因此對各航空公司比較分析時，必須將每家平均飛機機位數及航距加以比較。

為了加深讀者對航空運輸業之瞭解，本文特別選出四家美國主要航空公司：美國航空、大陸航空、達美航空及聯合航空；以及兩家美國廉價航空公司：西南航空及捷藍航空作為比較對象。

(一)「單位可用座位英里成本」（CASM）

圖11-1顯示美國主要航空公司的CASM普遍較廉價航空公司為高，而美國航空及聯合航空的CASM又較其他航空公司高，但是有趣的是從2009年以後，大陸航空的CASM幾乎與西南航空一樣，這除了證明美國主要航空公司對於成本的管控更加重視外，成立已經超過四十年的西南航空隨著資深員工人數不斷增加，導致其單位營運成本也逐漸增加。

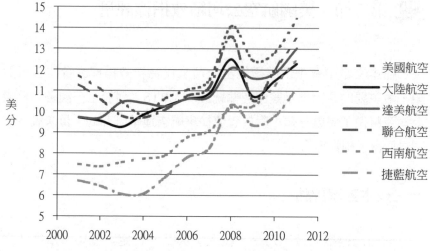

圖11-1　美國主要航空公司及廉價航空公司CASM

資料來源：BTS.

(二)平均飛行人員年薪

　　圖11-2顯示達美航空的平均飛行人員年薪較其他航空公司變化大，在2004年時平均飛行人員年薪近21萬美元，到2006年時則只剩下約13萬美元，降幅超過40％，顯見公司營運出了問題。另外西南航空及捷藍航空的平均飛行人員年薪逐年成長，尤其西南航空平均薪資遠高於其他美國主要航空公司，這也是為什麼造成單位成本升高的一個原因。

(三)平均飛機機位數

　　圖11-3顯示達美航空及聯合航空的平均飛機機位數較其他航空公司為高，按理單位成本應當降低，但由圖11-1得知並非如此，另外西南航空及捷藍航空的平均飛機機位最少，也並沒有因此而造成高單位成本，這證明影響航空公司單位成本的因素相當多。

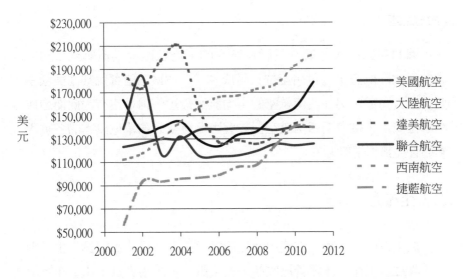

圖11-2　美國主要航空公司及廉價航空公司平均飛行人員年薪

資料來源：BTS.

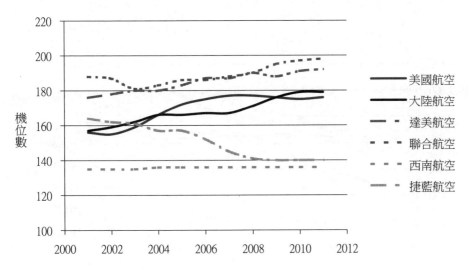

圖11-3　美國主要航空公司及廉價航空公司平均飛機機位

資料來源：BTS.

(四)航距

圖11-4顯示大陸航空及聯合航空的平均航距較其他航空公司為高，而大陸航空單位可用座位英里成本（CASM）確實比其他美國主要航空公司低，另外西南航空的平均航距最短，但並沒有因此而造成高單位成本，這證明西南航空對於會影響航空公司單位成本的各項因素的管控都相當努力。

二、生產力

員工方面，可藉人力使用而達控制生產力之目的。如員工生產力以「收益員工比」（總營運收益／員工數）、「乘客員工比」作為衡量標準。另外「每一正副機師每年飛行時數」、「每一空服員延人公里」、飛機使用、可用座位英里（ASM）及飛行小時也都可以用來作為評比生產力高低之因素。

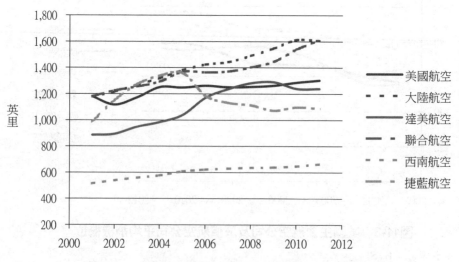

圖11-4　美國主要航空公司及廉價航空公司平均航距

資料來源：BTS.

(一)收益員工比（總營運收益／員工數）

圖11-5顯示西南航空及捷藍航空的收益員工比較其他美國主要航空公司為高，顯示廉價航空的員工生產力高。

(二)乘客員工比

圖11-6顯示西南航空及捷藍航空的乘客員工比（每一員工服務多少乘客）較其他航空公司高很多，而美國主要航空公司的乘客員工比都偏低，對於降低西南航空的單位成本當然有幫助。

(三)機師每年飛行時數

圖11-7顯示西南航空及捷藍航空的機師每年飛行時數較其他航空公司高很多，而美國主要航空公司的機師每年飛行時數都偏低，也是提供降低西南航空單位成本的助益。

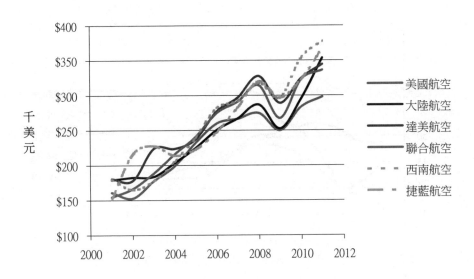

圖11-5　美國主要航空公司及廉價航空公司收益員工比

資料來源：BTS.

航空
運輸管理概論

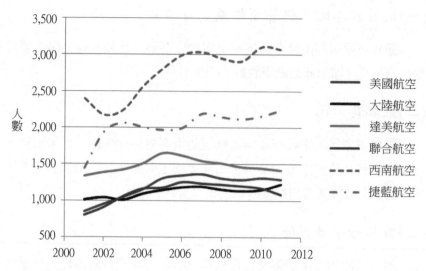

圖11-6　美國主要航空公司及廉價航空公司乘客員工比

資料來源：BTS.

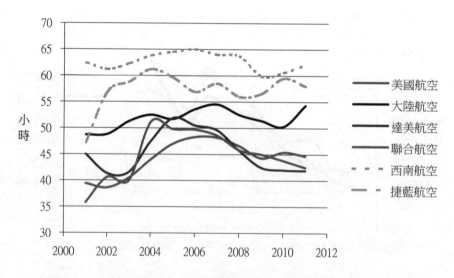

圖11-7　美國主要航空公司及廉價航空公司機師每年飛行時數

資料來源：BTS.

(四)每架飛機平均每月飛行小時

圖11-8顯示捷藍航空的每架飛機平均每月飛行小時較其他航空公司高，但是變化幅度也相當大，尤其在2008年當油價飆漲時，捷藍航空的每架飛機平均每月飛行小時降到最低，表示捷藍航空的營運彈性很大，而西南航空由於大都是美國國內短程航線，飛航時間短，因此每架飛機平均每月飛行小時沒有特別高也屬正常。

三、營運收入

航空公司之利潤依賴其管理部門對單位成本、收益、酬載率三者之綜合管理與配合能力。

之前已經對CASM做過分析，茲加上「客運單位收益」（客運收益／RPM）、載客率、損益兩平載客率及「收入／支出比」來做比較。

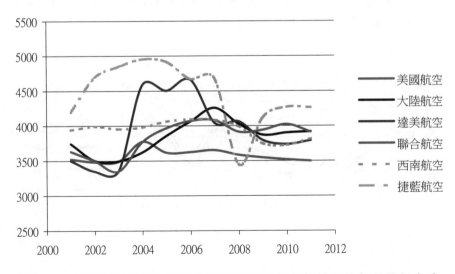

圖11-8　美國主要航空公司及廉價航空公司每架飛機平均每月飛行小時

資料來源：BTS.

(一)客運單位收益

　　圖11-9顯示一開始捷藍航空的客運單位收益比較其他航空公司低，但是在2008年以後逐漸與其他航空公司接近，而西南航空的客運單位收益幾乎都高於其他航空公司，顯示西南航空的營運狀況良好。

(二)載客率

　　圖11-10顯示捷藍航空的載客率比其他航空公司高，但是在2008年以後逐漸與其他航空公司接近，而西南航空的載客率幾乎都低於其他航空公司，然而西南航空卻能維持盈餘，顯示單由載客率無法判斷航空公司的營運狀況。

(三)損益兩平載客率

　　圖11-11顯示西南航空及捷藍航空的損益兩平載客率比其他航空公司低，西南航空尤其低，雖然在2008年以後有逐漸升高趨勢，但西南航空的損益兩平載客率幾乎都比圖11-10的載客率低，這就是西南航空能維持盈餘的原因。

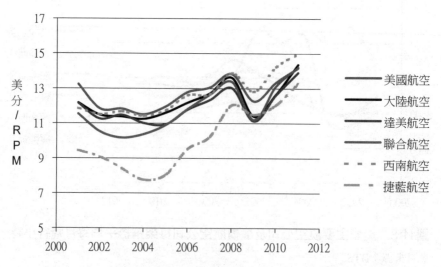

圖11-9　美國主要航空公司及廉價航空公司客運單位收益

資料來源：BTS.

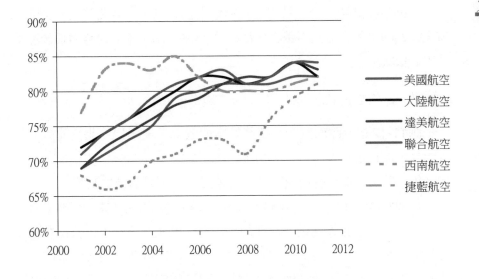

圖11-10　美國主要航空公司及廉價航空公司載客率

資料來源：BTS.

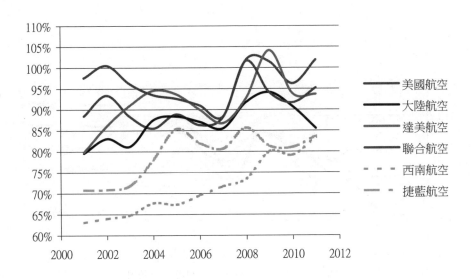

圖11-11　美國主要航空公司及廉價航空公司的損益兩平載客率

資料來源：BTS.

　　另外達美航空、聯合航空及美國航空在2008年，達美航空及美國航空在2009年的損益兩平載客率都高於100%，顯不管如何努力都無法改善虧損狀況。

(四)收入／支出比

　　圖11-12顯示西南航空及捷藍航空的收入／支出比，比其他航空公司高，而且始終大於1，其他美國主要航空公司的收入／支出比，在2006年以前幾乎都小於1，顯示收入小於支出，當然就造成虧損。

　　從圖11-1到圖11-12，我們不難看出當航空公司在某些方面非常有效率時，在其他各方面則不甚理想，沒有一家航空公司可以保持在各方面均非常傑出，這可能是因為公司策略不同所導致，例如西南航空短航程策略，結果導致在圖11-4當中的平均航距最短，但是這項數據並不妨礙西南航空的持續獲利。

　　基於上述原因，如果將此六家航空公司之效率編成排行榜則毫無意義，我們主要是要知道哪些航空公司在哪幾方面業績斐然，以及哪

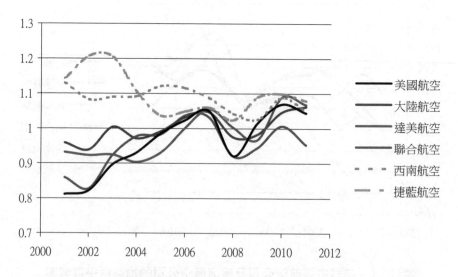

圖11-12　美國主要航空公司及廉價航空公司的收入／支出比

資料來源：BTS.

些方面需要加強改善即可。大多數指標都顯示西南航空及捷藍航空營運績效良好，至於美國主要航空公司當然要做出改善，以便應付未來之挑戰。

第三節　長榮及華航績效指標評量

上節介紹了如何計算績效指標，而如果將這些績效指標評量運用到國籍航空公司，獲得之結果將如何呢？是否可與美國航空公司比較呢？前面曾提到會選擇美國航空公司作為計算績效指標之對象，主要的原因是因為美國運輸統計局（BTS）對於全美國各個航空公司資料做了完整分類，而反觀國內對於各項資料的蒐整分類做得並不完善，因此某些績效指標評量定會發生資料缺乏而無法計算之窘境，對於想要從事國內航空運輸研究的人員來說，這是一大遺憾。

一、成本效率評估

圖11-13顯示長榮航空之單位可用座位公里成本（CASK）較中華航空高，由此可以判斷長榮航空之營運成本應當比中華航空高。

二、生產力

(一)收益員工比（總營運收益／員工數）

圖11-14顯示長榮航空之收益員工比較中華航空高，由此可以判斷長榮航空之員工生產效率比中華航空高出甚多（以2010年為例，長榮航空之總營運收益為1,044億元，員工數為5,121人，收益員工比約為2,000萬元。中華航空之總營運收益為1,381億元，員工數為10,156人，收益員工比為1,360萬元）。

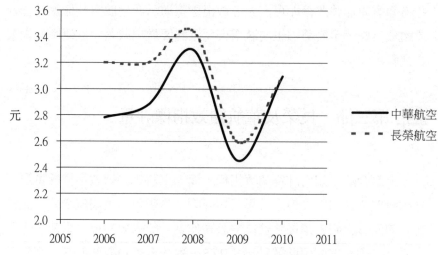

圖11-13　中華航空及長榮航空CASK

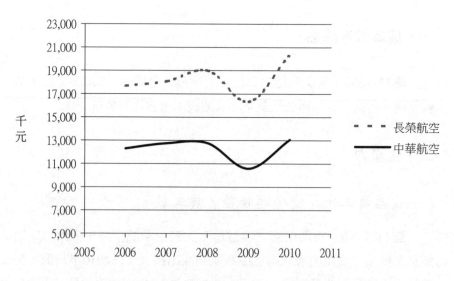

圖11-14　中華航空及長榮航空收益員工比

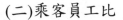

(二)乘客員工比

圖11-15顯示長榮航空之乘客員工比較中華航空高,配合圖11-14更可以判斷長榮航空之員工生產效率比中華航空高。

三、營運收入

(一)客運單位收益(客運收益/RPK)

圖11-16顯示長榮航空之客運單位收益較中華航空相差無幾,這是一個有趣的現象。圖11-9顯示出美國主要航空公司及廉價航空公司的客運單位收益差異也不大,這說明一個現象就是在寡占市場的激烈競爭當中,每家航空公司都知道價格戰是不可取的,因此彼此間對於票價的訂定是有默契的,最後導致在客運單位收益上相當接近。

(二)整體酬載率

圖11-17顯示長榮航空之整體酬載率較中華航空高出甚多,理論上

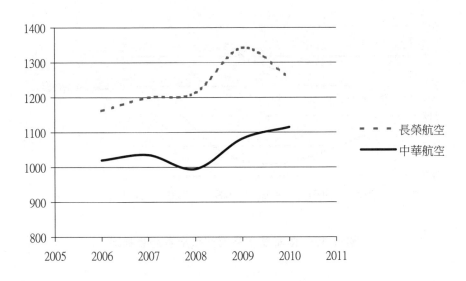

圖11-15 中華航空及長榮航空乘客員工比

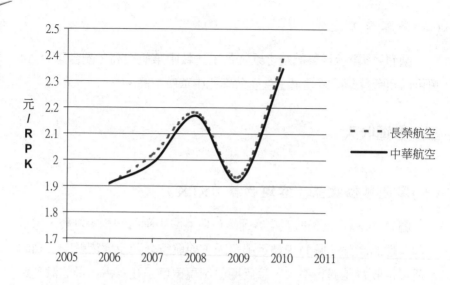

圖11-16　中華航空及長榮航空客運單位收益

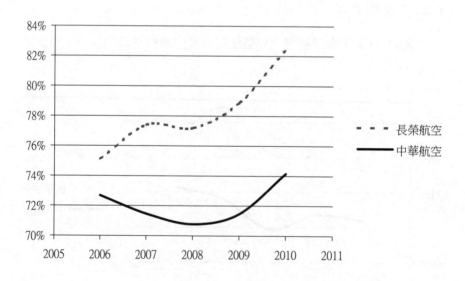

圖11-17　中華航空及長榮航空整體酬載率

長榮航空的營收應當遠高過中華航空。

(三)整體兩平率

圖11-18顯示長榮航空之整體兩平率較中華航空高出甚多，若配合圖11-17來看，雖然長榮航空之整體酬載率較中華航空高，但營收不必然會高過中華航空。

(四)收入／支出比

圖11-19顯示中華航空收入／支出比較長榮航空好，基本上收入／支出比值要大於1，航空公司才可能有營業淨利產生，而在2010年長榮航空及中華航空都應當會有較大之營業淨利產生。

與第二節一樣，上述指標的結果不能夠完全說明航空公司營運之績效好壞，績效指標的結果主要是要知道航空公司在哪幾方面業績斐然，以及哪些方面需要加強改善。不過由圖11-13至圖11-19的績效指標都顯示長榮航空確實優於中華航空，中華航空應當針對缺失做出改善。

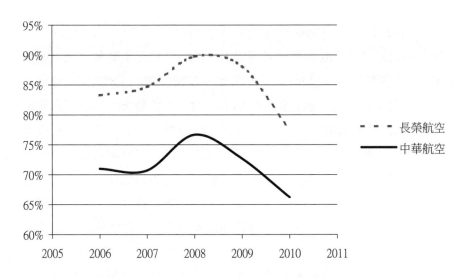

圖11-18　中華航空及長榮航空整體兩平率

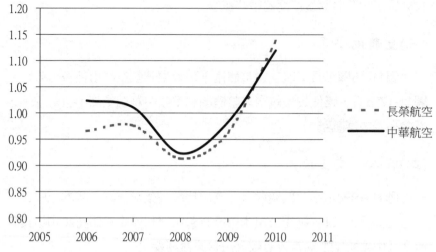

圖11-19　中華航空及長榮航空收入／支出比

第四節　營運成本發展趨勢

　　圖11-12顯示西南航空及捷藍航空的收入／支出比始終大於1，換句話說就是營業收益高於營運成本，當然就會產生營業淨利。而其他美國主要航空公司的收入／支出比，在2006年以前幾乎都小於1，顯示收入小於支出，當然就造成虧損。由於影響營業收益的因素非常多，例如天災（SARS）、人禍（911恐怖攻擊事件），甚至是經濟問題（歐債風暴）等，都會直接間接的造成航空公司營業收益衰減，而且上述問題有的根本無法預期，因此航空公司如果想要加強營業收益管理，常會感覺事倍功半，力不從心。還好想要將收入／支出比值提高，還有另一項重要因素，就是營運成本的支出，而通常這一部分是航空公司可以而且也較容易去掌控的。

　　首先，我們應當瞭解航空公司營運成本的發展趨勢，一樣我們用

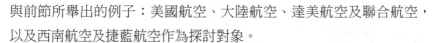

與前節所舉出的例子：美國航空、大陸航空、達美航空及聯合航空，以及西南航空及捷藍航空作為探討對象。

　　圖11-20顯示在過去十年來美國主要航空公司及廉價航空營運成本都呈現上漲趨勢，其中達美航空從2009年之後營運成本暴增（2009-2010年增加57%），其原因可能是在2009年收購西北航空後導致成本上升。由於航空公司規模大小差異甚大，因此不宜只由營運成本的大小來判斷航空公司在成本管控上的好壞，接下來我們會針對員工、燃油、維修、管理及扣除燃油、員工及運輸相關費用後之成本與營運成本比較，分析在過去十年來這些成本的走勢。

一、員工成本／營運成本比

　　圖11-21顯示西南航空的員工成本／營運成本比，較美國主要航空公司為高，顯然這與一般人認為廉價航空薪資低的觀念相違背，而由過去十年來美國主要航空公司營運成本都呈現上漲趨勢來看，很明顯的員工成本是呈現下滑趨勢。

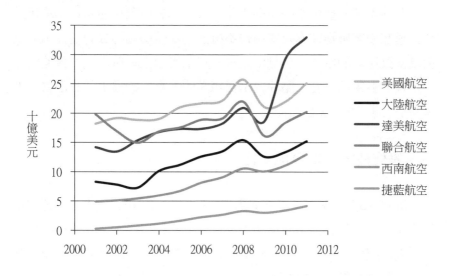

圖11-20　美國主要航空公司及廉價航空營運成本發展趨勢

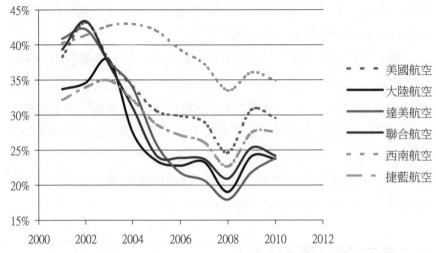

圖11-21　美國主要航空公司及廉價航空員工成本／營運成本比

二、燃油成本／營運成本比

圖11-22顯示捷藍航空的燃油成本／營運成本比最高，西南航空次之，其他美國主要航空公司則相差不大，究其原因可能是因為廉價航空公司在旅客服務成本及使用較不擁擠的次級機場導致營運成本較主要航空公司低的原故。但是由過去十年來美國主要航空公司營運成本都呈現上漲趨勢來看，燃油成本很明顯的是重要的推手，在過去十年來幾乎上漲了2倍以上。

三、維修成本／營運成本比

圖11-23顯示過去十年來美國主要航空公司的維修成本／營運成本比變化不大，但整體來看美國主要航空公司維修成本／營運成本比都呈現下滑趨勢，顯見除了受到科技進步影響之外，美國航空公司在維修成本管控上有一定之成效。

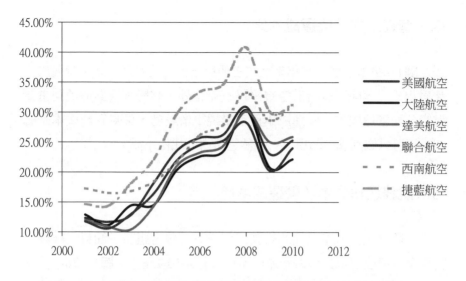

圖11-22　美國主要航空公司及廉價航空燃油成本／營運成本比

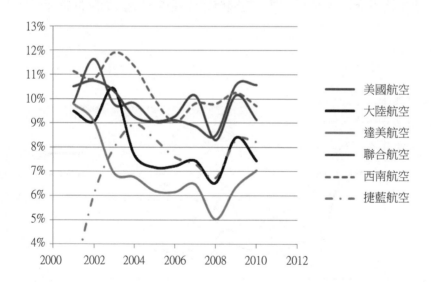

圖11-23　美國主要航空公司及廉價航空維修成本／營運成本比

四、管理成本／營運成本比

圖11-24顯示過去十年來美國主要航空公司的管理成本／營運成本比變化不大，除了聯合航空幾乎沒有變化外，整體來看其他美國主要航空公司管理成本／營運成本比都呈現下滑趨勢，顯見管理成本是航空公司可以做到管控的項目，雖然它所占的比例不高。

五、航務運作成本／營運成本比

一般來說，航空公司的航務運作成本（包含組員、油料、維修、折舊及分期償還金額）占營運成本比大約是50%左右，圖11-25中美國航空、達美航空的航務運作成本／營運成本比符合上述說法，但西南航空的航務運作成本／營運成本比卻逐年攀高，值得注意。另外由圖11-26看得出美國航空、達美航空之航務運作成本（扣除燃油）／營運成本比下降幅度很大，顯示美國航空、達美航空努力降低營運成本之

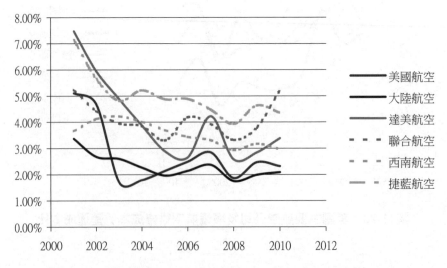

圖11-24　美國主要航空公司及廉價航空管理成本／營運成本比

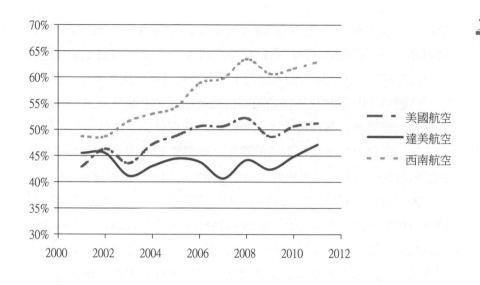

圖11-25　美國航空、達美航空、西南航空之航務運作成本／營運成本比

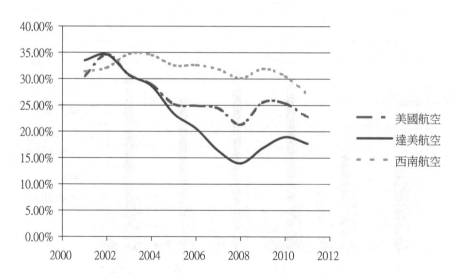

圖11-26　美國航空、達美航空、西南航空之航務運作成本（扣除燃油）
　　　　　／營運成本比

苦心，反觀，西南航空之航務運作成本（扣除燃油）／營運成本比下降幅度較小，若再配合圖11-21來看可以得知西南航空在員工薪資福利上並沒有減少太多，所以該項比例下降不多也就不奇怪了。

從圖11-20到圖11-26得知美國主要航空公司不論是員工、維修、管理及航務運作等各項成本占總營運成本的百分比，在航空公司的努力下，大都呈現持平或是下降的現象，唯獨燃油占總營運成本的百分比是呈現走高趨勢。以下我們再舉中華航空的例子（圖11-27）。

圖11-27中清楚得知從2000-2010年中華航空的人事成本（包括薪資及福利）占營運成本的比例從18%降到13%左右，而油料成本卻從原來的22%左右一直上升到42%以上，漲幅幾乎高達2倍，這也顯示出一個事實就是在過去幾年來，全球航空公司的油料成本都不斷飆高，在短期內不排除有可能會升高超過50%的總營運成本。而將人事成本壓低的結果，的確很難彌補油料成本快速上漲的幅度，這也說明未來航空公司的營運將會更加困難。

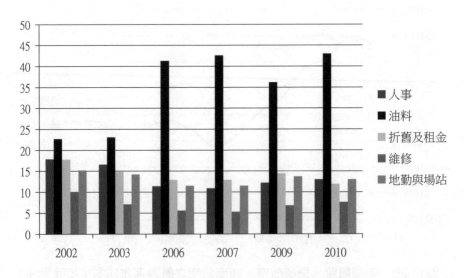

圖11-27　2000-2010年中華航空營運成本變化

第五節　航空公司營運成本管理

　　之前在第九章當中對於營運成本分類已經做了充分介紹，其中變動直接營運成本占總營運成本之比例為40.1%。由於固定直接營運成本及間接營運成本基本上是無法變動，因此唯有調整變動直接營運成本可以達到在短期內將航空公司總營運成本節省的目的。當然就長期而言，所有的成本都是可以變動的，也就是說只要時間夠長，航空公司可以藉由出售飛機、裁減人員、關閉航站大樓內之辦公室、刪減營運不利等航線之作為而將總營運成本大幅降低。

　　上述將營運規模擴大或縮小可以達到調整營運成本的作為，實際上是管理層次的問題。營運成本的高低基本上與產出量（航空公司的可用座位公里）有關，而產出量可以透過決策加以控制，然而當公司的產出量一旦被決定後，又有哪些因素可以用來改變單位成本呢？

　　我們都知道降低成本是管理者最重要之目的，然而低成本本身並不保證一定會讓效率提升及產生高獲利。另外，由於不論是國內或是國際空運市場都已經逐漸邁向自由化，全球航空公司間的競爭，尤其是在票價方面的競爭更加激烈，此舉已經使得航空公司的獲利降低，可以預期的是未來航空公司想要繼續生存，對於單位成本的降低必須更加徹底，簡單的說就是要瞭解有哪些因素是可以透過管理作為控制，而有哪些因素是無法控制的。

　　道根尼斯（2002）認為能夠影響航空公司營運成本之因素可分為三大類：

　　第一，航空公司幾乎無法掌控的外在因素，例如油價、機場及航路費用以及旅行社行銷費用。另外，像是總公司所在位置、與其他國家簽訂的雙邊飛航協議等，也是航空公司幾乎無法掌控的因素，尤其對於那些屬於國家的航空公司來說。

　　第二，航空公司能夠有一些掌控的因素，例如人員薪資、使用飛機型別及航路規劃，其中航空公司對於使用飛機型別及航路規劃大致

可以掌控。

　　第三，航空公司幾乎能夠完全掌控的因素，例如市場行銷、產品計畫、財務政策及公司策略等都是。

　　另外一個會對單位成本產生影響的因素是需求，大家都知道航空公司的成本對於航空需求會有直接影響，因為成本會直接影響到票價的制定，而票價的高低又會直接影響到乘客搭機的需求。成本也會受到航線乘客需求大小及航線長短的影響，這兩個因素都會影響到飛機型別的選擇，不同飛機的單位成本有很大差異。彼得·貝羅巴巴（2009）根據美國交通部公布的飛航營運成本41號表格資料，綜整得出**表11-1**，大型飛機的每小時飛航營運成本確實高於小型機營運成本。而波音747-400的每空中小時飛航營運成本高達9,688美元，幾乎是空中巴士A319的3.6倍。但是若將其分攤到每空中小時座椅成本（每ASK的單位成本）時，這時經濟規模成本就浮現出來，波音747-400的26.4美元與空中巴士A319的22.23美元之差距則縮減到只有1.18倍，而最小的飛機DC9-30則有最高的每空中小時飛航營運成本32.17美元。

　　另外航線需求大小會直接影響到航班派遣之頻率，而派遣頻率又會影響到飛機之使用率，就是飛機的留空時間，而高的使用率會增加飛機的飛行時間，進而也會降低單位營運成本。

　　除了上述因素外，季節因素也會導致需求發生變化，也就是說當

表11-1　2005年不同機型飛機每空中小時飛航營運成本（美元）比較

飛機機型	座椅數	每小時飛航營運成本	每小時座椅成本	平均航線距離（英里）	使用率（空中小時／每天）
DC9-30	100	3,217	32.17	473	6.9
A319	122	2,712	22.23	943	10.5
B737-300	131	2,690	20.53	568	9.6
B757-200	184	4,003	21.76	1,330	10.1
A330-200	270	5,382	19.93	3,668	13.8
B747-400	367	9,688	26.40	4,393	12.4

資料來源：摘自彼得·貝羅巴巴。

旺季來臨時無論是飛機、機組人員、市場行銷及餐點服務等都會大量增加。反之，當淡季來臨時，上述的需求就會大量減少，造成人員閒置或是飛機搭載率降低。對於航空公司來說，理想的狀況是能夠維持在一個平均的載運量，這也是管理階層另外一個責任。

一、航空公司無法掌控的外在因素

某些因素是當外在經濟環境發生變化時對航空公司造成影響，而通常這些因素都是航空公司無法掌控的，例如航空油料價格就是。通常原油價格及提煉成本在全球各地的差異不大，但是分送過程及處理的成本卻差很多，因此某些機場若是地理位置不佳，例如需要很長的運送管線，供油成本就會相對升高。當然政府的介入可以讓航空用油的價格控制在一定範圍，例如在1970年代發生能源危機時，美國及澳洲政府就曾將國內原油價格控制在小於全球原油價格，但是這個做法很快的就被放棄。

全球各地的航空用油價格有很大差異（**表11-2**），其中明顯看出拉丁及中美洲的航空用油價格比其他地區高出許多，這是因為上述地區許多國家都是處於內陸離海岸港口較遠所導致，最便宜的航空用油價格則是發生在中東及非洲，但是與2000年比較也上漲了3.6倍。然而儘管全球航空用油價格因為所在地區會產生差異，但是若以2000年當基準，與2012年7月比較起來，航空用油價格平均上漲幅度高達3.4倍，在這種狀況下當然會使得航空公司在燃油費用的支出上斤斤計較。

為了因應快速飆漲的燃油價格，捷德·茂爾華（Jad Mouawad）報導達美航空在2012年4月30日以1億5,000萬美元買下康菲石油（ConocoPhillips）位於賓州崔納（Trainer）的煉油廠，達美航空總裁理查·安德森（Richard H. Anderson）認為這項投資並不為過，充其量不過是購買一架波音777客機的價錢。除此之外，達美航空還計畫要以25億美元購買60架類似波音737的新一代客機，其目的無非是為了要達

表11-2　2012年7月12日全球航空用油價格

	全球使用率	美分/加侖	美元/每桶	基準指標2000年=100	與一週前比較表	與一月前比較表	與一年前比較表
航空噴射燃油價格	100%	296.3	124.5	340.2	−1.00%	11.60%	−6.80%
亞洲及大洋洲	22%	289.3	121.5	347.2	−1.20%	12.20%	−7.80%
歐洲及獨立國家國協（CIS）	28%	297.8	125.1	337	−0.80%	11.00%	−7.30%
中東及非洲	7%	287.2	120.6	360.3	−1.00%	11.80%	−7.90%
北美	39%	299	125.6	333.9	−1.10%	11.60%	−5.60%
拉丁及中美洲	4%	312.7	131.3	363.8	−0.80%	11.80%	−5.80%

資料來源：國際航空運輸協會網站。

成每年減少3億美元燃油花費的目標。

　　另外一個航空公司無法掌控的因素就是使用者付費的機場及航路管理費用，一般來說，全球航空公司的落地所付的機場及航路管理費用大約占總營運成本的9%左右，全球航空公司可以透過國際航空運輸協會（IATA）來做落地費及航路管理費用之協商，而個別航空公司很少有能力來做協調。根據1944年芝加哥公約第15條之規定，所有的航空公司都必須平等對待，也就是說每個機場對於航空公司所收的機場費用，必須全體一致不因國籍而有差異。舉洛杉磯機場的例子來說，在2006年貨機的機場的落地費是每1,000磅重量2.38美元，而客機則是每1,000磅重量2.69美元。

　　全球機場對於機場費用收取的多少相差甚大，一般來說交通流量愈大的機場費用愈高，根據道根尼斯（2002）的描述，機場費用可以分為對飛機（以重量）及乘客（以人數）兩項，他並舉出2000年時紐約甘迺迪機場一架波音747飛機的落地費用約為10,681美元，而乘客則是5,614美元，以上價格是以395公噸起飛總重及搭乘335名乘客來計算。

至於航路費用則是由民航當局按照飛機飛越該國領空的距離，以及提供航管服務及導航裝備等來計算，這項費用基本上按照飛機重量及飛越距離來收取。由於這項收費並沒有受到1944年芝加哥公約第15條規定之約束，因此有的國營航空公司會要求該國政府免除收費。

　　還有一項讓全球航空公司難以掌控的就是付給旅行社的銷售佣金，根據國際航空運輸協會1999年的統計資料顯示，該筆費用占總營運成本的16-17%，對於營運成本日益升高的航空公司來說是一個不小的壓力。但是藉著資訊網路的發達，全球航空公司紛紛採取行動要將付給旅行社的銷售佣金降低或是取消，尤其是廉價航空公司做得更是澈底（西南航空自2004年以後就沒有旅行社銷售佣金的支付），而新加坡航空也誓言要將該筆費用全數取消，目前已有跡象顯示旅行業企圖要將該筆費用轉向消費者洽取，至於結局如何則有待進一步觀察。

二、航空公司能夠有一些掌控的因素

　　對大多數歐美傳統航空公司來說，以往人員薪資以及相關社會福利及個人退休金等占總營運成本的比例相當高。在北美約為30-40%，在歐洲大約是25-35%，亞洲國家比較低大約是15-20%。而對大多數航空公司而言，飛行員、空服員及維修工程人員三類又是占人員薪資當中比例最重者。

　　在傳統的觀念當中，航空公司的管理者很難將單位員工成本降低，因為薪資及社會福利很難降低，但是近來航空公司的管理者已經轉而朝向透過使用大型飛機、資訊化等作為，企圖將員工生產力提升，來彌補高的單位員工成本。然而隨著全球競爭加劇，票價無法升高導致利潤降低，導致用員工生產力提升也不夠彌補高單位員工成本時，很多航空公司還是被迫要採取降低單位員工成本的做法。

　　《華爾街日報》（*Wall Street Journal*）在2009年6月16日報導說那些在全球各地飛廣體客機的機長，以往在美國航空公司的薪資動輒接近30萬美元年薪的好日子已經過去。由於遭受到經濟持續低迷的壓力

影響，現在美國全美航空新進的第一年飛行員最低薪資已經低到年薪21,600美元，同時還要每月飛滿七十二個小時。目前美國主要航空公司新進飛行員的起薪平均約36,283美元，比起區域航空公司來說已經是好很多了，而西南航空對於新進的第一年飛行員保障最低薪資為年薪49,572美元，但是西南航空會比其他航空公司更加要求新進飛行員必須具有多年的飛行經驗，要能負擔更多的飛行工作。在美國捷藍航空的機長薪資最低，年薪大約為123,480美元；而西南航空的機長薪資最高，年薪大約為181,270美元。至於達美航空、聯合航空、大陸航空以及美國航空的機長年薪大約在156,000-167,000美元之間。而值得注意的是優比速（UPS）及聯邦快遞（FedEx）機長的年薪大約為200,000美元，遠較傳統航空公司高。

由於歐美國家的生活水準較其他地區高，因此要將飛行組員的薪資大幅降低有一定的困難，為了解決這個問題，歐美國家的航空公司已經試圖轉往薪資水準較低的國家招募人才，瑞士航空就是第一個將財務部門移往印度孟買（Mumbai）的航空公司，而英國航空及新加坡航空也都將管理資訊系統的軟體研發部門移往印度。瑞士航空更進一步在薪資較低的國家招募空服人員，在1990年代中期日本航空成立了一個子航空——日本航空包機（Japan Air Charter），而招募之機組員大都來自泰國，而泰國機組員的薪資只有日本的五分之一。

圖11-28為國籍航空公司1985-1989年人事成本占總營運成本比，而圖11-29為中華航空2002-2010年人事成本占總營運成本比，由圖中可以明顯看出近年來中華航空對於人事成本的管控十分用心，也成功的將它降低。

飛機型別的採用也是航空公司能夠有一些掌控的因素之一，雖然大型飛機每小時的成本較小型飛機高，但是當轉換成為每延噸公里或是每延人公里時，營運成本就下降了。

道根尼斯（2002）舉出以波音737-500大約載客110人為例，平均每小時飛行成本（per block hour of fly）約為1,783美元；而較大的波音737-400大約載客142人平均每小時飛行成本約為1,933美元。雖然較

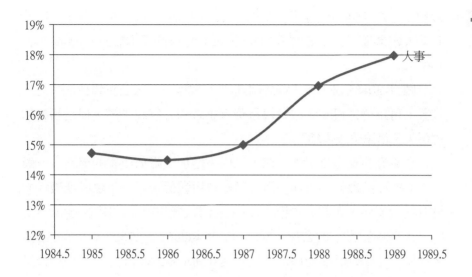

圖11-28　1985-1989年國籍航空公司人事成本占總營運成本比

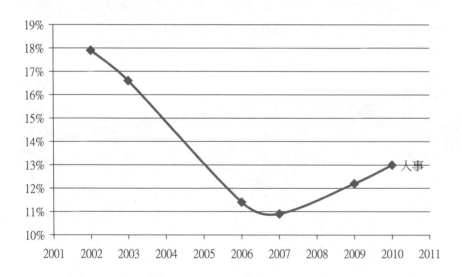

圖11-29　中華航空2002-2010年人事成本占總營運成本比

大的波音737-400每小時飛行成本較737-500高出約8.4%，但是換成為載客人數來看，較小的波音737-500每小時飛行成本較737-400高出約19%。

　　圖11-30顯示飛機大小與每小時飛行成本及延人公里單位成本之比較圖，可以清楚得知大型飛機每飛行小時的直接成本高，但是相對的每延人公里單位成本卻下降。

　　飛機發動機也是另外一個可以用來增加或降低成本的因素，一般來說新的發動機較為省油，而且維修費用較低。飛行距離與飛機耗油量有極大關係，例如空中巴士A310由倫敦飛往巴黎的距離是453.8公里，其耗油量是1,700公斤，平均每公里耗油量是3.75公斤；另外由倫敦飛往日內瓦的距離是986.5公里，其耗油量是2,800公斤，平均每公里耗油量是2.84公斤。兩相比較發覺從倫敦飛往日內瓦的平均每公里耗油量，要比由倫敦飛往巴黎的平均每公里耗油量節省約32%。另外航線愈長則飛行小時數愈高，相對的飛機使用率也會提升，間接也會造成單位成本的下降。另外，高的飛機出發頻率對於飛機及組員的使用率都可以提升，當然也可以幫助將單位成本降低。

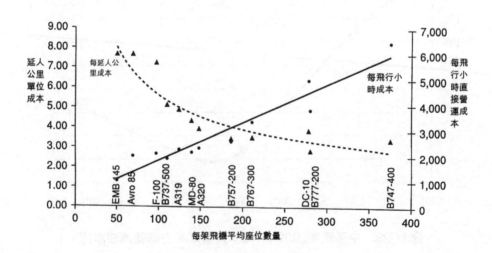

圖11-30　飛機大小與每小時飛行成本及延人公里單位成本比較

資料來源：道根尼斯。

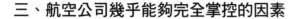

三、航空公司幾乎能夠完全掌控的因素

　　產品定位及想要提供什麼樣的服務，乃至於公司策略等都會影響到航空公司的營運成本。然而這些項目卻也是航空公司最容易掌控的，尤其是在一些特有單獨營運的航線或是市場當中，而如果在某些國際航線上遭遇到來自其他航空公司的競爭時，有一些因素就值得航空公司要加以留意的了。

(一)航空公司必須對想要提供何種服務做出決定

　　首先在不同的客運或是貨運市場當中，航空公司必須對他自己想要提供何種服務做出決定。而對於要提供的服務又必須遵守一定的規範，尤其是要能夠符合國際民航要求的飛航安全標準，例如說是鄰近逃生門邊的座椅間距、最低空服人員數量等，而在符合上述標準狀況下，航空公司有相當的裕度來做調整，當然也會因不同的決定而造成不同成本的支出。

　　對於航空客運來說在客艙設置方面有三件事特別重要：客艙配置、空服人員數量、空中餐點及航路旅程服務，以下作逐項說明：

◆ 客艙配置

　　客艙配置關係著座椅密度的安排，因為飛機在生產製造的過程當中，尺寸大小是固定的，如果航空公司想要將座椅數加多，可以選擇全經濟艙的模式，但是這種安排會導致座椅間距變小，當然對於乘客的舒適度就會受到影響。一般來說大型的廣體客機座椅的擺設分為三種，頭等艙、商務艙及經濟艙，當然這是一般原則，實際的安排航空公司可以按照自己的需要加以調整。例如說大陸航空、達美航空及荷蘭航空就已經將長途飛行的頭等艙取消，只剩下商務艙及經濟艙。而歐洲的航空公司很早就已經將頭等艙取消，而在1990年代中期許多歐洲的航空公司都將短程飛行的商務艙提升，改成為隨時可以拆卸活動式的座位，如有必要隨時可以改為經濟艙的座椅。

　　根據艙等的不同，座椅擺設間距有很大差異，而全球不同的航空

公司對於座椅數量的多少也會因為公司策略的不同而有差異，在航空公司之間座椅數量的差異可以高達20%。

根據國際民用航空組織（ICAO）資料顯示，以空中巴士A320為例，如**表**11-3所示，如果以日本全日空航空作為標準，可以得知當座椅數愈少時每座椅成本就會愈高，其中科威特航空每座椅成本比全日空高出約23%。當然座椅數量愈多的航空公司乘客的舒適度一定會降低。

◆ 空服人員數量

除了客艙配置外，空服人員數量也會對航空公司成本造成重大影響，鑑於安全規定的要求，對於每一類型的飛機基本上都有需要多少空服人員的要求，通常短、中程飛行，由於提供餐點服務的次數較少，因此空服人員數量可能會接近最小需求量；相反地，長程飛行（例如由台灣飛往溫哥華）由於餐點服務次數多，以及長程飛行途中機內服務也較頻繁，因此需要安排較多的空服人員。有的航空公司標榜的是高品質的服務，根據美國聯邦航空總署的規定，乘客與空服人員數量比例最大上限是50比1，例如波音747的最低要求是十一個空服人員，而新加坡航空卻派遣十九個空服人員，雖然可以提供高品質的服務，當然營運成本就會變高。

◆ 空中餐點及航路旅程服務

在國際航空愈來愈自由化之後，受到全球航空公司激烈競爭下，空中餐點及航路旅程服務也就愈來愈受到各航空公司的重視，許多航

表11-3　座椅數量安排對航空公司成本的影響

航空公司	空中巴士A320	
	座椅數量	每座椅成本
全日空	166	100
葡萄牙航空	156	106
英國航空	149	111
約旦航空	140	119
科威特航空	135	123

資料來源：國際民用航空組織（ICAO）。

空公司甚至不惜花費鉅資聘請國際名廚來製作精美之飛機餐點，像是華航就不斷推出空中美食強調可以吸引老饕的胃，進而爭取更多乘客，航空公司的經營者也認為藉由空中美食能夠吸引到一些顧客，有趣的是許多調查或是研究報告都顯示，乘客認為重要的項目當中美食通常都並非最優先選項。

除了空中餐點之外，由於受到競爭壓力之影響，航路旅程當中的電影、音樂及點心服務往往也是許多航空公司不斷改善之項目，另外幾乎所有國際長程飛行的航空公司都耗費鉅資將經濟艙每一個座椅都配置小的液晶螢幕，並且讓所有客人都可以按照自己的喜好來挑選觀賞的電影，而每隔十天左右都會重新更換節目。

除了空中服務之外，許多航空公司對於乘客到達機場之後所受到的服務也紛紛加以改善，例如開放更多的簽到櫃檯讓乘客能夠縮短排隊等候的時間，而為了能節省乘客攜帶行李的困擾，華航在桃園高鐵站已經設有專櫃可以直接將行李託運，這些都是令乘客感受到服務有改進的地方。另外像是對頭等艙及商務艙乘客，幾乎所有航空公司都在機場設有貴賓室，但是為了成本的考量，像是華航及長榮則只有在總公司所在地設有專門貴賓室，在其他機場則會按照班機的動態，與當地的航空公司共享貴賓室的使用。然而新加坡航空為了能夠提供頭等艙及商務艙乘客高品質的服務，在全球各地機場只要新加坡航空有飛到的地方都專門設有貴賓室，當然花費的成本就相當高。

(二)銷售據點分配及促銷政策對於營運成本之影響

接著來看銷售據點分配及促銷政策對於營運成本之影響，對於許多航空公司來說要不要在其他國家設立售票服務中心，或者是委託給其他當地航空公司代售機票，一直都是令航空公司非常困擾的問題。因為在外地成立銷售據點要花費的人力物力代價都非常驚人，然而委託給其他當地航空公司代售機票，雖然可以收到節省成本之目的，但是往往在成效上會不如自己在當地開設據點。另外有關廣告宣傳及促銷，也是另外一項花費驚人的項目，根據國際民用航空組織的統計，

全球航空公司的機票銷售及促銷等活動所花經費，大約占總營運成本的14%左右，這也是一項不小的成本支出。

最後公司的策略及財務政策也會對營運成本造成影響，首先就是有關公司對於飛機折舊的財務政策，一般來說航空公司對於飛機折舊的年限及殘值都可以自行設定，例如一家航空公司採取二十年飛機折舊以及20%的剩餘殘值政策，與另一家航空公司採取十年飛機折舊以及0%的剩餘殘值政策，在財務報表上的顯示會有很大的差異。

通常在全球經濟衰退，航空公司營運狀況不佳時，為了彌補營運上之損失，航空公司通常會採取更長時間的飛機折舊以及提高剩餘殘值的政策，而當全球經濟好轉，航空公司營運狀況佳時，為了保留更多的盈餘，航空公司則會採取較短時間的飛機折舊以及降低剩餘殘值的政策。新加坡航空就是最佳的例子，在1970年代新加坡航空營運狀況非常好的時候，採取六年飛機折舊以及0%的剩餘殘值政策，其目的是要保留更多資金以及加速飛機的更換。到1979年遭遇到原油價格上漲，公司的獲利受到衝擊，新加坡航空立即做出調整，將原來六年飛機折舊延長為八年，目的是要降低營運成本，此舉居然還為新加坡航空在當時產生盈餘。然而到了1989年新加坡航空將飛機折舊調整延長為十年，以及20%的剩餘殘值，即使如此也比其他國際航空公司的飛機折舊以及剩餘殘值政策來得短。

另外公司的策略及目的對於營運成本會造成重大影響，一個主要的關鍵是航空公司的策略是著重在客運或是貨運，從國際航空運輸協會（IATA）於2000年的統計資料顯示，一般國際航空公司的貨運收益大約占總收益的29%，但是也有許多航空公司的貨運收益占總收益的比例超過一半以上，我國的華航及長榮客運及貨運占總收益之比例分別顯示在圖11-31及圖11-32當中。

在2009年時，無論華航或是長榮航空的貨運占總收益之比例皆大幅下降，這是因為受到全球經濟衰退之影響，實際上在2009年時無論華航或是長榮航空的總收益也較2008年分別衰退21.6%及19.2%，而貨運收益更是明顯衰退。

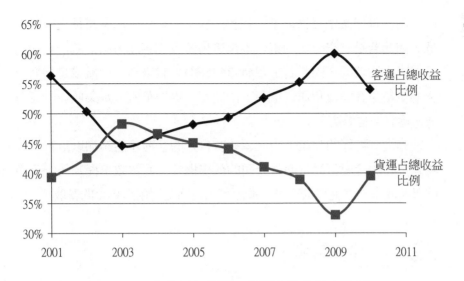

圖11-31　中華航空客運及貨運占總收益之比例

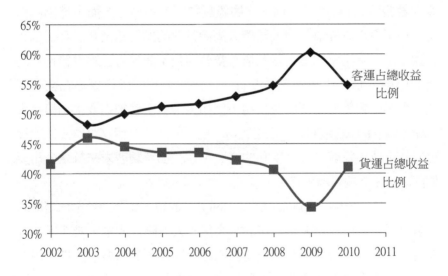

圖11-32　長榮航空客運及貨運占總收益之比例

　　由於飛機攜帶貨物重量所耗費之成本遠較搭乘同等體積之乘客為低，因此若是航空公司的策略不是專精著重在客運方面，航空公司的營運成本比較低，因此若由圖11-31及圖11-32來看，華航或是長榮航空的策略是客運及貨運皆重視，由此可以得知華航及長榮航空的營運成本應該不會偏高。

　　總之，再好的政策，也必須要有良好的管理才能夠加以落實，因為有良好的管理可以幫助將公司的效率提升，而當效率提升後，公司的營運成本自然就可以下降，進而可以幫助公司創造更大的營收。

第六節　結論

　　近十年來全球經濟持續低迷不振，油價波動劇烈（在2008年7月原油曾經漲到145美元一桶），國際貨幣匯率不穩定，而全球國際航空公司都發現以往為航空公司帶來高額營收的頭等艙商務旅客需求正日益下降，更不幸的是全球廉價航空公司也不斷加入已經供給過剩的航空市場，而且他們的市場占有率也快速上升。以往曾經在全球空運市場舉足輕重的主要航空公司，例如美國航空就被迫要提出第11章（chapter 11）破產保護，希望能夠將他們的成本及債務重整，以上種種對於全球國際航空公司不利的發展，在在都考驗著未來航空公司要如何改變才能夠繼續生存。

　　湯瑪仕・勞頓（Thomas C. Lawton）（2012）認為由於全球經濟的持續衰退，迫使許多成立多年的企業無不大力降低成本，希望提升效率及致力於公司轉型，在航空運輸業此種現象尤其明顯，像是一些大型傳統航空公司正面臨嚴峻挑戰，除了內部的工會意見分歧外，他們還有成本結構龐大，以及超過一般企業標準的薪資及福利給付。相反地，比傳統航空公司成立晚上幾十年的廉價航空公司，除了編制較小及在成本管控更具成效外，他們的策略靈活，也使得他們在空運市場上更具競爭力。例如西南航空從成立至今，其公司文化一貫保持低成

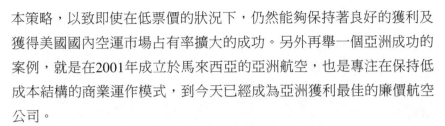

本策略，以致即使在低票價的狀況下，仍然能夠保持著良好的獲利及獲得美國國內空運市場占有率擴大的成功。另外再舉一個亞洲成功的案例，就是在2001年成立於馬來西亞的亞洲航空，也是專注在保持低成本結構的商業運作模式，到今天已經成為亞洲獲利最佳的廉價航空公司。

　　由於全球廉價航空公司擁有無法抵擋的成長趨勢以及在全球各地不斷擴大占有率，導致許多學者專家開始思考在廉價航空公司的競爭壓力下，未來傳統航空公司是否能夠存活。國際航空（英國航空及西班牙伊比利亞航空）總裁威利・沃爾什（Willie Walsh）對於這種現象早有定論，他認為在空運業已經產生了結構上的變化，也就是傳統航空公司必須放棄以往高固定成本的模式，必須轉向低票價方式運作。

　　其中最糟的是2008年當油價上漲至歷史高點時，許多傳統航空公司在當年第三季幾乎都遭遇多飛多賠錢的窘境，然而反觀廉價航空公司因為有著成本低廉之優勢，即使在如此不利的環境中還能夠維持獲利。其中最主要的因素還是在於傳統航空公司與廉價航空公司之間成本的差異，例如廉價航空公司的捷藍航空公司及西南航空在2007年的單位乘客英里收益（RRPM）為10.92美分，略高於單位可用座位英里成本（CASM）的10.87美分；然而傳統航空公司的CASM確比廉價航空公司高出約35%。因此當以往願意花高價去購買傳統航空公司商務艙的乘客離開時，傳統航空公司當然就無法維持營運。

　　國際航空運輸協會（IATA）在2010年6月刊載了一篇〈特別報導──歷史的教訓〉（Special report-history lessons），文中特別提到航空公司應當對過去的挑戰詳加瞭解，以便能夠迎向更困難的未來，文章指出十年前許多航空公司都在慶祝航空運輸業已經連續七年的營運都有獲利，雖然在2000年時全球航空運輸業的獲利並不算太高（收益為3,280億美元扣除各項成本花費，實際獲利約100億美元），但是不論如何都還有獲利可言。然而接下來的狀況可就沒有那麼順利了，首先是在2000年時全球原油價格漲到每桶35美元，在當時這個價格已經令全球航空運輸業感到無法接受，因為在1999年時的原油價格的低

點是在每桶17美元，幾乎漲了2倍。當時航空燃油占全球航空公司總營運成本的13%，而全球航空公司航空燃油的支出約為430億美元。到2010年時全球原油價格平均為每桶79美元，航空燃油占全球航空公司總營運成本高達26%，而全球航空公司航空燃油的支出也上升到1,320億美元。

　　由於燃油價格的變動是航空公司無法掌控的項目，而為了求生存航空公司不得不轉向其他非燃油成本的降低，值得慶幸的是從2000-2010年全球航空公司在非燃油成本方面已經降低了9%，同時全球航空公司的勞動生產力也增加了71%，另外由於科技的不斷進步，對於發動機效率有很大改善，使得燃油效率也增加了20%。同時由國際航空運輸協會主動發起的簡化航空公司作業流程的計畫，透過使用電子機票以及自助式的報到櫃檯，已經為全球航空公司每年節省下40億美元。但是這些作為所獲得之改善都無法彌補因燃油價格飆漲造成的損失。

　　過去十年來全球經濟環境變化快速，展望未來在全球石油存量逐漸萎縮，而需求不斷成長的趨勢下，原油價格即使不會大幅飆漲，也不可能回到90年代的每桶10-20美元價格，可以預期的是原油每桶100美元將會成為一個常態，也就是說航空燃油占航空公司總營運成本40%以上的情形將會隨處可見（2010年華航燃油占公司總營運成本43%）。由於預期營運成本會不斷攀高，未來航空公司想要在投資及報酬方面獲得合理的利潤將會是一個挑戰。IATA首席經濟顧問布萊恩‧皮爾斯（Brian Pearce）（2012）說到：「如果想要獲得新的投資，航空公司必須對既有的資金做更有效率的運用。」

　　目前對於傳統航空公司如何能夠繼續存活，許多學者專家都提出了不同的見解，由於全球航空公司所面臨的問題各有不同，可以確定的是沒有一個方法能夠用來解決所有航空公司的問題。但是從過去慘澹十年的經驗當中，航空公司應當能夠從中學到一些東西，而各國政府在瞭解到航空公司所面臨的問題後，也應當協助航空公司來共同面對問題。總之，當全球航空公司都發生營運困難的問題時，這就已經超出航空公司本身可以完全解決的範疇了。

參考文獻

一、中文部分

民用航空局97年年報，http://www.caa.gov.tw/big5/download/pliad/97年年報-中文版.pdf。

李彌（2008）。《航空運輸學》，頁3-18，航安海洋用品有限公司。

張有恆（2011）。《航空運輸學》（三版），頁294-308，華泰文化。

許悅玲、王鼎鈞（2009）。《低成本航空經營與管理》，頁51-65，揚智。

許士軍（1980），《管理學》，東華書局。

二、英文部分

2010 Airlines - Best On-Time Performance Awards, http://opsawards.flightstats.com/winners-airline-2010.html

A4A, Annual Crude Oil and Jet Fuel Prices, http://www.airlines.org/Pages/Annual-Crude-Oil-and-Jet-Fuel-Prices.aspx

AAE 451 Spring 2004, Method for Calculating Direct Operating Cost.pdf

Abhishek Mehra, Balaji P., Sarang Bhutada (2009). Southwest Airlines just plane smart, Harvard Business School-case study.

Acharjee, P., K. Lumsden (1999), Airfreight from a process concept, annual conference of the air transport research society, Hong Kong.

Advance! Business Consulting B.V. (2009). The Rise of Southwest Airlines

Aer Lingus Group Plc., http://corporate.aerlingus.com/

Alfred Chandler(1962), *Strategy and Structure: Chapters in the History of the American Industrial Enterprise,* 1-17.

Airbus Global Market Forecast, 2010-2029.pdf

Aircraft compare, http://www.aircraftcompare.com/helicopter-airplane/Airbus-A340-300/55

Airline Data Project, Traffic and capacity by operating region, http://web.mit.edu/airlinedata/www/Revenue&Related.html

Airline guide: food and drink, 2010 04, http://www.telegraph.co.uk/travel/travel-news/7544143/Airline-guide-food-and-drink.html

Airport Business (2009). Making RFID work-the most effective solution to lost

baggage? http://www.airport-business.com/2009/03/

AMR CORP, 10-K, Annual report pursuant to section 13 and 15(d), Filed Period 12/31/2004.

AMR CORP, 10-K, Annual report pursuant to section 13 and 15(d), Filed Period 12/31/2005.

AMR CORP, 10-K, Annual report pursuant to section 13 and15(d), Filed Period 12/31/2006.

AMR CORP, 10-K, Annual report pursuant to section 13 and 15(d), Filed Period 12/31/2007.

AMR CORP, 10-K, Annual report pursuant to section 13 and 15(d), Filed Period 12/31/2008.

AMR CORP, 10-K, Annual report pursuant to section 13 and 15(d), Filed Period 12/31/2009.

AMR CORP, 10-K, Annual report pursuant to section 13 and 15(d), Filed Period 12/31/2010.

AMR CORP, 10-K, Annual report pursuant to section 13 and 15(d), Filed Period 12/31/2011.

AMR Corporation 2003 annual report, http://library.corporate-ir.net/library/11/117/117098/items/279644/ar2003.pdf

ASEAN Plan of Action in Transport and Communications, http://www.aseansec.org/7373.htm

Banks, H. (1993), Out Faxed. *Forbes, 151*(10), 40-42.

Barry C. Smith (2000). e-Commerce and Operations Research in Airline Planning, Marketing, and Distribution, Sabre Inc. USA.

Ben Rooney (2010). 2009 airline revenue: Worst drop ever, http://money.cnn.com/2010/01/20/news/economy/air_traffic_2009/index.htm

Bijan Vasigh, Ken Fleming, Thomas Tacker(2008), *Introduction to Air Transport Economics*. Ashgate Publishing Limited.

BLS, North American Industry Classification System (NAICS), U.S. Bureau of Labor Statistics, http://www.bls.gov/bls/naics.htm

Boeing, Current market outlook, 2010-2029, http://www.boeing.com/commercial/cmo/pdf/

Boeing, World Air Cargo Forecast 2010-2011.

Brandon Fried (2011). Air Cargo Security: New Challenges and Opportunity in

International Screening, American Airlines cargo.

Brian Pearce (2012). The state of air transport markets and the airline industry after the great recession, *Journal of Air Transport Management, Vol. 21*, 3-9.

BTS, 2012 Press Releases, http://www.bts.gov/press_releases/

BTS, Annual U.S. Domestic Average Itinerary Fare, http://www.bts.gov/programs/ economics_and_finance/air_travel_price_index/html/annual.html

BTS, Domestic and International Revenue Passenger Miles (Jan 1996-Mar 2012) http://www.bts.gov/xml/air_traffic/src/datadisp.xml

Carl R. Anderson & Carl P. Zeithaml (1984). Stage of the product life cycle, business strategy, and business performance. *Academy of Management Journal. Vol. 27*, No.1.

China Airlines Annual Report 2002.

China Airlines Annual Report 2003.

China Airlines Annual Report 2006.

China Airlines Annual Report 2007.

China Airlines Annual Report 2009.

China Airlines Annual Report 2010.

Christopher Hinton (2010). US legacy carriers losing domestic playing field to low-cost airlines, http://www.eturbonews.com/15361/

Conway, P. (2003). Selective customers, Airline Business.

Costa, P. R., D. S. Harned & J. J. Lundquist(2002), Rethinking the aviation industry. *McKinsey Quarterly*, Special Edition, 2, 88-99.

Chris Argyris(1985), *Strategy, Change, and Defensive Routines,* 1-10.

Cray Research Inc., http://en.wikipedia.org/?title=Cray

Dave Brooks (2011). Air Cargo in 2012-Opportunities and Challenges, American Airlines cargo.

David Hoppin(MergeGlobal Transportation and Logistics Consulting Firm), 2006, telephone interview by Christie Dawson, Matthew Lesh, and Angela Stubblefield.

David Pearson (2010). IATA: Airline Industry Margins 'Pathetic', http://online.wsj. com/article/de Neufville, R. & Odoni, A.(2003), Ground access and distribution. *Airport Systems*, 693-737.

de Neufville & Odoni A. (2003). Ground access and distribution, *Airport Systems*, 693-737.

Douglas Jacobson (2004). The Economic Impact of the Airline Industry in the South, The Council of State Governments.

Ed Kim (2008). Why The Delta-Northwest Merger Doesn't Make Financial Sense, Practical Risk Management, http://riskyops.blogspot.tw/2008/04/why-delta-northwest-merger-doesnt-make.html

EIA, International Energy Outlook 2011, http://www.eia.gov/forecasts/ieo/liquid_fuels.cfm

Eva 2001 annual report.pdf

Eva 2002 annual report.pdf

Eva 2003 annual report.pdf

Eva 2004 annual report.pdf

Eva 2005 annual report.pdf

Eva 2006 annual report.pdf

Eva 2007 annual report.pdf

Eva 2008 annual report.pdf

Eva 2009 annual report.pdf

Eva 2010 annual report.pdf

FAA, The Economic impact of Civil Aviation on the U.S. Economy Dec. 2009, http://www.faa.gov/air_traffic/publications/media/

Flint P. (2001). Hard Times, Air Transport World, November, 23-27.

Gal Luft (2004). Fueling the dragon: China's race into the oil market, Institute for the Analysis of Global Security.

Geoffrey Thomas (2011). Qantas reaches $26.5 million settlement on US class action lawsuit.

Harold Evans (2004). They made America, http://www.pbs.org/wgbh/theymadeamerica/whomade/fsmith_hi.html

Harumi Ito, Darin Lee (2003). Low Cost Carrier Growth in the U.S. Airline Industry: Past, Present, and Future, Department of Economics, Brown University, http://www.brown.edu/Departments/Economics/Papers/2003-12_paper.pdf

Heimlich, John (2011). The Unrelenting Quest for Sustained Profitability. http://www.airlines.org/Economics/ReviewOutlook/

Helen Jiang and R. John Hansman (2006). An Analysis of Profit Cycles in the Airline Industry, AIAA 2006-7732.

Helen Jiang1 and R. John Hansman (2006). An Analysis of Profit Cycles in the

Airline Industry, Massachusetts Institute of Technology, Cambridge.

Herrmann, N., D. Trefzger, A. Crux (1998). Challenges for tomorrow's successful air freight providers: nothing is as permanent as change, Aviation Week Group, USA.

How to Calculate Incremental Cost, eHow.com, http://www.ehow.com/how_6002965_calculate-incremental-cost.html

IATA Economics (2012). Jet Fuel Price Development, http://www.iata.org/whatwedo/economics/fuel_monitor/Pages/price_development.aspx

IATA Economics, Jet Fuel Price Monitor, http://www.iata.org/whatwedo/economics/fuel_monitor/Pages/index.aspx

IATA (2010). Special Report-History Lessons, http://www.iata.org/pressroom/airlines-international/

IATA, Special Report-History Lessons, http://www.iata.org/pressroom/airlines-international/june-2010/Pages/10.aspx

International Energy Outlook 2011, http://www.eia.gov/forecasts/ieo/liquid_fuels.cfm

J. Petersen(2007), The supply chain and logistics institute. Air Freight Industry-White Paper, 4-10.

Jad Mouawad, Delta Buys Refinery to Get Control of Fuel Costs April 30, 2012, http://www.nytimes.com/2012/05/01/business/delta-air-lines-to-buy-refinery.html

Jeff Fulton (2010). Policies Affecting the Airline Industry, eHow Contributor, http://www.ehow.com/facts_7509200_policies-affecting-airline-industry.html

JetBlue Airways 2001 annual report.

JetBlue Airways 2002 annual report.

JetBlue Airways 2003 annual report.

JetBlue Airways 2004 annual report.

JetBlue Airways 2005 annual report.

JetBlue Airways 2006 annual report.

JetBlue Airways 2007 annual report.

JetBlue Airways 2008 annual report.

JetBlue Airways 2009 annual report.

JetBlue Airways2010 annual report.

John B. Taylor (2004). *Economics*, 4th edition, Houghton Mifflin Company, Boston New York, 132-285.

John B. Taylor (2004). *Economics*, 4th edition, Houghton Mifflin Company, Boston New York, 185-210.

John D. Kasarda (2008). The Evolution of Airport Cities and the Aerotropolis, The Evolution, London: Insight Media.

Justin Bachman (2008). Southwest Sees Fuel Hedges' Pesky Side, Bloomberg Business Week.

Karen E. Thuermer (2007). Air Cargo: Challenges Ahead, AviationPros.com.

Kate Rice (2011). IATA Analyzes Long-Term Impact of 9/11 on Aviation Industry, Travel Pulse.

La Quinta Inns & Suites, http://www.lq.com/lq/about/ourhotels/inns/index.jsp

Lisa Harrington (2006). Air Cargo's Top Challenges, http://www.inboundlogistics.com/cms/article/high-5-air-cargos-top-challenges/

Mark Kadar and John Larew(2003), Securing the future of air cargo. Oliver Wyman. http://www.oliverwyman.com/pdf_files/MOTL-SecuringFutureAirCargo.pdf

Martin Roll (2009). Perspectives on Corporate Branding Strategy, Return on Behavior Magazine, http://www.venturerepublic.com/resources/

Matt Rosenberg (2008). Gas Prices Rising, An Overview of High Gas Prices and Their Cause, http://geography.about.com/od/globalproblemsandissues/a/gasoline.htm

Micco A., T. Serebrisky (2004). Infrastructure, competition regimes, and air transport costs: cross-country evidence, No 3355, policy research working paper series, Washington, USA.

Michael E. Porter (1980). *Competitive Strategy, Techniques for Analyzing Industries and Competitors*, 3-32, 35-46.

Micheline Maynard (2008). Airlines look for new ways to cut weight-and fuel costs, The New York Times.

Mike Moffatt, Definition of Market, Economics, http://economics.about.com/cs/economicsglossary/g/market.htm

MIT Global Airline Industry Program (2007). Airline Industry Overview, http://web.mit.edu/airlines/analysis/analysis_airline_industry.html

Mukund Srinivasan (2005). Southwest Airlines Operations-A Strategic Perspective, EzineArticles.

Owen Hembry, Sky-high cost facing airlines, September 17, 2010, http://www.nzherald.co.nz/markets/news/article.cfm

Owen Hembry (2010). Sky-high cost facing airlines, September 17, 2010, http://www.nzherald.co.nz/markets/news/article

Peter Belobaba, Amedeo Odoni, Cynthia Barnhart (2009). *The Global Airline Industry*, Wiley, 114-122.

Peter Conway(2003), Selective customers. *Airline Business, Vol. 19*, Issue 3, Mar 2003, p. 62.

Peter Conway (2007). Sea change: is air cargo about to reach maturity? http://www.flightglobal.com/news/articles/

Peter Conway (2008). Air cargo faces uncertain future, http://www.flightglobal.com/news/articles/

Peter Kangis, Dolores O'Reilly (1998). Strategic responses to competitive pressures: European air transport, *Strategic Change, Volume 7*, Issue 3, Publisher: John Wiley & Sons, Inc. / Business, 167-182.

Peter Kangisa, Dolores O'Reilly (2003). Strategies in a dynamic marketplace, A case study in the airline industry. *Journal of Business Research*, *56*, 105-111.

Peter Pae (2008). Hedge on fuel prices pays off. *Los Angeles Times*.

Poling, B. (1993). Airline expert concludes industry has entered "mature" phase. *Travel Weekly, 52*(17), 31.

Pricing and Revenue Optimization,

Procter & Gamble, P&G, http://www.pg.com/en_US/worldwide_sites.shtml

Qantas says two airline strategy balances well, Sep. 4, 2010 http://www.nzherald.co.nz/business/news/article.cfm?c_id=3&objectid=10670973

R. Shelton Moynahan (2009). Grounded for Takeoff...The Future for Legacy Airlines, http://www.fentonreport.com/2009/07/06

Ray Massey (2010). Ryanair to sell standing room only tickets for £4...funded by charging passengers to use the toilet, http://www.dailymail.co.uk/news/article-1291103/

Raymond E. Miles, Charles Curtis Snow (1978). *Organizational Strategy, Structure, and Process*, New York, McGraw-Hill.

Reuters (2009). Grounded for Takeoff...The Future for Legacy Airlines, http://www.fentonreport.com/2009/07/06/

Richard Cobb, Carl W. Gooding, Jeffrey A. Parker (2006). The Proposed Merger of America West and Us Airways: Will It Fly?, *Proceedings of the International Academy for Case Studies, Volume 12*, Number 2, 31-36.

Richard Cobb (2005). Today's Airlines Should Adopt a Low-Cost Strategy: Can This Popular Idea be Supported by the Facts?, *Academy of Strategic Management Journal, Volume 4.*

Richard Cobb (2005). Today's airlines should adopt a low-cost strategy: can this popular idea be supported by the facts?, *Academy of Strategic Management Journal*, Annual, 2005.

Richard D. Gritta, Brian Adams, Bahram Adrangi, R.B. Pamplin Jr. (2006). An Analysis of the Effects of Operating and Financial Leverage on the Major U.S. Air Carriers' Rates of Return: 1990-2003, Transportation Research Forum.

Rigas Doganis (2002). *Flying Off Course-The Economics of International Airlines*, London and New York, 3rd edition, 75-120, 305-326.

Rigas Doganis (2006). *The Airline Business*, 2nd edition, 18-50.

Robert B. Ekelund and Robert D. Tollison(2006), Economics: *Private Markets and Public Choice*. 7th edition, 266-270.

Robert Herbst (2010). How Fast Are The Old Legacy Airlines Losing U.S. Domestic Capacity? Wall st.

Romelda Ascutia (2012). IATA: Euro crisis threatening aviation's weak profits, PortCalls Asia.

Ryanair, http://en.wikipedia.org/wiki/Ryanair

Severin Borenstein, Nancy L. Rose (2006). How Airline Markets Work, Or Do They Regulatory Reform in the Airline Industry, October 30, 2006.

Simon Rogers (2010). BP energy statistics: the world in oil consumption, reserves and energy production, http://www.guardian.co.uk/profile/simonrogers

SIA annual report 00/01.

SIA annual report 01/02.

SIA annual report 02/03.

SIA annual report 03/04.

SIA annual report 04/05.

SIA annual report 05/06.

SIA annual report 06/07.

SIA annual report 07/08.

SIA annual report 08/09.

SIA annual report 09/10.

SIA annual report 10/11.

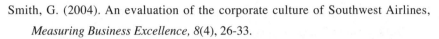

Smith, G. (2004). An evaluation of the corporate culture of Southwest Airlines, *Measuring Business Excellence, 8*(4), 26-33.

SOUTHWEST AIRLINES CO. 2001 ANNUAL REPORT.

SOUTHWEST AIRLINES CO. 2002 ANNUAL REPORT.

SOUTHWEST AIRLINES CO. 2003 ANNUAL REPORT.

SOUTHWEST AIRLINES CO. 2004 ANNUAL REPORT.

SOUTHWEST AIRLINES CO. 2000 ANNUAL REPORT.

SOUTHWEST AIRLINES CO. 2005 ANNUAL REPORT.

SOUTHWEST AIRLINES CO. 2006 ANNUAL REPORT.

SOUTHWEST AIRLINES CO. 2007 ANNUAL REPORT.

SOUTHWEST AIRLINES CO. 2008 ANNUAL REPORT.

SOUTHWEST AIRLINES CO. 2009 ANNUAL REPORT.

SOUTHWEST AIRLINES CO. 2010 ANNUAL REPORT.

Special Report-History Lessons, http://www.iata.org/pressroom/airlines-international/june-2010/Pages/10.aspx

Starry, Claire, Bernstein, Gerald W. (2008). The economics of private business jet travel: new ownership models expand available choices.

Stephen Holloway (2003). Straight and Level: Practical Airline Economics, 259-279.

Terry Maxon (2008). Airlines have lost much of their market value, http://www.eturbonews.com/3427/airlines-have-lost-much-their-market-value

The Air Transport Association of Canada, Airport Landing Fees, 2004, http://www.atac.ca/en/ourissues/advocacy/landing_fees.html

The Cranky Flier (2012). A Dark Future for Europe's Legacy Airlines, http://crankyflier.com/2012/05/21/a-dark-future-for-europes-legacy-airlines/

The high cost of a legacy airline, the economist, London, Apr. 7, 2009. http://www.economist.com/blogs/gulliver/2009/04/the_high_cost_of_a_legacy_airl

The World Bank, Air transport, freight (million ton-km), http://data.worldbank.org/indicator/IS.AIR.GOOD.MT.K1?page=1

Thomas C. Lawton (2012). How Legacy Airlines Can Be Competitive Again.

Thomas I. Barkin, O. Staffan Hertzell, Stephanie J. Young (1995). Facing low-cost competitors: lessons from US airlines.

T. K. Das & William D. Reisel (1991), Strategic marketing options in the US airline industry. *International Journal of Commerce and Management. Vol. 7*, 84-98. http://www.emeraldinsight.com/journals.htm/journals.htm?

Tom V. Mathew(2009), Role of transportation in society. *Lecture notes in Transportation Systems Engineering.*

US Airways Group, Inc., Annual Report Pursuant to Section 13 or 15(d) of The Securities Exchange Act of 1934, For the fiscal year ended December 31, 2004.

US Airways Group, Inc., Annual Report Pursuant to Section 13 or 15(d) of The Securities Exchange Act of 1934, For the fiscal year ended December 31, 2005.

Werner Haas (2007). How Southwest Airlines Plans for Success, YAHOO! VOICES.

Willem-Jan Zondag (2006). Competing for air cargo, A Qualitative Analysis of Competitive Rivalry in the Air Cargo Industry, http://www.tiaca.org/images/TIACA/PDF/

William F. Glueck (1976). *Business Policy: Strategy Formation and Management Action.* New York, McGraw-Hill.

World Airline Awards, http://www.skytraxresearch.com/

XYNS: LCC US Airways Group Inc Annual Report, 2003, http://quote.morningstar.com/stock-filing/Annual-Report/2003/12/31/